한국사상선 21

김구
여운형

합작과 통일, 시대와의 불화

한국사상선 21

김구
여운형

도진순 편저

합작과 통일,
시대와의 불화

창비
Changbi Publishers

창비 한국사상선 간행의 말

　나날이 발전하는 세상을 약속하던 자본주의가 반문명적 본색을 여지없이 드러내며 다수의 삶을 고통으로 몰아간 지 오래다. 이제는 인간 문명의 기본 터전인 지구 생태를 거세게 위협하는 시대에 이르렀다. 결국 세상의 종말이 닥친다 해도 놀랄 수 없는 시대의 위태로움이 전에 없던 문명적 대전환을 요구한다는 각성에서 창비 한국사상선의 기획은 시작되었다. '전환'이라는 강력하게 실천적인 과제는 우리 모두에게 다른 삶의 전망과 지침이 필요하며 전망과 지침으로 살아 작동할 사상이 절실함을 뜻한다. 그런 사상을 향한 다급하고 간절한 요청에 공명하려는 기획으로서, 창비 한국사상선은 한국사상이라는 분야를 요령 있게 소개하거나 새롭게 정비하는 평시적 작업을 넘어 어떤 비상한 대책이기를 열망하며 구상되었다.

　사상을 향한 요청이 반드시 '한국사상'으로 향할 이유가 되는지 반문하는 이들도 있을지 모른다. 사상이라고 하면 플라톤 같은 유구한 이름으로 시작하여 무수히 재해석된 쟁쟁한 인물과 계보로 가득한 서구사상을 으레 떠올리기 때문이다. 우리가 겪는 위기가 행성 전체에 걸친 것이라면 늘 그래왔듯 서구의 누군가가 자기네 사상전통에 기대 무언가 이야기하지 않았을까, 그런 것들을 찾아보는 편이 더 효율적이지 않을까 하는 생각은 사실 오래된 습관이다. 더욱이 '한국사상'이라는 표현 자체가 많은 독자들에게 꽤 낯설게 느껴질 법하다. 한국의 유교사상이라거나 한국의 불교사상 같은 분류는 이따금 듣게 되지만 그 경우는 유교사상이나 불교사상의 지역적 분화라는 인상이 강하다. 한국사상이 변모하고 확장하면서 갖게 된 유교적인 또는 불교적인 양상으로 이해하는 방식은 익숙지 않을 것이기에 '한국사상'에 대한 우리의 공통감각은 여전히 흐릿하다고 말할 수 있다.

하지만 이런 사정이야말로 창비 한국사상선 발간의 또 다른 동력이다. 서구사상은 오랜 시간 구축한 단단한 상호참조체계를 바탕으로 세계 지성계에서 압도적 발언권을 유지하는 한편 오늘날의 위기에 관해서도 이런저런 인식의 '전회turn'라는 형식으로 대응하고 있다. 그럼에도 그 위상의 이면에 강고한 배타성과 편견이 작동하고 있음을 지적하는 목소리가 높다. 무엇보다 지금 이곳 — 그리고 지구의 또 다른 여러 곳 — 의 경험이 그들의 셈법에 들어 있지 않고 따라서 그 경험이 빚어낸 사상적 성과 역시 반영되지 않는다는 느낌은 갈수록 커져왔다. 서구사상에서 점점 빈번해지는 여러 전회들이 결국 그들 나름의 뚜렷한 한계 안에서 이루어지는 뒤집기 또는 공중제비에 불과하다는 인상도 지우기 어렵다. 정치, 경제, 문화 등 여러 부문에서 그렇듯이 이제 사상에서도 서구가 가진 위상은 돌이킬 수 없이 상내화되고 보편의 자리는 진실로 대안에 값하는 사상을 향한 열린 분투에 맡겨졌다.

그런가 하면 '한국적인 것' 일반은 K라는 수식어구를 동반하며 부쩍 세계적 이목을 끌고 있다. K의 부상은 유행에 민감한 대중문화에서 시작되어서인지 하나의 파도처럼 몰려와 해변을 적셨다가 곧이어 다른 파도에 밀려가리라 생각되기도 한다. '한류'라는 지칭에 집약된 이 비유는 숱한 파도가 오고 가도 해변은 변치 않는다는 암묵적 전제에 갇혀 있지만, 음악이든 드라마든 이만큼의 세계적 반향을 일으킨다면 해당 분야의 역사를 다시 쓰면서 더 항구적인 영향을 남길 수 있다고 평가받아야 한다. 중요한 것은 이제 한국적인 것이 무시 못 할 세계적 발언권을 획득하면서 단순히 어떻게 들리게 할까가 아니라 무엇을 말할까에 집중할 수 있게 된 점이다. 대중문화에 이어 한국문학이 느리지만 묵직하게 존재감을 발하는 이 시점이 한국사상이 전지구적 과제를 향해 독자적 목소리를 보태기에 더없이 적절한지 모른다.

그러기 위해 한국사상은 스스로를 호명하고 가다듬는 작업을 함께 진행해야 한다. 이름 자체의 낯섦에서 알 수 있듯 한국사상은 그저 우리 역사에 존재했던 여러 사상가들의 사유들을 총합하는 무엇이 아니라 상당 정도로 새로이 구성해야 하는 무엇에 가깝다. 창비 한국사상선은 문명전환을 이룰 대안사상의 모색이라는 과제를 중심으로 이 작업에 임하고자 했는데, 이는 거꾸로 바로 그런 모색이 실제로 한국사상의 면면한 바탕임을 발견하는 과정이기도 했다. 여기 실린 사상가들의 사유에는 역사와 현실을 탐문하며 새로운 삶의 보편적 비전을 구현하려 한 강도 높은 실천성, 그리고 주어진 사회의 시스템을 변혁하는 일과 개개인의 마음을 닦는 일이 진리에 속하는 과업으로서 단일한 도정이라는 깨달음이 깊이 새겨져 있다. 이 점은 오늘날 한국사상의 구성과 전승이 어떤 방식으로 지속되어야 할지 일러준다. 아직은 우리 자신에게조차 '가난한 노래의 씨'로 놓인 이 사유들을 참조하고 재해석하면서 위태로운 세계의 '광야'를 건널 지구적 자원이자 자기 삶의 실질적 영감으로 부단히 활용하는 실천을 통해 비로소 한국사상의 역량은 온전히 발휘될 것이다.

창비 한국사상선이 사상가들의 핵심저작을 직접 제공하는 데 주력한 이유도 여기에 있다. 학구적 관심이 아니라도 누구든 삶과 세계에 대해 사유하고 발언할 때 펼쳐 인용하고 되새기는 장면을 그려본 구성이다. 이제껏 칸트와 헤겔을 따오고 맑스와 니체, 푸꼬와 데리다를 언급했던 만큼이나 가까이 두고 자주 들춰보는 공통 교양서가 되기를 기대한다. 그러기 위해 원문의 의도를 훼손하지 않는 범위에서 되도록 오늘날의 언어에 가깝게 풀어 싣고자 노력했다. 핵심저작 앞에 실린 편자의 서문은 해당 사상가의 사유를 개관하며 입문의 장벽을 낮추는 역할에 더하여, 덜 주목받은 면을 조명하고 새로운 관점을 보탬으로써 독자들의 시야를 넓혀 각자 또 다른 해석자가 되도록 고무한다. 부록과 연보는 사상가를 둘러싼 당대적·세계적 문맥을 더 면밀히 읽는 데 도움이 되고자 한다.

사상선 각권이 개별 사상가의 전체 저작에서 중요한 일부를 추릴 수밖에 없었듯 전체적으로도 총 30권으로 기획되었기에 어쩔 수 없이 선별적이다. 시기도 조선시대부터로 제한했다. 그러다 보니 신라의 원효나 최치원같이 여전히 사상가로서 생명을 지녔을뿐더러 어떤 의미로 한국적 사상의 원류에 해당하는 분들과 고려시대의 중요 사상가들이 제외되었다. 또 조선시대의 특성상 유교사상이 지나치게 큰 비중을 차지한 느낌도 없지 않을 것이다. 하지만 조선의 유학 자체가 송학 내지 신유학의 단순한 이식이 아니라 중국에서 실현된 바 없는 독특한 유교국가를 만들려는 세계사적 실험이었거니와, 이 시대의 사상가들이 각기 자기 나름으로 유·불·선 회통이라는 한반도 특유의 사상적 기획에 기여하고자 했음이 이 선집을 통해 드러나리라 믿는다.

조선시대 이전이 제외된 대신 사상선집에서 곧잘 소홀히 되는 20세기 후반까지 포함하며 이제껏 사상가로 이야기되지 않던 문인, 정치인, 종교인을 다수 망라한 점도 본서의 자랑이다. 한번에 열권씩 발행하되 전부를 시대순으로 간행하기보다 1~5권과 16~20권을 1차로 배본하는 등 발간 방식에서도 20세기가 너무 뒤로 밀리지 않게 배려했다. 1권 정도전에서 시작하여 30권 김대중으로 마무리되는 구성에 1인 단독집만이 아니라 2, 3, 4인 합집을 배치하여 선별의 아쉬움도 최대한 보충하고자 했으나, 사상가들의 목록은 당연히 완결된 것이 아니고 추후 보완작업을 기대해야 한다. 그럼에도 이 사상선을 하나의 '정전'으로 세우고자 했음을 굳이 숨기고 싶지 않다. 다만 모든 정전의 운명이 그렇듯 깨어지고 수정되고 다시 세워지는 굴곡이야말로 한국사상의 생애주기에 꼭 필요한 일이다. 아니, 창비 한국사상선 자체가 정전 파괴와 쇄신의 정신까지 담고 있음에 주목해주시기를 바란다. 특히 수운 최제우와 소태산 박중빈 같은 한반도가 낳은 개벽사상가를 중요하게 배치한 점은 사상선의 고유한 취지를 한층 부각해주리라 기대한다.

창비 한국사상선은 1966년 창간 이래 60년 가까이 한국학에 남다른 관심을 기울여온 계간 『창작과비평』, 그리고 '독자와 함께 더 나은 세상을' 꿈꾸어온 도서출판 창비의 의지와 노력이 맺은 결실이다. 문명적 대전환에 기여할 사상, 그런 의미에서 단순히 개혁적이기보다 개벽적이라 불러야 할 사상에 의미 있는 보탬이 되고 대항담론에 그치지 않는 대안담론으로서 한국사상이 갖는 잠재성을 세계의 다른 구성원들과 공유하는 계기가 된다면 더없는 보람일 것이다. 오직 함께하는 일로서만 가능한 이 사상적 실천에 독자 여러분의 많은 관심과 참여를 부탁드린다.

2024년 7월
창비 한국사상선 간행위원회 일동

차례

좌우합작과 통일독립, 시대와의 불화

두 거목의 갈등과 공명

백범白凡 김구金九(1876~1949)와 몽양夢陽 여운형呂運亨(1886~1947)은 한국 현대사의 거목이지만, 여러모로 무척 대비되는 유형이다. '백정범부白丁凡夫'의 비천함을 의미하는 '백범白凡'과, '태양을 꿈꾼' 비범함의 '몽양夢陽'이란 아호부터 그러하거니와, 출신도 상놈과 양반으로 격이 다르고, 외모 또한 얼굴에 마마자국이 있고 "온몸에 천격賤格 빈격貧格 흉격凶格밖에 없다"고 자책하던 백범과, 배우 이상의 멋진 외모를 자랑하는 몽양은 무척 대조적이다.

백범과 몽양의 실제 관계도 우호적이 아니었다. 상하이 임시정부 수립에 잠시 같이 참여하였지만, 이후 백범은 내내 반공 임정 고수파였고, 몽양은 곧 임정 밖 좌익과 공산당에 경도되었다. 해방 이후 더욱 대립하게 되는데, 몽양은 '조선건국준비위원회(이하 '건준')' '조선인민공화국(이하 '인공')'으로 백범의 '대한민국임시정부(이하 '임정')' 법통론과 맞서게 되었다. 하지John Reed Hodge 주한미군 사령관은 몽양이 백범에 의해 암살되었다고 생각할 정도였으니, 두 사람을 한권의 책으로 엮는 것은 서로 다른 방향으로 돌아가는 칡〔葛〕과 등나무〔藤〕를 한 화분에 심는 것과 같은 갈등葛藤의 여지가 다분하다.

하지만 두 사람 다 비운의 암살을 당하였으며(몽양은 1947년 7월 19일, 백범은 1949년 6월 26일), 그 기저에는 좌우합작론과 남북통일론이 있었다. 바로 이 지점에서 두 사람은 생전의 갈등을 넘어서, 사후 서로 공명하는 역사의 자장磁場을 지니게 된 것이라 할 수 있다. 그런데, 백범과 몽양의 반일민족운동은 널리 알려져 있지만, 해방에서 암살에 이르는 생애 최후의 '결정적 시기'는 비극적인 죽음으로 인해 역설적으로 상당 부분 가리어지게 되었다. 해방 이후 한반도의 정치지형은 미국과 소련의 분할 점령에 편입되면서 분단과 통일, 좌우와 남북 문제가 착종하는 고차방정식이 되었다. 인생 역정에서도 일반적으로 최종 귀결처가 중요하거니와, 백범과 몽양의 경우도 해방정국에서 죽음에 이르는 인생 최후의 광경이 가장 중요하고 논쟁적이다. 본 사상 선집에서는 '결정적 시기' '최후의 광경'에 집중하고자 한다.

백범과 몽양의 사상을 편집하면서 맞닥뜨리는 어려움은 그들이 정연한 사상·이론가라기보다 정치·민족운동 최일선의 지도자라는 점이다. 이분들의 말과 글은 당시의 역동적 정치 현장과 긴밀하게 결합하여 '조직검사' 해야 온전한 의미를 파악할 수 있기 때문에, 대표작 몇 편을 떼어내어 '사상' '선집'을 엮는 통상적인 방법으로는 고식적인 허상에 이르기 십상이다. 따라서 이 책에서는 해방 이후 백범과 몽양 관련 기본 자료를 당시의 정치지형과 연결하여 '조직검사' 하는 방식을 취하고자 한다. '조직검사'라 함은 적절한 타인의 자료도 삽입하여 사이드 미러side mirror처럼 다른 자료의 사각死角 지대도 조명할 필요가 있기 때문이다. 그간 구소련 자료 등 새롭고 중요한 자료들이 적지 않게 발굴되어, 중요한 논점들이 지뢰밭처럼 깔려 있는 이 시기의 두 인물을 조명하는 데 큰 도움이 된다. 자료에는 이념과 논리logic와 더불어 감정과 정서pathos를 살펴볼 수 있는 한시나 영시도 포함하였다.

상반되는 역사적 두 거물을 한권의 선집으로 엮어낸다는 것은 외람된 일이다. 그러나 한 사람은, 다른 한 사람을 신화화하는 함정에서 벗어나게 하는 지렛대가 될 수 있다. 본 사상 선집의 기본 목표는 술이부작述而不作의 자세로 해방 이후 백범과 몽양 관련 자료를 당대의 중요한 쟁점 및 다른 자료들과 교차 검정하면서 소개하는 것이다.[1]

백범 김구: 임정법통론, '반탁·독립'에서 '통일·독립'으로

백범 김구는 황해도 벽촌 상민常民의 아들로 태어나 대한민국임시정부의 주석에 오른 입지전적인 인물이다. '은둔의 왕국' 조선이 역사적 개항을 하는 1876년 김창암金昌巖으로 태어나, 과거科擧에 낙방하고 동학에 입문하여 김창수金昌洙가 되고, 위정척사衛正斥邪의 '의기남아義氣男兒'로 일본인 쓰치다土田讓亮를 살해하여 투옥되고, 탈옥 후 도피 중 김두호金斗昊·김두래金斗來라는 가명으로, 원종圓宗이란 법명法名으로 유랑하다, 지리산 심산유곡 김천 달이실(월곡月谷)에서 김구金龜가 되었다가, 1914년 인천 감옥에서 출옥에 대비하여 백범白凡 김구金九로 다시 태어나니, 38세까지 변명變名과 득명得名의 과정이 파란만장한 그의 인생을 대변하고 있다.

그의 인생이 파란만장했던 만큼, 시비是非와 포폄襃貶도 정반대인 논쟁이 이어지고 있다. 의열義烈을 선호한 '테러리스트'인가, '문화의 힘'을 강조한 문화주의자인가? 반공 극우주의자인가, 통일운동가인가? 등등. 이 중요한 쟁점의 무게중심도 대부분 해방 이후와 관련이 있다.

---

1   교정을 성심으로 도와준 서울대 정치학과 박광훈, 사학과 하상진, 서강대 사학과 유찬근 세 박사과정생에게 감사드린다.

해방 이후 김구의 사상·이념은 파란곡절이 없지 않았지만 기본 노선은 1947년까지의 임정법통론에 의한 '반탁·독립'(김구 편 1~4)[1]과, 1948년 이후의 '통일·독립'(5~9)으로 대별할 수 있다. 이 두 시기를 제대로 구별하는 것이 해방 이후 백범 이해의 초석이라 할 수 있다. 1947년까지 백범의 노선은 모스끄바 3상회의 결정을 반대하는 '반탁'과 '임정법통론'에 의한 '독립정부 수립'을 핵심으로 하고 있다. 1948년에 들어와서는 분단이 곧 식민의 연장이라는 입장에서, 미소 양군 철수와 남북통일을 통한 독립정부 수립을 주장하였다. '반탁·독립'과 '통일·독립'은 외세의 배제(반탁, 미소 양군 철수)라는 논리에서 연결되는 측면도 없진 않다. 그러나 그의 통일·독립 주장은 남에서 반탁 진영이 정부 수립으로 수렴되었던 실질적인 정치역학관계에서 보면 대전환이며, 북조선림시인민위원회를 임정법통론에 대한 도전이라고 보고 타격하고자 했던 입장에서도[3] 정반대의 전환이 분명하다.

불변의 임정법통론: 환국과 환영

김구와 대한민국임시정부(이하 '임정')의 건국노선은 임정을 기반으로 건국한다는 '임정법통론'으로 요약된다. 해방 직후 김구의 임정법통론을 가장 잘 요약한 강령적인 문건은 1945년 9월 3일 중국 충칭重慶에서 발표한 「국내외 동포에게 고함: 임시정부의 당면정책 14개조」(1-1)이다. 일본이 미주리USS Missouri 함상에서 항복 문서에 조인한 바로 다음 날 선포한 이 중요한 문건은 국내에서 여러 번 삐라(전단) 형태로 뿌려졌다.[4] 그 내용은

---

2   이 책의 핵심저작을 표기할 때에는 문서의 순서를 번호로 표시하고 소괄호로 묶는다. 예를 들어 핵심 저작 1장 2절을 소개하는 구절에서는 '(1-2)'로 쓴다. 김구 편과 여운형 편은 각각의 핵심저작 맨 처음에서 언급해주고 그 뒤로는 숫자로만 표기한다.

3   도진순 『한국민족주의와 남북관계』, 서울대출판부 1997, 76~80면.

4   도진순 「해방 전단 〈국내외 동포들에게 고함〉: 김구와 임정의 정세관과 건국방략」, 『독립신문』 2023년 1월호, 대한민국임시정부기념관.

해방 직후를 "건국의 초기가 개시되려는 단계"로 보고, 임정의 귀국과 임정법통론에서 출발해서 "전국적 보통선거에 의한 정식정권이 수립되기까지" 건국의 이정표를 명확하게 제시하고 있다. 김구와 임정이 1919년을 건국년도로 보았다는 주장과는 배치된다.[5]

미국은 임정법통론을 인정하지 않았지만, 장제스蔣介石는 사실상 이를 후원하였다. 1945년 8·15 종전 이후 충칭에서 김구는 장제스를 세번 만났다. 9월 26일 첫 만남에서 귀국용 미국 비행기 교섭과 자금 지원 등 급한 당면 사안을 협의하였다면, 10월 29일 두번째 회담에서는 임정법통론과 몇가지 민감한 현안을 피력하였다(1-2). 김구는 대담 서두부터 다음 행선지인 상하이에 있는 안중근의 아들 안준생安俊生과 '공산주의자' 최崔(최창식崔昌植)[6]의 체포와 구금을 요구하였다. 『백범일지』에도 "민족반역자로 변절한 안준생을 체포하여 교수형에 처하라 중국 관헌에게 부탁하였으나 관원들이 실행치 않았다"[7]는 구절이 있어, 김구가 해방 이후 매우 바쁜 와중에도 안준생 문제에 상당히 집착했음을 알 수 있다.

10월 29일 대담 말미에 김구는 장제스의 사진을 기념으로 요구하였다. 충칭 출발 하루 전인 11월 4일, 장제스는 부인 쑹메이링宋美齡 및 국민당 간부들과 더불어 김구와 임정 요인들에게 각별한 환송연을 열어주었는데, 이 자리에서 자신의 친필 서명이 있는 명함 크기의 본인 사진을 주었으며,[8] 이에 회답하여 김구는 "불변응만변不變應萬變"(그림 1)을 휘호하였

---

5 도진순 「시간(Kairos)과 기억(Memory): 건국 원년, 건국기념일, 연호」, 『백년의 변혁』, 창비 2019, 87~121면.

6 최창식(崔昌植, 1892~1957)은 김구 측의 고발로 상하이 경비사령부에 체포되어 1년 반이 지나 석방되었으며(최연방·최영화 『대한독립운동 최후의 광경』, 김대구 엮음, 한국이민역사연구소 2008, 270~73면), 결국 귀국하지 못하고 상하이에서 사망하였다. 최창식은 1983년 건국훈장 독립장이 추서되었다.

7 도진순 주해 『백범일지』, 돌베개 2002(개정판), 408면.

8 이 자리에서 김구는 장제스를 비롯하여 중국 국민당 지도부 여러 사람으로부터 명함 크기의 사진을 기념으로 받았다(『백범김구 사진 자료집』, 백범김구기념사업회·백범학술원·백범기

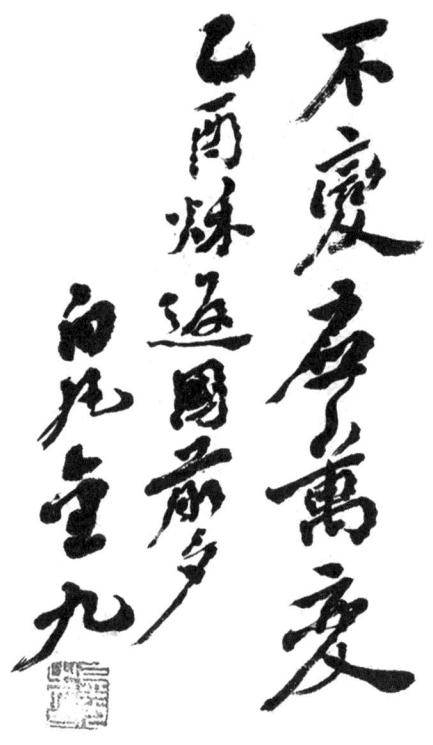

김구 휘호, 불변응만변不變應萬變, 1945.11.4. ⓒ 숭실대 한국기독교 박물관

다. "변하지 않는 것으로 만가지 변화에 대처한다"는 '불변응만변'은 장제스 정치철학의 핵심이다. 충칭에서 마지막 날 밤, 장제스와 국민당 간부들은 자신의 사진을 주었고, 김구는 장제스의 '불변응만변'의 철학으로 '임정법통론'을 고수하면서 해방 이후 정세에 대처하겠다고 화답한 것이다.[9]

녑관 2012, 163~69면). 김구는 장제스 사진을 특별히 『백범일지』(국사원 1947)의 권두사진으로 사용하였다.

9   김구는 통일·독립노선으로 전환하고 난 이후, 「삼천만 동포에게 눈물로 고함」(이 책 김구 편 5-2)에서도 '불변응만변'을 거론하였다.

그런데 마오쩌둥毛澤東이 "만변萬變으로 '장제스의 불변不變'을 대처했다"고 밝힌 바[10] 있듯이, 해방 이후 한반도에서 불변의 '임정법통론'은 강력하게 시작되었지만 얼마 되지 않아 새로운 정세에 유연하게 대처하지 못하고 무력화되어갔다.

김구는 상하이에서 11월 7일 임정의 공식 국경일인 '건국기원절(개천절)'을 맞이하여, 상하이의 동포들 앞에서 해방 후 첫 '건국기원절' 기념사(1-3)를 연설하였다. 이 연설문은 김구와 임정 측의 연합국에 의한 해방관, 한배검(단군)과 건국기원절의 역사관, 임정 중심의 민족통일과 신민주국가 건설론 등이 피력된 귀한 문건이다. 해방을 가져다준 "연합국(동맹국)에 대한 무한한 감사"와, 우리 손으로 해방을 이루지 못한 것에 "깊이깊이 부끄러움"을 표명한 것은 작금의 8·15 광경과 큰 차이가 있다.

김구는 1945년 11월 23일, 임정 요인 제1진 14명과 함께 귀국하였고, 당일 저녁 엄항섭嚴恒燮을 통하여 환국 성명(1-4)을 발표하였다. 귀국 직후 김구의 성명이나 기자회견에는 꿈같은 환국의 환희 및 환영에 대한 감사와 더불어, 임정이 공식적으로 인정받지 못하고 자신이 "일개 시민자격으로" 귀국한 아쉬움이 표명되어 있다.

김구가 귀국한 지 근 한달이 되는 12월 19일, 서울운동장에는 15만의 군중이 모인 가운데 임시정부 개선환영대회가 개최되었다. 이날 김구의 답사(1-5)는 임정이 "유일무이"한 "전민족"의 대표임을 강조하였다. 12월 27일 연말 방송연설(1-6)에서도 자신은 비록 개인자격으로 귀국하였지만, 프랑스와 중국이 임시정부를 사실상 승인하였다면서 임정법통론을 강조하였다. 바로 다음 날, 임정법통론을 전면에 내세울 호기가 찾아온 듯했다.

---

10 《毛泽东大传》제7권(九天揽月), 第262章, 华文出版社, 2013(https://www.kancloud.cn/yan8399/mzddz/717631).

반탁·독립운동의 귀결: '임시정부 주석'에서 '한국독립당 당수'로

1945년 연말은 김구와 우익 진영에게 '결정적인 시기'가 되었다. 12월 28일 모스끄바 3상회담의 결과가 보도되자, 김구는 즉각 임정 국무회의를 소집하여 「반탁결의문」을 채택하였으며, '신탁통치반대국민총동원위원회' 발족을 주도하였다. 위원회는 「9대 행동강령」을 발표하고 총파업과 시가행진 등 반탁운동을 전개하였다. 반탁운동이 폭발하는 와중에 12월 30일 송진우가 암살되었고, 다음 날(12월 31일) 임시정부는 「국자國字」 제 1호 제2호 등의 포고문을 통해 미군정으로부터 정권 접수를 선언하였다.

하지 사령관은 송진우 암살의 배후로 김구를 지목하였고, 1946년 정초 (1월 1일) 김구를 불러 임정의 반탁운동을 '미군정에 대한 쿠데타'로 강력하게 경고하였다. 바로 이날 저녁 8시, 김구는 엄항섭이 대독한 성명을 통해 "일반 민중은 파업을 중지하고 복귀하라"고 방송하였다. 임시정부는 권력 접수에 실패하였고, 미군정과 멀어지기 시작하였다.

김구와 임시정부는 미군과 미군정 핵심부로부터 배척받기 시작하였지만, 일반 대중과 지방에서의 위력은 아직 여전하였다. 이러한 분위기와 반탁 정서를 이용하여, 1월 4일 김구는 임정법통론에 의한 과도정부 수립을 위하여 비상정치회의 소집을 발표하였다(2-1). 그런데 여기에 이승만과 독촉중앙협의회가 합류하여 '비상국민회의'로 개칭되었고, 이승만과 김구가 전형하여 2월 13일 발표한 28명의 '최고정무위원'은 바로 다음 날 미군정청의 '남조선대한국민대표민주의원'(이하 '민주의원')으로 임명되었다 (의장 이승만, 부의장 김구·김규식). 임정법통론에서 출발한 비상국민회의 최고 정무위원이 하룻밤 사이에 미군정의 자문기구인 민주의원으로 전환된 것이다. 그리하여 '임정에 의한 임정의 해체'가 발생, 임정법통론은 다시 좌절되었다.[11]

해방 이후 처음 맞이하는 3·1절, 김구는 "3·1운동을 통하여 임시정부라는 영도기관을 탄생"(2-2)시켰다고 강조하였지만, 실제 임정은 점차 해체 수순에 들어갔다. 임정법통론이 연이어 좌절되자, 김구는 지금까지 방기하였던 정당운동을 강화하기 시작하였다. 4월 20일, 김구가 주도하는 한국독립당은 국민당, 신한민족당을 흡수하여, 새로운 통합 한국독립당이 되었다(2-3). 한국독립당으로 보면 확대 강화처럼 보이지만, 김구의 지위는 임정의 주석에서 한독당 당수로 내려오는 것이었다.

이처럼 해방 직후 김구의 임정법통론은 화려하게 시작하여 1945년 말 반탁운동으로 정점을 찍었지만, 1946년에 들어와 연이어 좌절을 겪으면서 위축되었다. 해방 이후 김구는 현실의 어려움을 겪을 때 역사와 선열先烈 순례를 하곤 했는데, 8월 17일 강원도 춘천 가정리에 있는 의암義菴 류인석柳麟錫 묘소를 찾아 분향하였다. 김구는 1895년(19세) 황해도 신천 청계동 안중근의 집에서 만난 고능선高能善의 가르침을 평생의 지침으로 삼았다고 밝혔다. 고능선은 위정척사파 화서華西 이항로李恒老의 학맥을 이어받은 류인석과 동문수학한 사이였으며, 류인석의 제자들이 펴낸 『소의속편昭義續編』에는 류인석이 김구〔김창수〕를 우리나라의 숙적〔世讎〕인 왜倭를 처단한 "의기남자意氣男子"라고 상찬했다는 구절이 기록되어 있다.[12] 춘천의 류인석기념관에는 김구의 류인석 고유문(2-4)이 소장되어 있고, 묘역에는 김구가 지은 것으로 석비에 새겨져 있지만, 원문은 정인보가 짓고 쓴 것이다. 고유문은 "자손 대대로 잊지 않고 복수하는 대익大義"를 천명하여, 김구의 가슴속에 위정척사의 반일 사상이 맥맥이 이어지고 있음을 확인할 수 있다.

---

11   도진순 『한국민족주의와 남북관계』, 64~68면; 김성숙 「오호! 임정 30년 만에 해산하다」, 『월간 중앙』 1968년 8월호.

12   류인석 『국역 소의신편』, 의암학회 2006, 487면(한글 번역), 726면(한자).

진동: 좌우합작, 반탁운동, 단독정부

장제스의 국민정부에 익숙한 김구와 임정은 미소 분할 점령의 해방 1년 동안 격심한 적응 장애를 겪었다. 1946년 중반~1947년 말 김구와 한독당의 행보는 이승만과 함께 제2 반탁운동을 기본으로 하면서 좌우합작에 일시 참여하는 지그재그의 행보를 보였다. 1946년 10월 7일, 김규식과 여운형 중심의 「좌우합작 7원칙」이 발표되자 김구는 지지 담화도 발표했다 (3-1).[13]

그러나, 1946년 말 이승만의 방미를 앞두고 김구는 다시 이승만과 반탁 공동행동으로 돌아왔다. 당시 우파는 이승만의 방미를 구국의 '만리붕정 萬里鵬程'이라 찬양하였는데,[14] 김구가 1947년 설날元旦(양력 1월 22일)에 쓴 「붕정만리鵬程萬里」 역시 이승만과의 반탁 연대를 보여주는 것이다. 당시 이승만은 도미 외교를 통해서 정부 수립을 촉진하고, 김구는 국내에서 반탁운동을 통해 미소공위 재개를 저지하면서 영향력을 확대하고자 하였다.

김구는 1월 24일 반탁투쟁위원회 결성을 주도하고, 나아가 2월 8일 비상국민회의를 중심으로 민족통일총본부와 독립촉성국민회의 통합을 촉구하는 성명(3-2)을 발표하였다. 이 성명에서 김구는 자신이 1946년에 범한 세가지 실수로 ① 민주의원 창립에 관여한 것, ② 미소공위 5호 성명에 서명한 것,[15] ③ 좌우합작을 지지한 것 등을 거론하였다. 2월 29일 반탁투

---

13   1946년 11월 18일에도 김구는 좌우합작 지지 담화를 발표하였다. 『동아일보』『조선일보』 1946.11.19; 『백범어록』, 도진순 편, 돌베개 2007, 113~15면; 백범김구선생전집편찬위원회 편 『백범김구전집』 8, 대한매일신보사 1999, 208면.

14   1946년 11월 30일 창덕궁 인정전에서는 각계각층의 유지들이 모인 이승만 환송회가 개최되어 "백발노구로 만리붕정으로 도미하게 된 이승만의 장거"를 기원하는 성명을 발표하였다 (『동아일보』 1946.12.1).

15   1946년 4월 17일 미소공위는 공위의 협의대상이 될 정당·사회단체는 모스끄바 3상회의 결정에 대한 지지를 약속하는 선언서에 서명해야 한다는 내용의 5호 성명을 발표하였다. 이승만과 김구의 반탁진영도 미군정의 독촉으로 일단 서명했으며, 이러한 서명이 신탁통치를 수

쟁위원회는 경향 각처에 「반탁독립투쟁에 관한 건」이란 통첩을 발송하여, 3·1절 기념행사를 대대적인 반탁운동으로 연결하고자 하였다. 3월 1일 우익은 서울운동장에서 '기미독립선언 국민대회'를 개최하였고, 김구는 "반탁운동은 독립운동"이라는 기념사(3-3)를 하였으며, 김구 측의 주도로 "임시정부를 정식 정부로 추대한다"는 결의 사항을 채택하였다.

그러나 좌익은 이러한 시도를 '아희들 작난'으로 비난하였고, 우익 진영의 일부도 '국제정세를 모르는 미숙한 자살행위'라고 비판하였다. 이승만은 2월 말 김구로부터 "임시정부의 주권을 선포할 시기가 되었다"는 요지의 전보를 받고, 김구가 임계점을 넘었다고 판단하여 "내가 도착할 때까지 기다리시오"라는 급전急電을 띄웠다.[16] 4월 21일, 이승만은 중국을 경유하여 '개선 장군'처럼 귀국하였고, '이박사환국환영준비위원회' 위원장을 맡고 있던 김구는 공항으로 출영 나갔다.[17] 이리하여 김구의 임정법통론은 다시 실패하였다.

4월 23일 몰로또프 소련 외상이 마셜 미국무장관에게 "미소공위를 5월 20일 서울에서 재개하자"고 회신하여, 5월 21일 제2차 미소공위가 서울에서 재개되었다. 미소공위 2차 회담은 별다른 대립 없이 빠르게 진행되어 6월 7일 협의대상 문제에 합의했으며, 이어서 신문들도 "임시정부의 수립 목표 완성" 등의 제목으로 1면 전면에 보도하여,[18] 미소공위에 의한 정부 수립이 바야흐로 성공을 앞둔 것처럼 보였다. 이승만과 김구는 서로 경쟁할 여유가 없었고, 반탁에 모든 힘을 집중해야 했다.

용하는 의미인지 여부를 두고 의견차이가 발생해. 1차 미소공위는 5월 6일 무기휴회를 선언하게 되었다. 1947년 1월 16일 35개 우익 정당 및 사회단체들은 ① 미소공동위원회 「제5호 성명」에 대한 서명을 취소함. ② 하등의 기반과 근거가 없이 한갓 민족의 분열과 의혹으로 유도하는 소위 좌우합작위원회를 분쇄할 것이라는 2개항의 결의문을 채택했다.

16   도진순『한국민족주의와 남북관계』, 148~51면 참고.
17   『조선일보』1947.4.6.
18   『동아일보』『서울신문』『조선일보』1947.6.12.

그것이 6월 23일 단오절 반탁데모였다. 이날은 미소공동위원회 참여 단체의 등록 마감일이었으며, 보스턴 마라톤 대회에서 우승한 서윤복 선수가 인천항을 통해 귀국하는 날이었다. 반탁 진영은 '서윤복 선수 환영 국민대회'를 조직하였으며, 이를 통해 이날 사활적인 반탁운동을 전개하였다. 시청 앞 광장에 수만명이 모였고, "서윤복 만세!"로 시작된 구호는 "결사반탁!"으로 바뀌었으며, 진압하던 장택상 수도경찰청장이 말에서 떨어졌고, 미소공위 소련 대표 쉬띄꼬프 일행이 탄 지프차가 군중의 돌팔매질에 맞았다.[19] 이승만과 독촉국민회는 이날 집회에 역량을 총동원하였고, 김구는 자신의 메시지를 붓글씨로 써서 젊은이들을 추동하였다. "대한민국 29년(1947) 6월 23일, 반탁시위운동 및 서윤복 선수 개선 환영대회, 임시정부주석판공실 백범 김구"라는 긴 관기款記가 있는 김구의 유묵은 "광복조국光復祖國" "독립만세獨立萬歲" "독립정신獨立精神" "민족정기民族正氣" "철혈정신鐵血精神", 남이南怡 장군의 시詩 「북정北征」 2점 등 총 7점으로, 하루에 쓴 글씨로는 가장 많은 수가 남아 있다(3-4). 그 의미는 청년 장군 남이가 여진족을 물리쳐 나라를 구했듯이, "서윤복"을 "환영"하는 청년들은 "조국"의 "광복"과 "독립"을 쟁취하기 위해 "철혈" 같은 "민족정기"로 "반탁" 운동에 매진하라는 것이다(""는 유묵에 있는 글씨).

7월 초순, 미소공위가 협의대상인 정당·사회단체의 명부 작성 문제를 본격적으로 논의하는 단계에 접어들자 다시 위기에 빠졌고, 결국 실패하였다. 김구와 한국독립당은 1947년 후반 조소앙으로 대표되는 당내 진보파를 앞세워 정당협의회를 통한 중간파와의 합작운동을 도모하였지만 별다른 성과를 거두지 못하였다.

11월 19일 김구는 한독당에 정당협의회 참여 보류를 요청하고,[20] 이승만과의 합작을 모색하였다. 특히 11월 30일~12월 1일, 이틀 동안 이승만

---

19   손세일 『이승만과 김구』 6, 조선뉴스프레스 2015, 793~98면.
20   『조선일보』 1947.11.21.

과 김구는 일심동체처럼 움직였다.[21] 그 마지막 일정으로 12월 1일 오후 1시 30분 이승만과 김구는 나란히 국민의회 제44차 임시대회에 참여하여 치사하였고, 김구는 경교장에 돌아와 자신의 주장이 이승만과 조금도 다른 점이 없다는 담화(3-5)를 발표하였다. 남한 총선거에 의한 정부 수립으로 "남한이 단독정부와 같이 보일 것이나, 좀더 명백히 규정하자면 그것도 법리상으로나 국제관계상으로 보아 통일정부일 것이요 단독정부는 아니"라는 것이다.[22]

1947년 전반기 이승만 도미 시절 김구의 반탁운동, 특히 12월 1일 이승만과 노선을 같이한다는 김구의 성명은 1948년 이후 김구의 단정 반대 통일·독립 노선과는 분명하게 대조된다. 그리하여 김구가 남북회담을 추진할 때 김희경이라는 여인이 동아일보를 통해 이 성명을 길게 인용하며 비판하였고, 신민일보 사장(신영철)도 이 점을 날카롭게 지적하였다.[23]

'나의 소원'과 '아름다운 나라'

김구의 저명한 자서전 『백범일지』에서 본문보다 더 많이 읽히는 것이 권말의 「나의 소원」(4)이다. 그러나 「나의 소원」은 김구의 육필 『백범일지』(원본)에는 없었던 것으로, 1947년 12월 15일 『백범일지』가 국사원에서 출간될 때 권말에 갑자기 추가된 것이다. "네 소원이 무엇이냐?"의 문답시 시작부터 어휘 구사나 문체가 『백범일지』 본문과 적지 않게 달라, 「나의 소원」은 춘원 이광수의 작품이라는 주장이 오랫동안 있어왔다.[24]

---

21 11월 30일 오전 10~11시, 김구, 이화장에서 이승만과 회담; 오후 1시경, 두 사람 함께 서북청년회 창립 1주년기념식 참석, 훈화; 12월 1일 정오, 김구, 이화장 방문, 1시간 요담.

22 『조선일보』 1947.12.1, 12.2; 『백범김구전집』 8, 287~90면.

23 이 책 5-2(123면 주7), 5-7(144~45면).

24 김구의 아들 김신은 「나의 소원」을 이광수가 윤문한 바 있다고 밝힌 바 있으며(『신동아』 1986년 8월호), 김상구는 「나의 소원」은 100퍼센트 이광수 작품"이라고 주장했다. 정병진

「나의 소원」은 이광수가 초고를 쓴 것으로 보이지만, 영수급 지도자의 연설이나 선언은 대작인 경우가 허다하다. 김구의 경우 대단히 읽기 까다로운 명문인 「선열기도추념문」이나 「류인석 고유문」(2-4)은 정인보가 지은 것이다. 문제는 대작 여부가 아니라 김구의 정치노선과의 합치하는가, 또 글 그 자체로서 정당한가 여부이다. 이광수의 글이라고 무조건 나쁜 것도, 그 반대도 아니다.

「나의 소원」에서 가장 유명한 구절이 '아름다운 나라'와 '문화의 힘'인데, 그만큼 문제되는 구절이기도 하다.

> 나는 우리나라가 세계에서 가장 아름다운 나라가 되기를 원한다. 가장 부강한 나라가 되기를 원하는 것은 아니다. 내가 남의 침략에 가슴이 아팠으니, 내 나라가 남을 침략하는 것을 원치 아니한다. 우리의 부는 우리 생활을 풍족히 할 만하고, 우리의 힘은 남의 침략을 막을 만하면 족하다. 오직 한없이 가지고 싶은 것은 높은 문화의 힘이다. 문화의 힘은 우리 자신을 행복하게 하고, 나아가서 남에게도 행복을 주기 때문이다. 지금 인류에게 부족한 것은 무력도 아니요, 경제력도 아니다. (…) 인류 전체로 보면 현재의 자연과학만 가지고도 편안히 살아가기에 넉넉하다.[25]

'아름다운 나라'와 '문화의 힘'[26]은 21세기에도 강한 소구력이 있는 것

은 「나의 소원」을 이광수의 「내나라」(『돌벼게』, 파란꿈 2020) 『젊은 조선인의 소원』(eBook 2021) 등과 유사하다고 분석한 바 있다(정병진 「"김구 '나의 소원'에 이광수의 흔적이 보인다", 〈오마이뉴스〉 2017.8.24).

25 도진순 주해 『백범일지』, 431면.

26 '아름다운 나라'는 아베 신조오 일본 총리의 슬로건이기도 했다(安倍晋三 『美しい国へ』, 東京: 文藝春秋 2006). 근대 일본에서 '아름다운 나라'의 이상적 모델은 메이지 일본인데, 메이지 일본은 서구적 근대화에 의한 부국강병과 더불어 일본의 미풍양속과 문화의 아름다움을 강조하는 "일본 미화(美化)" 담론이 풍미하였다. 또한 1945년 패전 직후 일본에서는 국가 재건의 지침으로 군국주의와 결별하는 '문화국가' 담론이 붐을 이루기도 했다. 일본 유학생 출

으로 높이 평가하는 경우가 허다하다. 그러나 한반도에서 사활적으로 중요한 안보(무력) 및 경제, 그리고 자연과학이 경시되고, 문화가 이러한 것들과 선순환적으로 연결되지 않고, "오직" "문화의 힘"만 분리 강조되는 한계는 이광수의 문화주의를 일정하게 반영한다고 볼 수 있다. 또한 "강력한 국방군을 건립"하자고 했던 백범의 강병론(1-6)과도 배치되며, 그가 「도산 안창호 애도문」(5-5)에서 강조한 "암담하기 짝이 없는 남한의 정세", 즉 실업자와 행려병사자의 만연, 신음하는 농민, 식량 부족, 가혹한 잡부금, 향촌과 도시의 빈곤, 학비 과다, 석탄과 전기 부족, 열차 운행 정지, 화폐 발권 남발, 모리배 발호, 기하급수적 물가 상승 등의 현실과도 상당히 괴리되어 있다.

전환: '반탁·독립'에서 '통일·독립'으로

1947~48년 연말연시 김구에게 뜻밖의 시련이 다가왔다. 이승만과 정부 수립을 위한 합작을 적극적으로 모색하던 와중에, 1947년 12월 2일 한민당 정치부장 장덕수가 암살되었고, 그 배후로 김구가 지목되었다. 1948년 1월 16일 수도청장 장택상은 장덕수 살해 혐의로 한독당 중앙위원 김석황을 체포하였고, 1월 21일 한민당은 임정과의 결별을 선언하였다.

1월 28일, 김구는 유엔한국임시위원단UN Temporary Commission on Korea (UNTCOK, 이하 '유엔임시헌위')에 「6개항 의견서」(5-1)를 제출하였다. 「6개항 의견서」는 '미소 양군 철수 후 유엔 감시하 남북지도자들 간의 합의에 의한 전국 총선'으로 요약할 수 있는데, 1947년 이승만·한민당과 합작하여 남한 지역 선거 참여를 추진하던 입장에서 명백하게 전환된 것이었다.

「6개항 의견서」는 김구가 통일·독립 민족주의로 방향 전환하는 신호탄이 되어 당시 정국의 최대 이슈가 되었다. 한국민주당과 동아일보가 주도

신 문화주의자 이광수는 이러한 담론에 익숙했던 것으로 보인다.

하는 '한국독립정부수립대책협의회(한협)'[27]는 김구를 "크레믈린궁의 한 신자"로 맹렬하게 비난하였고, 김규식의 민족자주연맹과 중간좌파의 정당협의회 등은 김구의 의견서를 지지하였다. 한협의 비판에 맞선 김구의 답변이 2월 10일 발표한 「삼천만 동포에게 눈물로 고함」(5-2)이란 장문의 성명서이다.[28] 여기서 김구는 한민당과 단정세력을 "미군 주둔 연장을 자기네의 생명연장으로 인식하는 무지몰각한 도배들" "박테리아가 태양을 싫어함이나 다름이 없이 통일정부 수립을 두려워하는" "매국매족의 일진회식"으로 맹렬하게 비판하였다. 이 성명에서 김구는 "미소 양군 철퇴"와 "남북지도자회의 소집"을 "강철 같은 원칙" "중국 장제스 주석의 이른바 '변하지 않는 것으로 만가지 변화를 감당한다[不變應萬變]'는 원칙"이라 강조하였다. 이 성명으로 인해 김구·한국독립당과 이승만·한국민주당은 이제 돌아올 수 없는 다른 길로 들어섰다.

이어서 김구는 김규식과 함께 공동명의로 김일성과 김두봉에게 각각 서한을 보냈다. 김일성에게 보낸 서한은 김규식 측의 신기언申基彦이 초안을 작성하였는데, 남북협상에 대한 구체적인 제안들이 주로 언급되어 있다. 김두봉에게 보낸 서한(5-4)은 김구 측의 엄항섭이 초안을 작성한 것으로, 일제 식민 말기 충칭 임시정부와 옌안延安 독립동맹이 연합을 모색한 역사를 상기시키며 남북 지도자 간의 유대에 대해 주로 언급하였다.[29]

김일성·김두봉에게 서한을 보내고 답신을 기다리는 사이, 김구는 장덕수 암살사건으로 두차례(3월 12일, 15일) 미군정 법정에 출두해 증인 신문을 받게

---

27 1947년 6월 20일 한민당 주도로 미소공위 참가를 주장하는 '임정수립대책협의회'가 수립되었고, 1948년 1월 8일 유엔위원단 입국을 계기로 1월 21일 '임협'의 조직을 확대 강화하여 '한국독립정부수립대책협의회'로 개칭하였다. 『동아일보』 1948.1.22, 23, 30, 31.

28 이 성명서는 엄항섭이 초안을 만들었는데, 초안 작성에 앞서 북에서 서울에 파견된 거물공작원 성시백을 두차례 만나 의견교환을 했다는 증언이 있다. 유영구 『남북을 오고간 사람들』, 도서출판 글 1993, 38면.

29 송남헌 「김구·김규식은 왜 38선을 넘었나」, 우사연구회 엮음 『우사 김규식 — 생애와 사상 3: 몸으로 쓴 통일독립운동사』, 도서출판 삼진 2020, 133면.

되었다. 당시 그의 심경을 알 수 있는 글 세편(5-5, 5-6, 5-7)을 수록하였다.

3월 10일, 김구는 안창호 서거 10주년을 맞아 망우리의 안창호 묘를 찾아 「애도문」(5-5)을 낭독하였다. 이 애도문은 당시 김구가 처한 위기가 반영되어 망자에 대한 애도보다 현실 정국에 대한 비장한 입장이 강하게 피력되어 있다. 특히 유엔한국임시위원단의 메넌Kremara P. S. Menon 의장, 중국 대표 류위완劉馭萬, 필리핀 대표 아란즈Melecio Arranz가 단정노선으로 기운 것을 강력 비판하였다.

3월 20일 김구는 남산공원에서 열린 재남在南이북인대회에 참여하여, 총선 반대와 남북통일 정부를 강조하는 연설을 하다, 군중들의 반발로 연설이 중지되었다. 김구는 이날 다 하지 못한 연설 원고를 다음 날 「월남 동포에게 주는 글」(5-6)로 정리하여 발표하였다. 이 글에서는 "이북인은 같은 이북인을 죽이지 말라"라는 지연地緣과, "한국인은 같은 한국인을 죽이지 말라"는 혈연을 축으로 하는 김구 민족주의의 한 전형을 볼 수 있다. 혈연과 지연을 중심으로 하는 이러한 민족주의는 당시 두개의 이념을 중심으로 적대적 세계로 나아가는 동서냉전의 현실과는 상당한 거리가 있다. 3월 21일의 「신민일보 사장과 대담」(5-7)은 김구의 통일·독립 노선이 지닌 다양한 면모가 드러나 있다. 여기에는 신민일보 사장(신영철)의 날카롭고 거침없는 질문의 공이 크다.

김구가 북에 시한을 보낸 지 한달 정도 지난 3월 25일, 북조선민주주의 민족통일전선 중앙위원회는 「남조선 단독정부를 반대하는 남조선 정당·단체에게 고함」이란 서한을 방송으로 발표하며, "4월 14일" "남조선 단독선거를 반대·투쟁하는 남북 조선의 모든 민주주의 정당 사회단체 대표자 연석회의"를 "평양에서" 개최할 것을 제의하였다.[30] 여기서는 김구·김규식의 서한에 대해서는 일체 언급이 없었다.

---

30   도진순 『한국민족주의와 남북관계』, 369~71면.

방송 이틀 이후인 3월 27일, 김일성·김두봉은 겉봉에 "김구·김규식 선생 공감共鑑"이라 쓴 서한(5-4-2)을 전달하였다. 김규식의 부인 김순애에 의하면 서한의 전달자는 6·25 직전 거물간첩으로 사형당한 성시백이었다.[31] 서한의 내용은 해방 이후부터 지금까지 김구·김규식의 반탁운동을 강하게 문책·규탄하고, 김구·김규식이 제의한 '남북요인회담'을 3월 25일 방송한 '남북 정당·사회단체 연석회의'의 틀 안에 '남북조선 소범위의 지도자 연석회의'로 흡수·수용한다는 것이었다.

남북연석회의와 논란

김일성·김두봉의 서한을 받고 김구는 많은 고민을 하였지만, 1948년 3월 12일 김규식·김창숙·조소앙·조성환·조완구·홍명희와 더불어 남한 총선 불참과 통일독립에 여생을 바칠 것을 맹세하는 「7인 공동성명」을 발표하였으며, 이에 힘입어 4월 3일에는 김규식과 더불어 통일독립운동자협의회를 결성하였다(6-1).

통일·독립으로 방향을 대전환하고 난 이후, 김구는 남과 북 쌍방으로부터 진퇴양난의 어려움을 당하였다. 김구의 「평양행 한독당 대표 환송연 연설」(6-2)에는 이러한 당혹감이 반영되어 있다. 김구는 평양에서 열린 남북연석회의에도 4월 22일 잠깐 참여하여 간단한 축사(6-3)만 하였고, 평양 일대를 관람하였다(6-4). 그러나 4월 30일에 열린 남북 정당 사회단체 지도자협의회의 「공동성명서」(6-5)에는 김구의 한독당도 서명하였는데, 성명서의 핵심은 ① 미소 양군 철수, ② 북한의 남침에 대한 우려 불식, ③ 전국 총선에 의한 통일국가 수립, ④ 남한의 단선 단정 반대로 요약할 수 있다.

남북연석회의를 다녀온 이후 한독당의 노선 분란을 보여주는 흥미로

31   송남헌 「김구·김규식은 왜 38선을 넘었나」, 140~41면.

운 문건(6-6)이 있다. 이 문건의 작성 시기는 5월 말로 추정되며, 10월 10일 보도된 것은 10월 12일 조소앙의 한독당 탈당[32]과 관련이 있는 것으로 보인다. 남북연석회의 참여 이후, 미국에서 김구가 공산주의자라는 논란이 일어났다. 피치 목사의 부인 제럴딘Geraldine Fitch은 미국 『뉴리더』*The New Leader* 편집장(오크Mr. Oak)에게 서한(6-7)을 보내 김구를 변호하였다. 제럴딘은 1932년 윤봉길 의거 직후 김구 일행을 숨겨준 생명의 은인이며, 해방 이후에도 김구에게 각별한 관심과 애정을 가지고 있었다. 그녀는 김구·김규식을 "있는 그대로as they are 묘사"한다면서, 그들이 "슬프게도 실수하고 있지만 '공산주의'는 아니"라고 변호하였다. 이 문건에서는 3차대전과 일본의 재무장에 대한 김구 측의 우려도 확인할 수 있다.

대한민국 정부 수립 전후 통일독립촉진회

1948년 6월 7일 김구는 김규식과 더불어 공동성명(7-1)으로 통일독립운동자협의회의 강화 확대를 발표하였다. 그러나 통일독립운동자협의회에서 중요한 역할을 한 독립노동당 대표 유림柳林이 장문의 성명서로 남북합작 추진파를 "공산당 제5열"로 비판하고 이탈하여,[33] 김구·김규식에게 큰 충격을 주었다. 우여곡절을 겪은 끝에 7월 21일 김구·김규식은 '통일독립촉진회'를 결성하였다(7-3). 결성대회에서 김구는 "앞으로 열릴 유엔총회에서 저울질"을 앞두고 "애국통일독립운동자들은 희생을 각오하고 통일을 위하여 싸워야 하겠다"고 강조하였지만, 김규식은 "이제 남조선 국회에서 대통령이 선출됐는데, 나는 과거에 나의 성명과 같이 반대도 안 하고 참가도 아니하는 동시에 그거나마도 잘돼나가기를 바라며, 정부가 아무렇든 간에 외국인의 군정부보다는 낫게 되기를 바란다"며 한발을 빼고 있었다.

---

32 『서울신문』 1948.10.13; 강만길 편 『조소앙』, 한길사 1982, 271~75면.
33 『동아일보』 1948.7.10.

한편, 당시 유엔임시한위는 '유엔감시하 남한지역 선거'를 적극 추진하고 있었는데, 이를 주도하던 류위완劉馭萬이 7월 11일 경교장으로 김구를 방문하여 두세시간 밀담을 나눈 비망록이 남아 있다. 「김구-류위완 대담록」(7-2)은 2009년 처음 공개되었지만[34] 이후 학계에서 거의 논의되지 않다가, 2024년 영화 〈건국전쟁〉에서 소개한 이후 널리 알려졌으며 반박성 논평도 있었다.[35] 여기서 이 문서에 대해서 길게 언급할 여유가 없지만, 김구의 말투·표정·반응에 대한 구체적인 묘사는 현장에 참석한 사람만이 가능한 것인데, 이날 통역으로 동행한 변영태가 작성한 것으로 보인다.[36] 이 문건은 당시 김구의 측근으로 파리로 가서 프랑스 외무국장을 만난 서영해[37]의 발언(8-5)과 비교해도 내용은 신뢰할 만하다. 참고로 김구가 암살된 이후 아들 김신金信은 경교장京橋莊을 비위주어야 했는데, 당시 중국총영사 류위완이 적산敵産으로 자신의 관사가 된 금화장金華莊을 김신에게 주선해주었다.[38] 즉 류위완은 김구와 김신에게 호의적이었다.

---

34   조갑제 「이화장에 있는 '김구-류위완 대화 비망록' 전문 공개」, 『월간조선』 2009년 9월호.

35   한홍구 「여전히 계속되는 백범을 향한 총질: 백범 암살 75주기를 맞으며」, 〈프레시안〉 2024.6.26.

36   『한성일보』 1948.7.13. 같은 날 류위완도 본국에 김구와 밀담한 사실을 간단히 보고하였다 (『중국 대만 소재 한국사 자료 조사보고』 2, 국사편찬위원회 2007: https://db.history.go.kr/ contemp/level.do). 변영태(卞榮泰, 1892~1969)는 중국 셰허(協和)대학 영어영문학과 중퇴로, 해방 직후 고려대 교수로 재직하다 정부 수립에 적극 참여하였다. 1948년 3월 유엔임시한위와 협의해 총선거를 추진하는 민족대표단이 선정되었는데, 이승만을 위시한 33인에 변영태가 포함되었다(『서울신문』, 『조선일보』 1948.3.6). 변영태는 정부 수립 이후 필리핀 특사, 외무부 장관, 국무총리를 역임했다. 형 변영만, 아우 변영로 모두 저명인사이다.

37   서영해(徐嶺海, 1902~?)는 1919년 17살의 나이로 3·1운동에 참여, 이후 상하이로 망명하였고, 프랑스에 유학하며 저술활동과 기자 생활로 임시정부와 연결된 독립운동을 전개하였다. 1947년 귀국하여, 연희전문 등에서 프랑스어를 가르치며 김구의 외교활동을 자문했다. 1948년 4월 평양의 남북연석회의에 기자 자격으로 참여하였고, 북에서 돌아와 김구의 위촉으로 파리유엔총회의 한국정부 승인을 저지하기 위해, 상하이를 경유하여 우여곡절 끝에 프랑스에 도착, 12월 1일 프랑스 외무부 아주국장을 만났다. 1995년 건국훈장 애국장에 추서되었다. 『서영해: 파리의 꼬레앙, 유럽을 깨우다』, 부산박물관 2019; 정상천 『파리의 독립운동가 서영해』, 산지니 2019 참고.

38   김신 『백범의 아들 김신 회고록: 조국의 하늘을 날다』, 돌베개 2013, 167~69면. 당시 류위완

류위완이 중앙청에서 축사를 하는 8·15 정부 수립 당일, 김구는 담화와 더불어 한시 세 편을 붓글씨로 썼다(7-4). 세 편의 시는 ① 성삼문成三問의 「백이 숙제 사당에서〔詠夷齊廟〕」, ② 이설李偰의 「선죽교를 지나며〔過善竹橋〕」, ③ 이양연李亮淵의 「눈 내리는 들판〔野雪〕」인데, 어떠한 성명서보다 김구의 정부 수립 반대의 심정을 잘 보여주고 있다.

정부 수립 전후 김구의 내면은 「김동환과의 단독 회견」(7-5)에서도 생생하게 확인할 수 있다. 시인이자 『삼천리』 주간이었던 김동환의 거침없고 예리한 질문이 흥미로운 답변들을 이끌어내었다. '북한의 수명', 김일성에 대한 평가, 남북연석회의 당시 만난 북한 지도자들과의 대화, 미소美蘇 전쟁 여부, 통일에 소요되는 시한, 통일로 가는 "국제적으로 어떤 큰 기회" 등이 특히 주목된다. 앞서 언급한 「류위완 대담록」, 뒤에서 살펴볼 「서영해 면담 메모」와 비교해서 읽어볼 필요가 있다.

대한민국 승인 문제와 여순사건

김구가 김규식과 더불어 1948년 7월 21일 '통일독립촉진회'를 결성한 가장 중요한 이유가 그해 9~12월 프랑스 파리 샤요궁Palais de Chaillot에서 열리는 3차 유엔 총회의 대한민국 정부 승인에 대한 대처였다. 9월 9일, 유엔 승인을 위해 장면을 수석대표로 하는 대한민국 대표단이 출발하였다. 이에 앞서 김구와 통일독립촉진회는 승인 저지를 위해 김규식을 단장으로 대표단 파견을 구상하고 있었다. 그러나 김규식은 민간단체 대표의 유엔 참가가 불가능하다는 이유로 단장을 사임하면서 유엔 승인 반대 운동에서 한발을 뺐고, 선발대로 파견한 서영해徐嶺海는 여권 문제로 상하이에서 출발이 지연되어 10월 31일까지 파리에 도착하지 못하였다.[39]

은 유엔 본부로 발령이 나서 한국을 떠나야 할 형편이었다. 현재 금화장(서울시 서대문구 충정로9길 10-10)은 김구재단(https://www.kimkoo.org/)이 사용하고 있다.

9월 유엔 총회의 개막이 임박하자 통일독립촉진회는 설의식·엄항섭·배성룡·신기언 등으로 '외무전문위원회'를 구성하고,[40] 유엔 사무총장 리 Trygve Lie에게 보내는 서신(8-1)을 작성하였다. 서한의 초안은 부주석 김규식의 거절로 회장 김구와 사무총장 김붕준 명의로 되어 있으며, 핵심내용은 ① 남북 분단 정부는 1947년 11월 14일 유엔 결의(유엔 감시하 전국 총선) 위반으로 중앙정부로 인정할 수 없으며, ② 통일독립촉진회 대표의 유엔 총회 참석 요구였다. 대한민국 정부는 대변인을 통하여 이 서한을 강력하게 비판하였고, 김구가 파견한 서영해는 유엔총회에 참석하지 못하였다.

10월 1일 오전, 김구는 광주극장에서 "총칼보다 더 무서운 정신무장"을 강조하였고,[41] 오후에는 충장로 관음사에서 "미소 양군 즉시 철퇴" "자주 민주 통일 독립 정부의 수립" "일본 재무장 문제" 등을 피력하는 기자회견을 하였는데(8-2), 그날 서울의 수도경찰청은 최능진崔能鎭[42] 등을 내란 음모의 혐의로 검거, 군사 쿠데타 음모와 연루된 것을 조사하고 있었다.[43] 10월 중순 국회에서 소장파 의원들의 「외군外軍 철퇴 긴급 결의안」으로 정국이 혼란한 가운데, 10월 19일 저녁 여수에서 국군 제14연대 일부 군인들이 제주 4·3 사건 진압 명령을 거부하는 폭동이 일어났다(여순사건). 10월 21일, 이범석 국무총리 겸 국방장관은 "공산주의자가 극우 정객들과 결탁한 반국가적 반란"으로 규정하였고, 다음 날 김태선 수도경찰청장은 "파

39   『서울신문』『조선일보』『경향신문』『동아일보』『남조선민보』 1948.8.7; 『남조선민보』
      1948.8.10; 『대동신문』 1948.11.16.
40   『국제신문』 1948.9.11.
41   『해남신문』 1948.10.2.
42   최능진(1899~1951)은 안창호를 따라 흥사단 운동에 참여했으며, 1937년 수양동우회 사건
      으로 검거되어 징역형을 받았다. 미군정기 경무부 수사국장으로 친일경찰 청산을 주장하며
      조병옥·장택상과 마찰을 빚었다. 1948년 제헌국회의원 선거에서 이승만에 맞서 동대문구
      갑 선거구에 입후보를 시도했으나 이승만 추종 세력의 선거 등록 방해로 실패하였다. 그는
      한국전쟁 중 군사재판에서 사형선고를 받고 1951년 2월 11일 총살되었다.
43   『조선일보』 1948.10.5.

리 유엔총회 개회 중"에 군사반란을 도모한 정황을 설명했다.[44]

10월 27일 김구는 여순사건의 '극우〔김구〕 개입설'에 대해 강력 반박하면서(8-3), 여순사건이 "중립적 UN회원국"의 대한민국 승인에 영향을 미칠지도 모른다고 언급하였다. 11월 1일에는 외신 UP 기자와의 시국 담화(8-4)에서 여순사건의 우익 관련설을 다시 부인하면서 미군 철수, 남한정부는 사실상 행정기관에 지나지 않는 것, 유엔의 한반도 문제 처리와 3차대전 방지 등 시국 전반에 대해 의견을 피력하였다.

한편, 김구가 파리에 파견한 서영해는 12월 1일 프랑스 외무부 아주국장을 만났으며, 아주국장은 다음 날 면담 메모(8-5)를 남겼다. 여기에는 남북연석회의 당시 김구와 북측 지도자들의 협의 내용, 남한 정부의 향후 진로에 대한 김구의 예측, 여순사건과의 관련 등 여러 가지 중요한 사실이 언급되어 있어,「김구-류위완 대담록」(7-2)과 비교해서 읽어볼 필요가 있다. 여순사건 관련 소문이 이후 김구 암살사건으로 연결되었음은 실리George E. Cilley 미군 소령의「김구-암살 관련 배경정보」(1949. 6. 29. 작성, 1949. 7. 1. 보고)[45]에서도 확인할 수 있다. 서영해는 당시 유엔 3차 총회에서 대한민국 정부 승인 문제가 의제로 다루어지지 않을 것으로 예상하였지만, 유엔 총회는 마지막 날(12월 12일), 마지막 회의, 마지막 섹션(오후 5시 15분)에서 대한민국 정부 승인 문제를 전격 표결에 부쳐 총회 결의「제195호」로 대한민국 정부를 합법정부로 승인하였다.

---

44   『서울신문』『자유신문』1948.10.22, 10.23.
45   Record Group 319, Entry 85A, Army Intelligence Document File, 1944~45 (ID File) no. 573339, "Kim Koo: Background Information Concerning Assassination"(1949.7.1); 정병준 「백범 김구암살 배경과 백의사」,『한국사연구』128, 2005, 259~63면.

최후의 광경

1948년 12월 12일 유엔의 대한민국 정부 승인은 1948년 정초부터 김구가 추진해온 통일·독립 노선의 심대한 좌절을 의미한다. 이후 김구는 한동안 침묵을 지키다가 유엔에서 "절대다수 국가"가 한국 정부를 승인한 것은 "영원히 기억할 만한 거대한 역사적 사실"로 논평하였다(9-1). 이로 해서 세간에는 이승만·김구·김규식의 3영수 합작에 대한 희망도 불러일으켜졌지만, 그것은 끝내 성사되지 않았다.

유엔에서 대한민국 승인 이후 김구와 한독당의 노선을 결정한 것이 1949년 1월 16일 한국독립당 중앙집행위원 회의였다. 김구는 개막 연설(9-2)에서 베를린 봉쇄, 팔레스타인 문제, 인도의 네루가 주도하는 '아시아 회의'와 인도네시아의 식민 청산 문제, 공산 중국의 부상, 미국의 대통령 선거 등 세계정세 전반에 대해 언급하면서 세계가 평화로 가고 있으니, 한반도에서도 서울에서 남북협상이 재개하기를 희망하였다. 그러나 당시 세계는 김구의 예상과는 반대로 '두개의 서로 다른 세계', 동서 냉전으로 나아가고 있었다. 김구는 "우리의 걸어온 길은 정확하였다"면서 "앞으로 갈 길도 이 길뿐"이라 주장하였지만, 김구도 언급한 바와 같이 이러한 주장이 세간에서는 '공염불空念佛'로 치부되고 있었다.

해방 이후 김구의 사상은 앞서 언급한 바와 같이 1948년을 기점으로 그 이전은 '반탁·독립', 그 이후는 '통일·독립'으로 나눌 수 있다. 전자의 마지막 소회가 1947년 12월의 「나의 소원」(4)이라면, 후자를 대표하는 것이 1948년 2월 「삼천만 동포에게 눈물로 고함」(5-2)이라 할 수 있다. 1949년 3월의 「민족통일의 재구상」(9-3)은 '반탁·독립'과 '통일·독립'이 어떻게 연결되는지 보여주는 글이다. 이 글에서는 「나의 소원」에 나오는 '독립' '아름다운 나라' '문화의 힘' 등의 구절들도 다시 언급하고 있다.

1949년 5월 31일 유엔한국위원회United Nations Commission on Korea

(UNCOK)는 한독당 위원장 김구를 초청하여 한국통일문제에 관한 견해를 청취하였다. 김구는 지론인 '서울에서의 남북 민간지도자 회담'을 주장하면서, 남북에 이미 정부가 수립된 상황을 반영하여 "남북 정권의 대변인도 개인 자격으로 참가"하는 회의 방식을 제시하였다(9-4). 그러나 이것 역시 남북 두 정권에서 받아들이기 힘든 '공염불'이 되었다.

김구의 생애 마지막 노선 표명은 1949년 6월 13~15일 한국독립당 제7계 전당대표대회에서였다. 13일 김구의 개막연설이 있었고, 15일 한독당은 「선언문」을 비롯하여 미소 양국 원수, 맥아더 장군 및 남북동포 제 정당·사회단체 등에 보내는 메시지를 발표하였다. 김구는 평화 통일과 남북지도자회담을 위하여 남한 민족 진영의 '원칙 있는 단결'을 주장하였고, 한독당은 유엔의 능력에 회의를 표명하고 "동아시아, 인도네시아, 발칸 등지에서" 진행되는 "민족자결을 위한 강렬한 반제투쟁"을 소개하면서 "낡은 제국주의세력의 침략정책을 배격하고" "조국의 통일을 위하여 최대의 열의를 경주하며 투쟁할 것"을 선언하였다(9-5). 일종의 제3세계노선이라 할 수 있다.

김구 서거 이후 발간된 유고遺稿의 중에 「공염불과 현실」(9-6)은 자신의 주장이 공염불이란 비판에 대한 반비판이다. 김구는 '반탁 이념의 3대 요소'로 양군철퇴, 남북통일, 완전자주독립을 거론하고, 그간 공염불이라고 비판받있던 양군철퇴기 헌실이 되었으니, 이제 또 다른 공염불이라는 남북통일, 완전독립도 실현하자고 강조하였다.

몽양 여운형: 좌·우, 남·북, 미·소의 사이에서

몽양 여운형은 백범 김구를 넘어서는 광폭의 행동반경과 타의 추종을 불허하는 다양한 평가가 있다. 그는 중국의 쑨원孫文, 장제스蔣介石, 마오쩌둥毛澤東, 소련의 레닌과 트로쯔끼, 일제日帝의 도조 히데끼東條英機 수상, 코이소 쿠니아끼小磯國昭 수상, 우가끼 카즈시게宇垣一成 총독 등 각 국의 정상급 인물을 두루 만났으며, 해방정국에서는 미소가 각각 통일 한반도의 수반으로 고려한 바가 있는 독특한 인물이다. 여운형에 대한 평가도 친일, 친소, 친미, 사회주의자, 진보적 민주주의자 내지 민족주의자, 민주사회주의자, 융화주의자 등 극히 다양하다.

1926년경 김구와 김창숙 등이 여운형을 일제 밀정과 가깝다고 비판한 적 있었지만,[46] 해방 후 미군정의 조사에 응한 고위 일본인 정치가들은 대부분 여운형이 친일로 끝내 경도되지 않았으며, 민족적 견지를 유지했다고 증언하였다(여운형 편 1-1). 여운형의 경우도 최대의 쟁점은 역시 해방 이후이다. 그는 한편으로 남의 하지 주한미군사령관 및 미군정과, 다른 한편으로 북의 로마넨꼬·김일성 등과 내밀하게 연결되었다. 그의 절묘하고도 위험한 행보는 결국 비극적 암살로 귀결되었다.

조선건국준비위원회 20일

여운형은 8·15해방 바로 다음 날, 경성 계동 휘문중학운동장에서 5,000여 군중 앞에서 '해방 제1성의 복음'(1-2)을 전한 것으로 유명하다. 해방 전후 총독부와의 접촉은 여운형에게 양날의 칼과 같은 것이어서, 국내에서 해방 제1성의 복음을 전해 선두주자로 나설 수 있었지만, 총독부와의 접촉으로 반대파의 질시와 의혹, 친일파라는 공격을 받았다.

여운형은 8월 15일 조선총독부 정무총감 엔도오 류우사꾸遠藤柳作와의 교섭 이후 조선건국준비위원회(이하 '건준')를 결성하였다(1-3). '건준'은 이름에서 짐작할 수 있는 바와 같이 단순한 치안 유지나 행정권 접수를 넘어

46   심산사상연구회 편『김창숙 문존』, 성균관대학교출판부 1994, 244~45면.

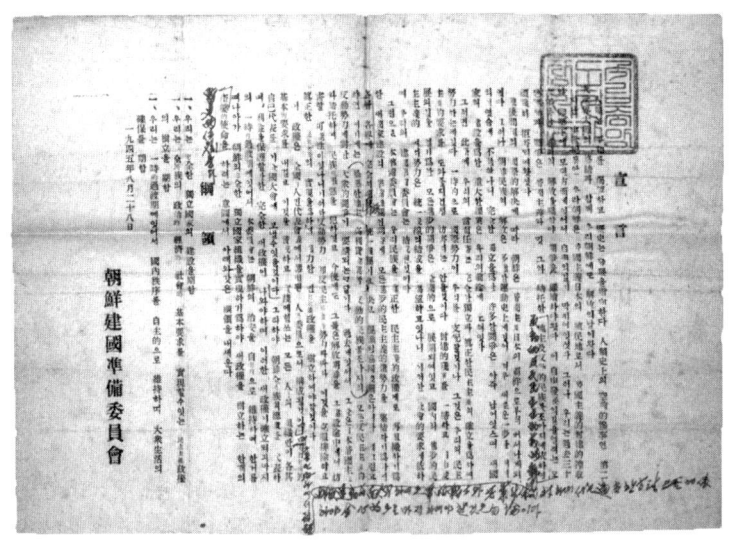

전단: 건준 선언과 강령(1945.8.28) 국립중앙도서관 소장

서 중차대한 '건국'을 '준비'하기 위한 것이었다.[47] 이 두가지의 차이를 이해하는 것이 중요하다. 치안 유지를 넘어 건국으로 나아가게 되면, 새로 주둔하는 미군정과는 물론, 김구와 충칭임시정부의 '임정법통론', 한민당의 '임정봉대론'과 충돌하지 않을 수 없었다.

이러한 민감성을 알고 있었기 때문에 건준 초기 여운형은 두 차원 사이를 넘나들었다. 해방 제1성(1945.8.16)은 물론, 건준 위원장 담화(1-3)나 건국준비위원회 위원장 연설(1-4)까지도 무게 중심은 치안 유지 쪽에 있었다. 그러나 건준의 역사적 선언과 강령(1-5)에 이르면 치안 유지보다 건국 문제가 현격히 부상하였다. 이만규는 선언이 "거의 여운형이 지었다고 할

47   1945년 8월 15일 조선총독부 정무총감 엔도오 류우사꾸(遠藤柳作)가 여운형에게 요청한 것은 '치안 보조'였는데, 여운형은 이를 '정권 접수'로 활용하였다. 정병준 『현대 한국의 원형: 1945년 해방 직후사』, 돌베개 2003, 78면.

만치 여운형이 내용을 대수정한 것"이라고 하였지만, 이정식은 선언이 여운형이 아닌 건준 좌파의 주도로 작성된 것이라고 보았다.[48]

그런데 8월 28일(화)의 이 중요한 건준 선언은 이 날짜의 전단傳單(ⓐ)으로 배포된 것과, 5일 후인 9월 2일(일) 건준 서기국書記局에서 발표한 것(ⓑ 『매일신보』1945.9.3)이 몇 군데 중요한 차이가 있다. 전반적으로 전단이 더 과격하여 논란이 있었던 것으로 보이며, 여운형 측에서 부분적으로 수정하여 5일 후 서기국에서 언론에 발표한 것으로 추정된다. 국립중앙도서관에 소장된 전단에는 붉은 글씨로 수정된 부분이 있는데, 9월 2일자『매일신보』에 보도된 선언과 대체로 일치한다.

선언 ⓐ ⓑ에서 가장 주목할 점은 역시 정권 수립 방안이다. ⓐ는 ① "이 정권은 전국적 인민대표회의에서 선출된 인민위원으로서 구성될 것이며" 그것도 ② "민주주의적 기본적 요구를 내걸고 이것을 찬성하고 실천에 힘쓰는 모든 인민의 조직만이 각기 자기 대표를 이 전국대회에 보낼 수 있을 것"으로 한정하였다. ⓑ에서는 ①만 남기고, ② 대신 "그동안 해외에서 조선해방운동에 헌신하여온 혁명전사와 그 집결체에 대하여서는 적당한 방법에 의하여 전심全心적으로 맞이하여야 할 것"이라며, 임정 등 해외 독립운동 단체에 대한 환영을 추가하였다. 또한 임정법통론에서는 최종 단계에서 전국적 보통선거에 의한 정식 정부수립(김구 편 1-1)이 있었지만, 건준의 선언(ⓐ, ⓑ)에는 보통선거가 없고 인민대표회의만 언급되어 있다. 이렇게 건준의 건국론은 임정과 우익의 '임정법통론'과 대립하게 되었으며, 좌익의 '인민공화국' 건립으로 이어지게 되었다.

여운형은 8월 15일 총독부와 접촉한 데 이어서, 새로 진주하는 미군과도

---

48 이만규『여운형선생투쟁사』, 민주문화사 1946, 210~13면; 정병준『1945년 해방 직후사』, 124~26면. 이정식은 건준 좌파들이 「선언」을 작성하였으며, 「선언」발표 이후 건준에서 여운형의 주도권은 오히려 사라졌다고 보았다(이정식『여운형: 시대와 사상을 초월한 융화주의자』, 서울대출판부 2008, 522~25면).

누구보다 먼저 접촉을 시도하였다. 여운형은 동생 여운홍呂運弘 등 3인을 특사로 파견하였고, 9월 5일 인천에 미리 도착한 특사들은 사흘 동안 덕적도 앞바다에서 기다린 후, 9월 8일 미군사령함USS Catoctin에 올라 제24군단 참모장 가빈Crump Garvin 준장에게 여운형의 편지(1-6)를 전했다. 편지의 내용은 '건준'을 소개하고, 협력과 원조를 희망하는 것이었다.[49]

그런데 인천에서 세 특사가 편지를 전하기 이틀 전(9월 6일), 경성에서는 건준을 중심으로 이미 조선인민공화국(이하 '인공')이 수립되었다. 여운형의 특사들은 인공 수립을 모르고 사라지는 '건준'을 당부하는 격이 되었다. 미군들은 여운형의 이 해프닝을 "새로운 미국 체제에 영합하려는 우스꽝스러운 시도" "놀라운 기회주의"로 평가절하하였다.[50] 이것은 주한 미군의 여운형에 대한 선입관에 강한 영향을 주었다.

'조선인민공화국'에서 '조선인민당'으로

1945년 9월 6일 경기여고 강당(현 헌법재판소 자리)에서 1,000여명이 이른바 '전국인민위원회 대표자 대회'를 열고 '조선인민공화국'을 창건하였다. 여운형은 의장으로 선출되어 '비상한 때에는 비상한 인물들이 비상한 방법으로 비상한 일을 하지 않으면 안 된다'는 요지의 개회사를 했다(2-1). 그가 밀한 비상조치의 가장 주된 이유는 "연합군의 진주"였지만, 앞서 언급한 바와 같이 인천에서 그의 특사들은 미군에 사라지는 '건준'을 소개하고 협조를 당부하였다.

여운형은 1945년 10월 1일 기자단 앞에서 인민공화국의 명칭 문제 등 중요한 쟁점에 대해 해명하였는데, 충칭의 임정을 해외에 있는 "5개의 정

---

49   세 명의 특사는 편지와 함께 "성실하고 믿을 수 있는" 한국인 17명(여운형과 특사 3인 포함)과 "친일파" 14명의 이름이 적힌 명부를 제출했다.

50   손세일『이승만과 김구』6, 48~50면.

부”중 하나라고 폄하하였다(2-2). 보다 당면한 문제는 미군정과의 관계였다. 10월 4일, 여운형은 아놀드Arnold, A. V. 군정장관, 하지 주한미군사령관을 차례로 만났다. 하지는 여운형에게 모욕적인 첫인사를 하였지만, 여운형을 미군정 고문으로 끌어들이는 데 성공하여, 다음 날(10월 5일) 미 군정청은 여운형을 포함하여 조선인 11명을 군정장관의 고문관으로 임명하였다. 이렇게 하여 ‘인공’이라는 국가의 설립자가 또 다른 정부(미군정)의 고문이 되었다.

10월 5일, 각 정당 수뇌들의 간담회에서 여운형은 하지가 자신에게 총독부로부터 3백만원을 수수하였는지 문의한 것과, 한민당이 자신을 “일본제국주의의 주구”라고 비난한 것에 대한 불쾌감과 임시정부에 대한 비판을 격정적으로 토로하면서도, 이 자리에서 무슨 결정이 나면 인공도 양보할 수 있다고 하였다(2-3). 아마도 전날 하지·아놀드와 회동의 영향으로 보인다. 10월 9일, 여운형은 문제의 인공에 대해 여러 가지 보충 설명을 하였다(2-4). 10월 10일 아놀드 군정장관은 인공을 “흥행가치조차 의심할 만한 괴뢰극”이라며 맹비난하였고, 10월 14일 여운형은 미군정 고문직을 사임하였다.

이즈음 이북의 소련군은 남한 정계에서 태풍의 눈이 된 여운형을 주목하고 있었다. 스딸린은 1945년 9월 20일 “북조선에서 반일적인 민주정당 조직의 광범위한 블록(연합)에 기반을 둔 부르주아 민주정권을 수립하라”고 지령했다.[51] 스딸린의 이러한 지령을 수행하는 차원에서 모스끄바의 소련군 지도부는 평양의 소련군정 지도부에 “서울의 미군정 동향과 건준 위원장 여운형에 대해 보고하라”는 긴급 지령을 하달했고, 이 지령에 따라 서울 주재 소련 영사 폴리안스끼(Polianski)는 1945년 10월 5일 「미군정보고서」와 「건준 위원장 여운형 평정서」를 보고하였다. 「평정서」에는 여운형

---

51   이정식 『대한민국의 기원: 해방 전후 한반도 국제정세와 민족 지도자 4인의 정치적 궤적』,
        일조각 2006, 202면.

이 1921년 모스끄바에 가서 레닌을 만났으며, 친공 친소적 경향이라고 호의적으로 보고하였다.[52]

한편, 인공에서 주석으로 추대된 이승만이 10월 16일 귀국하였다. 다음 날 여운형은 인공 부주석 자격으로 이승만을 방문, 인공 주석 취임을 요청하였지만, 이승만은 유보하면서 사실상 거절하였다. 「새 조선 건설의 큰 길」(2-5)은 이승만 귀국 이후 여운형의 인공 인식을 살펴볼 수 있는 연설인데, 남의 '인공'을 북의 '인민위원회'와 비교하면서 정당성을 주장하였다. 북의 지역별 '인민위원회'와 남의 '인민공화국'은 '인민'으로 시작되는 공통성이 있지만, 치안과 행정을 보조하는 지역의 인민 '위원회'와 국가 주권을 의미하는 인민 '공화국'과는 현격한 차이가 있다. 미군정이 인민공화 '국'을 '당'으로 전환할 것을 요구한 바와 같이, 문제가 되는 것은 '인민'이 아니라 '국'이었다.

10월 18일 아놀드 군정장관은 여운형을 불러 "한 나라에는 두 정부가 있을 수 없으니, 인민공화국의 명칭은 취소하라"는 공문을 전달하였지만, 인공 지도부는 11월 20~22일 제1회 전국인민위원회 대표자대회에서 인공 사수를 결의하였다. 다음 날(11.23), 인공의 내무장관으로 내정된 김구와 임정 요인 1진이 환국하였다. 여운형에 의하면, 충칭에서 임정 요인들은 국내의 건준과 인공 소식을 듣고 마지막 국무회의에서 여운형에 대한 사형을 신고하고, 임정 청사 대문 앞에 '여운형이는 사형 시킨다'고 써 붙여 놓았다고 한다. 과연, 귀국 환영 인사로 경교장에 간 여운형은 모욕적인 몸수색을 당하였고, 김구를 만나지도 못하고 돌아왔다.[53]

미국과 우익은 물론 북의 소련군이나 김일성, 나아가 건준 간부들도 인공에 대해 우호적인 것은 아니었다. 동생 여운홍은 인공 수립이 "극렬 공

52 김국후 『(비록) 평양의 소련군정: 기록과 증언으로 본 북한정권 탄생비화』, 한울아카데미 2011, 103~06면.
53 강원용 『나의 현대사 1: 엑소더스』, 한길사 2003, 264~65면.

산당원들이 꾸며낸 연극"으로 "형님〔여운형〕의 정치생활 중 가장 큰 실책"이라 하였고,[54] 건준 간부들은 인공을 "자궁외 임신"이라 한탄하였으며, 여운형 자신도 "실수한 건데"를 연발하면서 못마땅해했다.[55] 여운형의 정치적 행로는 '건준'으로 성가를 올렸다가, '인공'으로 수렁에 빠지게 되었다.

여운형은 인공에서 한발을 빼고, 11월 12일 조선인민당을 결성하였다. 여운형이 정당을 만든 것은 처음이나 다름없었는데, 인민당의 선언과 강령(2-6)에 드러난 노선이 애매하여, 인민당은 '공산당의 행랑방行廊房'이라 불리었다. 창당 한달 후인 12월 6일 기자회견(2-7)에서 여운형은 인민당이 "인공"이 아니라 "인공의 정책을 지지할 뿐"이라는 궁여지책을 제시하였다. 선언과 회견을 주의 깊게 살펴보면, 그간 '건국동맹 → 건준 → 인공'의 발전노선을 강조하던 여운형이, 이제 '건국동맹 → 건준 → 인민당'으로 연결시켜 '인공'이 실종되고 있음을 알 수 있다.

제1차 미소공위, 남북·좌우합작

1945년 8·15 해방 직후 건준 설립으로 국내 선두주자가 되어 최대의 인기와 주목을 받던 여운형은 불과 20일 만에 인공 설립으로 상황이 꼬이기 시작하여, 12월이 되면 총체적인 위기에 처하였다. 주한미군과 미군정, 이승만과 독촉중앙협의회, 김구와 임시정부, 박헌영과 조선공산당과의 관계에서 어느 하나 성과 있게 마무리된 것이 없었다. 38선 이남에서 상황이 어려워지면서 여운형은 38선 이북과 김일성에 주목하였다.

1945년 12월 28일, 모스끄바 3상회담의 결과가 '4개국 신탁통치안'으로 보도되었고, 이후 김구 주도로 격렬한 반탁운동이 시작되었다. 조선공산당의 박헌영은 월북, 김일성과의 회동(1945년 12월 29일~1946년 1월 1일) 이후

---

54   여운홍 『몽양 여운형』, 청하각 1967, 153면, 159면.

55   이정식 『여운형』, 355면, 753면.

모스끄바 3상회담에 대한 지지로 급변, 1월 3일 좌익의 반탁대회는 3상회의 지지대회로 돌변하였다.

1946년 1월 16일, 미소공동위원회 예비회담이 덕수궁 석조전에서 개최되었는데, 이때 소련 대표단과 함께 소련 군복을 입은 북의 비밀요원이 내려왔다. 여운형은 이 사람을 자택으로 초대하여 김일성과의 면담을 논의하였다. 미소공위 예비회담이 2월 5일 폐회하자, 여운형은 2월 9일 비밀리에 38선을 넘어 11일까지 평양의 김일성 사택에 체류하면서 김일성과 여러 차례 만났다.

여운형이 방북한 1946년 2월 9일, 북에서는 김일성을 위원장으로 하는 '북조선림시인민위원회'가 수립되었다. 2월 8일 '북조선림시인민위원회' 성립 경축 대회 축하 현수막에 "림시인민위원회는 우리의 정부이다"라고 쓰여 있듯이, 이것은 사실상의 정부였다. 여운형과 김일성의 첫 비밀 회동에 대한 당시의 자료는 아직 발굴되지 않았지만, 김일성의 회고가 『김일성선집』(1979)에 수록되어 있다(3-1).[56] 첫 회동에서 김일성은 "조선이 민주혁명 단계"이며, 이를 위한 "민주주의적 통일전선"에 여운형이 "민족자본가들을 포함한 중간세력"을 묶어세우는 데 큰 역할을 할 것을 강조하였다. 그는 여운형과의 회동에서 '조선인민당'에 대해 "좋은 일"로 축하하였지만, '인공'에 대해서는 일체 언급하지 않았다. 또한 "우리에게 맞는 조선식 옷을 만들어 입어야" 한다면서, 10월 14일 여운형의 미군정장관 고문직 사퇴는 "옳은 처사"라 치하하였다

그런데 여운형은 평양에서 돌아온 직후인 2월 12일, 굿펠로우로부터 하지 장군의 자문위원을 권유받고 수락하였으며, 이승만 김구 등을 만나 자

---

56   「조선인민당위원장 여운형과의 담화」, 『김일성저작집』 2권, 조선로동당출판부 1979. 「담화」는 현재 인터넷에서도 볼 수 있다(https://minzokjaju.wayful.com/1970/12/351946-2-11.html). 여운형과 김일성의 1차 회동에 대해서는 이외에도 여연구 『나의 아버지 여운형』, 김영사 2001, 198~201면, 203~08면과 박병엽 『김일성과 박헌영 그리고 여운형: 전 노동당 고위간부가 본 비밀 회동』, 선인 2010, 109~20면이 참고된다.

문위원 문제를 논의하였다. 이튿날 13일, 이승만과 김구는 우익에 편중된 28인의 비상국민회의 최고정무위원회를 구성하였고, 다음 날(14일) 미군정청은 이 28명을 민주의원으로 임명하였다. 상황이 이렇게 되자, 여운형은 급히 자문위원 탈퇴 통고문(3-2)을 발표하였다. 바로 다음 날(15일) 조선공산당 주도하에 민주주의민족전선(이하 '민전')이 결성되는데, 여운형은 박헌영, 허헌, 김원봉, 백남운과 더불어 민전 공동의장단에 선임되었다.

이리하여 1946년 2월 중순 미소공위 개최를 앞두고 남한의 좌우익은 '민주의원'과 '민전' 양대 진영으로 대립하였는데, 여운형의 행보는 13일 비상국민회의 최고정무위원, 14일 민주의원 피선과 사퇴, 15일 민전 의장으로 매일 바뀌었다. 2월 16일, 여운형은 민전 결성 2일차 회의에서 공동의장으로서 연설하였다(3-3). 이 연설은 여운형이 북에서 귀환한 이후 최초로 행한 연설인데 병인양요, 갑신정변, 청일전쟁과 동학, 한일합병과 식민에 이르는 근현대사에 대한 여운형의 인식을 흥미롭게 볼 수 있다.

여운형은 인공 문제로 체면이 적지 않게 손상당했지만, 1946년 3월 1차 미소공위 당시 남북한 좌익의 대표적인 존재였다. 미소공위 소련 수석대표 쉬띄꼬프가 3월 7일 소련공산당 중앙위원회에 보고한 「남북 임시정부 내각안」에는 여운형이 수상으로 내정되었다.[57] 1946년 3월 29일 미소공위는 「제3호 공동성명」을 통해 정당 단체들과 협의하여 임시정부를 수립하는 문제를 발표하였고, 4월 5일 미소공위 소련대표단은 지금까지 모스끄바협정을 반대해온 정당과 사회단체라도 앞으로 모스끄바협정을 지지하면 협의 대상이 될 수 있다는 절충안을 제시하였다. 바로 이날 여운형은 인민당의 공위 지침(3-4)을 통해 "새 정부도 '메이드 인 코리아' 즉 조선제"가 되어야 한다고 강조하였고, 4월 11일 민전 주최 '민주주의 정부 수립 촉성 시민대회'에서도 "우리의 옷은 우리 몸에 맞도록 하여야겠다"고 연설

---

57   김국후 『(비록) 평양의 소련군정』, 166~68면.

하였다.[58]

4월 18일, 임정 수립을 위한 협의대상이 될 정당과 단체는 모스끄바 3상회의 협정 지지를 약속하는 선언서에 서명해야 한다는 미소공위 「제5호 공동성명」이 발표되자, 임시정부 수립 문제가 초미의 관심사로 부상하였다. 당일, 여운형은 민전 의장으로서 「제5호 공동성명」에 대한 소감과 우익 완고파에 대한 비판을 발표하였고,[59] 다음 날 38선을 넘어 25일까지 평양에 머물렀다.[60]

여운형의 2차 방북은 1차 방문 한달 남짓 이후이지만 북의 상황은 현격한 차이가 있었다. 김일성을 위원장으로 하는 '북조선림시인민위원회' 주도로 3월 5일부터 무상 몰수 무상 분배의 토지개혁이 시행되었고, 3월 23일에는 20개조 정강의 '민주개혁' 지침이 발표되어, 북에서는 '민주기지'가 신속하게 건설되고 있었다. 여운형은 북에서 토지개혁 현장 두곳을 직접 방문하였고, 치스쨔꼬프 소련군 사령관도 만났으며, 김일성의 사택에 머물면서 김일성과 많은 시간을 같이 보냈다. 여운형은 북의 일방적 민주개혁으로 인한 남북의 차이와 갈등을 우려하였지만, 김일성은 북의 민주개혁이 오히려 통일 임시정부의 가이드라인이 된다고 주장하였다. 이처럼 이견도 있었지만, 이즈음 여운형과 김일성은 매우 긴밀한 사이가 된 것으로 보인다. 2번의 평양 방문 이후 여운형은 둘째 딸 연구燕九(1927~96)와 셋째 딸 원구鴛九(1928~2009)를 평양의 김일성에게 맡겼으며, 김일성은 이들을 소련으로 유학 보냈다.[61]

---

58 『서울신문』 1946.4.12.

59 여운형 『조선독립의 당위성(외)』, 강준식 편, 범우 2008, 413~14면; 여운형 『여운형 산문집(해방 후): 해방의 날은 왔다』, 솔 2020, 87면.

60 박병엽 『김일성과 박헌영 그리고 여운형』, 125면. 2차 방북에 대해서는 하지 사령관의 정치고문 랭던(William R. Langdon)이 국무부장관에게 보낸 한국 정세보고에도 언급되어 있다(Langdon to Byrnes, May 14, *Foreign Relations of the United States 1946*, vol. VIII, Government Printing Office, 1971, p. 678; 손세일 『이승만과 김구』 6, 608면).

61 여연구·여원구의 북행이 1947년 3월이라는 주장도 있지만(박병엽 『김일성과 박헌영 그

1946년 4월 18일 미소공위가 발표한 「제5호 공동성명」의 모스끄바 3상회의 지지 서명 문제가 뜨거운 논란거리가 되었다. 이승만과 김구는 맹렬히 반대했다. 이때 미국 측이 여운형을 통일정부의 수반으로 검토했다는 소련군의 남조선 정보 자료(3-5)가 있다. 5월 3일 하지의 정치고문 랭던은 여운형의 측근 황진남을 은밀하게 만나, 이승만과 김구는 미소공위에 의해 수립될 정부에 참여하지 않을 것이며, 미국인들은 여운형을 내세울 생각인데 그가 공산주의자가 아닌지 의심하고 있다고 밝혔다. 여운형은 소련대표 쉬띄꼬프의 「남북 임시정부내각안」에 수상으로 내정되어 있었는데, 미국도 미소공위가 성공할 경우 통일정부의 수반으로 여운형을 고려하고 있었음을 알 수 있다.

그러나 미소공위는 서명 문제를 해결하지 못하고 5월 6일 결국 무기 휴회를 선언하였다. 미소공위 휴회 이후 미국(미군정)과 남의 좌우는 각각 대안들을 모색하였다. 우익 진영은 5월 12일 대규모 독립전취국민대회를 개최하였고, 여기서 김규식이 "미소공위가 재개되어 통일정부를 세우지 못하면 우리 손으로 정부를 수립해야 하며, 그것은 대구에 있든 제주에 있든 우리 정부며 통일정부"라 주장하자, 좌익 민전은 "남조선 단독정부 수립"이라 비난하였다. 이어서 이승만이 6월 3일 전라북도 정읍에서 "남측만이라도 임시정부 혹은 위원회 같은 것을 조직할 것"을 언급하였고, 그 연장선상에서 6월 29일 총재 이승만, 부총재 김구로 하는 '민족통일총본부'가 결성되었다.[62]

리고 여운형』, 231~35면), 여연구 본인이 회고록에서 자신의 유학 문제가 "1946년 봄"부터 거론되기 시작하여 "아버지 환갑(1946년 5월 22일(음력 4.22))을 치르고" "며칠 후" "유달리 무더웠던 날" 북행한 것을 생생하게 묘사하였다(『나의 아버지 여운형』 210~21면). 김일성도 이들의 입북을 "1946년"으로 회고한 바 있으며(김일성 「려운형의 자녀들과 한 담화」, 1991.11.16,『조국의 자주적 통일을 위하여 (10)』, 평양: 조선로동당출판사 2012, 199면), 여운형의 측근 이란도 "46년 봄"으로 회고한 바 있다(이정식 「해방 전후의 여운형: 이란 씨의 회고」,『여운형』, 773면).

62   『중앙신문』 1946.5.15;『동아일보』 1946.5.17; 도진순 「해방 직후 남한단정론의 연원과 계보」,

그런데 미군정은 남한단정론으로 나아가지 않고, 5월말부터 김규식과 여운형을 내세우는 좌우합작을 추진하였다. 6월 20일 하지는 이승만 김구 김규식을 만나, 이승만과 김구에게 전면에 나서지 말고 김규식을 뒤에서 지원할 것을 요청하였고, 6월 30일 하지는 김규식과 여운형의 좌우합작을 적극 지지하는 특별성명을 발표하였다. 바로 다음 날(7월 1일) 여운형은 모스끄바 3상회담의 조선문제 결정이 「대서양헌장」이나 「유엔헌장」의 약소민족[신탁통치] 조항보다 진보적인 "후견"임을 강조하고, '자율정부'나 '단독정부'를 수립하려는 우익, 특히 이승만의 민족통일총본부를 강하게 비판하였다(3-6). 박병엽에 의하면 여운형의 이 문건은 이남에 파견된 정치연락원에 의해 김일성에 보고되었다고 한다.[63] 김일성은 7월 18일 여운형에게 보낸 짧은 답신에서 "선생의 최근 편지를 읽고 본인은 선생이 말씀하신 바가 올바르고 적절하다고 생각했습니다"라고 하였는데,[64] 여운형이 김일성에게 보낸 편지에서 언급한 내용도 7월 1일 신문 담화와 유사한 내용으로 추정된다.

1946년 6~7월 여운형이 좌우합작에 참여하면서 밝힌 내용은 전반적으로 좌익에 우호적인 내용이었다. 그런데 7월 17일, 좌우합작을 저지하려는 세력에 의해 여운형이 테러를 당하였고, 같은 날 조선공산당은 여운형을 "사이비 좌우합작 지지자"로 비난하였다. 좌우의 비난 속에서도 좌우합작위원회 결성에 성공하여, 7월 25일 1차 정식회담이 덕수궁에서 열렸다.[65] 그러나 바로 다음 날(7월 26일) 좌익의 민전이 기습적으로 좌경적인 「합작

『한국 근현대의 민족문제와 신국가건설』, 지식산업사 1997.

63 박병엽은 김일성이 여운형의 "7월 초 담화"가 실린 신문을 읽고 좌우합작에 대한 여운형의 의도를 분명하게 알았으며, 이 신문은 조선로동당 당사문헌연구실에 보관되어 있을 것이라 하였다. 박병엽『김일성과 박헌영 그리고 여운형』, 145면.

64 김일성의 편지는 1946년 8월초 미군정 당국이 인민당 간부 집에서 입수한 것이다. 편지 내용은 박병엽『김일성과 박헌영 그리고 여운형』, 138~39면 참고.

65 『서울신문』1946.7.18, 7.19, 7.27.

5원칙」을 발표하였고, 우익도 이에 맞서 7월 29일 「합작 8원칙」을 발표하여, 좌우합작은 돌연 정지되었다.

좌익 3당합당과 인민당 당수 사퇴

남에서 좌우합작이 지체되는 가운데, 남북에서 돌연 좌익정당 합당 문제가 급부상하였다. 전위당에서 대중정당으로의 전환은 당시 사회주의권의 보편적 추세였고, 스딸린이 7월 쉬띄꼬프·김일성·박헌영을 모스끄바로 불러 특별히 지시한 사항이었다.[66] 1946년 7~8월, 북에서는 북조선공산당과 조선신민당의 합당이 전광석화처럼 성사되었다. 7월 23일 조선신민당의 김두봉 위원장이 합당을 제의하는 편지를 북조선공산당 책임비서 김일성에게 보냈고, 다음 날 북조선공산당은 신민당의 합당 제의를 받아들이기로 결의하였다. 7월 28일부터 사흘 동안 북조선공산당과 조선신민당 양당 연석 중앙확대위원회가 열려 합당을 결의했다. 두 당의 합당 뉴스는 남한 신문에도 일제히 보도되었다.[67]

북에서 합당 결의가 되자마자 7월 31일, 김일성은 38선 인근 강원도 연천漣川의 공산당 사무실에서 여운형과 은밀하게 점심을 함께하면서 회담하였다고 한다.[68] 이 회동의 의제는 남한 좌익 3당합당, 좌우합작, 미군정에 대한 전술 등이었다. 남한의 좌익 3당(조선공산당, 조선인민당, 남조선신민당) 합당 발의는 북에서와 마찬가지로 비 공산당(인민당)이 먼저 제의하는 형식이었다.

---

66   전현수 「소련의 미소공위 대책과 한국임시정부 수립 구상」, 『김용섭교수 정년 기념 한국사학논총』 3, 지식산업사 1997, 559~91면; 이정식 『여운형』, 597~98면.

67   『서울신문』 『독립신보』 1946.7.31; 『조선인민보』 1946.8.1; 『동아일보』 1946.8.2. 이후 두 당은 전체 도·시·군당까지 통합하였고, 1946년 8월 28~30일 평양에서 역사적 합당대회가 개최되었다.

68   박병엽 『김일성과 박헌영 그리고 여운형』, 151~62면.

김일성을 만난 바로 다음 날(8월 1일), 여운형은 인민당 지도자들을 만찬에 초청하여 김일성과의 회담과 3당합당에 대하여 설명하였다. 8월 3일, 인민당은 김오성이 초안한 「합당제안문」(4-1)을 채택, 발송했다. 그런데 여운형은 8월 3일 인민당 회의에 참석하지 않았고, 인민당의 「합당제안문」은 북의 민주개혁을 지지하고 남의 반동세력에 대한 투쟁을 강조하는 좌경적인 내용이었다. 이렇게 인민당에서는 합당 제의 첫 단계부터 주도권은 여운형이 아니라 박헌영을 따르는 공산당 프락치들에게 넘어갔다.

여운형은 이에 맞서 8월 10일, 3당합당에 대한 기본테제(4-2)를 발표하였다. 다소 장황하지만, 합당에 대한 여운형의 생각이 진술하게 표명되어 있으며, 인민당의 공식 「합당제안문」과 상당한 차이가 있다. 여운형은 폭넓은 인민(대중)정당 노선을 강조하고, 북의 민주개혁에 대해서도 "그것을 부정 또는 찬성하려는 태도로서는 남북 통일적 임시정부의 수립은 전연 불가능할 것"으로 "북조선의 민주주의적 모든 건설을 같이 조정하여 남북 통일 가능의 직전 상태에 들어갈 것"을 주장하였다.

8월 14일, 1944년 건국동맹 때부터 함께한 동지 현우현玄又玄의 집에서 인민당 당수 여운형도 모르는 가운데, 박헌영의 지시로 조선공산당 정치국원 이승엽이 참석하는 인민당 내 공산당 프락치들의 비밀회동이 있었다. 2일 후 16일, 인민당 중앙확대위원회가 개최되었는데, 여운형은 공산당 프락치들의 득세를 예상하여 회의에 참여하지 않았고, 그 대신 부위원장 장건상을 통해 비통한 심경으로 읊은 그의 한시漢詩 「황야의 탄식」(4-3)을 대독하게 하였다.[69] 회의 결과는 박헌영을 따르는 합당파가 47인, 여운형을 따르는 이는 31인으로 당수 여운형이 패배하였다. 여운형은 정치적·인간적으로 큰 충격을 받았다. 8월 21일 여운형은 계동 자택에서 "60 평생에 최근같이 심경의 슬픔을 느껴본 적은 또 없었다"며 인민당 당수 사퇴

---

69   『조선독립의 당위성(외)』, 447면.

기자회견을 하였으며, 8월 27일 인민당 확대위원회에서 "노병졸로 분투하 겠다"며 당수 사퇴를 공식 선언하였다(4-5). 여운형의 인민당 당수 사퇴는 정계의 "일대 센세이션"이었다.

소련군정 문서에 포함된, 김오성의 「인민당의 합당 활동 보고서」(4-4)는 3당합당 과정에서 당수 여운형 측과 공산당 프락치 사이의 대립을 생생하 게 보여준다. 신민당의 백남운 위원장은 이러한 합당 과정에서 "공산주의 자들이 여운형을 정치적으로 강간했다"고 말했고, 여운형은 9월 26일 김 일성 김두봉 등 북의 지도자에게 백남운의 이 말을 소개하였다.[70]

김일성·로마넨꼬와의 회담과 좌우합작

남한 좌익은 3당합당 추진으로 오히려 심각한 내부 분열을 야기하였다. 조선공산당은 박헌영파와 반反박헌영 대회파, 인민당은 조선공산당 추종 파와 당수 여운형 지지파, 신민당은 공산당계의 합당 추진파와 위원장 백 남운 중심의 신중파로 각각 양분되었다. 좌익 3당합당이 난항을 거듭하 자 박헌영은 북의 소련군 사령부에 지원을 요청하였고,[71] 북조선노동당은 8월 30일 창립대회 마지막 날 조선공산당의 반박헌영파, 인민당의 여운형 파, 신민당의 백남운파를 맹비난하는 결정서를 채택하였다.[72]

합당 파동에서 기진맥진한 여운형은 9월 23일, 늘 기르고 다니던 카이저 수염도 깎고 초로의 농부 복장으로 위장한 채 38선을 넘어 평양에 도착하

---

70   「1946년 9월 28일 여운형의 북조선 방문에 대한 쉬띄꼬프의 보고」, 전현수 역주·해제, 『쉬띄 꼬프 일기: 1946~1948』, 국사편찬위원회 2004, 175면.

71   박헌영 「친애하는 동지들(L장군과 R장군)에게(1946.8.20)」, 전현수 편역 『소련군정문서, 남 조선정세보고서, 1946~1947』, 국사편찬위원회 2003, 143~44면; 손세일 『이승만과 김구』 6, 618면.

72   「조선로동당 창립대회 회의록」, 『조선노동당대회자료집(제1집)』, 국토통일원 1980, 79~80면; 손세일 『이승만과 김구』 6, 618~19면.

였다. 9월 25일 예비회담에 이어서, 쉬띄꼬프의 허락에 따라 9월 26일 김일성·김두봉·주영하·최창익·허가이 등 북로당 정치위원들과 비밀 회담을 하였다. 이에 대한 소련군 보고자료(5-1)는 매우 생생하고 중요한 내용이 포함되어 있다. 여운형은 2시간에 걸쳐 미국의 정책, 좌우합작, 3당합당 등 남한 정세를 보고하고, 자신을 "정치적으로 강간한" 박헌영과 공산주의자들에 대한 증오감을 토로하였다. 김일성은 북에서는 합당 결과 노동당이 50만 당원의 강력하고 권위 있는 정당이 되었지만, 남에서는 좌우합작과 3당합당 실패로 미국인들에게 유리한 정세가 조성되었다고 질책하였다. 여운형은 미군이 추진하는 과도입법의원에도 좌익이 적극 참여할 것을 주장하였지만, 김일성의 강력한 제지로 "입법의원에 들어가지 않겠다"고 약속하였다.

9월 27일 여운형은 소련군 민정 담당 부사령관 로마넨꼬 소장과도 회담하였다(5-2). 이 역시 중요한 문건인데, 그간 번역이 혼란하거나 누락된 부분이 있어서 상당 부분 수정·보완하였다. 이날 회담에는 여운형의 요청으로 장기간 서울에 주재했던 샤프신Anatolii I. Shabshin 소련 부영사도 참석했다. 전날 김일성과의 회담에서 여러 가지 논점이 조정되었기 때문에 이날 회담은 화기애애한 분위기 속에서 세시간 동안 진행되었다. 여운형은 크게 고무되어 "오늘 회담은 나에게 향후 투쟁을 위한 큰 힘과 결단력을 주었다"고 말하고, 1922년 모스끄바의 극동민족대회에 참가하여 레닌을 만나 커다란 원조를 받았던 것을 회고하면서 앞으로 "내가 할 수 있는 모든 것을 해낼 것"이라 다짐하였다. 회담 후 여운형은 연회에 초대되었다.[73] 이튿날(9.28) 쉬띄꼬프는 여운형과 로마넨꼬의 회담 결과를 스딸린에게 암호전문으로 보고했다.[74]

10월 1일 서울로 돌아온 여운형은 활기를 되찾았다. 귀경 당일 그는 미

---

73 『쉬띄꼬프일기』, 179~88면.

74 『쉬띄꼬프일기』, 20면.

육군병원에 입원 중인 김규식을 찾아가서 좌우합작과 관련하여 요담하였다. 10월 2~3일 연이어 인민당 긴급회의를 열었고, 3일에 3당합당과 좌우합작에 관한 담화, 4일에는 북조선 시찰담을 공개적으로 발표하였다(5-3). 여기서는 합당된 북로당에 대한 소개 이외에도 월북인사 이강국李康國 최승희崔承喜 등을 만난 이야기도 흥미롭다.

평양에서 서울로 돌아온 여운형은 3당통합보다 좌우합작에 더 열성적이었다. 북에서 김일성·로마넨꼬는 입법의원에 대해서는 명확하게 반대했지만,[75] 좌우합작에 대해서는 명시적 반대를 누락하였다. 남에서는 박헌영의 조선공산당과의 불편한 관계로 3당합당은 지연되었던 반면, 미군은 좌우합작을 강력하게 권유하였다. 미군정의 강력한 추진에 의해 10월 7일 「좌우합작 7원칙」(5-4)이 발표되었다. 각 정파의 반응은 분분했지만, 가장 격렬하게 반대한 것은 박헌영의 조선공산당이었다. 「7원칙」이 보도된 그날, 여운형은 납치되어 언쟁 끝에 뇌빈혈을 일으켜 대학병원에 입원하였고, 이로 해서 그날 밤 김규식의 집에서 열린 좌우합작회의에 참석하지 못하였다.[76]

중요한 시점에 여운형이 입원하자, 북로당 중앙은 급히 정치연락원을 파견하여 10월 15일 여운형의 병실을 방문하였다. 여운형은 「7원칙」 가운데 입법기구 문제 하나를 양보하고 나머지 여섯가지는 좌익의 입장이 관철된 것이라고 주장하고, 3당합당에 대한 애로도 토로하면서도 남로당 이외 별도의 당을 만들지 않도록 조정하겠다고 약속했다.[77] 그런데 바로 이튿날(10월 16일) 다름 아닌 여운형의 병실에서 인민당 여운형파, 남조선신민당 백남운파, 조선공산당 대회파의 합동교섭위원 27명이 세 당을 해산하고 사회로동당을 결성하기로 결의하였고,[78] 사로당은 입법의원 설치 등

75   『쉬띄꼬프 일기』, 17면, 186~87면.

76   『동아일보』 1946.10.10.

77   박병엽 『김일성과 박헌영, 그리고 여운형』, 204~05면.

을 이유로 합작 7원칙을 반대했다.[79] 즉 여운형의 병실에서 3당합당과 좌우합작이 모두 여운형의 의지와는 어긋나게 진행되었다. 정치연락원까지 파견한 북에서는 여운형의 병실에서 사로당이 결성된 데 대해 매우 비판적이었다.[80] 결국 사로당은 탄생과 동시에 북로당에 의해서 해체가 결정되었다. 한편 미군정에 의한 입법의원 선거도 여운형의 생각대로 전혀 되지 않았다(5-5). 요컨대 여운형의 좌우합작은 입법의원 선거로, 3당합당은 남로당과 사로당의 분립으로 모두 실패하였다.

남북 고위 접촉과 정계 은퇴

1946년 10~11월 여운형은 좌우합작과 3당합당의 양면 전투에서 모두 위기에 처했다. 여운형은 한편으로 좌우합작의 공간 확보를 위해 하지 사령관에게 「은밀한 편지」(6-1)를 보냈다. 편지의 핵심 내용은 한국인에게 민정(the civil government)을 이양하고 김규식 박사를 정권 수반으로 임명하라는 것이다. 랭던에 따르면 이 편지가 미군정으로 하여금 심사숙고하게 만들었다고 한다. 1946년 12월 12일 개원한 입법의원 원장에 김규식이 취임하였고, 1947년 2월 5일 남조선 과도정부의 정부수반 겸 민정장관에 안재홍이 임명되었다. 이후 안재홍에 대한 미군정의 평가는 좋지 않았고, 1947년 중반 안재홍을 여운형으로 대체하는 계획이 비밀리에 추진되나 여운형이 암살되었다(7-6-3).

이즈음 여운형은 북의 김일성과 김두봉에게도 연이어(10월 22일, 10월 28일, 11월 10일, 11월 16일, 11월 30일) 편지를 보냈다.[81] 11월 10일(6-2)과 16일

---

78 『독립신보』 1946.10.17. 정병준 『몽양 여운형 평전』, 한울 1995, 354~55면.

79 『조선일보』 1946.10.18.

80 쉬띄꼬프와 김일성의 대화에는 여운형이 대중을 기만하고 사회로동당 중앙위원회를 조직했다고 비판하였다. 『쉬띄꼬프 일기』, 27면(1946.10.21).

81 여러 편지 중에 내용이 온전하게 남아 있는 것은 11월의 편지들이다. 『쉬띄꼬프 일기』

서한(6-3)은 좌익 3당합당과 좌우합작·입법의원에 대하여 자세하게 보고한 중요한 문건이다. 11월 16일에는 사로당이 남로당에 무조건 합동하자는 서한을 보냈지만, 같은 날 북로당 중앙상무위원회는 사로당을 부인하는 결정서(6-4)를 발표하며 "박헌영 선생을 수위로 한 남조선 공산당의 정치노선"을 "절대 지지"하며, "좌익 기변〔기회〕주의적 요소들이 사회로동당을 형성"한 것을 "엄중한 범죄"로 규탄하였다. 이 문건에서는 강진姜進과 백남운을 실명 거론하며 맹비판하였고, 여운형의 이름은 거론하지 않았지만 '사로당 조직' '좌우합작 입법기관 창립'을 미군정의 반인민적 통치를 합리화시키는 것으로 비판하였다.[82] 10월 22일 쉬띄꼬프와 김일성의 대화에서 "여운형을 비판하되 너무 과격하지 않게 비판하라"[83]는 기조를 유지한 것이다.

11월 16일 북로당 성명으로 해서 사로당은 간부들의 탈당 성명이 잇따르는 등 급속히 동요했다. 남로당은 사로당의 굴욕적인 합당 제의마저 무시하고 11월 23일 결당대회를 열었다.[84] 상황이 이렇게 정리되자, 11월 30일 여운형은 김일성·김두봉에게 편지(6-5)를 보내, 해명과 더불어 섭섭함을 토로하면서, 자신은 정계를 은퇴하여 "혁명군의 한 병사로 백의종군할 것"이라 밝혔다. 12월 4일, 여운형은 「자기비판서」를 발표하고, "여생을 민주진영의 한 병졸로서 건국사업에 바칠 것을 맹세"하는 정계은퇴를 선언하였다(6-6). 12월 7일, 사로당 부위원장인 백남운도 정계은퇴를 선언하였다. 이튿날, 여운형은 미군정의 입법의원 수락을 거부하는 성명(6-7)도 발표하였다.

(28면): 방선주「미국 제24군 G-2 군사실 자료 해제」,『아시아문화』제3호, 한림대학아시아문화연구소 1987, 16면, 40~43면.

82　박병엽『김일성과 박헌영 그리고 여운형』, 216~17면;『독립신보』1946.11.27.

83　『쉬띄꼬프일기』, 27면(1946.10.21).

84　『쉬띄꼬프일기』, 42~43면(1946.12.2).

제2차 미소공위, 근로인민당, 암살

북로당은 남로당 결성 과정에서 소외된 인민당과 신민당 당원들을 묶어내기 위해 여운형을 평양으로 초청하기로 하고, 정치공작원 성시백을 통해 김일성과 김두봉의 친서를 여운형에게 전달하였다.[85] 여운형은 1946년 12월 28일 성시백과 함께 평양에 와서, 1947년 1월 10일경까지 김일성의 사택에 머물면서 여러 차례 김일성과 회동하였다.[86] 이때 김일성은 여운형에게 "미국의 모략"인 좌우합작에서 손을 뗀 것은 잘한 것이지만, 정계 은퇴는 잘못이며, 남로당 결성 과정에서 소외된 중간 계층을 잘 포섭하여 혁명의 편으로 이끌어갈 중간파 정당을 만들 것을 요청하였다.

1947년 1월 서울 귀환 이후 여운형은 서서히 정계 복귀와 신당 창당을 모색하였는데, 이즈음 여운형의 솔직한 속내를 알 수 있는 것이 「편지: 북조선에 있는 한 친구에게」(7-1)이다. 수신자는 미상이지만, 미군정과 우익보다 박헌영과 남로당의 좌경적 태도에 더 비판적인 내용이다.

4월 23일 몰로또프 소련 외상이 마셜 미국무장관에게 "미소공위를 5월 20일 서울에서 재개하자"고 회신하였다.[87] 여운형은 공위 재개 정국에 맞추어 신당 창당을 가속화하면서 미군정과도 소통하고 있었다. 4월 24일의 소련정보문서는 여운형이 하지에게 김규식과 더불어 좌우합작 운동을 강화할 것이며, 이러한 방향에서 자신은 새로운 정당을 이끌어나길 것이라고 말하고 협력을 당부했으며, 하지는 이에 만족을 표명했다고 보고하였다.[88] 또다른 소련군의 남조선 정보 보고(7-2)는 4월 말 미소공위 재개를

---

85 박병엽 『김일성과 박헌영 그리고 여운형』, 220~21면.

86 여연구 『나의 아버지 여운형』, 240~42면; 박병엽 『김일성과 박헌영 그리고 여운형』, 222~31면.

87 『경향신문』 1947.4.24.

88 러시아국방성중앙문서보관소 문서군 172, 목록 614632, 문서철 34, 73~76면(https://db.history.go.kr/contemp/level.do?levelId=fs_006_0070_0140).

앞두고 여운형과 근로인민당이 "우파 반동과 싸우는 것이 아니라, 남조선 로동당과 투쟁하고 있다"고 우려하였다.

1947년 5월 21일 제2차 미소공위가 서울에서 재개되었고, 24일 여운형은 근로인민당(이하 '근민당')을 창당하였다.[89] 이에 앞서 5월 10일 여운형은 북으로 밀사를 파견하여 김두봉에게는 서한, 김두봉 김일성 주영하 김책 박일 등에게는 간단한 메모가 있는 자신의 명함을 전달하였는데(7-3), 주요 목적이 「근로인민당에 관한 보고서」를 전달하고 답장을 받아오는 것이었다.

미소공위 2차 회담은 별다른 대립 없이 빠르게 진행되어 6월 7일 협의 대상 문제에 합의했으며, 6월 11일 「공동성명 제11호」로 협의 규정을 발표하자 신문들은 "임시정부의 수립 목표 완성" 등의 제목으로 1면 전면에 걸쳐 협의 규정을 보도했다.[90] 이러한 상황에 적극 부응하여 6월 20일 여운형의 근로인민당은 민중동맹, 민주파 한독당, 사회민주당, 청우당 등과 함께 미소공위를 적극 지지하는 5당 공동성명을 발표하였고,[91] 다음 날 여운형은 「근로인민당의 탄생과 금후의 사업」(7-4)을 발표하였다. 이제 미소공위는 과연 성공하는 것으로 보였다.

그런데 앞서 김구 부분에서 언급한 바와 같이 6월 23일 서윤복 선수 환영을 겸하는 대대적인 반탁데모가 일어났으며, 이를 전후하여 미군정 정보망에는 극우에서 미소공위를 파탄시키기 위해 테러와 암살 계획을 진행시키고 있다는 정보가 포착되었다. 그 가운데서 하나가 익명의 독촉국민회 회원이 미군방첩대(CIC)에 보낸 6월 19일자 편지로 이승만 김구 주도의 테러 계획을 알렸다. 하지는 6월 28일 이승만에게 "선생과 김구가 미소공위 업무에 대한 항의수단으로서 조속한 시기에 테러행위"를 책동하는

---

89   『동아일보』『서울신문』『조선일보』 1947.5.25.

90   『동아일보』『서울신문』『조선일보』 1947.6.12.

91   『경향신문』 1947.6.21.

데 대한 경고 편지를 보냈고, 이에 격분한 이승만은 하지의 편지를 김구에게도 전달하고, 하지의 편지와 자신의 반박 답장을 공개했다.[92]

7월 초순, 미소공위가 협의대상인 정당·사회단체의 명부 작성 문제를 본격적으로 논의하는 단계에 접어들자 다시 위기에 빠졌다. 7월 15일, 미군정청 재무부 관리 배Edward Pai의 집에서 김규식, 여운형, 홍명희 등 좌우합작을 위해 노력했던 인사들과 김호, 김원용, 김용중金龍中(1898~1975) 등 재미한인 대표들, 키니Robert Kinney, 웜스Clarence Weems, 버치Leonard Bertsch 등 정치고문단 소속 미국인 관리들이 회합을 가졌다.[93] 이들은 하나같이 미소공위 실패를 우려하였다. 다음 날(7월 16일) 여운형은 공위는 "반드시 성공시켜야 할 것"으로 강조하였다.[94]

7월 15일 회합에서 여운형은 최근 수도경찰청장 장택상으로부터 "일군의 정치적 반대자들이 그의 목숨을 노리고 있으니 서울을 떠나 시골로 은거하라"는 경고를 받았다고 발언했다. 3일 후, 7월 18일 여운형은 또 다른 암살 협박 편지를 받았다. 절박한 위기를 느낀 여운형은 이날 저녁 8시 반경 영문비서 황진남과 이제황李濟晃·박성복朴性復 두 경호원을 동반하고 미소공위 미국측 대표인 브라운Major General Albert E. Brown 장군의 필동 숙소를 방문해 한시간 가량 면담을 하였다. 브라운은 여운형과의 인터뷰 내용을 비망록(7-6-1)으로 작성하여 하지에게 보고하였다. 브라운 비망록은 여운형을 마지막으로 만난 미국인의 기록이다.[95]

브라운이 비망록을 쓴 7월 19일, 여운형은 오전 김용중에게 영문 편지(7-5)를 전달하고, 3시간 이후인 오후 1시 20분경 혜화동 로타리에서 한지근韓智根 등에 의해 암살되었다. 여운형은 당일 오후 비밀리에 미군정 민정

92   손세일 『이승만과 김구』 6, 799~801면.
93   RG 332 「주한미군사령부 정보참모부 군사실 문서철」, Box No.70, "Session with Kimm, Kiusic and Others"(17 July 1947).
94   『부산신문』 1947.7.18. 『조선일보』(1947년 7월 17일)에는 초록이 수록되어 있다.
95   정병준 『몽양 여운형 평전』, 457~58면.

관 존슨E. A. J. Johnson을 만날 예정이었다. 존슨은 "여운형에게 정부의 중요한 자리를 맡기는 것이 현명한 책략"이라고 판단하고, 비밀을 유지하기 위해 중앙청 사무실이 아니라 자신의 집으로 여운형을 초대했다고 회고하였다(7-6-3). 공위가 실패하여 여운형을 통일정부의 수반으로는 어렵겠지만, 남한에서 민정장관으로 내세우려는 시도로 보인다.[96] 그렇게 되면 미군정의 한국화는 입법의원 의장 김규식, 민정장관 여운형으로 이뤄지는 것이다.

7월 19일 오전 김용중에게 전달한 영문서한(7-5)에서는 김용중의 요청에 따라 여운형이 미군정과의 관계를 집중적으로 정리하였다. 김용중은 이승만과 김구에 비판적이며 여운형을 지지하였는데, 1947년 6월 16일 미국에서 귀국하여 하지, 여운형 등과 면담하는 등 활발한 정치적 행보를 보였다.[97] 그가 여운형에게 미군정과의 관계를 서한으로 정리해줄 것을 요구한 것은, 미군정이 여운형에게 중요한 자리를 맡기는 문제에 김용중도 개입하고 있음을 시사하고 있다. 1946년 제1차 미소공위 시기 황진남과의 밀담(3-5)에서 랭던은 "미국인들은 여운형을 내세울 생각이다. 그러나 미국인들은 여운형이 공산주의자가 아닌지 의심하고 있다"고 하였는데, 1947년 2차 미소공위 시기에도 그러한 상황이 지속되어 이를 해소하는 방안 중에 하나가 김용중에게 쓴 편지였다.

여운형을 지지하던 랭던은 1961년 여운홍의 『몽양 여운형』에 「서문」(7-6-2)을 썼는데, 여운형이 암살된 직후 황진남이 황급히 찾아와, 자신도 여운형이 암살된 비극의 차 안을 목도한 사실과 여운형에 대한 미군정 고위층의 의혹에 대해 회고하였다. 이처럼 여운형의 최후는 미군정과 함께하였다고 할 수 있다. 7월 18일 저녁 브라운 장군을 만났고, 7월 19일 오전 김용중에게 미군정과의 관계를 정리한 편지를 전하였다. 여운형이 암살된

96   이정식『여운형』, 625~27면, 631~34면.
97   정병준「김용중의 생애와 통일·독립운동」,『역사문제연구』 12, 역사문제연구소 2004, 29~30면.

이후에는, 영문비서 황진남이 여운형의 차를 타고 랭던과 존슨의 집으로 가서 각각 비보를 전했다.

좌우합작과 통일독립, 공염불과 현실

1947년 7월 19일 미국과 소련, 남과 북, 좌와 우 사이를 연결하고자 했던 여운형이 암살되었다. 양자의 틈은 한걸음만 잘못 디디면 치명적인 추락으로 이어지는 빙하의 크레바스처럼 깊고 위험했다. 또한 시간이 갈수록 그 간극은 더 넓고 깊어졌다. 즉 세계는 자유민주 진영과 공산 진영의 "서로 다른 두 세계two different worlds"로 분리되고 있었다. 여운형의 좌우·남북합작의 노력이 1947년까지 정면 대립의 위치에 있었던 김구로 이어졌다는 것은 아이러니이지만, 김구도 1949년 6월 26일 암살되었다.

여운형의 좌우·남북 합작은 끊임없이 진동했지만, 사회민주주의 또는 진보적 민주주의라는 기준좌표로 수렴되는 것이었다. 반면 김구는 반탁 우익 진영의 핵심에서 통일독립 진영의 선두로, 이 방향에서 저 방향으로 극적인 전환이었다. 김구의 이러한 전환에는 장덕수 암살에서 비롯된 정치적 위기와 역학관계의 원인도 있었지만, 전환의 결과 김구는 좌우와 남북에서 광폭 합작의 상징으로 부상하였다.

김구가 표방한 통일독립 사상의 구성요소는 무엇인가? 우선은 역시 혈연적·지연적·전통적 민족주의이다. 「나의 소원」에서 "혈통적인 민족만은 영원히 성쇠흥망의 공동 운명의 인연에 얽힌 한 몸으로 이 땅 위에 남는 것"이라든지, 평양의 모란봉극장에서 "민족이 없으면 무슨 당, 무슨 주의, 무슨 단체는 존재할 수 있겠습니까?" 등에서 다시 확인되는바, 해방 당시 그의 발언에는 진한 민족적 호소력이 있었다.

김구와 김규식의 통일독립운동이 갖는, 전통적 민족주의를 넘어선 정치

경제학적·이념적 의미는 무엇일까? 이것의 핵심 키워드는 '통일독립운동자협의회' '통일독립촉성회'에 등장하는 '통일·독립'이라는 개념이다. 이것은 이승만 등 단정세력의 '독립·통일'과 대치되는 개념이라 할 수 있다. 즉 이승만은 남한의 '독립'이 한반도 전체 자유 통일의 기초라고 보는 반면, 김구는 통일이 되어야만 독립이 가능하다는 것, 다시 말하면 분단은 식민의 연속이라는 것이다. 그리하여 김구는 남한 단정을 "프랑스 총독 밑에 황제가 있는" 식민 베트남에 비유하였고, 자신이 "외국 군정하에 있는 정권을 탐낼 것이랴!" 반문하였으며, 남한 단독정부는 "유엔의 이름을 빌려서 1국〔미국〕신탁"으로 규정하였다. 요컨대 이승만의 독립·통일에서 해방 이후는 기본적으로 과거 일제 식민지와 다른 것이었던 반면, 김구의 통일·독립에서 현재(분단)는 불변不變의 과거로 식민의 연장이었다.

김구·김규식의 이러한 통일독립사상은 전쟁과 평화의 문제와 결합되어 있다. 여러 문건에서 확인할 수 있는 바와 같이, 김구의 기본 관점은 냉전적 남북분단은 전쟁, 즉 "동족상잔" 또는 "제3차 대전"으로 이어진다는 것이다. 이것은 「문화인 108인의 남북협상 지지 성명」의 "내전 같은 국제전이요, 국제전 같은 동족전쟁"에서 볼 수 있듯이, 당시 분단을 반대하던 사람들이 대체로 공유하는 견해이기도 했다.

김구는 이러한 냉전적 분단에서는 미국이 소련과 싸우기 위해 일본을 강화시키고 한국을 다시 일본에 넘겨줄 것으로 우려하고 있었다. 따라서 한반도 평화의 길은 미소 양군의 철수와 더불어 같은 민족끼리 전쟁으로 나아가지 않는다는 점이 보장되어야 열릴 수 있었으며, 이에 관해서는 「남북 정당 사회단체 지도자협의회 공동성명서」에서 "외국군대가 철퇴한 후에 내전이 발생할 수 없다는 것을 확인"한 바 있다. 그러나 류위완과의 대담에서 확인할 수 있는 바와 같이, 그 성명서 1장으로는 김구 본인도 확신할 수 없는 상태였다.

종합적으로 김구는 남한 정부와 분단체제가 군사·정치·경제 다방면에서 매우 취약하여 그 생명력이 극히 한시적인 것으로 판단하고 있었다. 이 것은 「류위완과의 대담」「김동환과의 회견」「월남 동포에게 주는 글」「프랑스 외무부 아주국장의 서영해 면담 메모」 등에서 두루 확인되는 바이다. 그런데 문제는 남북의 두 정부 수립과 더불어 김구·김규식의 통일독립운동도 급속하게 약화되고 있었다는 점이다. 남북연석회의에서 돌아온 이후 한국독립당 내에서 남북협상파에 대한 비판이 제기되었고, 조소앙은 "대한민국은 그 전신이 피두루마기를 입은 3·1운동의 골격이며 5천년 독립민족의 적자"라는 장문의 성명서를 발표하고 한독당을 탈당하였다.[98]

통일독립운동자협의회와 통일독립촉진회를 함께하던 김규식마저 한발을 빼고 있었다. 그는 "세칭 양 김씨라 하여 나(김규식)와 김구선생을 동일시하나, 체구가 다른 것과 같이 내용도 다르다"고 차이를 분명히 하였고, "평화통일이니 무혈통일"은 "정부 수립 이전"에 "약 10리의 거리가 있었다면" "정부 수립 이후"에는 "100리가량이나 멀어졌다"며,[99] 남북 두 정부 수립 이후 달라진 현실을 진단하였다. 반면, 김구는 그간 공염불이라고 비판받았던 양군철퇴가 현실이 되었으니, 이제 또 다른 공염불이라는 남북통일, 완전독립이 실현될 것이라고 기대하였다.

한반도에서 냉전적 분단체제가 형성되는 원형기, 김구와 여운형의 좌우합작과 남북통일 방안은 '시대와의 불화'로 '공염불'이 되고, 연이어 암살되는 '비극'의 단초가 되었다. 두 사람의 좌우협직과 남북통일 시도가 한반도의 분단체제를 당대에 해결한 것은 아니지만, 암살되는 비극을 통해 '시대와의 불화'를 어떻게 해결·극복할 것인지 우리에게 과제로 남기고 있다. 역사적 인물은 "해답이 아니라 문제를 남긴다".[100]

---

98 『서울신문』 1948.10.13; 『조소앙』, 강만길 편, 한길사 1982, 271~75면.

99 『조선일보』 1949.2.9.

100 A. N. Whitehead, *Science and the Modern World* (Cambridge University Press, 1925), p. n. 원문 "A great idea is not a solution of something; it is a new problem"을 변용한 것임.

핵심저작

김구

'역사적 찰라'로 명명된 38선상의 김구(1948. 4. 19, 조선통신사 이지수 특파원 촬영).

1장
불변의 임정법통론: 환국과 환영

1. 국내외 동포에게 고함: 임시정부 당면정책(1948.9.3, 충칭)[1]

친애하는 국내외 동포 자매형제여!

파시스트 강도의 최후 보루를 고수하던 일본 제국주의자가 9월 2일 항복문서에 서명을 하였다.

일본 제국주의자의 패망으로 인하여 온 세상이 기뻐 뛰는 중에 조국의 해방을 눈앞에 목도하면서, 삼천만 한국 민족이 기뻐하는 중에 본 정부[대한민국임시정부]가 근 30년간 밤낮[晝夜]으로 그리던 조국으로 돌아가기에 앞서, 일찍이 조국의 독립을 위하여 본 정부를 애호愛護하고 보호하던 절대다수의 동포와, 본 정부와 더불어 이곳저곳 떠돌면서 공동 분투하던 동

---

1   전단 「국내외 동포에게 고함」은 대한민국임시정부기념관(1점), 대한민국역사박물관(2점), 경교장(1점)에 소장되어 있다. 이 전단은 여러 차례 제작되어 여러 가지 사소한 차이가 있다. 도진순 「해방 전단 〈국내외 동포들에게 고함〉: 김구와 임정의 정세관과 건국방략」, 『독립신문』 2023년 1월호, 대한민국임시정부기념관.

포들 앞에 본 정부의 포부를 고하려 할 때, 본 주석은 비상한 감격을 금하지 못하는 바이다.

한 나라의 흥망과 한 민족의 성쇠는 결코 우연한 것이 아니다. 우리의 국운이 끊어지게 된 데에 치욕적 요소가 허다하였다면, 조국이 해방되는 데에는 뼈를 깎는 고통과 장한 노력이 있었다는 것은 삼척三尺의 동자童子〔어린아이〕도 알 수 있는 것이다. 만일 허다한 우리 선열의 보배로운 뜨거운 피와 중·미·소·영 등 동맹군²의 영용한 전공戰功이 없었다면, 어찌 조국의 해방이 있을 수 있었으랴? 그러므로 우리가 조국의 독립을 눈앞에 전망하고 있는 이때, 마땅히 먼저 선열의 업적을 추모하여 온몸으로 경의를 올릴 것이며, 동맹군의 위업을 선양하여 열렬한 감사를 표할 것이다.

우리가 처한 현 단계는 「건국강령」에 명시한 바와 같이 이제 건국의 시기로 들어가려 하는 과도적 단계이다. 다시 말하면 나라를 되찾는 복국復國의 임무를 아직 완전히 끝내지 못하고 건국의 초기가 개시되려는 단계이다.³ 그러므로 현재 우리의 임무는 많고 복잡하며, 우리의 책임은 중대한 것이다.

따라서 우리는 조국의 독립을 완성함에는 우리의 한마디 한구절과 일거수일투족이 모두 다 영향을 주는 것을 명백하게 인식하고, 매사를 치밀하게 분석하여 명확한 판단을 내리고, 명확한 판단 위에서 용기 있게 처리하여야 한다.

본 정부는 당면정책을 아래와 같이 제정하여 반포하였다. 이것으로써 현 단계에 처한 본 정부의 포부를 국내외에 천명코자 하며, 이것으로써 동

---

2 김구는 '연합국'보다 '동맹국' '동맹군'이라는 표현을 더 선호하였다. 연합국이 중립적 단어라면, 동맹국〔군〕은 임시정부와 광복군이 OSS와 같이 작전을 준비하는 등 2차대전에 연합국과 더불어 참전하고 있다는 의미이다. 이 문건의 동맹국〔연합국〕 배열에서 중국이 선두에 있다.

3 1941년 11월 대한민국 임시정부가 선포한 「대한민국 건국강령」은 복국 3단계, 건국 3단계로 규정하였다. 「국내외 동포에게 고함」은 해방 직후를 복국에서 건국으로 나아가는 단계로 보았다. 김구와 임정이 1919년을 건국년도로 보았다는 주장은 「건국강령」 및 「고함」의 이 구절과 명백하게 상반된다. 도진순 「시간(Kairos)과 기억(Memory): 건국 원년, 건국기념일, 연호」, 87~121면.

포 여러분이 나아갈 당면노선의 지침으로 삼으려 하는 것이다.

친애하는 우리 동포 자매형제들이여!

우리 조국의 독립과 우리 민족의 민주단결을 완성하며, 국제간의 안전과 인류의 평화를 증진하기 위하여, 본 정부의 당면정책을 수행하기에 공동 노력하자.

임시정부 당면정책[4]

1. 본 임시정부는 최단 기간 내에 곧 입국할 것.

2. 우리 민족의 해방과 독립을 위하여 피로써 싸운 중·미·소·영 등 우방 민족과 절실히 제휴하고, 유엔 헌장에 의하여 세계일가世界一家의 안전과 평화를 실현하는 데 협조할 것.

3. 연합국 중의 주요 국가인 중·미·소·영·불 5국과 먼저 우호협정을 체결하고, 외교 관계를 별도로 개척할 것.

4. 동맹군이 한반도에 주재하는 동안 필요한 일체 사안에 적극 협조할 것.

5. 평화회의 및 각종 국제집회에 참가하여 한국의 마땅한 발언권을 행사할 것.

6. 국외 임무의 결속과 국내 임무의 전개가 서로 연결되는 데 필수한 과도조치를 집행하되, 전국적 보통선거에 의한 정식정권이 수립되기까지 국내 과도정권을 수립하기 위하여 국내의 각 계층, 각 혁명당파, 각 종교집단, 각 지방대표와 저명한 각 민주영수회의를 소집하도록 적극 노력할 것.

7. 국내 과도정권이 수립된 즉시 본 정부의 임무는 완료된 것으로 인정하고, 본 정부의 일체 직능 및 소유 물건을 과도정권에 교환할 것.

8. 국내에서 건립된 정식정권은 반드시 독립국가, 민주정부, 균등사회를

---

4   6~9조에 임정법통론에 의한 건국 경로가 집약되어 있다.

원칙으로 하는 새로운 헌장에 의하여 조직할 것.

9. 국내의 과도정권이 성립되기 전에는 국내 일체 질서와 대외 일체 관계를 본〔임시〕정부가 책임지고 유지할 것.

10. 교포의 안전 및 귀국, 국내외에 거주하는 동포의 구제를 신속 처리할 것.

11. 적〔일제〕의 일체 법령의 무효와 신 법령의 유효를 선포하는 동시에, 적 통치하에 발생된 일체의 죄와 벌을 사면할 것.

12. 적의 재산〔敵産〕을 몰수하고 국내 일본인〔敵僑〕을 처리하되 동맹군과 협상하여 진행할 것.

13. 일본군〔敵軍〕에 의해 강제로 전쟁에 동원된 한인〔韓籍〕 군인을 국군으로 편입하되 동맹군과 협상하여 진행할 것.

14. 독립운동을 방해한 자와 매국노에 대하여는 공개적으로 엄중히 처분할 것.

2. 김구 장제스 대담록(1945.10.29. 충칭)[5]

김구　한국혁명선열인 안중근 의사의 아들〔안준생安俊生〕이 변절하여 일본에 투항한 뒤 상하이에서 아편을 밀매하는 등 많은 불법행위를 저지른 사실은 실로 불행하기 그지없습니다. 또한 원래 한국독립당원이었던 최모〔최창식崔昌植〕가 공산당에 투항한 뒤 상하이에 '한국청년연합회'를 조직한 것도 한국임시정부를 위해하려는 의도이니, 엄히 다스리지 않을 수 없습니다. 위원장께서 친히 상하이경비사령부에 하

5　김구 측에서는 박찬익이 통역으로, 중국국민당에서는 비서장 우티에청(吳鐵城)이 배석했다. 대담록 사본은 백범기념관 소장. 백범김구선생전집편찬위원회 편『백범김구전집』5, 대한매일신보사 1999, 709~12면. 국사편찬위원회의 번역은 https://db.history.go.kr/modern/level.do?levelId=ij_022_0030_02620. 편자가 전 국립중앙박물관 학예관 서성호 박사의 도움을 받아 전문을 탈초, 새로 번역하였다.

명하시어 이들을 체포 구금해주시기 바랍니다.

총재〔장제스〕[6]   자세한 내용을 서면으로 알려주시면 조치하도록 하겠습니다.

김구   한국광복군은 현재 상하이, 베이핑北平(현 베이징) 광둥廣東 등지에 있습니다. 장 위원장께서 명하시어 광복군을 각별하게 도와주시기 바랍니다.

총재   그리하지요.

김구   한국임시정부 인원들이 귀국한 뒤에도 충칭에 대표단을 상주시켜 중국정부와 계속 연락을 취하도록 하겠습니다. 대표단 업무는 복순濮純〔박찬익〕[7], 민석린閔石麟[8] 두 동지가 주관할 것입니다. 잘 보살펴주시기 바랍니다.

총재   좋습니다.

김구   현재 중국에는 약 3백여만명의 한국 교민이 있는데, 중국 동북지방에 최고 많아 3백만이나 있습니다. 한국 교민 중에서 과거 중대 죄악으로 마땅히 처벌받아야 할 경우 이외는 관대하게 처리해주시길 희망합니다. 한국 교민들의 소유재산도 일률적으로 동결시키지 말고 각각의 경우에 맞게 적절한 조치가 내려질 수 있도록 각지 군·정 당국자에게 지시해주십시오.

총재   문제없습니다. 한국 교민 문제는 관대히 처리하도록 하겠습니다.

김구   동북東北〔만주 일대〕교민은 공산당의 압박으로 자신의 사업을 몰수당하였으며, 이로 해서 이들은 대부분은 소련군이 점령하고 있는

---

6   대담록에서 '총재'는 중국 국민당 총재, '위원장'은 중국 국민정부 군사위원회 위원장으로 모두 장제스를 의미한다.

7   박찬익(朴贊翊, 1884~1949). 호는 남파(南坡). 중국에서 복정일(濮精一)·복순(濮純)이란 이름을 사용하였다.

8   민필호(閔弼鎬, 1898~1963). 호는 석린(石麟). 대한민국임시정부에서 활동하였고, 1947년 7월 귀국, 1948년 8월 타이완 주재 초대 총영사에 임명되었다.

한국 북부지방으로 이미 들어간 것으로 알고 있습니다.

총재   (머리를 끄덕이며, 알고 있다고 표시하다.)

김구   한국인 반역자[韓奸] 문제에 대한 위원장[장제스]의 지령문[手令]을 제가 직접 가지고 상하이 탕[湯恩伯] [9] 장관[경비총사령]께 전달하여 한국인 민족반역자 문제를 처리하도록 하는 것이 어떻겠습니까.

총재   상하이에 도착하신 후 현지 당국자들을 불러 상의하세요.

김구   대단히 감사합니다. 위원장께서 저희들에게 많이 지시해주시길 바랍니다.

총재   한국 동지들이 서로 화합하고 일치단결하길 희망합니다. 비록 중국의 역량이 충분하지는 않지만 힘닿는 데까지 한국의 독립을 계속 원조하도록 하겠습니다. 이것은 중국의 일관된 정책입니다. 총리[쑨원 孫文, 1866~1925]께서 살아계실 때도 그랬습니다. 중국은 한국의 독립을 중국의 책임으로 생각하고 있습니다. 중국은 독립할 수 있고, 한국도 역시 독립에 도달할 수 있을 것입니다. 안심하세요.

김구   미국은 한국임시정부에 대해 양해하지 않고 있는 듯합니다. 중국은 이를 어떻게 해석하는지요.

총재   미국이 양해하지 못하는 사실이 무엇이지요?

김구   미국은 한국임시정부를 승인하지 않고 있습니다. 그러나 한국임시정부는 이미 한국 국내 민중의 4분의 3의 지지[同情]를 얻고 있습니다.

총재   미국의 태도도 점차 나아질 것입니다. 너무 염려하지 마십시오.

김구   이미 11월 5일 [충칭발] 비행기로 결정되었습니다. 기념으로 위원장님의 사진 몇 장을 부탁합니다.

총재   얼마든지 좋습니다. 사진을 필요로 하는 명단을 주시면 서명해서 증정하도록 하겠습니다.

---

9   탕스보(湯恩伯, 1899~1954)는 1945년 일본 항복 이후, 난징·상하이·항저우 경비사령관을 맡았다.

3. 해방 후 첫 '건국기원절(개천절)' 기념사 (1945.11.7, 상하이) [10]

부모·형제·자매 여러분

우리는 오늘 (단기) 4278년 (서기 1945) '건국기념절'을 맞이하게 되었습니다. 이것은 조국이 해방된 후에 처음 맞는 경축일입니다. 우리 임시정부 요인(同人)들은 귀국하는 도중 임시정부의 탄생지인 상하이에서 이 경축일을 맞이하게 되어 비상히 기쁘며 비상히 흥분됩니다.

우리와 성조聖祖 한배검(단군)은 4277년 전 이날(음 10월 3일, 양 11월 7일)에 우리의 조국을 세우셨습니다. 한배검은 배달겨레의 영원한 자유와 행복을 위하여 홍수와 맹수와 싸웠습니다. 전후·좌우·상하로 위협을 주는 대자연과도 싸웠습니다. 우리의 한배검은 이 모든 열악한 환경을 정복하기 위하여 무수한 생명을 희생하였으며 무수한 인간의 피와 땀을 흘리었습니다.

우리의 한배검은 자손인 우리를 위하여 그와 같이 위대한 노력으로써 광활한 천지에서 자유롭게 살 만한 살림살이의 터를 편안하고도 굳게 잡아놓았습니다. 그때 한국 사람은 반도半島 안에 답답히 갇혀 있지 않았습니다. 우리가 뛰놀던 땅은 자못 넓었으며 우리가 호흡하는 공기는 신선하였습니다.

그러나 한때, 우리 한배검의 자손은 자못 못난 사람(不肖)이 되었습니다. 그리하여 조상에게 불효하였으며 민족에게 죄를 지었습니다. 그 결과 우리의 발자취는 반도 밖을 나가지 못할 뿐만 아니라, 우리 대代에 와서는 이 조그마한 반도나마 왜구倭寇에게 잃고 말았습니다. 이 얼마나 부끄러운 말입니까. 과연 우리의 죄가 얼마나 컸습니까! 여러분의 부끄러움을 알고 있

---

10   상하이 교민들이 발간하는 『대한일보』 4278(1945).11.14, 11.15, 11.16. 이 자료를 보내주신 국사편찬위원회 김광재 박사께 감사드린다.

던 우리의 선열들은 이것을 씻어버리기 위하여 왜적과 악전고투하였습니다. 그들의 피는 우리 조국의 강토만을 물들인 것이 아니라 멀리 만주벌판과 중국 평원도 또한 물들였던 것입니다.

지금 이 자리에서 여러분에게 말하고 있는 못난 이 사람〔김구〕도 아직 선열의 뒤를 따라가지 못하였지만 선열의 유지를 받들어 삼천만 동포의 열망을 저버리지 않기 위하여 4, 50년간 분투한 사람 중 하나입니다. 우리 임시정부를 영도하는 영수들과 한국광복군을 영도하는 영수들도 그러한 사람들입니다. 그러나 우리는 드러난 공헌이 하나도 없는 것을 부끄러워합니다. 우리는 우리의 손으로 우리의 조국을 해방하지 못하고 끝내 동맹군의 손을 빌려서 해방되었습니다. 우리는, 우리를 위하여 다대한 노력을 한 동맹국에 무한한 감사를 드리는 동시에 우리의 친선하는 우방과 우리의 존경하는 선열에 대하여 깊이깊이 부끄러움을 느끼고 있습니다.

여러분, 우리는 조국 해방 후 처음 건국기념일〔개천절〕을 맞이하여 철저하게 회개하여야 하겠습니다. 진심으로 회개하여야 하겠습니다. 우리 사람 중에는 우리가 도덕상으로 느끼는 허물보다 더 큰 죄악을 지은 자가 많을 줄 압니다. 우리는 비록 큰 공적을 내지 못하였다 할지라도 오늘까지 조국의 독립과 민족의 자유를 쟁취하기 위하여 노력하였습니다. 그러나 우리 사람들 중에는 민족에게 해독을 끼치고 조국의 독립을 방해한 자도 적지 않을 줄 압니다.

그중에도 과거의 지위를 팔며, 혹은 왜적에게 등을 대고 아첨하기 위하여 민족을 배반한 자〔敗類〕의 죄악은 용서하기 어려운 줄 압니다. 여러분, 이날을 맞이하여 우리를 굽어 살피시는 한배검의 영혼 앞에서 태극기를 향하여 굳게 맹세하고 우리의 죄악을 전부 깨끗하게 씻어버립시다. 그다음에는 우리 조국의 완전한 자유를 획득하기 위하여 공동 분투합시다. 정의를 옹호하며 세계의 평화를 실현하기 위하여 공동 노력합시다.

여러분, 우리 임시정부의 요인이 입국하는 목적도 조국의 완전한 독립과 민족의 완전한 자유를 획득하려 함에 있습니다. 이 목적을 달성하기 위하여 나는 분투하였습니다. 나는 아직도 완성하지 못한 이 목적을 완성하기 위하여 여생을 바치겠습니다. 나만 그런 것이 아니라, 나와 함께 귀국하는 임시정부 요인들이 다 그러한 결심이 있는 것입니다. 이 목적을 완성하기 위하여 개인 자격으로 고국에 들어가도 좋습니다. 우리는 과거보다 더 큰 희생이 있더라도 사양치 아니하겠습니다. 우리 목적과 결심이 이와 같이 일치하므로 우리는 굳게 뭉쳤습니다. 앞으로 조국의 독립을 완성할 때까지, 우리는 완전한 독립을 실현하기 위하여 개인도 희생하고 당파도 희생할 각오를 가지고 있습니다.

여러분, 정부가 통일되지 못하고, 인민이 어떻게 통일하겠습니까. 통일할 줄 모르는 민족이 어떻게 통일된 국가를 건설하겠습니까. 여러분, 우리의 운명은 우리가 통일되고 못 되는 데서 결정될 것입니다. 여러분, 여러분은 남북의 통일된 조국을 원하십니까. 그렇다면 여러분 자신부터 통일하십시오. 여러분, 여러분은 과연 명예로운 독립국 인민이 되기를 원하십니까. 그렇다면 여러분 자신부터 통일하십시오. 민족이 통일할 줄 모르고 제 힘으로써 단결할 줄 모르면 그 민족의 앞길은 위험합니다.

우리는 남을 원망하기에 열중하지 말고 제 자신의 진보를 구해야 합니다. 여러분, 우리는 먼저 안으로 우리 민족 자체의 통일을 구하고, 밖으로 동맹국에 대하여 친선을 도모해야 합니다. 우리는 이와 같은 방법으로써 자유 행복의 통일된 신新 민주국가를 건설할 수 있는 것입니다.

여러분, 오늘 건국기원절을 맞이하여, 나는 4277년 전〔기원전 2333년〕 우리 한배검이 우리를 위하여 세워주신 것과 같은, 그 아름답고 위대한 독립 자유 행복의 신민주국가를 우리의 손으로 건설하기 위하여 여러분 앞에 나의 소감을 대강 고하는 것입니다. 조국독립의 완성과 여러분 동포의 건전한 분투를 빌고 이만 그칩니다.

4. 환국 성명: 꿈에도 잊지 못하던 조국 강산(1945.11.23)[11]

27년간[12] 꿈에도 잊지 못하던 조국 강산을 다시 밟을 때 나의 흥분되는
정서를 형용할 수 없습니다. 나는 먼저 경건한 마음으로 우리 조국의 독립
을 전취하기 위하여 희생되신 유명 무명의 무수한 선열과, 아울러 우리 조
국의 해방을 위하여 피를 흘린 허다한 동맹국 용사에게 조의를 표합니다.
다음으로는 충성을 다하여 삼천만 부모 형제자매와 우리나라에 주둔해 있
는 미소 동맹군에게 위로의 뜻을 보냅니다.

나와 나의 동료들은 과거 2~30년간을 중국의 원조하에서 생명을 부지
하고 우리의 작전을 전개해왔습니다. 더욱이 이번 귀국에는 중국의 장제
스 장군 이하 각계각층의 덕택을 입었습니다. 또한 한국에 있는 미군 당국
의 융숭한 성의를 입었습니다. 그러므로 나와 나의 동료는 중·미 양군에
대하여 최대의 경의를 표하는 바입니다. 또 우리는 우리 조국의 북부를 해
방해준 소련에 대하여도 동일한 경의를 표합니다.

이번 전쟁은 민주를 옹호하기 위하여 파시스트를 타도하는 전쟁이었습
니다. 이 전쟁에서 승리의 유일한 원인은 동맹이라는 약속을 통하여 상호
단결 협조함에 있었습니다. 그러므로 이 전쟁을 영도하여 큰 전공을 세운
미국도 승리의 공로를 독점하지 아니하고 동맹국 전체에 돌리고 있는 것
입니다. 우리는 미국의 겸허한 미덕을 찬양하거니와, 온 힘을 다해서 같이
싸운 동맹국에 대하여도 일치하게 감사하는 마음을 가지고 있습니다. 그
들[동맹국]의 일처리는 우리에게 큰 교훈을 주고 있다고 확신합니다.

나와 나의 동료는 모두 일개 시민자격으로 귀국하였습니다. 동포 여러
분의 부탁을 받아가지고 [정부의 자격으로 귀국하기 위해] 노력하였으나, 결국

---

11   『자유신문』 1945.11.24; 도진순 편 『백범어록』, 돌베개 2007, 32~35면.
12   김구는 1919년 4월 2일 국경을 넘어 단둥(丹東)에 도착하였고, 1945년 11월 23일 귀국하였
      으니, 26년 7개월여 중국 망명생활을 한 것이다.

이와 같이 〔일개 시민으로〕 대면하게 되니 대단히 죄송합니다. 그럼에도 여러분은 나에게 벌을 주지 아니하시고 도리어 열렬하게 환영해주시니 감격의 눈물이 흐를 뿐입니다.

나와 나의 동료들은 오직 완전히 통일된 독립자주의 민주국가를 완성하기 위하여 여생을 바칠 결심으로 귀국했습니다. 여러분은 조금이라도 거리낌 없이 심부름을 시켜주시기 바랍니다. 조국의 통일과 독립을 위하여 유익한 일이라면 불속이나 물속이라도 들어가겠습니다.

우리는 미국과 중국의 도움으로 여러분과 기쁘게 대면하게 되었습니다. 곧 소련의 도움으로 북쪽의 동포와도 기쁘게 대면할 것으로 확신합니다. 여러분도 함께 이날을 기다립시다. 그리고 완전히 독립 자주할 통일된 새로운 민주국가를 건설하기 위하여 공동 분투합시다.

5. 임정 개선 환영대회 답사(1945.12.19)[13]

친애하는 동포 여러분!

나는 오늘 이 성대한 환영을 받을 때에 무엇보다도 먼저 우리 임시정부를 대표해서 오랫동안 왜적의 통치하에서 갖은 고난을 당하여온 국내 동포 형제에게 가장 친절한 위문을 드립니다. 나와 임정 요인들이 오늘 이 자리에서 동포들의 이와 같이 열렬한 환영을 빚게 될 때 과연 형언할 수 없는 감격이 있고 흥분이 있습니다.[14] 수십년간 해외에서 떠돌던 우리들이 그립던 조국의 땅을 밟게 되고 사랑하는 동포들의 품에 안기게 된 것은 참으로 무한한 영광입니다.

---

13 『서울신문』 1945.12.19; 『백범어록』, 47~50면.

14 이날 서울운동장(현 동대문디자인플라자DDP 자리)에서 열린 '대한민국임시정부 환국 봉영회'에서는 약 15만명의 인파가 몰렸다(당시 서울 인구는 100만명을 넘지 않았다). 서울 시내 모든 교회와 사찰, 학교에서 오전 11시 환영회 시작에 맞추어 종을 울렸다.

여러분도 아시는 바와 같이, 우리 임시정부는 3·1대혁명의 민족적 대 유혈투쟁으로 탄생한 유일무이한 정부였습니다. 그야말로 전민족의 총의로 조직된 정부였고, 동시에 왜적의 조선 통치에 대한 유일한 적대적 존재였습니다. 그러므로 우리 임시정부는 과거 27년간 일대 혁명의 정신을 계승하여 전민족 총단결의 입장과 민주주의 원칙을 일관하게 고수하였던 것입니다. 임시정부는 결코 어느 한 계급 어느 한 정파의 정부가 아니라 전민족, 각 계급 각 당파 공통의 이해와 입장에 입각한 민주단결의 정부였습니다. 그러므로 우리 정부의 유일한 목적은 오직 전민족이 총단결하여 일본제국주의를 타도하고 한국에 진정한 민주공화국을 건립하자는 데 있었습니다.

그러나 우리들의 분투한 결과는 즉시 완전한 독립을 취득하지 못하고 소위 "어느 정도 시기가 지나면 독립을 보증한다"는 동맹국의 성명서 한 장[15]을 얻어가지고 입국하게 되었습니다. 이것은 실로 유감천만이어서, 오늘 우리가 이렇게 성대한 환영을 받게 되는 것이 도리어 부끄럽습니다.

사랑하는 동포 여러분! 반反파시즘 세계대전의 승리로 우리의 국토와 인민은 해방되었습니다. 그러나 이 해방은 무수한 동맹국 인민과 전사 들의 보배로운 피와 땀의 댓가이며, 또한 망국 이래 수십년간 우리 독립운동자들의 계산할 수 없는 유혈 희생의 댓가인 것을 잊어서는 아니 됩니다.

지금 우리는 국토와 인민이 해방된 이 기초 위에서, 우리의 독립주권을 창조하는 것이 무엇보다도 긴급하고 중대한 임무입니다. 우리가 이 임무를 달성하자면 오직 3·1대혁명의 민주단결정신을 계속 발양해야 합니다. 남북 동포가 단결해야 하고, 좌파와 우파가 단결해야 하고, 남녀노소가 다 단결해야 합니다. 우리 민족 개개인의 혈관 속에는 다 같이 단군 할아버지〔聖祖〕의 성스러운 피〔聖血〕가 흐르고 있습니다. 극소수 친일파 민족반역자를 제외한 모든 한국 동포는 마치 한 사람같이 굳게 단결해야 합니다.

15　1943년 11월 27일, 미·영·중이 카이로에서 "적당한 시기에 조선을 자주 독립시킨다"고 선언한 것을 의미한다.

오직 이러한 단결이 있은 후에야 비로소 우리의 독립주권을 창조할 수 있고, 소위 38도선을 물리쳐 없앨 수 있고, 친일파 민족반역자들을 숙청할 수 있습니다. 나는 의심치 않고 확언합니다. 유구한 문화와 역사를 가진 우수한 우리 민족은 위기에 반드시 단결할 것입니다. 그러므로 나와 임시정부 요인들은 보다 더 많은 자신과 용기를 가지고 전민족, 각계 당파의 강철 같은 단결을 완성하기 위하여 분투하려 합니다.

친애하는 동포 여러분! 지금 우리 국토를 나누어 점령하고 있는 미소 양국 군대는 우리 민족을 해방하여준 은혜 깊은 우군友軍입니다. 우리는 반드시 그들과 잘 협조하여 왜적의 잔재를 철저히 숙청하는 동시에, 미소 양군이 자기 나라로 돌아가는 날까지 모든 편리와 수요를 잘 제공하여야 합니다.

또 우리는 미·소·중·영·프 등 동맹국과 다 같이 친밀한 관계를 가져야 하며, 더욱이 우리와 밀접한 관계를 가진 중·미·소 3국과 긴밀한 합작을 위하여 노력해야 합니다. 우리는 오직 이 3국과 친밀한 합작의 기초 위에서만 우리의 자주독립을 신속히 가져올 수 있습니다. 나는 확신합니다. 우리 민족 내부가 강철같이 단결될 때 동맹국은 다 같이 우리 독립주권을 승인하여줄 것이며, 우리의 신 국가 건설을 위하여 적극 원조할 것입니다.

사랑하는 동포 형제 자매 들이여!

우리 국가의 즉시 완전한 독립을 찾을 때는 바로 이때입니다. 우리 동포들은 3·1대혁명의 전민족 총단결 총궐기의 정신을 다시 한번 발양하여 우리의 독립주권을 찾고 자주 평등 행복의 새로운 한국을 건설합시다. 이것으로써 나의 답사는 그칩니다.

6. 3천만 동포에게 고함: "독립 자주 통일의 조국을 건설합시다"(1945. 12.27)[16]

---

16   『동아일보』 1945.12.30; 『백범어록』, 58~63면; 『백범김구전집』 8, 109~12면.

친애하는 3천만 어르신 자매형제 여러분,

내가 입국한 지 벌써 한달이 넘었습니다. 서울에서는 직접 간접으로 나의 의사를 표시한 적 있습니다만, 지방에 계신 여러분에게 말씀드린 일은 거의 없습니다. 그러므로 오늘 저녁 방송은 지방에 계신 여러분을 위하여 하는 것입니다. 그동안 나는 직간접으로 여러분의 과분한 애호와 환영을 받았고 허다한 가르침도 입었습니다. 시간의 제한과 체력의 쇠약으로 일일이 여러분을 방문하고 사의를 표하지 못해 지극히 죄송하지만, 어찌 감격의 눈물이야 금할 길 있겠습니까.

나와 나의 동료는 개인 자격으로 입국하였습니다. 그러나 친애하는 3천만 동포는 도리어 최고의 열렬한 애국 정서로 우리를 환영해주시니 송구함을 느낍니다. 또한 내가 38도 이북의 동포를 간절히 그리워하는 것과 같이, 그곳의 동포들도 우리를 환영하는 마음이 불같이 〔뜨거우리라고〕 믿습니다.

임시정부는 과거 27년간 정의를 수호하며 평화를 애호하는 중국의 열렬한 동정同情을 받았습니다. 소련의 국부 레닌(1870~1924) 선생은 제일 먼저 임시정부와 손을 잡고 거액의 차관을 주었습니다.[17] 미국 국회에서도 두번이나 임시정부 승인문제를 토론하였으며, 영국 국회에서도 같은 일이 있었습니다. 프랑스는 사실상 임시정부를 승인을 하였습니다.[18] 중국은 일찍이 쑨원 선생이 총통으로 재임할 때 임시정부를 승인한 이래 국민정부는 사실상 이 정부를 승인하였습니다.[19] 뿐만 아니라 금년〔1945년〕 11월 4일

---

17   소연방 해체 이후에 공개된 기밀문서에 따르면, 1920년 소비에뜨 정부의 자금은 임시정부가 아니라 상해파 공산당에게 지급한 것이었다. 이 자금의 운용 및 김립 피살사건에 대해서는 임경석 「피지배민족 위한 인터내셔널리즘」, 『한겨레21』 2018.4.23.

18   프랑스가 임시정부를 승인한 적은 없다. 정상천 「일제 강점기(1910~1945) 동안의 한국독립운동에 대한 프랑스 정부의 정책」, 『한국정치외교사논총』 26-2, 한국정치외교사학회 2005.

19   쑨원의 광둥(廣東) 호법정부(護法政府)는 지방정권이었고 오래지 않아 해체되었기 때문에 호법정부의 한국 임시정부 승인도 사실상 효력을 발휘하지 못하였다. 정상천, 위의 글 240면; 이재호 「대한민국 임시정부의 호법정부와의 외교관계 검토」, 독립기념관 한국독립

충칭에서 본 정부를 환송할 때, 장제스 장군은 임시정부로 하여금 한국의 독립 완성을 위하여 끝까지 철저히 원조하겠다고 확언하였습니다. 그러나 과거부터 최근까지 시종일관 이 정부를 부인하며 파괴하려 한 자가 있었으니, 그것은 곧 왜적과 그의 주구인 친일파와 민족반역자 들이었습니다.

이와 같이 임시정부는 안으로 독립과 자유를 열망하는 3천만 동포의 옹호를 받았으며, 밖으로 정의와 평화를 사랑하는 세계 우방의 동정을 얻고 있습니다. 이것이 어찌 우연이겠습니까. 이것은 다 과거 5~60년간 조국의 영화와 동포의 행복을 위하여 분투노력한 선열先烈 선현先賢의 보이지 않는 도움 때문입니다. 1919년 3·1 대독립운동 이래, 3천리 우리 강토〔疆域〕로부터 멀리 떨어진 만주 지역〔白山黑水〕[20]과 중국대륙에 이르기까지 대대적으로 피로 물들인 무수한 선열들이 우리에게 준 것입니다. 선열과 선현이 우리에게 끼쳐준 독립과 자유의 싹은 3천만 동포 개개인의 마음속〔方寸中〕에서 무럭무럭 자라고 있었습니다. 그리하여 36년 긴 세월 동안 야수와 같은 왜적의 유린 속에서도 조국의 산하가 의구한 것과 같이, 아름다운 독립과 자유의 싹은 한시〔一秋一刻〕도 변함이 없이 자랐습니다.

만일 우리 동포들의 열렬한 애국심이 우리를 충심으로 도와주는 동맹군의 노력과 배합되지 아니하였던들, 지금과 같은 밝은 미래를 가질 수 없었을 것입니다. 이것을 생각하면 분투 3~40년[21]에 큰 성공을 세우지 못하고 초라하게〔怊怊〕 귀국한 우리로서는 무슨 말로써 우리 동포와 동맹군에 대하여 위문과 사의를 표할는지 도리어 송구할 뿐입니다. 송구함을 느낄 때

운동사연구소 2015.

20　『자료대한민국사』(국사편찬위원회, 한국현대사료DB, https://db.history.go.kr/contemp)〔이하 『자료대한민국사』로만 표기함〕에는 "自由黑水"로 오독하였고, 이로 해서 『백범어록』(60면)에는 "러시아 연해주"로 오역하였으나, 원문은 "白山黑水"이다. 백산은 백두산, 흑수는 흑룡강, 백산흑수는 만주 지역을 말한다. 김구가 1949년 3월 26일(안중근 의사 순국일)에 쓴 "白山黑水" 유묵도 있다(김구재단 소장). 안중근의 의거 장소가 흑룡강이 있는 하얼빈이니 "白山黑水"와 인연이 이어진다고 하겠다.

21　『자료대한민국사』에는 "34년"으로 오독.

마다 나의 여생을 오직 조국의 통일과 완전한 독립, 그리고 전세계 인류의 평화 달성을 위하여 바칠 결심이 더욱 강렬해질 뿐입니다. 이를 위해 백번 죽는 것도 사양치 않겠습니다.

이 목적을 달성하기 위하여 나는 우선 아래 원칙들만이라도 친애하는 3천만 자매형제께 제기하고 공동 분투하기를 간망합니다. 만일 여러분이 이것을 접수하고 나와 나의 동료를 편달하며 독려하여주신다면 나의 영광은 더할 나위 없을 것입니다.

1) 완전히 독립 자주하는 통일된 조국을 건설합시다. 이를 위해 이기적 입장을 버리고 오직 국가 지상, 민족 지상, 독립 제일의 길로 매진합시다. 국가가 있은 뒤에야, 네 당파 내 당파도 존재할 여지가 있는 것입니다.

2) 정치·경제·교육의 균등을 기초로 한 새로운(新) 민주국을 건설합시다. 국민 전체의 균등한 생활을 확보하지 못하면 새로운 민주국가를 건설할 수 없습니다. 그러므로 우리는 가장 진보된 민주주의를 실현하기 위하여 정치·경제·교육의 균등을 주장합시다. 정치의 균등을 확보하기 위하여 전국민이 참여하는 보통선거를 실시하지 아니하면 아니 됩니다. 특정 일부분, 특정 계급의 독재를 반대합니다. 경제의 균등을 확보하기 위하여 토지와 대 생산기관을 국가 소유로 해야 됩니다. 그러나 정권이 우리 정부로 옮겨오는 때에 일제의 적산(敵産)과 매국노(韓奸)[22]의 토지를 제외하고, 실정을 참작하여 점진적으로 실행하는 것이 타당하다고 인정합니다. 교육의 균등을 실시하기 위하여 조속히 의무교육을 국비로써 실시하지 아니하면 아니 된다고 생각합니다.

그러므로 우리는 마땅히 먼저 조국의 완전한 독립을 획득하기 위하여 전력을 다해야겠습니다. 그다음 적지 않은 협잡 정객과 친일분자·민족반역자들을 숙청하여야겠습니다. 대의명분상으로만 그럴 것이 아니라 실제

---

22 『동아일보』 원문은 "韓" 다음이 지워져 불명, 여기서는 "韓奸"으로 독해하였다. 『백범어록』 (61면)에는 "매국노"로 번역되어 있다.

그들이 통일을 방해하고 있는 사실이 많은 까닭입니다. 그러므로 우리는 최소한도라도 죄악이 많아 용서할 수 없는 불량분자만은 엄히 다스리지 아니하면 아니 될 것입니다.

3) '세계적 대가정'을 건립합시다. 세계 평화를 유지하고 인류 행복을 증진하려면 단결한 '세계적 대가정'을 조속히 만들어야 합니다. 이 목적을 달하는 유일한 방도는 민족과 민족, 국가와 국가 간에 평등을 확보하는 것입니다. 피차간에 주관적 우월감으로써 다른 민족이나 다른 국가를 멸시하거나, 자신의 이익을 위하여 상대방의 이익을 무시하면 아니 됩니다. 2차대전 중 동맹국의 작전목표도 민주의 실현에 있었습니다. 진정한 민주도 오직 개인과 개인, 민족과 민족, 국가 간에 균등을 유지하는 데서만 실현될 것입니다.

우리는 특별히 우리 조국을 해방하여준 동맹국에 감사합니다. 현재 감사할 뿐 아니라 영원히 감사할 것입니다. 우리는 우리나라에 대한 우방의 투자를 환영합니다. 각 방면에 있어서 기술로 원조해줄 것을 간절히 바랍니다. 또 우리 조국의 새로운 건설을 위하여 우리에게 차관하여주기를 고대합니다. 그러나 이것이, 절대로 우방이 단독적이나 공동적으로 우리를 통치하는 것을 환영한다는 의미는 아닙니다. 한국인은 마땅히 한국 정부가 통치하여야 합니다.

4) 강력〔强固〕한 국방군을 건립합시다. 우리 국가의 질서와 세계의 평화를 지지하기 위하여 강력한 국방군이 필요합니다. 이것은 과거의 망국사와 세계 2차대전이 우리에게 주는 큰 교훈이니 긴 말을 할 필요가 없다고 생각합니다.[23]

---

23   '강력한 국방군 건립'은 이 책 김구 편 4장 「나의 소원」의 "우리의 힘은 남의 침략을 막을 만하면 족하다"와는 상반된다.

2장
반탁·독립의 행로: 임정 주석에서 한독당 당수로
(1946. 1~6)

1. 비상정치회의 소집 성명서: 여기서 나라를 세우자(1946.1.4)[1]

경애하는 3천만 형제자매 앞에 나는 임시정부 요인 일동을 대표하여 통일공작에 관한 한 우리의 포부와 노력에 대하여 삼가 몇 마디 고하고자 한다.

우리가 입국하였을 때에 국내의 형세가 자못 복잡다단하였던 것은 부인할 수 없었다. 입으로는 모두 통일단결을 부르짖으면서도 통일운동의 진전은 너무 활발하지 못하였다. 활발하지 못하다기보다는 도리어 실패라고 할지라도 과언이 아니다. 그리하여, 통일단결을 간망하는 동포들은 귀국하는 임시정부에 대한 기대가 너무 컸다. 흡사 그들은 임시정부의 입국 초 가장 긴급하고 필요한 사업이 전민족의 통일단결을 완성하는 것이며, 만일 임시정부가 이 공작에 성공하지 못하면 통일단결 문제는 당분간 가망이 없다고 우려하였다.

---

1   『대동신문』·『서울신문』·『동아일보』 1946.1.5; 『백범김구전집』 8, 128~31면.

이와 같이 엄중한 기로에 서 있는 것을 인식한 우리는 3천만 동포의 부탁에 조금이라도 어긋날까 말 한마디 행동 하나 심사숙고한 후에 행하였으며 전전긍긍하는 태도로써 매사에 임하였다. 어지럽게 얽힌 삼베를 한 칼에 잘라버리는 쾌도난마快刀亂麻를 누군들 통쾌하다고 아니하리오만, 국가의 백년대계를 좌우하는 통일공작은 일시의 기분이나 감정에 치우쳐서 처단할 수 없는 것이다. 우리가 침묵을 지킨 충심(誠忠)은 허장성세보다는 실사구시實事求是[2]에 있었으나, 사실事實 표현表現[3]의 지연은 도리어 애국심이 고도에 달한 동포들로 하여금 조급함을 이기지 못하게 하였다. 이와 같은 객관적 정세에 대해 우리는 더욱 송구함을 느끼는 동시에, 아직도 미숙한 통일 노력의 일단이나마 보고하며 앞으로의 포부도 발표하지 않을 수 없다.

우리는 입국한 즉시로부터 각 방면의 정세를 고찰하며 각계 영수들의 고귀한 고견을 경청하기에 상당한 시간을 소비하였다. 그다음 통일공작에 대한 우리의 복안을 세우고 이에 대하여 중요한 정계 영수들과 의견을 교환交換[4]하였던바 대체로 차이가 없었으나, 공산당과 인민당 방면과는 약간 국부적으로 부합하지 못한 점이 있어서 피차 공통점을 구하기에 계속 노력하던 중, 불의不意에 소위 신탁통치 운운하는 말이 유포되어 이에 분노한 전국민이 맹렬히 반대운동을 일으키게 되었다. 우리는 이 운동을 진행하는 중에 신탁통치를 방지하는 유일한 방법도 전민족의 통일 단결에 있다고 확인하고, 금일까지도 임시정부의 전원은 공산당과 인민당의 영수들로부터 일치점을 구하기 위하여 여러 가지로 노력 중이다. 성공될 때까지 앞으로도 계속 이러한 노력을 하려 한다. 인식이 일치한다면 반드시 성공하리라 자신하고 있다. 그러면 통일에 대한 우리의 주장은 무엇인가?

---

2   『자료대한민국사』와 『백범김구전집』 8, 128면에는 "사실구시"로 오독.
3   『자료대한민국사』와 『백범김구전집』 8, 128면에는 "事實表理"로 오독.
4   『자료대한민국사』와 『백범김구전집』 8, 130면에는 "交援"으로 오독.

1. 비상정치회의를 즉시 소집하자는 것이다.

우리는 작년〔1945년〕 9월 3일 우리의 「당면정책」(1-1)을 발포한 것이 있다. 이 「당면정책」 중에 우리의 통일공작도 그 윤곽을 명시하였다. 이 비상정치회의 소집이 그 「당면정책」 제6항을 실행하는 방법이다. 곧 국내 과도정권을 수립하기 위하여 국내외 각 계층, 각 혁명당파, 각 종교단체, 각 지방대표와 저명한 각 민주영수회의를 소집하자는 것이다. 우리의 원래 정책이 앞서 언급한 바와 같을 뿐만 아니라, 현재 급변하는 시국을 맞이하여 남의 손을 기대할 것 없이 우리의 손으로 신속히 강고한 과도정권을 수립하기에 남은 힘을 아끼지 않아야 할 것이다.

2. 임시정부를 확대 강화하자는 것이다.

이 안은 「당면정책」 제6항과 제7항에 근거하여 세운 것이다. 본래 건설이 없는 파괴는 시국을 헛되이 혼란으로 끌고 갈 것이다. 더구나 일부분만이 전민족의 운명을 좌우하는 것은 민주정신에 위반될 뿐이며, 그 목적도 달성할 수 없다. 그러므로 우리는 비상정치회의에서 민주 의사로서 우리 전민족의 운명을 결정하는 동시에, 전민족의 의사에 의한 과도정권을 수립하자는 것이다.

그러나 이 과도정권이 수립되기 전에 우리 민족의 대표기관 즉 우리 민족의 손으로 만들어놓은 정권이 있지 아니하면 아니 될 것이다. 과도정권이 수립되기 전까지의 과도정권은 누가 행사할 것인가? 이것은 임시정부일 것이다. 그러나 우리끼리만 독선적으로 임시정부를 계속 유지하자는 것은 아니다. 우리는 각계 영수를 망라하여 임시정부를 확대 강화하여서 비상정치회의에서 과도정권이 확립될 때까지 나아가는 것이다.

3. 국민대표대회를 소집하자는 것이다.

우리는 먼저 비상정치회의를 소집하는 동시에 임시정부를 확대 강화하며, 비상정치회의에서 과도정권이 확립되면 임시정부는 그때 해체될 것이다. 그다음에 그 과도정권은 절대 민주적 정신 위에서 국민대표대회를 소집하여서 독립국가, 민주정부, 균등사회를 원칙으로 하는 새로운 헌장에 의해 정식 정권을 조직하자는 것이다.

경애하는 형제자매여, 우리의 통일에 대한 주장과 노력에 과오가 있거든 담박하게 지적하여 교정하게 하여주시고, 과오가 없다고 인정하시면 우리와 공동 분투하여주시며 독려하여주시기를 간절히 바란다.

2. 3·1절 경축사: "3·1운동으로 임시정부가 탄생하였다"(1946.3.1) [5]

친애하는 형제자매 여러분

수십년 만에 조국에 돌아와서 처음으로 맞이하는 3·1절에, 여러분이 선열들의 위업을 추모하고 그 거룩한 뜻을 기념하기 위하여 이처럼 열렬히 기념대회를 열고, 고귀한 선열들의 피를 헛되이 하지 않으려고 노력하심을 볼 때 나로서는 무엇이라 치사의 말씀을 드려야 좋을지 그저 가슴이 감격으로 꽉 찰 뿐입니다.

나는 먼저 오늘이 세계혁명운동 사상에 찬연히 빛나고 있는 우리의 가장 큰 국경절을 맞이하여, 여러 동포 형제자매와 함께 마음과 정신을 새로이 가다듬어 가장 경건한 태도로 머리를 숙여 수많은 선구자와 영령 앞에 전민족적 경의를 표하고자 합니다. 27년 전(1919년) 오늘, 우리의 선구자들은 피의 희생으로 이 강산을 물들이고도 오히려 조금도 망설임 없이 정의와 자유와 평화를 애호하는 전세계의 국가들에 향하여, 우리 한국 민족이 반만년의 역사와 문화를 가졌고 응당 독립과 자유를 획득할 수 있는 민족

---

5   『대동신문』 1946.3.2; 『백범어록』, 78~81면; 『백범김구전집』 8, 154~56면.

이라는 것을 우렁차게 외치고, 이 목적을 달성하기 위하여 전민족이 죽음으로써 항쟁하겠다는 것을 소리 높여 외쳤으니, 이것은 한국 민족에 국한된 의미뿐만 아니라 압박받는 전세계 약소민족에게도 이러한 위대한 힘이 있다는 것을 보여준 것입니다.

인류역사에서 그 예를 찾기에 힘든 왜적의 횡포한 학정과 인간으로서는 도저히 참을 수 없는 탄압 밑에, 단지 빈주먹밖에 가진 것이 없는 우리 한국 민족이 18개월이나 계속하여 총과 칼에 대항하여 싸울 수 있었다는 것은 실로 인류의 혁명사상에 가장 빛나는 부분이 되리라고 믿습니다. 이것은 결코 내 것이라고 맹목적으로 그 위대성을 강조하자는 것은 아닙니다. 3·1운동의 위대한 의의는 실로 그 통일성에 있는 것입니다. 지역의 동서가 없었고, 계급의 상하가 없었고, 종교 사상 모든 국한된 입장과 태도를 버리고, 오로지 나라와 겨레의 독립과 자유를 찾자는 불덩어리와 같은 일념에서 이 운동을 일관했다는 점을 우리는 세상에 자랑할 수 있는 것입니다. 거기에 추호라도 개인의 이욕을 생각하는 불순함이 있었다면, 이 운동으로 우리의 뜻한 바를 세상에 알릴 수 없었을 것입니다.

회고하면 1905년 '보호조약'〔을사늑약〕으로 왜적이 우리 한국을 점령하기 전부터 우리 민족은 동학당 혹은 의병 등 여러 가지 형태로 왜적에게 반항하였으니, 이런 개별적 부분적 운동이 통일된 지도 밑에서 세계적으로 한국 민족이 생존권을 요구한 것이 이 3·1운동입니다. 그리고 이 3·1운동이 우리 한국 민족 독립운동의 초석이 되었다는 점을 저버려서는 안 될 것이니, 우리는 이 3·1운동을 통하여 임시정부라는 영도기관을 탄생시켰고, 또 이 임시정부도 이역만리에서 가지가지 파란곡절을 겪으면서도 실로 이 3·1운동의 여러 선열들의 거룩한 독립정신을 계승하고 수난의 길을 꾸준히 걸어왔다는 것을 오늘 이 자리에서 여러 동포 앞에 거듭 말씀을 드리고자 합니다.

이제까지 우리의 처해 있는 현실에 생각을 미쳐볼 때 3·1운동의 위대한 선열들의 정신과 국내 혁명군중의 노력과, 미약하나마 해외에서 조국의 광복을 위하여 악전고투해온 여러 동지들의 힘으로 한국의 독립이라는 것은 세계적으로 인식된 바입니다. 우리 앞에는 신탁이라는 커다란 난관이 가로놓여 있고 국토는 남북으로 나누어진 슬픔이 있습니다.

그러나 나는 이것을 인류의 역사가 우리 한국민족에게 준 가장 큰 시련이라고 생각하고 싶습니다. 우리에게는 비관도 감상도 있을 수 없습니다. 인류의 해방을 위하여 정의의 칼날을 높이 든 미소 양국의 이해와 협조 아래서, 우리는 최후의 일각까지 냉정 침착하게 통일된 질서와 평화적 태도로써 모든 난관과 시련을 물리치고 돌진하여야만 완전 자주독립을 기할 수 있으며, 거기에 따라서 전민족적으로 보다 더 즐거운, 보다 더 나은 생활을 가질 수 있으리라 굳게 믿습니다. 마지막으로 이 경사스러운 우리의 명절을 당하여 불민한 몸이나마 여러 형제자매와 함께 오로지 조국의 독립을 위하여 분골쇄신할 것을 다시금 약속드리며 마치겠습니다.

3. 3당합당을 맞이하여 한국독립당 당원 동지들에게 (1946.4.20)[6]

자유로운 조국의 빛나는 재건을 위해서는 전민족이 총력을 집결하여 지체 없는 해방을 위한 용감한 투쟁이 요청되고 있다. 한국독립당은 이러한 사명을 띠고 40년간 혈투해온 용결체인 것이다. 일찍이 대한제국이 일제의 침략 아래 그 형세 위급하게 될 때, 서울에서 모든 혁명지사의 총집결로 반항운동의 대본영된 것이 신민회新民會였다.

그러나 끝내 조국이 무너진 후 일제의 포학이 전 삼천리에 미쳐 한조각 편안한 땅이 없었을 때, 해외에 옮겨간 혁명투사들은 남·북 만주, 시베리아, 중국, 북미 등 하늘 끝 땅 끝(天涯地角)까지 흩어져 철혈鐵血의 사투를 지속

6   『대동신문』 1946.4.26; 『백범어록』, 82~84면; 『백범김구전집』 8, 165~67면.

하였다. 기미년(1911) 3·1투쟁이 벌어진 후 수백만 민중과 수만 선열의 피에서 수립된 상하이 임시정부는 해외로 집결된 전민족 총력의 구현체였다. 이후 20년 동안 일제의 모진 지배는 최후 발악으로 거듭 더해져, 혁명전사의 앞길에는 늘 어려운 투쟁〔苦鬪〕과 용감한 투쟁〔敢鬪〕이 함께하였다.

한국독립당이 많은 곡절을 겪으면서 결성된 지 이미 18년의 세월이 지났으니,[7] 남북 만주에서 수천수만의 부대로서 오랫동안 적에 맞서 싸우고, 윤봉길 열사의 상하이의거와 이봉창 열사의 토오꾜오의거는 최악의 상태에서 최대의 반격으로 가장 영웅적인 투쟁이다. 중일전쟁·태평양전쟁이 발발된 후 카이로선언에 호응하여 임정의 진용을 강화하고, 광복군의 결성 및 활약과 함께 한국독립당의 사명 및 임무는 전면적으로 확대되었다.

8·15 이후 해방의 길에 들어간 조국에 수많은 정당이 결성되었으니, 현재 정당은 정권 접수가 목적될 수 없고, 아직 성취 못한 민족통일 자주독립국가의 전취가 유일 최대의 사명이요 의도임을 요청하고 있다. 이제 본 한국독립당은 국민당·신한민족당과 무조건의 동지적 협동을 이루었고, 급진자유당·대한독립협회·자유동지회·애국동지회 등 제 단체도 합동하여 하나가 되니, 이에 우리는 모든 혁명적 전투적 애국적 진보적인 제 세력을 모아서 획기적인 새 출발을 하게 되었다.

한국독립당과 앞서 거론한 각 당의 전체 동지 당원들은 모두 해방전사解放戰士로서 새 결심과 재출발로써, 한국독립당 수십년의 혁명전통을 확대 강화시키면서, 열렬한 동지애와 조국애로 단결하여 협진協進, 정진精進, 또 용진勇進하자. 40년간의 예속에 40년간 들었던 용맹스런 투쟁의 칼을 다시 드는가. 조국의 성패를 결정하는 위기의 기로에 우리들이 서 있다. 여기서 우리는 모든 번쇄한 논리를 박차버리고, 혁명역량을 총집결하는 길로 돌진하자! 전 삼천만 민족 대중은 다시 심대한 의구와 불안 속에서 오

---

7   한독당은 1930년 상하이에서 대한민국임시정부의 여당 격으로 조직되었다.

직 완전 해방만을 기대하고 있다. 우리들의 임무가 크다. 무겁다!

4. 류인석柳麟錫 고유문告由文(1946.8.17)[8]

대한민국 28년(1946) 8월 17일 김구는 삼가 류인석柳麟錫 선생 영령英靈
께 고하나이다.

유학儒學이 쇠퇴한 지 오래라, 공부하는 이들이 자구字句에 얽매어 실제
활용을 생각하지 아니하여, 성性을 높이고 심心을 낮추어 정작 힘쓸 자리
는 버리고 유유하게 고담준론高談峻論만 일삼아 마침내 혼자만 깨달아 아
무런 결실이 없이 황당함에 이르매, 모든 일이 이에서 무너졌나이다.

근래에 와서 화서華西 이항로李恒老 선생이 나시며 비로소 본심本心이 곧
천리天理라는 심즉리心卽理로써 제자들을 가르쳐, 분위기가 일변하여 절의
節義 당당한 이들을 배출하니, 〔류인석〕 선생이 곧 그 한분이시라.[9] 선생이
가장 나중에 참여하신 분이니만큼, 칼날 같은 산과 물〔刀山劍水〕의 곤경〔困
苦〕과, 가시덤불과 맹수〔荊棘虎豹〕들의 위험〔危艱〕을 더욱 깊이 겪으셨지만,
왜적과 한 하늘 아래 살 수 없다는 일념은 시간이 갈수록 더욱 굳으시매,
몸은 험한 지경〔崎嶇〕에 처하되 그 뜻은 해와 별〔日星〕같이 비치어, 지금까
지 후배들로 하여금 우러러 바라보게 하시었나이다.

이같이 하오심이 무엇이겠습니까. 오직 내 마음을 저버리지 못하심으로

---

8   「고유문(告由文)」 원본은 강원도 춘천 가정리 「의암(義菴) 류인석(柳麟錫) 기념관」에 소장
되어 있고, 류인석 묘지 앞에 「백범 김구선생 친필 고유문비」(강원도애국선열추모사업회,
1998년 12월 22일 건립)까지 세워져 있다. 그러나 「고유문」은 위당 정인보가 지은 것이며,
글씨도 정인보가 쓴 것이다.

9   이항로가 "본심이 곧 천리"라 가르친 것은 맞지만, 그것은 성리학의 주리론적 관점에서 나
온 것이며, 양명학의 '심즉리'와는 본질적으로 다르다. 정인보는 망국의 원인을 주자학에
서 찾으며 양명학으로 조선유학을 개신하려는 입장에서 이항로의 '심즉리'를 평가하였
다. 이항로(1792~1868)의 '심즉리(心卽理)'에 기반한 위정척사론은 제자 김평묵(金平默,
1819~91), 류인석(1842~1915)으로 이어졌다.

아나이다. 그런즉 선생 일생의 그 절의節義는 실로 배운 바를 몸으로 증명하시고 남음이 있는 줄 아나이다. 누구나 왜적을 원수로 보지 않으리오만, 눈앞의 생계가 구차하여 이를 보지 못하고 마침내 더러운 데 떨어짐을 깨닫지 못하는 자가 시중에 가득하거늘, 선생 홀로 본심本心으로 살고 본심으로 죽으랴 하시매, 본심의 밝음이 온갖 삿된 것을 물리쳐 없애신지라, 이루신바 이렇듯 우뚝하시었나이다.

왜적을 복수해야 할 원수로 아심은 선생의 마음이시요, 생사를 초개草芥처럼 아심이 선생의 마음이시요, 멀리 다른 나라에서 바람서리 맞으면서 혼자 다니실 때, 그 누가 보는 것도 아니었지만 조금이라도 놓지 아니하심이 선생의 마음이시라. 이 마음을 저버리지 못하여 저 고생을 달게 여기심이 아니오니까. 중화와 오랑캐를 구분하는 화이華夷의 논論과, 명나라를 섬기는 존명尊明의 설說에 이르러는 민족의식이 분별되기 이전이라, 수백년 내려온 전통도 있으려니와, 왜적을 물리치기 급하던 때라 논리를 화이華夷에서 끌어왔으니, 그 문자는 비록 옛것을 이었으나, 왜적을 치고 국가에 대한 충성이 맺어진 것이니, 우리는 선생의 본마음을 깊이 헤치어 겉모습을 넘어 그 내포한 민족적 충성을 따라 배우고자 하나이다.

김구는 후조後凋 고능선高能善 선생의 제자로서 일찍부터 선생을 흠모하여 일평생 모든 일에 항상 붙들고 나아가는 정신이 있었으니, 그것은 곧 어릴 적부터 뇌리에 박히어진 '자손 대대로 잊지 않고 복수(九世必報)'하는[10] 대의大義라. 이제 백발로 고국에 돌아와 선생의 묘지(舊阡)를 찾으니 감회 어찌 새롭지 아니하오리까. 한줄기 향香으로써 무한한 심사를 삼가 아뢰니 영령은 앞길을 가르쳐주소서.

---

10 구세필보(九世必報). 중국 춘추시대 제(齊)나라 양공(襄公)이 9세 선조 애공(哀公)의 죽음에 대한 복수로 기(紀)나라를 멸망시켰다는 고사에서 온 말로 "대를 이어 잊지 않고 반드시 복수하는 것"을 의미한다.

3장
진동: 좌우합작·반탁운동·단독정부
(1946.10~1947.12)

1. 좌우합작 지지 담화(1946년 10월 14일)[1]

(1) 민족통일의 목적은 독립 자주 정권을 신속히 수립함에 있다. 그러므로 나는 좌우합작의 성공을 위하여 시종 지지하고 타협한 것이다. 앞으로 이것은 계속할 것이다.

(2) 좌우합작의 초석이 확립된 것을 두루 다 함께 경축함에도 불구하고, 이것을 파괴하기 위하여 반대하는 자도 있다. 비록 그 수는 적다 하나 그들의 민족분열에 대한 책임은 엄중하다.

(3) 나는 신탁통치에 철두철미 반대하는 바이거니와, 좌우합작 7원칙 작성에 몸소 노력한 김규식 박사도 장래 임시정부 수립 후 신탁을 반대할 수 있다는 것을 세상에 해석하여주었다. 그러므로 7원칙 중에 신탁 반대 표시가 없다고 해서 신탁에 대한 점이 모호하다고 볼 것은 없다.

---

1   『동아일보』『조선일보』『서울신문』 1946.10.16; 『백범어록』, 197~209면; 『백범김구전집』 8, 198~99면.

(4) 상술한 〔좌우합작〕 7원칙[2]은 문자 그대로 좌우합작위원회에서 제의한 일종의 원칙에 그치는 것이요, 미비한 점은 장래 임시정부가 수립된 후 상세히 규정하여 시행할 여유가 있으니, 과대한[3] 기우는 필요가 없는 바이다.

(5) 진정한 민주주의적 애국자는 한 사람도 좌우합작공작을 반대하지는 않을 것이다. 그러나 좌우합작위원회로서는 여러 의견을 널리 구하기 위하여 앞으로도 관계 각 방면에 긴밀한 연락을 취하여 사후 이론異論이 적어지도록 힘쓸 것이다.

이상은 좌우합작공작 추진에 대한 나의 견해이다. 이 밖에는 이상한 이야기〔謠言〕을 유포 혹은 보도하는 자가 있을지라도 그 책임은 그 유포 혹은 보도하는 자가 질 것이요, 나와는 조금도 관계가 없다.[4]

2. 비상국민회의를 중심으로 독립운동의 최고기구를 단일화하자 (1947.2.8)[5]

친애하는 동지 여러분!

내가 입국한 지도 벌써 14개월이 되었다. 그동안 조국 독립에 대한 우리의 자신은 더욱 확고해지고 있으나, 우리를 둘러싼 객관적 정세는 초조와 괴로움을 느끼게 하는 바 적지 아니하다. 사상적으로 대립하는 미소 양군의 점거는 우리 민족의 내부 분열에 가세하고 있으며, 철벽〔金城鐵壁〕 같은 38선은 민족적 비애를 양산하였을 뿐 아니라 경제적 혼란까지 초래하였으며, 미소공위 결렬은 〔모스끄바〕 3상회의의 결정을 전체적이냐 부분적이냐

---

2   1946년 10월 7일 김규식과 여운형이 중심이 된 좌우합작위원회는 합작 7원칙을 발표했다 (여운형 편 5-4).

3   『자료대한민국사』와 『백범김구전집』 8, 199면에서는 "과대하나"로 해독, 의미가 불통.

4   김구는 이듬해 1947년 2월 8일 담화에서 자신의 좌우합작 지지는 "과오"라고 반성하였다 (3-2).

5   『동아일보』『서울신문』『조선일보』 1947.2.9.

논할 것 없이 무산시키고 있다.

그러나 우리는 우리에게 독립을 약속한 동맹국을 전적으로 신뢰하며, 또 고귀한 생명과 피로써 우리 강토 내에서 일본 원수〔日仇〕를 쫓아내어준 동맹군에 무한히 감사하는 까닭에 침묵만 지켜왔다. 심지어 도처에서 일어나는 〔동맹군의〕 약탈 능욕 살해까지도 최대의 인내로써 관대히 임하고 있다. 우리의 흉중에는 분노가 차 있으되, 행여나 은혜의 정〔恩誼〕이 상할까 혹은 배외排外의 혐의를 입을까 염려하여, 이에 대한 언동까지도 근신하여왔다.

그러나 돌아오는 것은 우리 동포 중에 탁치를 찬성하는 자가 점점 늘어간다는 것이며, 또 언제 재개될지 알 수 없는 미소공위에 대한 우리 의사의 자유발표까지 미리 봉쇄하려는 것뿐이다. 이 얼마나 무자비한 일이냐? 이것은 한국 민족만의 비애가 아니라, 전세계 약소민족의 비애가 되지 아니할 수 없는 것이다.

그러나 이러한 비애 중에서라도 우리는 남〔미·소〕만을 원망할 필요는 없는 것이니, 우리의 장래를 멀리 보면서 과거를 회고하며 반성하여야 할 것이다. "스스로 반성해야 남도 반성한다" 하였으니, 지나간 과오를 깨끗이 청산하지 못하고 앞으로의 계획도 없이 분노만 한다면, 그것은 헛수고일 뿐 아니라 도리어 남의 멸시만 더하여질 뿐이다.

나 자신도 적지 아니한 과오로 인하여 나를 열렬히 애호하고 독려하여주는 동지 동포 여러분의 기대에 저버린 바가 없지 아니하였다. 더욱 '민주의원' 창립과, '미소공위 제5호 성명에 서명한 것'과, 또 최근 '좌우합작' 개시〔지지〕 등을 통하여 의존성과 헛된 희망〔奢望〕을 가졌던 까닭에 여러분께 누를 끼친바 적지 아니하였다. 고요한 밤에 병상에 누워 스스로 자신에게 물어보매 만감이 교차하여 잠을 이루지 못할 뿐이다. 양심에 가책되는 바 있어, 앞으로는 내 책임을 다하여 공을 세우고 죄를 벗어 동지 동포 여러분 부탁의 만분의 일이나마 이행하기를 다시 결심하였다.

그러나 독립 진영을 돌아보면 지리멸렬 상태에 빠져 있으니 어찌 한심하지 아니하랴? 온갖 당黨 회會 단團이 무질서하게 군웅할거의 형태를 이루어 명령계통이 서지 못한 것은 말할 것도 없이, 상호 간에 시기 비방 암투로 일보도 전진하지 못하고 있다. 이러한 혼란한 틈을 타서 애국자의 가면을 쓴 무리들과, 모든 사람들이 손가락질하는 친일파 모리배까지 날뛰고 있다. 그리하여 안으로는 민중에 대한 신망이 나날이 감소하고, 밖으로는 타인의 치욕과 모욕을 초래할 뿐이다. 이것을 정리하지 못하면 반탁이니 독립이니 하고 큰소리로 떠들더라도 그것은 스스로를 속이고 남을 속이는 헛된 말〔口頭禪〕밖에 아니 될 것이다.

　　그러므로 우리들은 시급히 독립 진영을 정화하며 확대 강화함으로써 독립운동의 최고방략을 창출하며, 또 그것을 운영할 수 있는 유일 최고기구를 설치하지 아니하면 아니 된다. 우리는 어떤 기구를 구태여 새로 만들 것 없이, 현재 있는 민족통일총본부·독촉국민회·비상국민회의 중에서 하나를 선택하면 족할 것이다. 그중에도 비상국민회의가 수십년 독립운동의 법통을 계승하였으니, 나는 민족통일총본부와 독촉국민회를 이에 합류시켜 먼저 세 기구를 단일화한 후, 그것을 적당히 확대 강화하여서 독립운동 최고기구의 임무를 감당할 수 있도록 개조하기를 주장한다.

　　그리고 각 정당은 합동을 원칙으로 하되, 즉시에 합동이 곤란하거든 상호 긴밀하게 제휴하며, 각 정당들과 기타 독립운동의 각 부문 단체들이 각각 권위 있는 대표자를 그 최고기구에 참가시켜 공동으로 노력하는 동시에, 그 최고기구와 소속단체의 종적 관계를 엄밀히 하여 그 명령에 절대 복종하도록 하지 아니하면 아니 될 것이다. 그러한 연후에는 이 최고기구의 지휘하에 민중에 대한 훈련·선전·조직을 유효하고 신속하게 추진하여, 독립 진영을 민중의 토대 위에 견고하게 세우지 아니하면 안 된다. 그러나 이에 반하여 계획 없는 순간적 관념이나 한때의 흥분된 충동으로 의외의 행동을 한다면 도리어 민중과 이반되고 국제간의 동정同情을 잃어버릴 역효과만 가져올 것이니, 이것은 깊이 경계하여야 할 것이다.

긴박한 형세에 호응하기 위하여 내가 평소에 생각하던 원칙을 내용도 구비하지 못하고 거칠게 제기한 것은 심히 유감이다. 그러나 이것은 추후 계속하여 상의할 것을 전제로, 우선 이 원칙만이라도 실현하기 위하여 동지 여러분들이 나와 더불어 공동 분투하기를 간망하는 바이다.

끝으로 한마디 추가한다면, '반탁독립투쟁위원회'에 관한 것이다. 이 조직은 반탁운동을 전개하기 위한 임시적 기구다. 그러므로 우리가 원하는 독립운동 최고기구가 성립되면, 위원회는 당연히 그 산하로 들어갈 것이며, 필요하다면 해산할 수도 있을 것이다.

3. 3·1절 기념사: 반탁운동은 독립운동이다(1947.3.1)[6]

내가 국내에 들어온 뒤 이제 두번째 삼일절을 맞게 된다. 어느 삼일절에 기쁨이 가득하지 아니한 적이 있으며, 결심이 새롭지 아니한 적이 있었으며, 희망이 켜지지 아니한 적이 있었으랴. 그러나 작년[1946년] 삼일절같이 모두 기뻐하며 춤추었던 적은 없을 것이다. 작년 삼일절에 많은 삼천만 동포의 느낌은 꼭 같았을 것이다. 지방의 남북도, 남녀의 구별도, 노소의 차이도, 주의의 대립도 문제가 아니었을 것이다. 그러나 금년 삼일절에는 온 강산에 일종의 침통한 저기압이 가득 차 기쁨 대신 우울과 실망이 있을 뿐이다.[7]

그러나 큰 바다로 향하는 지류들이 앞으로 나아가는 것 같이, 역사의 바퀴도 뒤로 구를 수는 없다. 사막과 암초가 약간의 장애는 될 수 있을지언정

---

6   『경향신문』『동아일보』『조선일보』 1947.3.2; 『백범김구전집』 8, 233~34면; 『백범어록』, 140~43면.

7   1946년 3·1절에도 좌우대립이 있었다. 1947년 3·1절에는 좌우대립과 더불어 좌우합작 분파가 생기고, 우익 내에서도 분열이 생겼다.

그 흐름을 막지 못하는 것처럼, 험준하고 기구한 정세도 역사의 바퀴를 뒷걸음치게 하지 못할 것이다. 그러므로 금일 우리의 객관적 정세가 비록 침통한 저기압을 보이고 있을지라도, 기미년(1919년) 3월 1일 일어난 전민족적 독립운동의 도도한 전진만은 저지할 수 없는 것이다. 더구나 그 위대하고 순결하고 숭고한 정신은 가히 침범치 못할 것이다.

과연 3·1정신은 천추에 빛날 것이다. 이 정신을 보위하며 이 정신을 호흡하면서 매진하는 배달 자녀의 앞길에는 극복하지 못할 정세와 곤란이 없으리니, 오직 탄탄대로일 뿐이다. 인류는 모순 중에서 생장하고, 모순 중에서 진보한다. 선악의 대립 중에서도 능히 그 바른 길을 찾아나가는 자에게 성공이 있다. 눈앞의 조국 정세를 살피건대, 불리한 반면反面이 있는 동시에 유리한 정면正面도 있다. 핵심은 반면을 극복하고 정면을 발양확대發揚擴大하는 것이다.

그러면 무엇을 가리켜 유리한 정면이라 하는가. 두세가지 예를 들어보기로 하자. 첫째는 남북을 통하여 우리 삼천만 동포는 역사적 사실보다도 현실적 체험에서 자주독립에 대한 신념과 희망이 확고해지면서 이것을 위하여 더욱 분투하는 것이다. 이 근본 문제가 해결되지 못하는 한 생활문제·정치문제 등의 해결을 꿈꾸는 것은 헛된 노력, 헛된 희망에 불과하다는 것을 그들은 벌써 명백히 인식하고 있다.

둘째, 이 세계에 우리의 친우는 많이 있으되 과거의 왜적과 같은 원수가 없게 된 것이다. 우리의 친우가 많으므로 그들은 우리의 독립을 호의로써 원조하려고 하는 것이다. 그러한 까닭에 그 호의가 호의로써 접수되지 못할 때는 얼마든지 개선하려고 노력하는 것이다. 최근 미국 국무부에서 우리 문제를 좀더 신중히 검토하기 위하여 하지 중장을 워싱턴으로 소환한 것도 그 호의의 표현이다.[8] 어찌 미국만이 우리에게 호의를 가지고 있으

---

8   하지 사령관은 미국 행정부의 부서간위원회의 소환에 의해 1947년 2월 14일 워싱턴을 향해 출국, 4월 5일 돌아와 귀임 기자회견을 가졌다. 『동아일보』『조선일보』『경향신문』『서울신

랴. 우리의 동맹국은 다 그러할 것이다. 소련도 우리 문제를 해결하는 데 반드시 우리의 민의를 존중할 것이다.

셋째, 이승만 박사를 비롯한 재외동포들의 혁혁한 활동이다. 워싱턴에 있는 이승만 박사 임영신 여사 김용중 등 여러 선생과, 난징南京의 박찬익 朴贊翊 선생을 수뇌로 한 우리 임시정부 주화駐華대표단, 최근 런던에 도착한 임병직林炳稷 씨 등의 활동이 우리가 소원하는 독립을 즉각 성공시킬 수는 없으나, 그들의 불면불휴不眠不休의 노력으로, 동맹국 정부 당국과 그 인민들에게 한국문제를 더욱 합당하게 이해시키며 우리에 대한 동정적 여론을 환기시킬 것이다. 소련에도 우리의 대표를 보내야 한다. 그러면 한국문제는 정당한 해결 방안을 찾을 수 있는 것이다.

무릇 정당한 국제정세를 따르고 협조하는 것은 당연하지만, 비록 호의를 가진 동맹국이라 할지라도 우리 사정을 모르는 탓으로 우리 문제를 바르게 결정하지 못할 경우에는, 맹목적으로 따르기보다 성의와 우의로써 그 오류를 지적하는 것을 동맹국도 환영할 것이다. 그것은 그들의 본의가 고정관념을 고집하자는 데 있지 아니하고, 한국문제를 한국 인민이 원하는 대로 진지하게 원조하자는 데 있는 까닭이다. 그러므로 우리의 독립운동은 언제든지 국제간에서 동정과 원조를 얻는 것이다.

반탁운동도 독립운동이다. 이로써 미루어보면 금년 3·1절을 맞이하며 약간의 불만이 있을지라도 조금도 낙심할 필요는 없다. 앞날의 서광을 바라보면 무거운 저기압도 사라지고 용기백배될 수 있는 것이다. 그러므로 우리는 마땅히 기쁜 마음으로써 힘껏 이날을 즐겨야 할 것이다. 한마음 한뜻으로써 경축하여야 할 것이다. 조국독립의 완성을 위하여 더욱 힘차게 공동 노력하기로 결심하여야 할 것이다. 그러나, 한때의 기분으로 의외의 행동을 취하여 국제간에 동정을 잃어서는 안 된다.

문』 1947.2.14, 4.8.

4. 반탁시위운동 및 서윤복 선수 개선 환영대회, 김구의 휘호 훈시 (1947.6.23)[9]

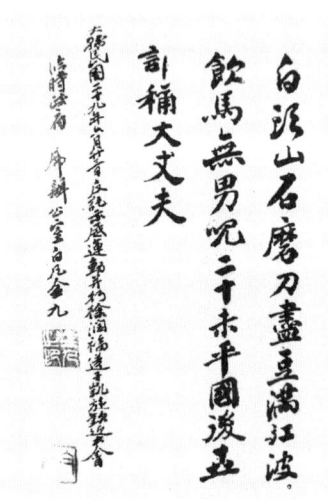

광복조국光復祖國, 독립만세獨立萬歲,
철혈정신鐵血精神, 민족정기民族正氣(위 왼쪽부터),
남이 장군의 「북정北征」(아래)

남이 장군의 「북정北征」

白頭山石摩刀盡
豆滿江水飮馬無
男兒二十未平國
後世誰稱大丈夫

백두산의 돌은 칼을 갈아 다하고
두만강의 물은 말이 마셔 다하네
남아 이십세에 나라 평정 못한다면
후세 그 누가 대장부라 이르리

5. 이승만과 의견 일치: 단독정부는 아니다(1947.12.1)[10]

정부 수립 문제

우리는 절대적 자주이며 남북을 통한 통일적인 독립정부를 즉시 우리나라에 수립하기를 요구한다. 그러나 우리가 원하지 않는 국제적 제재制裁가 있는 이상, 우리가 우리의 요구를 달성하는 데 있어 국제적 제재를 합법적으로 제거하는 것이 제1 조건이 되지 않을 수 없다. 그러므로 우리는 유엔에 한국문제를 제기하여 정당히 해결할 것을 주장한 것이다. 그런데 유엔이 한국문제를 정식으로 상정하여 토의한 결과 유엔 감시하에서 신탁 없

---

9   김구 유묵은 『백범김구전집』 11, 171면, 232~33면, 260~62면. "광복조국"은 ⓒ공유마당 (https://gongu.copyright.or.kr). 5편의 관기(款記)와 인장은 모두 "대한민국 29년(1947) 6월 23일 반탁시위운동 및 서윤복 선수 개선 환영대회 임시정부 주석판공실 72세 노부(老夫) 백범 김구(金九之印김구지인)〔白凡백범〕"으로 되어 있다.

10   『경향신문』『동아일보』『조선일보』 1947.12.2;『백범어록』, 158~60면;『백범김구전집』 8, 287~90면.

이 또 내정 간섭 없이 남북을 통한 총선거로써 자주통일 정부를 우리나라에 수립하도록 협력하자고 결정하였다. 우리는 유엔에 아직까지 한국의 정식 대표를 참가시키지 아니하는 것을 유감으로 생각하지 아니하는 바는 아니나, 대체로 유엔 결의안을 지지하는 바이다.

혹자는 소련의 보이코트로 인하여 유엔안이 실시되지 못한다고 우려하나, 유엔은 그 자신의 권위와 세계평화의 건설과 또 장래 힘의 횡포를 방지하기 위하여 이미 정한 방침을 바꿀 리가 없다. 그러면 우리의 통일정부가 수립될 것은 문제도 없는 일이나, 한걸음 물러서 불행히 소련의 방해로 인하여 북한에서 선거를 실시하지 못할지라도, 추후 언제든지 그 방해가 제거되는 대로 북한이 참가할 수 있게 하는 것을 조건으로, 의연히 총선거의 방식으로서 정부를 수립하여야 한다. 그것은 남한이 단독정부와 같이 보일 것이나, 좀더 명백히 규정한다면 그것도 법리상으로나 국제관계상으로 보아 통일정부일 것이요 단독정부는 아닐 것이다. 우리의 독립을 전취하는 효과에 있어서는 정부로 인정받은 것이 훨씬 좋을 것이다.

이승만 박사가 주장하는 정부는 위에 언급한 제2의 경우〔소련의 방해로 남한만의 총선거에 의한 정부 수립〕에[11] 치중할 뿐이지, 결국에 내가 주장하는 정부와 같은 것인데, 세상 사람들이 그것을 오해하고 '단독정부'라 하는 것은 유감이다. 하여튼 한국문제에 대하여 소련이 보이코트 하였다고 하더라도, 한국이 유엔을 보이코트 하지 않는 이상, 유엔이 한국에 대하여 보이코트 할 이유는 존재치 아니할 것이다.

전민족 단결 문제

전민족적 단결은 시간과 공간의 여하를 불문하고 필요한 것이다. 그러므로 우리가 좌우합작에 실패하였다고 전민족적 단결 공작을 포기할 이유

---

[11] 『백범어록』, 159면, 『백범김구전집』 8권, 288면에는 "제1의 경우"로 오독하여 문맥이 통하지 않는다. 여기서 바로 잡는다.

는 없는 것이다. 이러한 의미에서 이번 한독당의 발의로 12개 정당이 공작을 개시한 것〔정당협의회 결성〕은 당연한 일이요 필요한 일이다. 그러나 시간이 부족하였든지, 기술이 부족하였든지, 혹은 노력이 부족하였든지, 좌우 양측에서 거대한 부분이 적극적으로 참가치 아니하고, 도리어 방관하며 중상까지 하는 듯하다. 그리하여 통일공작은 도리어 역효과를 보이고 있는 형편이니, 이러한 경우에는 잠시 그 공작을 보류하고, 민중의 여론에 호소하는 한편, 피차간에 원만한 양해를 성립하기 위하여 좀더 노력함이 당연할 것이다. 아무리 급하다고 할지라도 서두르다 이루지 못하면 도리어 해가 될 것이다. 그러나 〔합작의〕 보류가 포기는 아니다.

4장
나의 소원
(1947.12.15)[1]

1. 민족국가

"네 소원이 무엇이냐?" 하고 하나님이 물으시면, 나는 서슴지 않고
"내 소원은 대한 독립이오" 대답할 것이다.
"그다음 소원은 무엇이냐?" 하면, 나는 또
"우리나라의 독립이오" 할 것이요, 또
"그다음 소원이 무엇이냐?" 하는 셋째 번 물음에도, 나는 더욱 소리를 높여
"나의 소원은 우리나라 대한의 완전한 자주독립이오" 대답할 것이다.

동포 여러분!
나 김구의 소원은 이것 하나밖에 없다. 내 70 평생 이 소원을 위해 살아왔고, 현재에도 이 소원 때문에 살고 있으며, 미래에도 이 소원을 달성하

---

1   『백범일지』, 국사원(1947.12.15) 권말에 처음 등장한다.

려고 살 것이다. 70 평생 독립이 없는 백성으로 설움과 부끄러움과 애탐을 겪은 나에게, 세상에 가장 좋은 것이 완전하게 자주 독립한 나라의 백성으로 살아보다 죽는 일이다. 나는 일찍이 우리 독립정부의 문지기가 되기를 원했거니와, 그것은 우리나라가 독립국만 되면 나는 그 나라에 가장 미천한 자가 되어도 좋다는 뜻이다. 왜냐하면, 독립한 제 나라의 빈천貧賤이 남의 밑에 사는 부귀富貴보다 기쁘고, 영광스럽고, 희망이 많기 때문이다.

옛날 일본에 갔던 신라의 충신 박제상朴堤上이, "차라리 계림鷄林(신라)의 개와 돼지가 될지언정 왜왕倭王의 신하로 부귀를 누리지 않겠다" 한 것이 그의 진정이었던 것을 나는 안다. 제상은 왜왕이 높은 벼슬과 많은 재물을 준다는 것도 물리치고 달게 죽임을 받았으니, 그것은 "차라리 내 나라의 귀신이 되리라"는 신조 때문이었다.

근래 동포 중에는 우리나라가 어느 이웃나라의 연방에 편입하기를 소원하는 자가 있다 한다. 나는 그 말을 차마 믿으려 아니하거니와, 만일 진실로 그러한 자가 있다 하면 그는 제정신을 잃은 미친놈이라고 밖에 볼 수 없다. 나는 공자·석가·예수의 도를 배웠고 그들을 성인으로 숭배하지만, 그들이 합하여서 세운 천당·극락이 있다 하더라도 그것이 우리 민족이 세운 나라가 아닐진대, 우리 민족을 그 나라로 끌고 들어가지 아니할 것이다. 왜냐하면, 피와 역사를 같이하는 민족이란 완연히 있는 것이어서, 내 몸이 남의 몸이 되지 못함과 같이 이 민족이 저 민족이 될 수 없는 것은, 마치 형제도 한 집에서 살기에 어려운 것과 같은 것이다. 둘 이상이 합하여서 하나가 되자면 하나는 높고 하나는 낮아서, 하나는 위에서 명령하고 하나는 밑에서 복종하는 것이 근본 문제가 되는 것이다.

이에 대하여 일부 소위 좌익의 무리는 혈통의 조국을 부인하고 소위 사상의 조국을 운운하며, 혈족의 동포를 무시하고 소위 사상의 동무와 프롤레타리아의 국제적 계급을 주장하여, 민족주의라면 마치 이미 진리권 밖의 생각같이 말하고 있다. 그러나 이것은 심히 어리석은 생각이다. 철학도

변하고 정치·경제 학설도 일시적이지만, 민족의 혈통은 영구적이다. 일찍이 어느 민족 안에서나 종교로, 혹은 학설로, 혹은 경제적·정치적 이해 충돌로 두파 세파로 갈려서 피로써 싸우지 않은 민족이 없지만, 그것도 바람같이 지나가는 일시적인 것이다. 민족은 필경 바람 잔 뒤의 초목 모양으로 뿌리와 가지를 서로 걸고 한 수풀을 이루어 살고 있다. 오늘날 소위 좌우익이란 것도 결국 영원한 혈통의 바다에 일어나는 일시적인 풍파에 불과하다는 것을 잊어서는 아니 된다.

이처럼 모든 사상도 가고 신앙도 변한다. 그러나 혈통적인 민족만은 영원히 성쇠흥망을 같이하는 공동 운명의 인연에 얽힌 한 몸으로 이 땅 위에 남는 것이다. 세계 인류가 네요 내요 없이 한 집이 되어 사는 것은 좋은 일이요, 인류의 최고요 최후인 희망이요 이상이다. 그러나 이것은 멀고 먼 장래에 바랄 것이요 현실의 일은 아니다. 사해동포四海同胞의 크고 아름다운 목표를 향하여 인류가 향상하고 전진하는 노력을 하는 것은 좋은 일이요 마땅히 할 일이나, 이것도 현실을 떠나서는 안 되는 것이니, 현실의 진리는 민족마다 최선의 국가를 이루어 최선의 문화를 낳아 길러서 다른 민족과 서로 바꾸고 서로 돕는 일이다. 이것이 내가 믿고 있는 민주주의요, 이것이 인류의 현 단계에서는 가장 확실한 진리다.

그러므로 우리 민족으로서 하여야 할 최고의 임무는, 첫째로 남의 간섭도 아니 받고 남에게 의지도 아니하는, 완전한 자주독립의 나라를 세우는 일이다. 이것 없이는 우리 민족의 생활을 보장할 수 없을 뿐더러, 우리 민족의 정신력을 자유로 발휘하여 빛나는 문화를 세울 수 없기 때문이다. 이렇게 완전한 자주독립의 나라를 세운 뒤에는, 둘째로 이 지구상의 인류가 진정한 평화와 복락을 누릴 수 있는 사상을 낳아 그것을 먼저 우리나라에 실현하는 것이다. 나는 오늘날 인류의 문화가 불완전함을 안다. 나라마다 안으로는 정치상·경제상·사회상으로 불평등·불합리가 있고, 밖으로 국제적으로는 나라와 나라, 민족과 민족의 시기·알력·침략, 그리고 그 침략에 대한 보복으로 작고 큰 전쟁이 그칠 사이가 없어서, 많은 생명과 재물을 희생하고도 좋은 일이 오는 것이 아니라 인심의 불안과 도덕의 타락은 갈수록 더하니, 이래 가지고는 전쟁이 그칠 날이 없어 인류는 마침내 멸망하고 말 것이다.

그러므로 인류 세계에는 새로운 생활원리의 발견과 실천이 필요하게 되었다. 이것이야말로 우리 민족이 담당할 천직天職이라 믿는다. 이러하므로 우리 민족의 독립이란 결코 삼천리 삼천만 우리만의 일이 아니라, 진실로 세계 전체의 운명에 관한 일이다. 그러므로 우리나라의 독립을 위하여 일하는 것이 곧 인류를 위하여 일하는 것이다.

만일 우리의 오늘날 형편이 초라한 것을 보고 스스로 비하하는 자굴지심自屈之心으로, 우리가 세우는 나라가 그처럼 위대하다는 것을 의심한다면 그것은 스스로 모욕하는 일이다. 우리 민족의 지나간 역사가 빛나지 아니함이 아니나, 그것은 아직 서곡이었다. 우리가 주연배우로 세계 역사의 무대에 나서는 것은 오늘 이후다. 삼천만 우리 민족이 옛날 그리스 민족이나 로마 민족이 한 일을 못한다고 생각할 수 있겠는가.

내가 원하는 우리 민족의 사업은 결코 세계를 무력으로 정복하거나 경제력으로 지배하려는 것이 아니다. 오직 사랑의 문화, 평화의 문화로 우리 스스로 잘살고, 인류 전체가 의좋게 즐겁게 살도록 하자는 것이다. 어느 민족도 일찍이 그러한 일을 한 이가 없었으니, 그것을 공상空想이라 하지 말라. 일찍이 아무도 한 자가 없기 때문에 우리가 하자는 것이다. 이 큰일을 하늘이 우리를 위하여 남겨놓으신 것이라고 깨달을 때 우리 민족은 비로소 제 길을 찾고 제 일을 알아본 것이다.

나는 우리나라의 청춘 남녀가 모두 과거의 편협한 생각을 버리고, 우리 민족의 큰 사명에 눈을 떠서, 기꺼이 제 마음을 닦고 제 힘을 기르기를 바란다. 젊은이들이 모두 이 정신을 가지고 이 방향으로 힘을 쓴다면 30년이 못 되어, 남들이 눈을 비비고 다시 쳐다볼 정도로 우리 민족은 대대적으로 발전할 것이라고 확신하는 바이다.

2. 정치 이념

나의 정치 이념은 한마디로 자유이다. 우리가 세우는 나라는 자유의 나라라야 한다.

자유란 무엇인가? 각 개인이 제멋대로 사는 것을 자유라 한다면, 이것은 나라가 생기기 이전이나, 저 레닌의 말대로 나라가 소멸된 뒤에나 가능한 일이다. 국가생활을 하는 인류에게 이러한 무조건의 자유는 없다. 국가란 규범의 속박이기 때문이다. 국가생활을 하는 우리를 속박하는 것은 법이다. 개인의 생활이 국법에 속박되는 것은 자유 있는 나라나 자유 없는 나라나 마찬가지다. 그러니 자유와 자유 아님이 갈리는 것은 개인의 자유를 속박하는 법이 어디서 오느냐 하는 데 달렸다. 자유 있는 나라의 법은 국민의 자유로운 의사에서 나오고, 자유 없는 나라의 법은 국민 중의 일개인 또는 일계급에서 나온다. 일개인에서 나오는 것을 전제 또는 독재라 하고, 일 계급에서 오는 것을 계급독재라 하고 통칭 파쇼라고 한다.

나는 우리나라가 독재의 나라가 되기를 원치 아니한다. 독재의 나라에서는 정권에 참여하는 계급을 제외하고 다른 국민은 노예가 되고 마는 것이다. 독재 중에서 가장 무서운 독재는 어떤 주의, 즉 철학을 기초로 하는 계급 독재이다. 군주나 기타 개인 독재자의 독재는 그 개인만 제거되면 그만이지만, 다수의 개인으로 조직된 한 계급이 독재의 주체일 때 이것을 제거하기는 심히 어렵다. 이러한 독재는 그보다도 큰 조직의 힘이나 국제적 압력이 아니고는 깨뜨리기 어려운 것이다.

우리나라의 양반 정치도 일종의 계급 독재로 수백년 계속하였다. 이탈리아의 파시스트, 독일의 나치스 독재는 누구나 다 아는 일이다. 모든 계급독재 중에도 가장 무서운 것은 철학을 기초로 한 계급 독재다. 수백년 동안 조선에서 행하여온 계급 독재는 유교, 그중에도 주자학파의 철학을 기초로 한 것이어서, 정치뿐만 아니라 사상, 학문, 사회생활, 가정생활, 개인생활까지 규정하는 독재였다. 이 독재정치 밑에서 우리 민족의 참다운 문화는 소멸되고 원기는 마멸된 것이다. 주자학 이외의 학문은 발달하지 못하였으니 그 영향이 예술·경제·산업에까지 미치었다.

우리나라가 망하고 백성의 힘[民力]이 쇠잔하게 된 가장 큰 원인이 실로 여기 있었다. 백성의 머릿속에 아무리 좋은 사상과 경륜이 생기더라도 그가 집권계급의 사람이 아니거나, 집권세력이더라도 사문난적斯文亂賊이라는 이단異端의 범주에 들어가면 세상에 발표되지 못하기 때문이었다. 이 때문에 싹이 트려다가 눌려 죽은 새 사상, 싹도 트지 못하고 밟혀버린 경륜이 얼마나 많았을까. 언론의 자유가 얼마나 중요한 것임을 통감하지 아니할 수 없다. 오직 언론의 자유가 있는 나라에만 진보가 있는 것이다.

시방 공산당이 주장하는 소련식 민주주의란 것은 이러한 독재정치 중에도 가장 철저한 것이어서 독재정치의 모든 특징을 극단으로 발휘하고 있다. 그것은 헤겔의 변증법, 포이어바흐의 유물론 이 두가지에, 애덤 스미스의 노동가치론을 가미한 마르크스 학설을 최후의 것으로 믿어, 공산당과 소련의 법률과 군대와 경찰의 힘을 한데 모아서 마르크스 학설에 일점일획一点一劃이라도 반대는 고사하고 비판하는 것도 엄금하여, 위반하는 자를 죽음의 숙정으로써 대하니, 이는 옛날 조신의 사문난적에 대한 것 이상이다.

만일 이러한 정치가 세계에 퍼진다면 전인류의 사상은 마르크스주의 하나로 통일될 법도 하거니와, 설사 그렇게 통일이 된다 하더라도 그것이 불행히 잘못된 이론일진대 인류의 그런 큰 불행은 없을 것이다. 그런데 마르크스 학설의 기초인 헤겔의 변증법 이론이 이미 여러 학자의 비판으로 전면적 진리가 아닌 것이 알려지지 아니하였는가. 자연계의 변천도 변증법에 의하지 아니함은 뉴턴·아인슈타인 등 과학자들의 학설을 보아 분명하다.

그러므로 어느 한 학설을 표준으로 하여서 국민의 사상을 속박하는 것은, 어느 한 종교를 국교로 정하여서 국민의 신앙을 강제하는 것과 마찬가지로 옳지 아니한 일이다. 산에 한가지 나무만 나지 아니하고, 들에 한가지 꽃만 피지 아니한다. 여러 가지 나무가 어울려서 삼림의 위대한 아름다움을 이루고, 백가지 꽃이 섞여 피어서 봄의 풍성한 경치를 이루는 것이다. 우리가 세우는 나라에는 유교도 성하고, 불교도, 예수교도 자유로이 발달하고, 또 철학을 보더라도 인류의 위대한 사상이 다 들어와서 꽃이 피고 열매를 맺게 해야 할 것이다. 이래야만 비로소 자유의 나라라 할 것이요, 이러한 자유의 나라에서만 인류의 가장 크고 가장 높은 문화가 발생할 것이다.

나는 노자老子의 무위無爲 사상을 그대로 믿는 자는 아니지만, 정치에 너무 인공을 가하는 것을 옳지 않다고 생각한다. 대개 사람이란 전지전능할 수 없고 학설이란 완전무결할 수 없는 것이므로, 한 사람의 생각, 한 학설의 원리로 국민을 통제하는 것은 일시적으로는 빠른 진보를 보이는 것 같지만, 끝내 병통이 생겨 그야말로 변증법적인 폭력의 혁명을 부르게 되는 것이다. 모든 생물에는 다 환경에 순응하여 자신을 보존하는 본능이 있으므로 가장 좋은 길은 가만히 두는 것이다. 작은 꾀로 자주 건드리면 이익보다도 해가 많다. 개인생활에 너무 잘게 간섭하는 것은 결코 좋은 정치가 아니다. 국민은 군대의 병정도 아니요, 감옥의 죄수도 아니다. 한 사람 또 몇 사람의 호령으로 끌고 가는 것이 극히 부자연하고 또 위태한 일이라는 것은, 파시스트 이탈리아와 나치스 독일이 불행하게도 가장 잘 증명하고 있지 아니한가.

미국은 이러한 독재국에 비교하여 통일이 안 되는 것 같고 일의 진행이 느린 듯하여도 그 결과로 보건대 가장 큰 힘을 발하고 있으니, 이것은 그 나라 민주주의 정치의 효과이다. 무슨 일을 의논할 때 처음에는 백성들이 저마다 제 의견을 발표하여 소란하고 통일되지 않는 것 (헌헌효효喧喧囂囂)[2]

같지만, 갑론을박甲論乙駁으로 서로 토론하는 동안 의견이 차차 정리되어 마침내 두어 큰 진영으로 포섭되었다가, 다시 다수결의 방법으로 한 결론에 달하여 국회의 결의가 되고, 원수元首의 결재를 얻어 법률이 이루어지면, 국민의 의사가 결정되어 요지부동하게 되는 것이다.

이 모양으로 민주주의란 국민의 의사를 알아보는 절차 또는 방식이요, 그 내용은 아니다. 즉 언론의 자유, 투표의 자유, 다수결에 복종, 이 세가지가 곧 민주주의이다. 국론國論, 즉 국민의 의사는 그때그때 국민의 언론전言論戰으로 결정되는 것이어서, 어느 개인이나 당파의 특정한 철학적 이론에 좌우되지 않는 것이 미국식 민주주의의 특색이다. 다시 말하면 언론, 투표, 다수결 복종이라는 절차만 밟으면 어떠한 철학에 기초한 법률도 정책도 만들 수 있으니, 이것을 제한하는 것은 오직 그 헌법의 조문뿐이다. 그런데 헌법도 결코 독재국의 그것과 같이 신성불가침의 것이 아니라 민주주의의 절차로 개정할 수 있는 것이니, 이러므로 민주, 즉 백성이 나라의 주권자라 하는 것이다. 이러한 나라에서 국론을 움직이려면 어떤 개인이나 당파를 움직여서 되지 아니하고, 그 나라 국민의 의견을 움직여야 된다.

백성들의 작은 의견은 이해관계로 결정되거니와, 큰 의견은 그 국민성과 신앙 및 철학으로 결정된다. 여기서 문화와 교육의 중요성이 생긴다. 국민성을 보존하는 것이나 수정하고 향상하는 것이 문화와 교육의 힘이요, 산업의 방향도 문화와 교육으로 결정됨이 큰 까닭이다. 교육이란 결코 생활의 기술을 가르치는 것만을 의미하는 것이 아니다. 교육의 기초가 되는 것은 우주와 인생과 정치에 대한 철학이다. 어떠한 철학의 기초 위에, 어떠한 생활의 기술을 가르치는 것이 곧 국민교육이다. 그러므로 좋은 민주주의 정치는 좋은 교육에서 시작될 것이다. 건전한 철학의 기초 위에 서지 아

---

2   喧喧囂囂(けんけんごうごう)는 일본식 4자성어로 왁자지껄 소란스런 상태를 의미하며, 중국어로는 치쯔빠서(七嘴八舌, qī zuǐ bā shé)와 유사하다. 이 글의 원 필자가 일본어에 익숙하다는 단서가 될 수 있다.

니한 지식과 기술 교육은 그 개인과 그를 포함한 국가에 해가 된다. 인류 전체를 보아도 그러하다.

이상에 말한 것으로 내 정치 이념을 대강 짐작할 것이다. 나는 어떠한 의미로든지 독재정치를 배격한다. 나는 우리 동포를 향하여서 부르짖는다. 결코 독재정치가 아니 되도록 조심하라고, 동포 각 개인이 충분한 언론 자유를 누려서 국민 전체의 의견대로 정치하는 나라를 건설하자고, 일부 당파나 한 계급의 철학으로 다른 다수를 강제함이 없고, 또 현재 우리들의 이론으로 우리 자손의 사상과 신앙의 자유를 속박함이 없는 나라, 천지와 같이 넓고 자유로운 나라, 그러면서도 사랑의 덕과 법의 질서가 우주 자연의 법칙과 같이 준수되는 우리나라를 건설하자고.

그렇다고 내가 미국의 민주주의 제도를 그대로 받아들이자는 것은 아니다. 다만 소련의 독재적인 민주주의에 대하여 미국의 언론 자유적인 민주주의를 비교하여서 그 가치를 판단하였을 뿐이다. 둘 중에서 하나를 택한다면 사상과 언론의 자유를 기초로 한 것을 취한다는 말이다. 그러나 나는 미국의 민주주의 정치제도가 반드시 최후적인 완성된 것이라고는 생각하지 않는다. 인생의 어느 부분이나 마찬가지로 정치 형태도 무한한 창조적 진화가 있을 것이다. 더구나 우리나라와 같이 반만년 이래 여러 가지 국가 형태를 경험한 나라에는 결점도 많으려니와, 교묘하게 발달된 정치제도도 없지 아니할 것이다. 가까이 조선시대만 보더라도 홍문관弘文館 사간원司諫院 사헌부司憲府 같은 것은 국민 중에 현인賢人의 의사를 국정에 반영하는 멋있는 제도요, 과거제도와 암행어사 같은 것도 연구할 만한 제도다. 역대의 정치제도를 상고하면 반드시 쓸 만한 것도 많으리라 믿는다. 이렇게 남의 나라의 좋은 것을 취하고, 내 나라의 좋은 것을 골라서, 우리나라에 독특한 좋은 제도를 만드는 것이 세계 문명에 이바지하는 일이다.

3. 내가 원하는 우리나라

나는 우리나라가 세계에서 가장 아름다운 나라가 되기를 원한다. 가장 부강한 나라가 되기를 원하는 것은 아니다. 내가 남의 침략에 가슴이 아팠으니, 내 나라가 남을 침략하는 것을 원치 아니한다. 우리의 부는 우리 생활을 풍족히 할 만하고, 우리의 힘은 남의 침략을 막을 만하면 족하다.[3] 오직 한없이 가지고 싶은 것은 높은 문화의 힘이다. 문화의 힘은 우리 자신을 행복하게 하고, 나아가서 남에게도 행복을 주기 때문이다. 지금 인류에게 부족한 것은 무력도 아니요, 경제력도 아니다. 자연과학의 힘은 아무리 많아도 좋으나, 인류 전체로 보면 현재의 자연과학만 가지고도 편안히 살아가기에 넉넉하다.

인류가 현재에 불행한 근본 이유는 인의仁義가 부족하고, 자비가 부족하고, 사랑이 부족한 때문이다. 이 마음만 발달이 되면, 현재의 물질력으로 인류 20억이 다 편안히 살아갈 수 있을 것이다. 인류에게 이 정신을 배양하는 것은 오직 문화이다. 나는 우리나라가 남의 것을 모방하는 나라가 되지 말고, 이러한 높고 새로운 문화의 근원이 되고, 목표가 되고, 모범이 되기를 원한다. 그래서 진정한 세계 평화가 우리나라에서, 우리나라로 말미암아 세계에 실현되기를 원한다.

홍익인간弘益人間이라는 우리 국조國祖 단군의 이상理想이 이것이라고 믿는다. 또 우리 민족의 재주와 정신과 과거의 단련이 이 사명을 달성하기에 넉넉하고, 국토의 위치와 기타의 지리적 조건이 그러하며, 또 1차 2차 세계대전을 치른 인류의 요구가 그러하며, 새로 나라를 고쳐 세우는 우리가 서 있는 시기가 그러하다고 믿는다. 우리 민족이 주연배우로 세계의 무대에 등장할 날이 눈앞에 보이지 아니하는가.

---

3   「3천만 동포에게 고함」(1-6)의 "4) 강력(强力)한 국방군을 건립합시다"와는 기조가 다르다.

이 일을 하기 위하여 우리가 할 일은 사상의 자유를 확보하는 정치양식의 건립과 국민교육의 완비이다. 내가 위에서 자유의 나라를 강조하고, 교육의 중요성을 말한 것도 이 때문이다. 최고의 문화를 건설하는 사명을 달성할 민족은 한마디로 말하면 국민 모두를 성인聖人으로 만드는 데 있다. 대한 사람이라면 간 데마다 신용을 받고 대접을 받아야 한다.

우리의 적이 우리를 누르고 있을 때에는 미워하고 분하게 생각하는 살벌 투쟁의 정신을 길렀지만, 적은 이미 물러갔으니 우리는 증오의 투쟁을 버리고 화합의 건설을 일삼을 때다. 집안이 불화하면 망하듯, 나라 안이 갈려서 싸우면 망한다. 동포 간의 증오와 투쟁은 망할 징조이다. 우리의 용모에서는 화기和氣가 빛나야 한다. 우리 국토 안에는 언제나 봄바람이 가득해야 한다. 이것은 우리 국민 각자가 한번 마음을 고쳐먹음으로써 가능하게 되고, 그러한 정신을 교육함으로 영원히 이어질 것이다.

최고의 문화로 인류의 모범이 되는 것을 사명으로 삼는 우리 민족의 개개인은 이기적 개인주의자가 되어서는 안 된다. 우리는 개인의 자유를 극도로 주장하되, 그것은 저 짐승들과 같이 저마다 제 배를 채우기에 쓰는 자유가 아니요, 제 가족을, 제 이웃을, 제 국민을 잘살게 하는 데 쓰이는 자유이다. 공원의 꽃을 꺾는 자유가 아니라, 공원에 꽃을 심는 자유이다. 우리는 남의 것을 빼앗거나 남의 덕을 보려는 사람이 아니라 가족에게, 이웃에게, 동포에게 주는 것을 즐거움으로 삼는 사람이다. 이것이 우리말에 이른바 선비요, 점잖은 사람이다.

그러므로 우리는 게으르지 아니하고 부지런하다. 사랑하는 아내와 자식을 가진 가장은 부지런할 수밖에 없다. 한없이 주기 위함이다. 힘드는 일은 내가 앞서 하니 사랑하는 동포를 아낌이요, 즐거운 것은 남에게 권하니 사랑하는 자를 위하기 때문이다. 이것이 우리 조상들이 좋아하던 인자하고 어진 덕이다.

이러함으로써 우리나라 산에는 삼림이 무성하고, 들에는 오곡백과가 풍성하며, 촌락과 도시는 깨끗하고 풍성하고 화평할 것이다. 그리하여 우리 동포, 즉 대한 사람은 남자나 여자나 얼굴에는 항상 화기和氣가 있고, 몸에서는 어진 향기를 발할 것이다. 이러한 나라는 불행하려 해도 불행할 수 없고, 망하려 해도 망할 수 없는 것이다. 민족의 행복은 결코 계급투쟁에서 오는 것이 아니요, 개인의 행복이 이기심에서 오는 것도 아니다. 계급투쟁은 끝없는 계급투쟁을 낳아서 국토에 피가 마를 날 없고, 내가 이기심으로 남을 해하면 천하가 이기심으로 나를 해할 것이니, 이것은 조금 얻고 많이 빼앗기는 것이다. 일본이 이번 전쟁에 패해 보복당한 것은 국제적, 민족적으로 그것을 증명하는 가장 좋은 실례이다.

이상에 말한 것은 내가 바라는 새 나라의 용모의 일단을 그린 것이다. 동포 여러분! 이러한 나라가 된다면 얼마나 좋겠는가. 우리 자손에게 이러한 나라를 남기고 가면 얼마나 만족하겠는가. 옛날 한漢나라 지역의 기자箕子가 우리나라를 사모하여왔고, 공자孔子께서도 우리 민족이 사는 데 오고 싶다고 하셨으며 우리 민족을 인仁을 좋아하는 민족이라 하였다. 옛날에도 그러하였거니와, 앞으로 세계 인류가 모두, 우리 민족의 문화를 이렇게 사모하도록 하지 아니하려는가. 나는 우리의 힘으로, 특히 교육의 힘으로 반드시 이 일이 이루어질 것이라고 믿는다. 우리나라의 젊은 남녀가 다이 마음을 가진다면 아니 이루어지고 어찌하랴!

나도 일찍이 황해도에서 교육에 종사하였거니와, 내가 교육에서 바라던 것이 이것이었다. 내 나이 이제 일흔이 넘었으니 직접 국민교육에 종사할 시일이 넉넉지 못하지만, 나는 천하의 교육자와 남녀 학도 들이 한번 크게 마음을 고쳐먹기를 빌지 아니할 수 없다.

1947년 새문 밖에서.

5장
전환: '반탁·독립'에서 '통일·독립'으로

1. 유엔한국임시위원단에 제출한 6개항 의견서(1948.1.28)[1]

1) 우리는 전국을 통한 총선거에 의한 한국의 통일된 완전 자주적 정부 수립을 요구한다.

그러므로 현 미군정의 연장이나 혹은 미군정을 확립·강화하는 소위 「남조선 현 정세에 관한 시국대책요강」[2]의 전폭적 실현은 물론, 변상적變相的으로〔모양만 바꾸어〕 군정을 연장시킬 우려가 있는 소위 남한 단독정부도 반대한다.

2) 총선거는 인민의 절대 자유의사에 의하여 실현할 수 있게 되기를 요구한다.

---

1   『한보』 1948.2: 『백범김구전집』 8, 560~64면: 『백범어록』, 170~74면.

2   「시국대책요강」은 남조선 과도정부에서 2차 미소공동위원회가 결렬된 뒤 남한 단독정부 수립이 불가피하다고 보고 마련한 방책이다. 김인식 「시국대책요강의 작성 경위와 내용 검토」, 『한국민족운동사연구』 79, 2014, 231~76면.

북한의 소련 당국자들은 북한의 선거가 가장 민주적으로 실시되었다고 강변(強言)하며, 남한의 미 당국자들은 이것을 긍정하지 아니하는 동시에 남한에서는 가장 자유로운 민주선거를 실시할 수 있다고 강변하지만, 북에서 소련 군정 세력을 등지고(의지하여) 공산당이 비민주적으로 선거를 진행한 것과 같이, 남한에서도 미군정하에 모某 일개 정당(한국민주당)이 선거를 농단하리라는 것이 거의 남한의 여론이 되어 있다. 그러므로 인민이 자유롭게 선거할 수 있는 자유로운 환경 조성 등 현 정세에 대한 실질적 개선이 없이, 구두로나 문자로만 자유로운 선거를 할 수 있다고 성명하고 형식적으로만 선거를 진행한다면, 우리는 이것을 반대하지 아니할 수 없다.

3) 소련이 유엔한국임시위원단의 북한 입경入境을 거절하였다는 구실로 유엔이 그 임무를 태만히 아니할 것을 요구한다.

소련의 북한 입경 거절을 이유로, 유엔이 완전 자주독립의 통일적 한국정부를 수립할 과업을 포기하거나, 그 과업에 조금이라도 위반되는 다른 공작을 전개하려 한다면, 반드시 다음과 같은 반향反響이 발생할 것이다.

① 파시스트 일본과 수십년 동안 혈투血鬪하였고 그로 인하여 가장 큰 희생을 당한 한국은 미소 양국에 의해 분할점령을 당하고 있어, 받는 대우와 처한 환경이 일본보다 열악한바, 그로 인하여 파시스트 일본을 고무하는 것이 적지 아니할 것이다.

② 강력한 통일정신을 배양할 것이니, 전세계에서 정의와 평화를 애호하는 자의 분노를 야기할 것이다.

③ 약소국가와 민족에게 실망을 줄 것이다.

④ 한국을 분할하는 책임을 미소로부터 유엔이 인계하게 될 것이다.

⑤ 유엔의 위신이 타락될 것이며, 이로 인하여 세계의 질서는 다시 파괴될 것이다.

4) 현재에 남·북한에서 이미 구금되어 있으며 혹은 체포하려는 모든 정치범의 석방을 요구한다(북한에서 연금되어 있는 조만식 선생의 석방도 포함).

우리는 남한만이나, 북한만의 정치범 석방을 요구하는 것이 아니라, 양 지역에서 동시에 모든 정치범 석방을 주장하는 바이다.

5) 미소 양군은 한국에서 즉시 철퇴하되, 소위 진공상태로 인한 기간의 치안 책임을 유엔에서 일시적으로 담당해주길 요구한다.

한국의 독립적 통일정부를 수립하기 위하여 미소 양군이 즉시 철퇴하여, 한국인으로 하여금 자유로운 입장에서 민주적으로 총선거를 실시하여 통일정부를 수립하게 하자는 소련의 주장은 원칙적으로 정당한 것이다. 그러나 양군철퇴로 인하여 발생할 소위 진공기간에 어떠한 혼란이 야기될 것을 예측하고서, 양 점령군은 한국정부 수립 후에 철퇴하자는 미국의 주장도 무리한 것은 아니다. 그러나 미소 양국이 피차 모순되는 주장을 고집함으로써, 한국을 이보다 더 희생한다면 이것은 자못 거대한 과오일 것이다. 그러므로 여기에는 일개의 절충안이 없지 못할 것이다. 그 절충안이야말로 미소 양군을 즉시 철퇴시키되, 잠시의 한국 치안 책임을 유엔이 담당하는 것이다.

한국문제의 해결이 미소 양국으로부터 유엔에 옮긴 이상, 유엔이 그 책임을 지는 것이 합리적이다. 미소 양군이 철퇴하고 유엔이 치안의 임무를 담당하는 동시에, 남북에 현존한 군대 혹은 반半 군사단체의 무장을 전부 해제하여서 일단 평화로운 국면을 조성하면, 유엔은 감시의 목적을 달성할 것이요, 한국인도 자유스러운 선거를 할 수 있게 될 것이다. 이와 같은 민주적 방식에 의하여 통일정부가 수립되는 대로 즉시 국방군을 조직하게 하고, 국방군이 조직되는 대로 유엔이 부담하였던 치안 책임을 해제함이 합당할 것이다.

6) 남북 한인 지도자회의를 소집함을 요구함.

한국문제는 결국 한국인이 해결할 것이다. 만일 한인 자체가 한국문제 해결에 관하여 공통되는 안을 작성하지 못한다면 유엔의 협조도 쓸모가 없을 것이다. 그러므로 언제든지 남북지도자회의가 필요한 것이다. 그러나 현재와 같이 열악한 환경에서는 도저히 이 목적을 달성할 수 없다. 그러므로 우리는 미소 양군이 철퇴하는 대로 즉시 평화로운 국면에서 남북지도자회의를 소집하여서, 조국의 완전 독립과 민족의 영원 해방이란 목적을 관철하기 위하여 공동 노력할 수 있는 방안을 작성하자는 것이다.

2. 삼천만 동포에게 눈물로 고함 (1948.2.10)[3]

친애하는 삼천만 자매형제여!

우리를 싸고 움직이는 국내외 정세는 위기에 처하였다.

2차대전에서 동맹국은 민주와 자유와 평화를 위하여 〔수〕천만千萬의 생명〔生靈〕을 희생하여 최후의 승리를 쟁취하였다. 그러나 전쟁이 끝나자마자 이 세계는 다시 두개로 갈리어졌다. 이로 인하여 제3차 전쟁이 싹트고 있다. 보라! 죽은 줄로만 알았던 남편을 다시 만난 아내는, 죽은 줄로만 알고 있던 아들을 다시 만난 어머니는, 그 남편과 그 아들을 또 다시 전장으로 보내지 아니하면 아니 될 위험이 닥쳐오고 있지 아니한가. 양심을 가진 자라면 누가 이 지긋지긋한 전쟁을 바랄 것이랴! 과거에 있어서 전쟁을 애호한 자는 '파시스트' 강도 무리밖에 없었다. 지금에도 전쟁이 폭발되기만

---

3 『한보』 1948.2 : 『백범김구전집』 8, 564~72면; 『백범어록』, 175~83면. 이 성명은 엄항섭이 초안을 만들었는데, 초안 작성에 앞서 성시백을 두차례 만나 의견교환을 했다는 증언이 있다. 유영구 『남북을 오고 간 사람들』, 도서출판 글 1993, 38면.

기다리고 있는 자는 '파시스트' 강도 일본뿐일 것이다. 그것은 그놈들이 전쟁만 나면 다시 살아날 수 있다고 믿는 까닭이다.

현재 우리나라에도 남북에서 외세에 아부하는 자들은 "남을 치자〔南征〕" "북을 치자〔北伐〕", 전쟁을 희망하고 있다. 그러나 그것은 현실성도 없을 뿐만 아니라, 전쟁이 폭발한다 하여도 그 결과는 세계 평화를 파괴하는 동시에 동족의 피를 흘려서 왜적을 살리는 것밖에 아무것도 아니 될 것이다. 전쟁을 주장함으로, 그들은 새 상전들의 투지를 북돋울 것이요, 옛 상전〔日帝〕의 귀염을 다시 받을 수 있을 것이다. 그들은 전쟁이 난다 할지라도 저희들의 아이〔子姪〕만은 징병도 징용도 면제될 것으로 믿을 것이다. 왜 그러냐 하면 왜정하에서도 그들에게는 그러한 은전이 있었던 까닭이다.

한국은 일본과 수십년 동안 계속하여 혈투하였다. 그러므로 일본과 전쟁하는 동맹국이 승리할 때, 우리도 자유롭고 행복스럽게 날을 보낼 줄 알았다. 그러나 왜인倭人은 도리어 자기 집으로 편안히 돌아가 유쾌히 날을 보내고 있으되, 우리 한인은 공포 중에서 죄인 같은 날을 보내고 있다. 이것이 우리가 한 말이라면 우리를 〔해방을 가져온 미국에〕 배은망덕하는 자라고 질책하는 자도 있을 것이다. 그러나 이것이 미국 신문기자 리차드 Richard 씨의 입에서 나온 데야[4] 어찌 공정한 말이라 아니하겠느냐. 우리가 기다리던 해방은 우리 국토를 양분하였으며, 앞으로 국토를 영원히 두 나라의 영토로 만들 위험성을 내포하고 있다. 이로써 한국의 해방이란 사전辭典상에 새 해석을 올리지 아니하면 아니 되게 되었다.

유엔은 이러한 불합리를 시정하여 인류의 행복을 증진하며 전쟁의 위기를 방지하여 세계의 평화를 건설하기 위하여 조직된 것이며, 한국에 대

4　'리차드'는 저명한 전쟁 특파원인 리처드 트레가스키스(Richard William Tregaskis, 1916~73). 그는 INS(International News Service) 특파원으로 1948년 1월 6일 토오꾜오발로 "최근까지 미국의 적이었던 일본인은 미국에 협력하였던 조선인보다도 좋은 이지적(理智的) 대우를 받고 있다"고 논평하였다(『동아일보』 1948.1.6; 『경향신문』 1948.1.7).

하여도 그 사명을 수행하기 위하여 임시위원단을 파견하였다. 그 위원단은 신탁 없는, 내정 간섭 없는 조건하에 그들의 공평한 감시로써, 우리들의 자유로운 선거에 의하여 우리에게 남북통일의 완전 자주독립과 미소 양군 철퇴를 약속하였다.

이제 불행히 소련의 거부로 유엔위원단의 사무 진행에 방해가 없지 않으나, 유엔위원단은 유엔의 위신을 더하여 세계평화 수립을 진전시키기 위하여, 위원 여러분들의 혁혁한 업적을 한국독립운동사에 남김으로써 한국인은 물론 일체 약소민족과 영원한 우의(恩誼)를 맺기 위하여 최선의 노력을 다할 것이다. 만일 유엔위원단이 자기네의 노력이 그 목적을 관철하기에 부족할 때에는 유엔 전체 역량을 발동하여서라도 기어이 성공할 것은 삼척동자라도 상상할 수 있다. 우리에게는 이와 같이 서광이 비치고 있다.

미군 주둔 연장을 자기네의 생명 연장으로 인식하는 무지몰각한 도배들은 국가 민족의 이익을 염두에 두지도 아니하고 '박테리아'가 태양을 싫어함이나 다름이 없이 통일정부 수립을 두려워하는 것이다. 그리하여 그들은 음으로 양으로 유언비어를 만들어내어 단선단정 노선으로 민중을 선동하여 유엔위원단을 미혹시키려고 전심전력을 경주하고 있다. 미군정의 품(卵翼)에서 육성된 그들은 경찰을 종용하여 선거를 독점하도록 배치하고 인민의 자유를 유린하고 있다. 그래도 그들은 태연스럽게도 현실을 투철히 인식하고 장래를 명찰明察하는 선각자로서 자임하고 있다.

그러나 이러한 선각자는 매국매족의 일진회식 선각자일 것이다. 왜적이 한국을 합병하던 당시의 국제정세는 합병을 면하지 못하게 되었다. 아무리 애국지사들이 생명을 던져 반항하였지만 합병은 필경 오게 되었다. 이 현실을 파악한 일진회는 토오꾜오까지 가서 합병을 청원하였다. 그러나 이자들은 영원히 매국노가 되고 선각자가 되지 못한 것이다. 설령 유엔위원단이 지금 단정을 꿈꾸는 그들의 원대로 남한 단독정부를 수립한다면,

이로써 한국의 원한은 다시 호소할 곳이 없을 것이며, 유엔위원단 여러분은 한국인과 영원히 화해할 수 없는 원한을 맺을 것이요, 한국 분할을 영원히 공고히 만든 새 일진회는 자손만대의 죄인이 될 것이다.

통일하면 살고 분열하면 죽는 것은 고금의 철칙이니, 자기의 생명을 연장하기 위하여 조국의 분열을 연장시키는 것은 전민족을 죽음의 구렁텅이에 넣는 극악극흉의 위험한 일이다. 이와 같은 위기에서 우리는 우리의 최고 유일의 이념을 재검토하여 국내외에 인식시킬 필요가 있는 것이다. 내가 유엔위원단에 제출한 의견서는 이러한 필요에서 작성된 것이다.

우리는 첫째로, 자주독립의 통일정부를 수립할 것이며 이것을 완성하기 위하여 먼저 남북 정치범을 동시 석방하며, 미소 양군을 철퇴시키며, 남북 지도자회의를 소집할 것이니, 강철 같은 이 원칙은 우리의 목적을 관철할 때까지 변하지 않을 것이다. 우리는 이 불변의 원칙으로써 변화무쌍한(瞬息萬變) 국내외 정세를 극복하여야 할 것이다. 이것이 중국 장제스 주석의 이른바 "변하지 않는 것으로 만가지 변화를 감당한다(不變應萬變)"는 원칙이다.[5]

독립이 원칙인 이상, 희망이 없다고 자치를 주장할 수 없는 것을 왜정(倭政)하에서 충분히 인식한 것과 같이, 우리는 통일정부가 가망 없다고 단독정부를 주장할 수 없는 것이다. 단독정부를 중앙정부라고 명명하여 위안을 받으려 하는 것은, 미 군정청을 남조선 과도정부라고 하는 것이나 다름이 없는 것이다. 사특하고 망령된 생각은 다른 사람뿐만 아니라 자기 자신에게도 해로울 뿐이니 통일정부 수립만 위하여 노력할 것이다.

삼천만 자매형제여!

---

5   마오쩌둥(毛澤東)은 장제스의 '불변(不變)'을 '만변(萬變)'으로 대처하여 승리했다고 밝힌 바 있다. 김구는 1947년까지 임정법통론이라는 '불변'으로 '만변'에 대처하면서, 이승만과 함께 반탁운동을 주도하고, 남한 정부 수립 참여도 표명한 바 있다.

우리가 자주독립의 통일정부를 수립하려면 먼저 국제의 동정同情을 쟁취하여야 할 것이오. 이것을 쟁취하려면 전민족의 견고한 단결로써 그들에게 정당한 인식을 주어야 할 것이다. 그런데 불행히도 미군정의 앞잡이로 인정받는 한민당 영도하에 있는 소위 '한협'〔한국독립정부수립대책협의회〕은 나의 의견에 대하여 호들갑을 떨면서〔大驚小怪〕비애국적 비신사적 태도로써 원칙도 조리도 없이 모욕만 가하였다.[6] 한민당의 혀〔喉舌〕가 되어 있는 동아일보는 여자의 이름〔김희경金姬卿〕까지 빌려가지고 나를 모욕하였다.[7] 일찍이 조소앙·엄항섭 양씨가 수도경찰청에 구인되었다고 유언비어를 조작하던 그 신문〔동아일보〕은[8] 이번에 또 "애국단체 제출한 의견서 김구 씨 동의 표명"이라는 제목으로 없는 이야기를 조작하였다.[9] 이와 같은 비열한 행위는 도리어 애국동포들의 분노를 야기하여, 각 방면에서 이들의 죄를 성토하는 격랑이 높이 일었다. 이리하여 내가 바라던 단결은 실현도 되기 전에 혼란만 더 커졌을 뿐이다. 시비是非가 없는 사회에는 개량改良이 없고 진보가 없는 법이니 여론이 환기됨을 방지할 바 아니나, 천재일우의 호기를 만나서 멀리서 온 귀한 손님〔유엔한국임시위원단〕을 맞아 우

---

6 1948년 1월 29일 한협에서 「6개항 의견서」에 대한 비판으로 김구를 "크레믈린궁의 한 신자"라 비판하였다.

7 『동아일보』(1948.2.1, 2.3~2.5)는 김희경(金姬卿)의 「김구 선생님에게 올리는 글월」(1~3, 5)을 연재하였다. 3회 연재(1948.2.4)에서 김희경은, 김구의 1947년 12월 1일 발언 "이승만과 완전히 의견 일치: 단독정부는 아니다"(3-5)를 길게 소개하면서, "총선거의 방식으로서 정부를 수립"하면 "법리상으로나 국제관계상으로 보아 통일정부일 것이요 단독정부는 아닐 것"이라 "하시던 선생님"이 왜 "오늘 이 순간" "그와 반대되는" 입장을 표명하는지 날카롭게 비판하였다.

8 이것은 장덕수 암살사건 관련 『동아일보』(1947.12.14)의 「조소앙(趙素昻)·엄항섭(嚴恒燮) 양씨(兩氏) 엄중문초중(嚴重問招中) 모중대사건(某重大事件)에 관련(關聯)?」을 말하는데, 두 사람이 취조를 받은 것은 사실이다. 엄항섭은 암살범 박광옥, 배희범과 같이 찍은 사진이 발견되었지만(조지 애쉬모어 피치 『조지 피치와 대한민국: 피치 회고록과 문서 속 한국과 김구』, 권기돈 옮김, 김구재단 2018, 187~88면), 증거 불충분으로 석방되었다.

9 『동아일보』(1948.2.4)의 이 기사는 김구가 「6개항 의견서」와 달리 우파 애국단체 대표들의 의견에 동의하였다는 내용의 허위보도이다.

리 국가 민족의 운명을 결정하려는 이 순간 우리의 취할 바 행동은 아니다.

모든〔一切〕 내부투쟁을 정지하자!!

'작은 것을 참지 못하면 큰 것을 도모할 수 없다'[10] 하였으니 우리는 과거를 잊어버리고 용감하게 참아보자!

삼천만 자매형제여!

한국이 있고야 한국 사람이 있고, 한국 사람이 있고야 민주주의도 공산주의도 또 무슨 단체도 있을 수 있다. 그러면 자주독립적 통일정부를 수립하려 하는 이때, 어찌 개인이나 집단의 사리사욕을 탐하여 국가민족의 백년대계를 그르칠 자가 있으랴. 우리는 과거를 한번 잊어버려보자. 갑은 을을, 을은 갑을 의심하지 말며, 침 뱉지 말고, 서로 진지한 애국심에 호소해보자! 암살과 파괴와 파업은 외국군의 철퇴를 지연시키며 조국의 독립을 방해하는 결과를 만들어낼 뿐이다. 악착같은 투쟁을 중지하고 관대한 온정으로 임해보자!

마음속에 삼팔선이 무너지고야 땅 위에 삼팔선도 철폐될 수 있다. 내가 못난 사람〔不肖〕이나 일생을 독립운동에 바쳤다. 내 나이 일흔셋이니 이제 오늘내일하는 여생이 남아 있을 뿐이다. 이제 새삼스럽게 재물을 탐내며 명예를 탐낼 것이랴! 더구나 외국 군정하에 있는 정권을 탐낼 것이랴! 내가 대한민국임시정부나 한국독립당을 이끈 것도 모두 조국의 독립과 민족의 해방을 위한 것이다. 그러므로 나는 국가 민족의 이익을 위하여 일신이나 일당의 이익에 구애되지 아니할 것이요, 오직 전민족의 단결을 달성하기 위하여 삼천만 동포와 더불어 투쟁할 것이다. 이것을 위하여, 누가 나를 모욕하였다 하여 염두에 두지 아니할 것이다.

나는 이번에 마하트마 간디(1869~1948)에게서도 배운 바가 있다. 그는

---

10   『논어(論語)』 위령공(衛靈公) 편: "소불인즉란대모(小不忍則亂大謀)".

〔1948년 1월 30일〕운명하는 그 순간에도 자기를 저격한 흉한〔나투람 고드세〕을 용서하여 그의 손을 자기 이마에 대었다 한다.[11] 내가 사형 언도를 당해 본 일도 있고 저격을 당해본 일도 있었지만,[12] 당시 나는 원수를 용서할 용기가 없었다. 지금도 나는 이것을 부끄러워한다. 현재 나의 유일한 염원은 삼천만 동포와 손잡고 통일된 조국, 독립된 조국의 건설을 위하여 더불어 투쟁하는 것뿐이다. 이 조국이 이 육신을 요구한다면 당장에라도 제단에 바치겠다.

나는 통일된 조국을 건설하려다가 삼팔선을 베고 쓰러질지언정 일신에 구차한 안일을 취하여 단독정부를 세우는 데는 협력하지 아니하겠다. 나는 내 생전에 38 이북에 가고 싶다. 그쪽 동포들도 제집을 찾아가는 것을 보고서 죽고 싶다. 궂은 날을 당할 때마다 삼팔선을 싸고도는 원귀(怨鬼)의 곡성이 내 귀에 들리는 것도 같았다. 고요한 밤에 홀로 앉으면 남북에서 헐 벗고 굶주리는 동포들의 원망스러운 용모가 내 앞에 나타나는 것 같았다.

삼천만 동포 자매형제여 !!

붓이 이에 이르매 가슴이 막히고 눈물이 앞을 가리어 말을 더 이루지 못하겠다. 바라건대 나의 애달픈 고충을 명찰하고 내일의 건전한 조국을 위하여 한번 더 깊이 생각하라

---

11   간디 서거는 당시 한국에서도 큰 화제가 되었다. 유엔한국임시위원단 인도 대표 메넌이 방송으로 애도를 표하였고, 위원단은 애도문을 인도 정부에 전달하였으며, 이에 인도 수상 네루는 감사를 표하였다. 『동아일보』 1948.2.1, 2.3, 2.4, 2.5, 2.6.

12   1896년 김구는 치하포에서 일본인 쓰치다(土田讓亮)를 죽였으며, 이로 인해 법부에서 교수형을 건의하였는데 고종이 최종 판결을 보류하였다. 1938년 5월 김구는 중국 창사(長沙) 난무팅(楠木廳)에서 조선혁명당원 이운한(李雲漢)으로부터 저격을 받았다.

3. 3·1절 기념사: 단독정부 수립 반대[13]

우리는, 해방되었다는 조국과 통일의 독립을 보지 못한 채 3·1절을 맞게 되었다. 돌아보건대, 1919년〔기미년〕 3월 1일에는 우리의 민족대표 33인이 전국의 애국동포들과 함께 총궐기하여 생명을 던져 조국의 독립을 쟁취하려 하였던 것이다. 왜적에 대한 우리의 투쟁은 이 3·1운동을 통하여 더욱 강화 확대되었다. 이 투쟁은 왜적이 패망하던 그 시간까지 중단된 일이 없었다.

그동안에 우리의 희생은 더욱 컸다. 왜적의 패망은 우리에게 당연히 자유와 민주와 독립을 주었어야 하거늘, 사태는 정반대로 진전되어 동맹국 군대로 인해 우리의 조국은 둘로 나눠지고 말았다. 우리는 왜적을 타도하기 위하여 수십년간 혈투하였다. 동맹군의 승리를 위하여 매일같이 기도하고 최선을 다하여 협조하였다. 그러나 동맹군은 우리 국토를 무기한으로 점령하고 말았다. 그 결과로 북에서는 북대로, 남에서는 남대로, 민생은 도탄에 빠졌다. 삼천리강산에는 근심〔愁雲〕과 슬픔〔悲哀〕이 넘쳐흘렀다.

이때에 북에서 소위 조선민주주의인민공화국이나 남에서 떠드는 중앙정부를 수립한다는 것은 모두가 우리 조국을 영원히 양분시키는 것으로, 독립전선에서 사망한 독립투사들이 바라는 바가 아닐 것이다. 이것이 그들의 자녀로서 어찌 차마 할 일이겠느냐?

지금 남쪽에서는 일부 인사들이 유엔의 원조하에 정부를 수립하면 이 정부는 유엔 회원이 될 수 있다고 하나, 이것은 민중을 기만〔欺騙〕하는 것이다. 왜 그러냐 하면 유엔 헌장 제2장 제4조 제2항에 규정되기를 "새로 가입하는 국가는 반드시 안보이사회의 추천"을 받아야 하는데, 안보리 5대 강국이 거부권을 가지고 있는즉, 소련이 남한 정부의 가입을 거부하면 가

---

13   『조선중앙』『대동신문』 1948.2.29; 『백범어록』, 194~97면; 『백범김구전집』 8, 339~41면.

입할 수 없는 까닭이다. 일전에 이태리, 몽고공화국 등이 유엔에 가입하려다가 성공하지 못한 것도 우리는 보았다.[14]

또 단정 수립논자들은 민생문제 해결을 위하여 반쪽에라도 정부를 세우기를 주장하고 있지만 구체적으로 어떻게 〔민생문제를〕 해결할 수 있다는 것을 보여주지 않고 있지 않은가. 우리는 속지 말자.

최근 유럽〔歐洲〕 통신을 보면, 영·미가 점령하고 있는 독일 영토를 통합하여 독일인 자치정부 수립을 허락하였으나, 그곳 독일 인민은 독일의 영원한 분할이라고 전체가 반대하는 동시에 전독일을 통일한 후 정부를 수립하기로 요청하였다고 한다. 독일의 문화가 우리보다 떨어진 바도 아니요, 민생이 우리보다 낮을 바도 아니건만, 그들은 단독정부 수립을 반대한 것이다.[15] 우리는 타산지석他山之石도 보자.

친애하는 자매형제여, 우리의 살길은 자주독립의 한 길뿐이다. 이 길이 아무리 험악하다 하여도 살고자 하는 사람은 아니 가지 못하는 길이다. 주저하지도 말고 유혹받지도 말고 앞만 향하여 매진하자.

내가 비록 못난 사람〔不肖〕일지라도 이 길을 개척하고 나가는 데 앞서 나갈 각오와 용기를 가지고 있다. 부월斧鉞이 당전當前할지라도〔죽음의 도끼가

---

14   몽골(외몽고)은 1946년부터 유엔 가입을 신청했지만, 중화민국과 서방이 소련 위성국이라며 독립국으로 인정하지 않아 거부되었다. 1947년 이탈리아의 유엔 가입 신청은 소련의 거부(2차대전의 추축국이라는 이유)로 좌절되었다. 김구의 최측근 엄한섭은 제럴딘 피치에게 같은 의견을 전하였다(Geraldine Fitch, "the Seoul: YMCA Reclaims Former Leaders", *Fitch papers* Vol. 5, 국립중앙도서관, 139면), 요컨대 한국은 선거를 해서 정부를 수립해도 소련의 반대로 유엔에 가입할 수 없으며, 따라서 국가다운 국가가 될 수 없다는 것이다.

15   1945년 독일 패전 후, 독일은 미국·영국·프랑스·소련 4개국에 의해 분할 점령되었다. 4개국은 공동 통치를 전제로 연합국통제이사회(Allied Control Council)를 운영했지만, 소련과 서방 간의 이념 및 정책 갈등으로 공동 통치는 실현되지 못했다. 1947년 미국과 영국은 바이존(Bizone)을 결성하여 두 점령지구를 경제적으로 통합하였다. 1948년 프랑스도 이에 참여하여 트리존(Trizone)에 자치정부를 수립하려 하자, 소련이 강력 반발하여 1948년 6월 베를린 봉쇄(Berlin Blockade)를 단행하였다. 서독 지역의 정부 수립에 대해 "독일 인민이 전체가 반대했다"는 김구의 언급은 과장이다.

눈앞에 있더라도) 회피하지 아니하겠다.

친애하는 자매형제여, 위대한 3·1절을 기념할 때에 3·1절의 역사와 교훈을 다시 한번 새롭게 인식하고 한마음 한뜻으로 자주독립의 길만 향하여 나아가기를 다시 결심하자. 우리의 독립은 이미 국제적으로 약속돼 있다. 이 생명이 계속될 때까지 통일된 조국의 자주독립을 쟁취하기 위하여 분투하자.

이에서 비로소 우리들이 3·1절을 기념하는 의의도 표현될 수 있다. 바라건대 3·1절을 기념할 때 제사와 같은 형식에 치중하지 말고 혁명정신을 충분히 천양闡揚하라.

4. 김구가 김두봉에게 보낸 서한(1948.2.16)과 김일성·김두봉의 답신 (1948.3.15)

1) 김구가 김두봉에게 보낸 편지(1948.2.16): "허리가 끊어진 조국을 어찌 차마 더 보겠나이까"[16]

백연(김두봉) 형(白淵仁兄先生惠鑒),

1944년 10월 16일 중국 옌안延安에서 주신 서신을 받아 읽은 이후 얼마 되지 않아 해방을 맞아, 형은 압록강을 건너고 저(弟)는 황해 바다를 건너, 각각 그립던 고국을 찾아오게 되었나이다. 그때에야 누가 한 나라 한 울 밑에서, 3~4년 긴 세월 동안 서로 보지 못할 줄 알았으리요. 아아! 이것이 우리에게는 해방이라 하는군요. 이 쓰라리고 설운 정을 말하면 뜨거운 눈물만 흐를 뿐, 차라리 말하지 않는 편이 좋을 것입니다.

---

16   사본: 백범김구기념관 소장. 『백범김구전집』 8, 721~26면; 『백범어록』, 184~88면.

여하간 우리는 자유롭게 고국 땅을 밟았습니다. 우리의 원수 왜구倭寇를 쫓아내어 환국할 수 있는 자유를 준 미소 두 동맹국의 은혜를 무한히 감사하지 아니하면 아니 되겠지요. 독사의 입에서 벗어난 우리 삼천만 동포들도 두 동맹국의 은혜를 깊이깊이 감사하고 있습니다. 그러나, 우리에게는 환희에 넘치는 광명한 정면正面이 있는 동시에, 두 동맹국 자체 간의 모순으로 인하여 암담한 반면反面도 없지 아니합니다.

형이여, 이것을 어찌하면 좋겠습니까. 저는 가슴이 답답하고 형이 보고 싶은 때마다, 때 묻은 보따리를 헤치고 일찍이 중국 충칭重慶에서 받았던 형의 편지를 다시 읽곤 합니다. 그 편지에는 나에게 보내셨다는 이러한 전문電文도 기록되어 있습니다. 《금년 3월 선생〔김구〕이 김학무金學武(1911~43)군 편으로 보낸 편지를 10월 초에야 받았습니다. 오늘날 우리〔김두봉 측〕는 모든 것을 민족이익을 기준으로 해서 사소한 견해의 차이에 연연하지 않으며, 선생〔김구〕이 옌안에 오시는 것에 대해서 환영합니다.》또 나와 각 단체로 보냈다는 다음 전문도 기록되어 있습니다.《우리는 지역의 남북, 파벌의 다름을 가리지 않고 진심으로 단결하여 서로 연락하여, 압록강에서 항일 부대가 합류하는 것에 여러분들이 동의한다면, 저〔김두봉〕는 그 뜻에 받들어 알선할 수 있습니다.》또 이러한 것이 기록되어 있습니다. 《선생〔김구〕의 이번 서신에 "연락과 통일을 위하여 이 늙은이〔김구〕가 먼저 옌안에 가면 그곳의 중국인 및 한국인 들이 모두 환영할 가망이 있겠는지?" 이에 대하여 우리〔김두봉 측〕는 성심으로 선생을 환영할 뿐 아니라, 이곳의 중국 인사들도 물론 환영합니다.》

형이여, 현재 우리의 환경은 그때와 비슷한 점이 많습니다. 조국의 통일이 실현되고 자주독립이 완성될 때까지, 우리의 임무를 태만히 할 수는 없지 않습니까. 책임을 남에게 전가할 수 없음에 저도 남은 생이 다하기 이전에 최후의 노력을 다하려니와, 형도 우리에게 현안이 되어 있는 문제의 해결을 위하여 심각히 책임을 느끼실 줄로 확신합니다.

형이여, 아무리 우방 친우들이 호의로써 도와주려 해도, 우리 자체가 지리멸렬하여 준비가 되어 있지 못하면 어찌 그 호의를 받아들일 수 있으리까. 그리하여 지난번 미소공위도 성과를 보지 못한 것입니다. 이번 유엔위원단의 활동도 어떠한 성과도 얻을 희망이 보이지 아니합니다. 그러면 어찌 하겠습니까. 되어가는 대로에 맡겨두고 약속된 독립을 포기하겠습니까.

형이여, 지금 이곳에는 38선 이남과 이북을 별개의 국가라고 생각하는 사람도 많습니다. 또한 그렇게 만들려고 노력하는 사람도 많습니다. 그쪽에도 그런 사람이 없지 않으리라 생각됩니다. 그 사람들은 남북의 지도자들이 같이 자리하는 것을 희망하지 않을뿐더러, 같이 자리할 수 없다고 선전하는 사람도 많이 있습니다. 형이여, 이래서야 되겠나이까. 남〔미·소〕이 일시적으로 분할한 조국을, 우리 스스로의 관념이나 행동으로 영원히 분할할 필요가 있겠습니까.

형이여, 우리의 몸을 반쪽으로 나눌지언정, 허리가 끊어진 조국이야 어찌 차마 더 보겠나이까. 가련한 동포들이 남북으로 흩어져 떠도는 꼴이야 어찌 차마 더 보겠나이까.

형이여, 우리가 서로 다르지만, 둘 다 나라를 사랑하는 것은 틀림없는 사실이 아닙니까. 동포의 사활과, 조국의 위기와, 세계의 안전이 이 순간에 달려 있거늘, 우리의 양심과 우리의 책임을 버리고 편안히 앉아, 희망 없는 외세에 의한 해결만 꿈꾸고 있겠습니까.

그러므로 우사尤史 김규식金奎植 형과 저는 "우리 문제는 우리 자신만이 해결할 수 있다"고 확신하고 남북지도자회담을 주창하였습니다. 주창만 한 것이 아니라 실천하기로 결심하였습니다. 그리하여 이 글월을 우리 두 사람〔김구·김규식〕의 연명으로 올리는 것입니다. 우리의 힘은 부족하나 남북에 있는 진정한 애국자의 힘은 큰 것이니, "사람이면 그 마음이 같으며〔人同此心〕, 마음은 또한 그 바탕 이치가 같은 지라〔心同此理〕"[17] 반드시 성공하리라 확신합니다. 더구나 북쪽에서 형과 김일성 장군이 선두에 서고, 남쪽에서 우리 두 사람이 선두에 서서 이것을 주창하면, 절대다수의 민중이 이를 옹호할 것이니, 어찌 성공하지 않을 이유가 있겠나이까.

형이여, 김일성 장군께는 별도로 서신을 보내거니와, 형께는 중국에서 수십년 같이 투쟁한 오랜 인연과, 4년 전 중국에서 성사시키지 못한 합작에 대한 연대책임과, 애국자가 애국자에게 호소하는 성의와 열정으로, 이제 조국의 땅에서 남북지도자회담을 가장 빠른 시일 내에 성취시키기를 간청합니다. 남쪽에서는 우리 두 사람〔김구·김규식〕이 애국자들과 함께 최선을 다하겠나이다. 지면은 짧고 말은 길어 품은 생각 다 말할 수 없으니, 하루라도 빨리 답신을 주사이다.

조국의 완전독립과 동포의 자유행복을 위하여 형께서 노력하시고 스스로를 아끼시길 기원하면서, 머지않은 장래에 대면할 기회가 있기를 갈망하고 붓을 놓나이다.

1948년 월 일

김구金九 〔金九〕(인)

2) 김일성·김두봉이 김구·김규식에게 보낸 답신(1948.3.15): "누구의 잘못입니까"[18]

김구·김규식 선생께〔共鑑공감〕

2월 16일 보내신 서한〔惠函〕은 받았습니다. 그 서한 중에 제기하신 문제

---

17   남송 유학자 육구연(陸九淵)이 말한 "인개유시심(人皆有是心), 심개구시리(心皆具是理)"에서 유래한 8자성어로, "무릇 사람은 같은 마음을 지니며, 그 마음에는 본래의 진리가 담겨 있다"는 의미이다.

18   사본: 백범김구기념관 소장. 『백범김구전집』 8, 727~29면; 『백범어록』, 189~91면.

에 관하여 회답코저 합니다.

　조선이 일본 통치로부터 해방된 지 이미 2년 반이 되였으나, 지금까지 조선 민족은 자주독립의 통일정부를 수립하지 못하고, 인민은 남북 조선의 판이한 정치 조건 아래 서로 다른 생활을 하고 있습니다. 다 아시는 바와 같이 북조선 인민들은 자기 손으로서 자기 운명을 해결하는 모든 창발성을 발양하고 있습니다. 그러나 남조선에는 모든 주권이 미국 사람의 손에 있기 때문에 남조선 인민들과 당신들은 아무런 권리와 자유가 없이 정신적·물질적으로 곤란을 겪고 있습니다.

　이것은 누구의 잘못입니까. 그것은 조선에 관한 모스끄바 3상결정과 소미공동위원회 사업을 적극 반대하며 나선 이들에게 책임이 있다고 우리는 재삼 언명합니다. 만일 모스끄바 3상결정을 실시하였다면 벌써 조선 민족은 통일된 자주독립정부를 가졌을 것을 다시금 확신하여 마지않습니다.

　두분 선생이 중국으로부터 조국 땅에 들어설 때 우리는 당신들의 활동을 유심히 주목하였습니다. 당신들은 평범한 조선 사람이 아닌 일정한 정치단체의 지도자들로서, 조선 인민의 기대와 배치되는 표현을 할 때마다 우리는 의아하게 생각하였습니다. 당신들은 조국 땅에 돌아온 후 현재까지 민족 입장에 튼튼히 서서 조선이 부강한 나라로 발전하여나갈 수 있는 정확한 강령과 진실한 투쟁을 문헌으로나 실천으로 뚜렷하게 내놓은 것이 없습니다. 당신들은 조선에 관한 모스끄바 3상결정과 소미공동위원회를 적극적으로 반대하여 거듭 파열시키었습니다. 당신들은 조선에서 소미 양군이 철거하고 조선문제 해결을 조선인 자신에 맡기자는 소련 대표의 제의를 노골적으로 반대하기도 하였으며, 무관심한 태도로 묵과하기도 하였습니다. 더욱 유감스러운 것은 조선에 대한 유엔 총회의 결정과 소위 유엔 조선위원단의 입국을 당신들은 환영하였습니다.

　이제야 당신들은 청천백일靑天白日 아래 조선 국토의 양단, 조선 민족의 분열을 획책하는 유엔조선위원단과 미국사령관의 정치 음모를 간파한 듯합니다. 그러나 아직도 당신들의 애국적 항의는 미온적이고 당신들의 입장은 명백하지 못합니다. 민족자주독립이 위급에 봉착한 지금, 당신들은 또 무엇을 바라고 애국적 항쟁을 실천에 옮기지 않습니까.

다 아는 바와 같이 우리는 조국의 자주독립을 위하여 모든 출판물과 군중대회를 통하여 국토의 양단, 민족의 분열을 음모하는 유엔 결정을 반대하며 조선에서 소미 양군이 철거하고 조선 인민 자체의 힘으로 조선의 운명을 해결하자는 소련 제의를 실현하려는 거족적 항쟁을 전개하고 있습니다. 이 투쟁은 목적을 달성할 때까지 말로써가 아니라 사업으로써 끝까지 투쟁할 것입니다.

이제 우리는 두분 선생이 제의하신 남북조선 지도자 연석회의의 소집을 본시 반대하지 않습니다. 그러나 당신들은 어떤 조선을 위하여 투쟁하시려는지 그 목적과 기도를 충분히 알 수 없기 때문에 우리는 연석회의의 성과에 대하여 완전한 확신을 가질 수 없습니다.

두분 선생은 우리의 실천에서 나타난 우리의 정치 강령과 우리의 투쟁 목적을 혹은 출판물로써 혹은 사업으로 충분히 간파하셨을 줄로 믿습니다. 우리는 앞으로도 조선 민족의 정당한 입장에서 우리의 강령과 우리의 목적을 떠나지 않고 조선의 애국자로 자기의 노력과 생명을 아끼지 않고 국토의 양단과 민족의 분열을 반대하며 통일된 민주주의 자주독립을 위하여 투쟁할 것이며, 우리 조국을 외국 제국주의자들에게 팔아먹으려는 모든 반역자들을 반대하며 투쟁할 것입니다.

우리는 우리들이 이미 내세운 강령과 목적을 끝까지 실현하려는 정치적 입장에서 국토를 양단하고 민족을 분열하는 남조선 반동적 단독선거를 실시하려는 유엔 결정에 반대하는 대책을 이미 세우고 그 투쟁방법을 토의하기 위하여 남조선의 정당 사회단체들에게 남북회의를 소집하자는 서신을 벌써 보내었습니다.[19] 두분 선생은 이 대책에 찬동하리라는 것을 우리는 확신하고 싶습니다. '남북조선 소범위의 지도자 연석회의'를 1948년 4월 초 북조선 평양에서 개최할 것을 동의합니다. 우리의 의견으로는 이 연석회의에 참가하는 성원 범위를 다음과 같이 제의합니다.

남조선에서는 김구 김규식 조소앙 홍명희 백남운 김붕준 김일청 이극노 박헌영 허헌 김원봉 허성택 유영준 송을수 김창준 등 15명과, 북조선에서 는 김일성 김두봉 최용건 김달현 박정애 이외 5명으로 예상합니다.

一 조선의 정치정세에 대한 의견교환
二 남조선 단독정부 수립을 위한 반동 선거 실시에 관한 유엔 총회의 결 정을 반대하며 투쟁할 대책 수립
三 조선 통일과 민주주의 조선 정부 수립에 관한 대책 연구 등등

만일 양위 선생이 우리의 제의를 동의하신다면, 1948년 3월 말 이내 우 리에게 통지하여주실 것을 바랍니다.

1948년 3월 15일

○○○ 〔인〕

○○○ 〔인〕[20]

---

19 도진순 『한국민족주의와 남북관계』, 서울대출판부 1998, 369~71면.
20 편지의 사본은 마지막에 발신자를 이렇게 익명으로 처리하였다(『백범김구전집』 8, 729면). ○○○ 과 ○○○ 은 당연히 김두봉과 김일성일 것이다.

5. 도산 안창호 애도문(1948.3.10)[21]

대한민국 30년(1948) 3월 10일, 김구는 삼가 고故 도산 안창호 동지 선생 영전에 몇 마디 올리나이다.

선생이여! 15년 전〔1932년〕 4월 29일 윤봉길 의사가 상하이에서 왜적 괴수敵魁 시라까와白川義則 등을 박살냄으로 찬란한 세계역사의 한 페이지를 창조하던 그날, 우리는 선생을 적에게 빼앗겼습니다.[22] 세계에 자랑할 만한 승리의 소유자가 된 그 쾌미快味와 그 영광을 끝없이 느끼면서도, 우리는 선생을 잃은 불행을 회복하려고 최선을 다하였습니다. 그리하여 지척에 있던 왜倭 영사관에 있는 선생을 구출하려고 우리의 머리를 짜볼 대로 짜보았던 것입니다. 지금 서울에 와 있는 미국 친우 피치 선생 부부[23]의 노력이 자못 컸던 것도 영원히 잊을 수 없습니다.

그러나 우리의 선생 구출 운동은 끝내 수포로 돌아가고, 선생은 적에게 붙잡혀 한 많은 고국에 돌아와 영어囹圄의 생활을 하신 것입니다. 그래도 우리는 우리의 손으로 왜적을 타도하여 자유로운 조국강토에서 선생을 맞이하고자 낮밤으로 하느님〔上帝〕께 선생의 건강을 위하여 기도하였는데, 하늘이 돕지 않으셨는지, 우리의 악한 운세가 아직 끝나지 않은 것이었는지, 적의 해침으로 선생은 결국 옥중에서 세상을 뜨셨습니다.[24]

---

21 『한보』 26, 1948.4; 『백범김구전집』 8, 573~81, 773면; 『백범어록』, 198~205면. 애도문의 일부를 게재한다.

22 1932년 4월 29일 상하이 훙커우 공원에서 윤봉길 의거 직후, 아무런 사전 연락을 받지 못한 안창호는 프랑스 영사관 관헌에 체포되어 일본 영사관 경찰에 인도되었다. 안창호는 그해 5월 경성으로 호송되어 4년형을 받고 서대문형무소에 수감되었다가 이감되어 대전형무소에서 복역하였다.

23 윤봉길 의거 이후 김구 일행은 미국인 피치 목사 댁으로 피신, 조지 애쉬모어 피치(George Ashmore Fitch, 1883~1979)와 부인 제럴딘(Geraldine Townsend Fitch, 1892~1976)의 보호를 받았다. 도진순 「훙더탕과 YMCA: 피치 가문과 한국독립운동」 「생사기로에서의 국제연대; 피치 부부와의 김구, 피신과 탈출」, 『백범의 길 : 임시정부의 중국 노정을 밟다』(상), 아르테 2019, 185~217면.

선생이 세상을 뜨신 지 7주년이 되는 해(1945년) 우리가 입국하였습니다. 입국한 그때부터 우리는 동포들과 손을 맞잡고 선생이 못 다 하신 유업을 완성하고자 분투 노력하였나이다. 그러나 이룬 것 하나도 없이, 이제 동지들과 함께 선생이 가신 10주년을 맞게 되니, 한갓 무량한 감회만 금할 수 없나이다.

선생이여! 우리 조국이 해방된 것을 10으로 나눈다면, 그중 7분七分은 우리의 애국적 선열先烈 선현先賢들의 피와 땀일 것이요,[25] 그 7분 중에는 선생의 노력 또한 중요한 부분을 차지한다는 것은 말할 필요가 없는 것입니다. 그러나 불행히 최후의 3분이 우리의 힘으로 되지 못한 까닭에 우리의 해방은 사전辭典상에 새 해석을 올리지 아니하면 아니 될 기괴한 내용을 포함하게 되었습니다. 우리의 해방이 왜적을 쫓아낸 것만은 감사한 일이지만, 다른 각도에서 보면 통일과 자유와 행복이 아니라 분열과 구속과 불행이 되어 있습니다. 우리에게는 해방의 환희도 벌써 지나간 꿈이 되고 말았습니다.

선생이 돌아가셔서 누워 계시고[26] 이 몸이 붙어살고 있는 남한의 정세를 볼지라도 암담하기 짝이 없습니다. 날마다 늘어가는 것은 실업자뿐입니다. 이 겨울을 지내는 동안에 서울 안에서만 시체가 61구인데 그들은 거의 다 전쟁으로 재난당한 동포(戰災同胞)라 합니다. 그 외 행려병사자가 금년 1월 한달 동안에만 111명이라 하는바, 이것은 작년 1월 중 70명에 비하여 41명이 격증된 것이며, 작년 1년 전체 599명에 비하여 벌써 5분의 1의

---

24   안창호는 1935년 2월 대전감옥에서 가출옥한 후, 평안남도 대동군 대보산 송태산장에 은거하였다. 그는 1937년 6월 28일 동우회사건으로 다시 체포되어 서대문형무소에 수감되었으며, 그해 12월 24일 병보석으로 출감, 경성제국대학 부속병원에 입원, 1938년 3월 10일 향년 60세로 사망하였다.

25   김구가 1945년 11월 7일 건국기원기념일 연설(1-3)에서 동맹국에 의한 해방을 주장한 것과는 기조가 다르다.

26   도산 안창호 묘는 망우리 공동묘지(현 서울시 중랑구)에 있었으나, 1973년 도산공원으로 이장되었다. 김구가 이 추도사를 바친 곳은 망우리 묘지이다.

놀랄 만한 숫자를 나타내고 있습니다. 가련한 농촌의 동포들은 과분한 공출에 신음하고 있으되, 식량의 부족은 의연히 도처에서 위협을 주고 있습니다. 설상가상으로 모 기관 모 단체에서 가지가지의 명목으로 부가한 가혹한 잡부금은 향촌과 도시의 빈곤한 동포를 울리고 있습니다. 근로 동포들은 공장에서 종일 일하되 입에 풀칠하기도 극히 어려운 형편입니다. 학교는 문이 열려 있으되 교수는 부족하고 부담금은 과중하여 순진하고도 정열에 타오르는 청년 학생들의 가슴을 초조하게 하고 있습니다. 발전소는 여러 곳에 있으되 석탄 부족으로 최대한 가동하지 못하고, 북한이 제공하는 부족한 전기에만 의존하는 까닭에 전등과 동력動力은 정지될 때가 더 많습니다. 지하에 석탄이 상당히 매장되어 있다 하나 이것을 힘껏 채굴하지 못하고 있습니다. 공장은 적지 않게 있으되 이것을 운영하지 못하고 있습니다. 철로의 증설은 고사하고 있는 열차도 운행 정지를 통고할 뿐입니다. 화폐 정리〔개혁〕는 고사하고 지폐는 필요한 대로 찍어내기만 합니다. 모리배는 탐관오리와 결합하여 경제를 교란하며 가련한 영세민들의 피를 빨고 있습니다. 그리하여 물가는 기하급수로 올라만 가고 있습니다.

그중에도 가장 큰 결함은 과거에 왜적에게 가장 충실하던 주구배·부호배 등 특수계급의 등용입니다. 그들은 최근 수년간 벌써 군정軍政과 얽히고설켜 가장 견고한 세력을 형성하였으므로, 이제는 군정 당국이 그들을 좌우하기보다 그들이 군정 당국을 좌우하게 되었으므로, 만일 군정 당국이 그들에게 단호한 처단을 하고자 할지라도 치안까지 고려하지 아니할 수 없게 된 것입니다. 군정 당국이나 일부 우리 지도자들이 독립정부가 수립된 이후 친일파와 민족반역자를 처단할 것이라고 주장하고 있는 이상, 그들이 어떠한 명목이라도 빌려 통일된 독립정부, 더구나 애국자로써 조직된 정부 수립을 방해할 것은 당연한 논리입니다. 이것이 어찌 미국의 정책이며 하지John R. Hodge 장군의 진의이리요만, 이것이 우리 눈으로 볼 수 있는 현실인데야 어찌하겠나이까? 그러므로 미군이 점령하고 있는 독일과 일본에서 다 진보와 발전이 있으되, 오직 우리 한국에서만 수년 동안 하등의 향상이 없는 것이 무리는 아닌 것입니다. 우리가 가보지 못하는 북한에도 장점과 단점이 각각 있겠지만, 다수의 동포가 남하하는 것을 보면 남한보다도 더욱 참담하다는 것을 상상할 수 있을 것입니다.

선생이여! 우리는 미소공위에서 이 모순이 해결되기를 희망하였습니다. 그러나 미소공위는 도리어 우리에게 신탁信託을 강요하다가 영용한 우리 애국동포의 분노와 반대로써 실패하였습니다. 이에서 실망한 우리는 유엔의 정의의 발동으로 정당한 해결이 있기를 간망하였습니다. 과연 유엔에서는 한국문제에 대하여 위풍당당한(冠冕堂皇) 결의안을 통과하고 그 결과로써 유엔한국임시위원단을 한국에 파견하였습니다.

과연 의장 메넌Kremara P. S. Menon 씨[27]는 위원단을 대표하여 환영회 석상에서 혹은 방송국에서 "하나님이 합한 것은 사람이 나눌 수 없다" "통일이 없으면 독립이 없다" "이번에 38선은 기어이 철폐하고 통일정부를 수립하도록 하겠다"고 굳은 언약을 하였습니다. 그러나 1개월 후에는 그것을 잊어버린 듯한 행동을 취하였습니다. 북한에 들어가겠다는 서신 한통을 보낼 뿐, 북한의 거부가 있은 후에는 성의 있는 노력도 없었습니다. 노력이 있었다면 뉴욕을 내왕한 것뿐이었고, 성공이 있었다면 자기(인도)가 파키스탄의 분열에서 맛본 고통을 우리에게 맛보게 하려는 것뿐이었습니다. 이 분열공작이 성공하는 데는 미국인이 만들어낸 "북한에서 인민공화국이 수립되었다"는 유언비어가 상당한 효과를 내었다는 것까지 솔직하

---

27 메넌(K. P. S. Menon, 1898~1982)은 옥스퍼드대에서 문학과 정치학을 공부, 태평양전쟁 기간 중국 주재 인도 대사를 역임했다. 종전 후 유엔총회에서 인도 대표로 활동하다, 1947년 11월 14일 유엔총회 결의에 의해 구성된 유엔한국임시위원단의 인도 대표로 선임, 1948년 1월 12일 덕수궁에서 열린 임시위원단의 첫 회의에서 의장으로 선임되었다. 그는 비동맹 중립을 추구하던 본국의 노선을 따라 남한 단독선거에 반대하였으나, 남한에 체류하는 동안 입장을 바꾸어 단선을 지지. 1948년 2월 26일 유엔소총회에서 미국이 제안한 '감시 가능한 지역 선거안'이 통과되는 데 기여했다.

게 고백하였습니다.

유엔임시위원단 중에서, 우리와 가장 길게 환난을 같이하여 친교가 깊은 중국의 대표〔류위완劉馭萬〕가 남한의 단선을 주장하여 한국의 분할을 국제적으로 합리 합법화하려 하는 데 노력할 줄은 꿈에도 생각하지 못하였습니다. 중국의 내란이 중국의 통일을 방해하고 중국의 위신을 국제적으로 추락시키고 있거늘, 우리 한국에 같은 화근을 심을 필요야 어디 있겠습니까? 놀라운 것은 필리핀 대표〔멜레시오 아란즈Melecio Arranz〕[28]가 우리 한국에 미국의 육해군 기지를 건설하라고 주장한 것입니다. 또 워싱턴 7일발 UP통신에 의하면 워싱턴 소식통의 전언으로, "남한정부 수립 후에라도 일정한 기간 미국이 보호를 계속하리라"[29]고 하였으니 이것은 더욱 놀라운 것입니다. 그러면 남한의 앞길은 불보다도 환하게 보이는 것이며, 유엔임시위원단의 할 일이 무엇이라는 것도 예측할 수 있는 것이지만, 특별히 동병상련의 처지에 있는 약소국 대표들이 이 공작에 중요한 배우로 출연하는 것을 우리는 이해하기 곤란한 일입니다. 그들이 우리에게 은혜를 베풀지 못할 망정 하필 우리 자손만대에 영원히 잊을 수 없는 원한이야 끼칠 것이 무엇이겠습니까?

선생이여! 그러나 이것도 감사하다고 환호하며 춤추는 염치없는 수많은 무리들이 우리 안에 있는 바에야 누굴 원망하고 누굴 미워하오리까? 4국 신탁이 싫다고 미소공위를 반대한 것이 애국자라 한다면, 유엔 협조하에 실시하려는 1국〔미국〕 신탁도 반대하는 것이 애국자일 것입니다. 소련만 의존하는 인민공화국을 건설하는 것이 조국을 분열하는 반역자라고 규정하면서 자신은 남한 단정을 수립하려 한다면, 그것을 무엇이라고 규정

---

28 멜레시오 아란즈(Melecio Arranz, 1888~1966). 필리핀의 4선 상원의원 출신으로 1945~46년에는 상원 다수당 대표를 맡았다.

29 1948년 3월 7일 워싱턴발 UP통신의 핵심 내용은 남한 정부 수립 이후에도 미국에 의한 군사적 경제적 지원이 필요하다는 내용이다. 『조선일보』 『경향신문』 1948.3.9.

하여야 옳겠나이까? 옛 보호조약〔1905년 을사늑약〕에 찬성한 것을 매국노라 규정한다면, 앞으로 오는 보호조약도 방지하는 것이 당연히 애국자일 것입니다.[30]

6. 월남 동포에게 주는 글(1948.3.21)[31]

보라! 금일 조국은 흥망의 기로에 서 있고, 민족은 멸망의 위기에 처하였다. 그리하여 〔1910년〕 경술국치庚戌國恥를 회고하는 감회가 없지 아니하다. 이러한 때에 애국자의 한 사람으로서 더 이상 침묵을 지킬 수가 있으랴, 무지몰각한 도배들이 나에게 모욕을 가할까 염려하여 터지는 분통을 누르고 참을 수 있으랴. 나는 일생 동안 왜적과 그놈들의 주구배에게 박해와 능욕을 당하였다. 악형도 당하였고 여러 차례 생명도 빼앗길 뻔하였다. 내 심장에는 조선놈이 쏜 왜적의 탄환[32]이 아직도 박혀 있다. 내가 더 이상 꺼려하며 더 이상 주저할 것이 무엇이 있으랴, 아주 쓰러지려 하는 조국을 붙들기 위하여 목이 터지도록 소리를 지르는 것이 마땅하다.

내가 한국 사람인 까닭에 한국을 누구보다도 더 잘 사랑할 줄 안다. 같은 이유로 내가 이북 사람인 까닭에 이북을 누구보다도 더 사랑할 줄 안다. 내가 입국한 뒤에 남한에서 고향 이북의 친지들을 수많이 만났다. 반갑기는 하나, 우리 조상의 무덤이 있고 우리가 자란 그 땅에서 만나지 못하고 객지에서 유랑하는 신세로 만날 때, 나에게는 형언할 수 없는 비애가 있었다. 결국 우리 이북인은 이중의 망국노亡國奴가 되었다. 우리는 왜적이 패망한 것을 보면서도 조국의 광복을 못 본 채 남쪽으로 망명한 것이다. 우리

---

30 김구는 분단체제가 보호국체제와 유사한 것이라고 보았다. 즉 통일이라야 진정한 독립이라는 입장이다.

31 『개벽』 1948.5; 『백범김구전집』 8, 585~92면; 『백범어록』, 221~28면. 글의 일부를 게재한다.

32 김구는 1938년 중국 창사 난무팅에서 조선혁명당 소속의 이운한의 총에 맞았다. 김구는 그 배후에 일본이 있다고 판단해서 '왜적의 탄환'이라 표현하였다.

는 조국을 잃은 망국노의 치욕을 면하지 못한 채, 다시 고향을 잃은 망향노望鄕奴까지 된 것이다.

이와 같이 우리에게는 이중의 비애와 고통이 있느니만큼 이중의 임무가 있다. 망국의 경험이 없는 자는 망국의 고통을 모르는 것과 같이, 망향의 경험이 없는 자는 망향의 고통을 모를 것이다. 우리 한국인은 일반적으로 망국의 비애는 잘 알고 있지마는, 망향의 비애는 오직 우리 이북인만이 잘 알고 있다.

남쪽에 있는 동포들은 진정한 애국자를 제외하고는 이북의 흥망에 큰 관심이 없다. 정상배政商輩·모리배謀利輩·반역도배叛逆徒輩 들은 입으로 독립·자주·통일을 부르짖으면서도, 내심으로는 오직 사리사욕에만 팔려 개인의 영달을 위하여 매국매족도 할 만한 비열한 심리를 가지고 있다. 금수禽獸도 그 자식이 죽을 곳에 빠지면 자식을 구하려 하다가 제 자신까지 희생하는 일이 있다. 그런데 소위 애국자라면서 일천만 북한 동포가 위기에 처한 것을 보고도 태연히 입을 열어 "북한은 구할 수 없으니 우선 남한이나 살리고 보자. 앞으로 여유 있을 때 북한까지 구해보자"고 말할 수 있으랴! 이것은 결국 명命 짧은 북한 사람은 죽어도 좋다는 것이나 마찬가지이다.

(…)

조국의 분열을 촉진하면서 독립의 길로 간다 하며, 단독정부를 수립하면서 중앙정부를 수립한다고 고함을 친대야 속을 사람은 없는 것이다. 그들이 말하기를 반쪽정부라도 수립하면 3개월 내에 민생문제를 해결한다고 한다. 그러나 민생문제를 연구한 한 미국인 전문가는 통일정부를 수립한다면 5년 내에 수출입무역에 균형을 얻을 수 있을 것이고, 만일 남한에 단정을 수립한다면 그 정부는 미국의 경제적 원조가 없는 한 3개월 이내 전복될 것이라고 하였다.[33] 또 그들은 그들이 세우는 단정이 유엔 회원이 될 수가 있다고 하지만, 유엔 헌장에 따르면 그렇지 않다. 그들은 당장에 독립이나 되는 듯이 대통령도 내고 조각組閣도 하느라고 분망하지만, 프랑스의 안남安南(베트남) 총독 밑에 안남 황제가 있다는 것을 알면 그토록 흥이 날 것이 없는 것이다.

그리고 그들은 무력으로써 북한까지 통일하기를 희망하는 까닭에 전쟁이 폭발하기만 고대하고 있지만 전쟁은 아직(당분간) 나지 아니할 것이다. 미소가 다 전쟁을 할 수 없거니와 설령 미국이 개전을 할 수 있다 하더라도, 현 정세로 보아서 전우戰友로 나설 능력 있는 동맹국이 없다.[34] 일보 후퇴하여 전쟁이 일어난다 하더라도 제일선에서 북으로 향해서 진군할 자는 이북 청년일 것이요, 우리의 사살 대상은 우리의 부모·친척·친구일 것이다. 그리고 전쟁의 결과 소련이 승리하면 한국은 소련의 연방이 될 것이요, 미국이 승리하면 미국의 부속국이나 혹 일본의 전리품이 되는지도 모른다.

그러니 우리가 무엇을 위하여 전쟁을 고대하겠는가. 나는 "이북인은 같은 이북인을 죽이지 말라(以北人不殺以北人)"고 주장한다. 또 "한국인은 같은 한국인을 죽이지 말라(韓國人不殺韓國人)"고 주장한다. 인류는 진보하는 까닭에 이 세상의 모든 문제가 전쟁으로 해결되는 것은 아니다. 평화로도 능히 해결될 것이다. 나는 근 30년 전에 중국에서 소위 펑즈奉直(평톈奉天·즈리直隷)전쟁[35]이 일어난 것을 보았다. 이 전쟁은 우페이푸吳佩孚 대 장쭤린張作霖 전쟁이었는데, 그때에 우씨가 전선에서 "즈리런直隷人은 즈리런을 죽이지 말라(直隷人不殺直隷人)"고 쓴 기旗를 들고 전진한 까닭에 장쭤린

33 1948년 3월 20일 위싱턴발 AP합동에 의하면 하지의 경제고문 번스(Arthur C. Bunce)가 미국의 지원 없으면 남한은 정부 수립 이후 3개월 만에 전복될 것이라고 언급하였다. 『조선일보』『서울신문』1948.3.21.

34 앞서 5장 2절 「삼천만 동포에게 눈물로 고함」에서는 "세계는 다시 두개로 갈리어" "제3차 전쟁이 싹트고 있다"고 하였다.

35 펑즈(奉直)전쟁은 1922~28년 중국 군벌 장쭤린(張作霖)의 평톈파(奉天派)와 우페이푸(吳佩孚)의 즈리파(直隷派)가 베이징의 패권을 다툰 군벌전쟁.

진중의 즈리 지역 군인이 투항하였다. 그리하여 우씨는 대승하였다. 우리도 우리 민족의 애국심과 애향심에 호소하여 외국인이 획정한 38선을 우리 동포끼리 철폐하도록 하여보자. 외국군의 전쟁으로써 동족상잔의 길을 찾지 말고 민족적 단결로써 우리의 독립도 완성하고 세계평화도 촉진하는 것이 훨씬 가능하고도 유효할 것이다.

7. 신민일보 사장과 대담(1948.3.21)[36]

문　　선생께서는 지난번 성명 중에서 모〔한민〕당을 가리켜서 일진회 一進會 같은 매국매족적 반역자 집단이라고 말씀하셨습니다(5-2). 그런데 여기에 이해하기 곤란한 점이 있습니다. 그것은 모당이 참으로 매국노 집단이라면 저들에게 나랏일을 맡기는 것은 도저히 용납될 수 없는 일이거늘 충칭 임시정부는 왜 저들과 합작하였으며, 선생이 환국하신 지 2년여의 세월이 지나도록 일찍이 그러한 의사 표시를 하신 일이 없었는데, 오늘에 와서야 그런 말씀을 하시니 석연하지 못한 점이 있다는 것입니다.

답　　나는 모〔한민〕당만을 지적하여 일진회 같은 매국노 집단이라고 한 것은 아닙니다. 어떠한 정당을 막론하고 그 실제 행동에서 민족을 팔고 국가를 망하게 하는 집단이 있다면 그것은 곧 일진회인 것입니다. 그러므로 내 말의 신의는 현명한 민중이 스스로 판단될 줄로 믿습니다. 〔충칭 임시정부가〕 반역자들과 합작한 것이 잘못이라 하는 것은 너무나 피상적 관찰인 것입니다. 충칭 임시정부가 환국할 당시 오직 감격과 흥분 속에 있었으니까 무엇을 따지고 캐고 할 여지가 없었고, 또 무엇보다도 국내 사정을 잘 모르는 우리로서는 누가 반역자이고 누가 애국자인지를 분별하기가 어려웠습니다.

36　『백범김구전집』8, 644~655면; 『백범어록』, 229~39면. 『신민일보』의 사장은 신영철(申永哲) 이며, 문화인 108명이 발표한 「남북회담지지 성명」(1948.4.14)에 참여하였다.

또 한가지, 나의 신조로 그렇게 된 점도 있습니다. 친일파라고 해서 가혹한 규정을 내리어 배제와 처단만을 주장할 수는 없는 것입니다. 그것은 민족적 단결과 정치적 통일의 강력한 추진이 요청되는 시기에는 더욱 신중을 기하지 않을 수 없는 것입니다. 그러니까 우리는 극단의 악질이 아니면 그들을 포섭하여 건국사업에 조력하도록 하는 것이 옳다고 생각한 것입니다. 또 당시의 실정이 친일파 민족반역자를 규정하고 처단할 만한 조건을 갖추고 있지 못하였습니다. 재판소가 없고 법률도 제정되지 않았는데 입으로만 친일파 반역자 운운할 수는 없는 것입니다.

뜻이 있는 이들은 내가 모〔한민〕당에 대하여 한독당에 무조건 합당하라고 누차 권고한 사실을 기억하고 있을 것입니다. 혁명세력이란 탁류라도 정화시킬 수 있는 것이고 또 그래야 하는 것입니다. 불순한 세력이라고 해서 강제로 꺾으려고 기도하는 것은 위험한 처사일 것입니다. 불행히도 외국 세력이 저들 세력을 조장시키고 세태가 근본적으로 삐뚤어져서 우리의 당초 기도가 성공되지 못한 채 도리어 저들로 인하여 국가에 큰 화를 초래하게 되었으니, 결과에 있어서 범의 새끼를 기른 것이 되었지만, 우리는 이에 대하여 속수무책이라 함도 아니요, 다만 개탄만을 일삼는 것도 아닙니다. 저들의 과거의 죄상이 명백하고 금일의 과오가 삼천만 앞에 뚜렷하게 나타나 있는 것이니, 여기서 우리가 어떠한 태도를 취할 것인가는 불문가지인 것입니다.

문　선생께서는 현재 단독정부를 배격하고 통일정부 수립을 위하여 싸우고 계신데 이 점에도 약간의 의문이 있습니다. 첫째는 단정을 반대하시는 경위입니다. 작년〔1947년〕 1월 이 박사가 미국으로 가서[37] 단정운동을 전개할 때는 선생께서는 시종일관 침묵을 지키셨습니다. 그러다가 〔1947년

37　이승만은 1946년 12월 4일 미국으로 가기 위해 출국하였다.

말 정당협의회가 무산되면서) 조소앙 씨가 남북협상운동을 "일시 중지한다" 고 선언한 직후(1947. 12. 1) 선생께서 이 박사와 공동보조를 취하여 단정에 참가할 의사가 있는 것 같은 태도를 보이셨습니다(3-5). 이와 같이 선생의 노선에는 약간 확연하지 않은 점이 있습니다. 일부에서는 선생이 단정을 반대하시는 것은 정의에서가 아니고, 아직 토대가 약해서 정권을 잡을 수 없으니까 그렇게 하는 것이라고 말하는 이도 있습니다. 그러니까 이 기회에 대중의 인기를 끌어서 지반을 강화하려는 심산에서 통일정부 수립을 부르짖는다는 것이지요.

답   이 박사가 도미하여 단정운동을 전개하던 때만 하더라도 나는 공표만 안 했을 뿐이고, 동지들에 대하여는 그 부당성을 지적하여 사태의 악화를 방지하도록 최선을 다할 것을 역설하였습니다. 그리고 이 박사가 귀국하면 친히 만나서 그것을 만류하려고 생각했습니다. 물론 성명서를 발표하고 보다 더 적극적인 반대운동을 전개할 수도 있었지만, 그렇게 하는 것은 나에게 너무나 괴로운 일입니다. 그렇지 않아도 수백 정당이 난립하여 국정이 극도로 혼란한 가운데 나와 이 박사의 충돌이 표면화한다면 대내외적으로 지대한 영향을 끼칠 것이 명료하기 때문입니다. 그리고 나는 이 박사의 애국심을 믿었기 때문입니다. 이 박사도 평생을 조국해방을 위하여 몸 바친 분이니 일시적 착각으로 인하여 그릇된 길로 들어갔다 할지라도, 친히 만나서 사리를 따지고 대의를 밝히어서 간절한 뜻으로 말한다면 잘 깨달으리라고 생각되었던 것입니다.

나는 이 박사가 돌아오는 즉시로 만나서 나의 뜻을 말하였습니다. 그뿐만 아니라 이 박사가 비행기에 내려서라도 기자단에게 무슨 말을 하면 안 되겠기에 내가 비행장까지 나갔었습니다. 그러나 이 박사는 나의 권고를 듣지 않고 마침내 단정노선으로 돌진한 것입니다. 이와 같이 어디까지나 대의에 입각하고 협조정신으로 시종일관한 나에게 허물이 있다고 한다면, 세상에 대의를 존중할 사람이 누구이며, 겸양의 미덕을 찬양할 자가 누구이겠습니까?

또 내가 남북협상운동이 정체 상태에 빠졌을 때에 이 박사와 보조를 같이할 것 같이 보였다는 것만 하더라도, 실은 그것이야말로 통일을 위한 나의 최후 노력이었습니다. 반탁운동과 자주정부 수립은 불가분의 관계이거늘 반탁 구국정신이 자주 통일 독립정신에 배치된다는 말이 있을 수 있는 말인가? 나는 이것을 믿을 수가 없고 설사 그것이 냉엄한 현실이라 할지라도 간단히 집어치울 수는 없었습니다.

무엇보다도 슬프고 딱한 것은 이 박사가 다시 나오지 못할 '함정'으로 들어가고 있다는 사실입니다. 이 박사를 포위하고 있는 세력이 어떤 종류이며 그 결말이 어떠한 것인가에 대하여는, 이 박사를 아끼고 국가의 앞날을 염원하는 이로서 모르는 이가 단 한 사람이라도 있겠습니까? 나는 하다가 실패하는 한이 있더라도 유엔위원단이 도착하기 전에 이 박사를 붙들고 그의 뜻을 바꾸기 위하여 마지막 정성을 다하려고 결심하였습니다. 그래서 나는 국민의회와 민족대표자회의의 합동공작을 계기로 이것을 이루어보려고 기도하였습니다. 이것이 내가 이 박사와 보조를 같이하는 듯이 보이게 된 동기입니다.

내가 정의에서가 아니고 당세의 확장이나 노리고 지위를 얻기 위한 정략에서 단정을 반대하는 것이라면, 진실로 내가 그러한 비열한 사람이라면, 어찌 하필 오늘날 막판에 와서야 반대를 표명할 것인가? 정략의 생명은 기회라고 하거늘, 유엔위원단이 업무를 개시하고 단선공작이 활발한 시기를 기다려서 반대운동을 전개하는 우둔한 정책을 쓰겠습니까? 나는 여기서 다시 한번 단독정부론의 부당성을 지적하고, 참으로 민족을 구하고 국가의 안위를 확보하는 길이 무엇인가를 천명하고자 합니다.

반쪽정부에 대하여는 누차 언급한 바와 같이 첫째는 유엔의 이름을 빌려서 1국〔미국〕신탁을 실시하려는 계략을 꿰뚫어보아야 하며, 둘째는 미소 양국이 획정한 38선을 국제적으로 합법화하는 것이요, 셋째는 우리의 국토를 두 조각으로 나눔으로써 민족을 분열시켜 동족끼리 서로 싸우는 비극을 초래하는 것을 생각한다면, 삼척동자라도 이것을 독립이라고 기뻐할 자는 없을 것입니다.

보시오! 유엔위원단도 저들이 한국인도 그렇게 우둔하지는 않다는 점에 특별 유의하였음인지, 혹은 수단과 기술이 높아서인지, 우리를 교묘하게 유도하여 그 기만을 호도하려 하고 있습니다. 우리는 유엔위원단 중에서 캐나다와 호주 대표가 단정 추진을 강경히 반대하고, 불란서와 시리아 대표가 기권한 사실을 알고 있습니다. 저들은 정의와 평화를 위하여 반대를 표명한 것입니다. 단정에 찬성한 이는 중국을 비롯하여 인도·필리핀·엘살바도르 4개국 대표입니다. 그러니까 9〔8〕개국 대표로써 구성되었는데, '4 대 2'란 문제도 안 되는 숫자인 것입니다.[38] 이것은 무엇을 의미하는 것이겠습니까? 삿된 길로써 정의를 굴복시킬 수 없다는 것은 결코 어느 누구의 잠꼬대는 아닌 것입니다. 백방으로 따지고 궁리하여도 우리 민족의 생존권과 우리의 주권을 획득하는 길은 오직 하나밖에 없는 것입니다. 그것은 민족자결 정신에서 미소 양군의 즉시 철퇴를 요구하고 남북협상에 의하여 우리의 통일정부를 우리의 손으로 세우는 것입니다.

문　　미소 양군을 철퇴시키고 자주통일정부를 세우는 구체적 방법은 무엇이라고 생각하십니까? 단정론자들도 원칙적으로는 그것〔통일정부〕이 옳고 또 그래야 하는 줄 안다는 것입니다. 다만 저들의 논법에 의하면 그것은 비현실적인 공염불이라는 것입니다. 첫째, 미소 양군이 철퇴하는 날이면 조선은 진공 상태에 놓일 것이고 내란이 발생하여 동족끼리 서로 싸우

---

[38]　유엔위원단은 호주·캐나다·중국·프랑스·시리아·인도·필리핀·엘살바도르·우크라이나 소비에뜨 사회주의 공화국 등 9개국으로 선정되었으나, 참여를 거부한 우크라이나를 제외한 8개국 대표로 구성되었다. "문제도 안 되는 숫자"란 '찬성 4, 기권 2, 반대 2'로 겨우 반만 찬성한 취약한 합의라는 의미이다.

는 비극을 연출한다는 것입니다. 여기에는 소위 북조선 인민군이 문제라고 보는 편도 있습니다. 그리고 남북협상 문제만 하더라도 막연하다는 것입니다. 오늘날까지 좌우합작을 부르짖고 실지로 시도한 일도 있지만 하등의 성과도 거두지 못했습니다. 좌우합작에 실패하였으면서 남북협상에 기대를 두는 이유는 어디에 근거를 두는 것인가? 남북통일과 양군철퇴와 자주정부 수립을 부르짖는 이들이 명확히 하지 않으면 안 될 것이라 생각합니다.

답　세상에 가장 현실적인 방법과 수단이 어찌 한두가지에 그칠 것인가. 땀을 흘리고 먼지를 무릅쓰고 노동을 하는 것보다 은행 창고를 뚫고 금품을 훔쳐 안일한 생활을 하는 것도 현실적이라고 할 수 있고, 청빈한 선비의 정실正室이 되어 곤궁과 싸우기보다 차라리 모리배나 수전노의 애첩愛妾이 되어 호사스러운 생활을 하는 것이 가장 현실적인 길인지도 모릅니다. 그러나 우리는 현실적이냐 비현실적이냐가 문제가 아니라, 그것이 바른 길〔正道〕냐 그릇된 길〔邪道〕이냐가 생명이라는 것을 명심해야 합니다.

비록 복잡하고 어려운 길〔九折羊腸〕일지라도 그것이 바른 길이라면 그 길을 택하여야 하는 것이요, 진실로 이것만이 사람의 도리이니, 여기에는 현실적이니 비현실적이니 하는 것은 전혀 문제가 되지 않습니다. 외국의 간섭 없고 분열 없는 자주독립을 전취하는 것은 민족의 지상명령이니, 이 지상명령에 순종할 따름입니다. 우리가 망명생활을 30여년이나 한 것도 가장 비현실적인 길인 줄 알면서도 민족의 지상명령이므로 그 길을 택한 것입니다.

과거의 일진회도 '현실적인 길'을 가야 한다고 주장했습니다. 오늘날 외세에 아부하여 반쪽 정부의 요인要人이라도 되어보려고 하는 이들은 통일정부 주장을 공염불이라고 비방하지만, 기독신자들은 천당에 가본 일이 없고 예수를 본 일도 없지마는 예수를 믿고 그의 이름으로 기도하고 그의 뜻대로 행하면 천당에 갈 수 있다고 믿습니다. 우리는 오천년의 역사를 통하여 우리가 독립국이고 자주민임을 확신하니, 우리의 주장은 공염불이 아니라 삼천만의 일관한 신조요 일관한 구호입니다.

좌우합작에 실패하였거든 어찌 남북협상을 기대할 것이냐고 하지만, 과거의 좌우합작은 진정한 의미의 좌우합작이 아니었습니다. 외세의 영향을 받은 어떠한 운동도 성과를 거둘 수 없습니다. 무엇보다 한국 안에는 소위 우익은 없습니다. 세계적으로 볼 때에 우익이란 흔히 보수반동을 말하는 것인데, 혁명세력으로서는 보수반동일 수가 없고, 한국의 실정을 아는 양심적인 인사로서 보수반동일 리 없습니다.

그러므로 우리가 자칭 '우익'이라고 하는 말부터 재검토하여야 합니다. 보통 말하는 이 땅의 우익 중에는 왕왕 친일파 반역자 집단까지 포함되는 것이 큰 문제입니다. 그것들은 우익을 더럽히는 '군더더기' 집단입니다. '군더더기'들이 정당이니 단체니 하고 혁명세력에 붙어서 거불거린 것입니다. 혁명세력과 반역집단이 합작할 수는 없습니다. 오늘날 내가 반성하는 것은 이 점입니다. 혁명세력끼리의 합작이나 협상이라면 성립되지 않을 하등의 이유가 없습니다. 미소 양군 철퇴를 주장하는 것은 삼천만 동포의 피맺힌 소원입니다. 우리나라 강토 안에, 때 아닌 외국군 주둔이란 절대로 있을 수 없습니다.

외국군 주둔이 한시〔一刻〕라도 연장되면 연장될수록 백가지 해로움이 양성되어 우리의 국운을 쇠멸衰滅시킵니다. 적국敵國이 아닌 우리나리에 외국군이 계속 주둔한다는 것은 국제헌장에 어긋나고 정의와 인도에 배치되는 일입니다. 미소 양군이 철수하면 우리나라가 진공 상태에 빠지고 북조선 인민군이 쳐들어오고 내란이 일어난다는 것은 모두가 구실이고, 모두가 비과학적 관찰입니다. 남은 북을 의심하고, 북은 남을 의심한다면, 몇 백년을 끌어도 문제는 해결되지 않을 것입니다. 남을 의심한다면 소련이 의심할 것이요, 북을 의심한다면 미국이 의심할 것입니다.

그리고 외국의 의심을 자기가 맡아서 의심에 의심을 가하는 자는 비민족적 외국의 앞잡이임을 스스로 폭로하는 것밖에 아무것도 아닐 것입니다. 외국군이 철퇴한다고 해서 내란이 일어난다는 것은 사대소심증事大小心症에서 나오는 망상입니다. 8·15해방 직후야말로 가장 불순한 요소와 흥분한 군중 사이에 충돌이 생길 우려가 농후했지만 국부적인 마찰조차 없었습니다. 무장한 군대가 위험하다면 철수할 때 그 무장만 완전히 해제시키고 철퇴하면 되는 것이요, 미소 양국이 합의하지 아니하면 철수하지 아니할 것이요, 철수한다면 어느 일방이 그것을 이행하지 않을 리가 없는 것입니다.

아직도 때는 늦지 않았습니다. 현하 시국이 아무리 복잡하고 혼란하다 하더라도 냉철한 안목〔冷眼〕으로 앞날을 내다보고, 굳센 마음으로 '우리의 길'을 지키면 살길은 그곳에 스스로 있는 것입니다. 미소 어느 편으로든지 기우는 날이면 외국의 간섭을 더욱 불러일으키고 외국군 철퇴를 더욱 지연시키는 것밖에 아무것도 아닌 것입니다. 미소 양국의 협조 없이 한국문제가 해결될 수 없다는 것은 이번 유엔의 업적이 웅변하고 있습니다. 그러므로 우리는 민족자결 원칙을 날줄로 하고 공명정대의 친미·친소 외교를 씨줄로 하여, 평화적 국제협조 노선 위에서 우리 문제의 해결을 구해야 하는 것입니다.

이에 우리는 혁명시대로 돌아가서 짚신감발하고〔신발을 고쳐 신고〕[39] 새 독립운동을 하려는 것입니다. 갈 길은 험산준령險山峻嶺이나, 영원한 진리의 위대한 힘이 따를 것이니, 끝까지 이 길로 나아갈 것입니다.

---

[39]   짚신을 신고 길을 떠날 때 헝겊으로 발과 신을 칭칭 감는 것을 '짚신감발'이라 한다.

6장
남북연석회의(1948년 4월~6월)와 이념 논란

1. 통일독립운동자협의회 결성대회 선언(1948.4.3)[1]

통일독립이 우리 민족 진로의 목적지인 것은 두말할 것 없고, 이 목적지를 향하여 전진함에 두 길이 있으니, 하나는 미소 전장을 통과하려는 전장戰場의 길이요, 또 하나는 카이로공약(선언)을 앞세우고 전장을 통과치 않고 전진하려는 평화의 길이다.

미소 양국 중의 일국의 힘으로 반동강이 난 강토에 중앙정부를 수립하려는 짓은 미소전쟁을 치르지 않고는 목적지(통일독립)를 바라볼 가망도 없으니, 이것이 전쟁의 길이오. 미소 양국이 전날 공약을 아직 잊지 아니하여 우리의 독립을 어디까지 원조한다 하니, 우리가 자주적 태도로 미소 양국에 대하여 공약실천을 요구하면, 바닷물이 큰 고기만 살 곳이 아닌 것을 밝히자는 양국은 요구에 응하지 아니할 리도 없고 또 응應[2]하지 아니할 수도 없을 것이니, 이것이 평화의 길이다.

---

1   『서울신문』 1948.4.4; 『백범김구전집』 8, 386~87면.
2   『자료대한민국사』와 『백범김구전집』 8, 386면에는 "변"으로 오독.

설혹 미소전쟁이 나게 되더라도 거족적으로 반전 태도를 취하여야 할 우리가, 우리만을 위하여 전쟁할 리 없는 미소 양국의 장래 전쟁을 바라고 일부러 전쟁의 길을 택할 까닭이 무엇이며, 평화의 길이 넓고 평탄하게(강장대도康莊大道[3]와 같이) 눈앞에 놓여 있는데 짐짓 못 본 체하고 구태여 전쟁의 길을 취할 까닭이 무엇이랴.

소위 단정단선의 전쟁의 길로 나가다가는 골육상전骨肉相戰[4]과 대전포화大戰砲火에 우리 민족이 죽음의 길을 밟게 될 것이 거의 의심 없이 명백한데, 이것을 목적지 도달에 가장 첩경이라 하니, 민족을 사랑하는 뜨거운 심장을 가진 자 누가 이것을 반대하지 아니하랴.

지난번 민족 진영의 지도자 7인이 공동성명서[5]를 발표하여 반대의 기치를 분명하게 세웠으나, 분산한 세력을 집합할 기구가 있어야 투쟁이 힘찰 것이라. 이 기구를 갖추려는 초보공작으로, 우리는 통일독립운동자협의회를 발기하였다.

동지여 함께 집합하여 함께 투쟁하자. 개인의 이해利害 화복禍福으로 민족의 운명을 그르치려는 모든 책략을 분쇄하고 평화의 길로 전진하자.

2. 평양행 한독당 대표 환송연 연설(1948.4.15)[6]

지금 우리나라가 당면한 건국사업은 실로 곤란한 바 크다.

내가 북조선에 가겠다고 하니 외국 사람도 말릴 뿐 아니라 동포들이 매일같이 떼를 지어 울어가면서 나의 북조선행을 말린다. 지금까지 나는 모스끄바 3상회담이니 미소공위니 유엔위원단이니 하여 좋은 성과가 행여

---

3   『자료대한민국사』와 『백범김구전집』 8, 386면에는 "廣壯大道"로 오독.

4   『자료대한민국사』와 『백범김구전집』 8, 386면에는 "골육상쟁"으로 오독.

5   1948년 3월 12일, 김구·김규식·김창숙·조소앙·조성환·조완구·홍명희 7인이 남한 총선 불참과 통일독립에 여생을 바칠 것을 맹세하는 공동성명을 발표하였다. 『백범김구전집』 8, 351면.

6   『자유신문』 1948.4.17; 도진순 『한국민족주의와 남북관계』, 379~80면; 『백범어록』 243~46면.

나 있지 않을까 몇 해를 경과하였다. 그러나 혼란만 더해졌다.

내가 이번 북조선행을 결연히 결정하게 된 이유는, 이렇게 어려운 형편에 우리가 외국 사람들에게만 의뢰하는 것보다 비록 주의主義가 다를지라도 내 동포가 낫다는 것을 느끼기 때문이다. 우리가 과거 4000년 역사를 뒤져보더라도 다른 민족에게 의뢰해서 우리 민족의 활로를 타개해본 적이 있는가. 그런고로 타 민족에게만 의뢰하는 것은 전혀 의미가 없다.

남조선 총선거를 통해 정부를 수립하는 것이나, 북조선에서 헌법을 통과시켜 정부를 세우는 것을 각각 '중앙정부'라고 주장하겠지만, 둘 다 '단독정부'임에 틀림없다. 유엔한국위원단이 선거를 감시한다고 부채질해도 결국은 단독정부이니, 우리는 사랑하는 자손에게 무엇을 물려줄 것인가. 북조선에서 공산주의를 신봉하는 지도자들이라도 결국은 우리와 말이 같고, 조상이 같고, 마음이 같을 뿐 아니라, 같은 피가 맥맥이 흐르고 있지 않은가. 피와 피가 서로 부닥쳐서 의논이라도 해서 자손만대에 회한이 없도록 해야 할 것이다.

어떠한 모략도, 여하한 짐승 같은 마음〔人面獸心〕도 치열한 애국심 앞에는 그 정체가 드러날 것으로 나는 확신한다. 우선 동족끼리 해방 이후 3, 4년 동안이나 38선이라는 국경 아닌 국경으로 말미암아 외국인의 턱밑만 쳐다보고 말 못 할 이유가 무엇인가. 담판을 해보아서 안 되면, 차라리 38선을 베개 삼아 자살이라도 힘이 마땅하다고 생각한다.

이번 이북행에 대하여 어떤 분은 큰 기대를 가지고 찬사를 하지만, 나는 미안한 점이 없지 않다. 이번 북조선에 갔다 오면 내보일 수 있는 무엇이 있을 것인가. 나는 빈손으로 가서 빈손으로 돌아오는 것〔空手來空手去〕이 아닌가? 이러한 의구심도 없지 않다.

나의 북조선행에 미국 사람들은 실망할지도 모른다. 나는 이상한 의혹에 싸일지도 모른다. 어떠한 제재가 있을지 빤히 보인다. 〔장덕수 암살사건에 연루되어〕 아무 턱도 없이 군율재판軍律裁判 증인 심문에서 죄인〔같은〕 신문을 받았다. 이런 점으로 미루어 5월 10일 남조선 총선거에서 만일 위험 사태라도 발생하게 되면 "김구가 공산분자와 연결해서 하였다"고 할 것이 아닌가. 지난번 〔장덕수 암살사건에서〕 김석황金錫璜 문제뿐이 아닐 것이다.7 필연 "북조선과 공모〔遠謀〕 운운"하며 나에게 책임을 씌우지 않는다고 누가 단언하랴.

나는 남조선에서 가만히 있으면 안락하게 지낼 수 있다는 것도 잘 안다. 그러나 일생을 바쳐서 오로지 자기 동족을 구하고 국가를 사랑한다는 내가, 몇 해가 남지 않은 여생을 안락하게 보내기 위하여 사랑하고 소중한 동포의 지옥행을 앉아서 보고만 있겠는가.

나는 오늘 나의 측근자들과 〔경교장〕 앞뜰에서 최후를 나누는 기념촬영을 하였다. 북조선에 가면 내가 총아寵兒가 되는가 하면 그렇지도 않다. 북조선에서 최근에 온 신문 논조를 보라. 또 '김구 김규식이 〔북조선에〕 와서 투항한다'는 설까지 있다고 하지 않는가. 북조선에서 보내온 서신書信(5-4-2)의 문구를 보라. 3상회담이니 미소공위이니 하여, 이쪽의 잘못을 나열하고 있지 않는가. 이런 점으로 미루어 내게 용기가 나겠는가.

그러나, 나는 자나 깨나 잊지 못하던 조국의 통일을 위하여, 사랑하던 동족을 위해서, 피차의 책임 전가보다도 냉엄한 현실을 직시하고 오직 서로 양보하는 정신 아래 허심탄회하게 통일방략을 강구할 것이다. 나는 상대편을 규탄하지 못해서 안 하는 것도 아니요, 할 것이 없어서 안 하는 것도 아니다. 외국인이 〔북의 답신처럼〕 나를 그렇게 모욕했다면, 단연코 가지 않

---

7   1947년 12월 2일 한국민주당 정치부장 장덕수가 자택에서 총격을 받고 사망하였다. 12월 4일 경찰은 범인 박광옥과 배희범을 체포하였고, 1948년 1월 16일 수도청장 장택상은 장덕수 살해 혐의로 한독당 중앙위원 김석황을 체포하였다. 3월 2일 장덕수 피살 사건 제1회 공개재판에서 미군 검찰은 권총·사진 등과 함께 김구가 관련되어 있다는 내용의 '피고인 진술서'를 증거로 제출하였고, 3월 8일 미 군율재판 위원회는 트루먼 미 대통령 명의로 김구에게 법정에 나오라는 소환장을 발부하였다. 김구는 3월 12일, 3월 15일 법정에 나가 증인신문을 받았다. 1948년 4월 1일 제21회(최종) 공판에서 김석황, 조상항, 신일준, 손정수, 김중목, 최중하, 박광옥, 배희범 등 8명에게 교수형이 선고되었다.

겠다. 그러나 동족인 만큼 피와 피를 뚫고 최후의 판단을 하자는 것이다.

나는 민족의 정기와 민족의 단결과 민족의 정의를 위해서 이번 북행을 결행하게 된 것이다. 만일 김구가 북조선에서 죽었다는 소식을 듣거든 여러분은 이 점을 충분히 양찰해주길 바란다.

3. 남북연석회의 축사 (1948.4.22, 평양 모란봉 극장) [8]

친애하는 의장단과 각 정당, 단체 대표 여러분!

조국분열의 위기를 구하기[挽救] 위하여 남북의 열렬한 애국자들이 한곳에 모여 민주자주의 통일독립을 전취할 큰 방안을 토의[商討]하게 된 것은 실로 우리 독립운동사의 위대한 발전이며, 이와 같은 성대한 회합에 본인이 참석하게 된 것을 큰 영광으로 생각합니다.

조국이 없으면 민족이 없고, 민족이 없으면 무슨 당, 무슨 주의, 무슨 단체가 존재할 수 있겠습니까? 그러므로 현 단계에 있어서 우리 전민족의 유일 최대 과업은 통일독립의 전취인 것입니다. 그런데 현재 통일독립을 방해하는 최대의 장애는 소위 단선단정입니다. 그러므로 현재 우리의 공동한 투쟁목표는 단선단정을 분쇄하는 것이 되지 않으면 아니 될 것입니다. 현재 조국을 분열하고 민족을 멸망하게 하는 단선단정을 반대할 뿐 아니라, 어느 시기 어느 지역에서도 우리는 이것을 철저히 방지하지 않으면 아니 될 것입니다. 그러므로 단선단정 분쇄를 최대의 임무로 삼고 모인 이 회합은 반드시 전민족의 승리를 우리의 승리로 하여야 할 것이니, 이 회의는 반드시 성공되어야 할 것입니다.

우리가 단결의 정신으로, 모든 일에 흉금을 털어놓고 사심 없이 진심을 밝힌다면[開誠布公] [9] 반드시 성공하리라 확신합니다. 국제관계에 있어서도

---

8   『조선일보』 1948.4.24; 『백범어록』, 256~58면.

9   "개성포공(開誠布公)"은 『삼국지』에 제갈량을 평가하는 구절 "개성심(開誠心), 포공도(布

복잡다단한 바 있으나, 우리가 민족적 단결로써 국제간의 친선과 양해, 혹은 투쟁에 노력한다면 모든 것을 호전시킬 수 있다고 확신합니다. 우리의 노력으로써 국제관계를 호전시킨다면 세계평화에 대한 공헌이 또한 적지 않으리라 생각합니다. 조국의 통일독립을 완성하며 세계평화에 큰 공헌이 있기 위하여 이 회의의 성공을 간절히 원하며 아울러 여러분의 건투를 축도합니다.

4. 평양 소감: "남의 단정도, 북의 단정도 반대한다"(1948.4.27. 평양)[10]

남북연석회의(전정全政회의)에 대하여

내가 회의에 참석지 않는 것은 몸도 피곤하고, 또 〔한독당〕 대표들이 참석했기 때문이다. 여러 결정서에 대하여서는 단선단정 반대가 그 취지인만큼 찬동한다. 다만 남북요인회담이 선행되었어야 할 것을 그렇게 되지못하고 장차 있을 예정인데, 내 본의는 이 요인회담에 있는 만큼, 그 결과를 보아서 공적 의사표시를 하겠다. 그 성과에 대해서는 난항을 각오하나 끈기 있게 의논하련다. 어쨌든 남조선 단정도 반대요 북조선 단정도 반대라는 것은 시종 변함이 없다는 것을 말해둔다.

북조선 인상에 대하여

서西 평양 교외 20리 되는 농촌지대를 돌아보았는데 농가에 전기가 시설되고 지붕도 거의 전부 새로이 한 것을 보면, 마음이 괴롭거나 민생이 핍박한 환경이 아닌 것 같다. 만경대 김일성 생가를 방문하였는데, 78세 된다는 김일성의 조부〔김보현, 1871~1955〕를 만났다. 나를 예전〔1899년〕 영천사〔영천암靈泉庵〕에서 만난 일이 있다고 퍽 반겨하였다.[11] 〔만경대〕 초가집 그

公道)"(마음을 열어 성의를 보이고, 공정함을 널리 펴다)에서 비롯되었다.

10   『조선일보』 1948.5.3; 『백범어록』, 259~60면.

대로 삿자리를 깔고 한 것으로 보아, 김일성 조부의 살림살이라고 생각 못할 만큼 소박하여, 김일성이 공사를 구분하는 것을 짐작하였다. 〔그러나〕군중대회 때 스딸린 초상을 들고 다니는 것은 남조선에서 트루먼 대통령 초상을 들고 다니는 일이 없는 만큼 이상한 감을 가지게 한다.

5. 남북 정당 사회단체 지도자협의회 공동성명서(1948.4.30. 평양)[12]

1) 소련이 제의한 바와 같이 우리 강토에서 외국군대가 즉시 철거하는 것은 우리 조국에 조성된 곤란한 상태에서 조선문제를 해결하는 가장 정당하고 유일한 방법이다. 미국은 이 정당한 제의를 수락하고 자기 군대를 남조선에서 철퇴시킴으로써 조선독립을 실제로 원조하지 않으면 안 된다. 일제가 우리 조국에서 구축驅逐된 이후, 우리 조선인민은 자력으로 외국의 간섭 없이 우리 문제를 우리 민족의 힘으로 능히 해결할 수 있을 만큼 장성했으며, 우리 조국에는 이것을 해결할 수 있는 충분한 간부들이 다수 있다.

2) 남북 정당 사회단체 지도자들은 우리 강토에서 외국군대가 철퇴한 후에 내전이 발생할 수 없다는 것을 확인하며, 또 통일에 대한 조선인민의 희망〔志望〕에 배치되는 어떠한 무질서의 발생도 허용하지 않을 것이다. 남북 정당 사회단체들 간의 약속은 우리 조국의 완전한 질서를 확보하는 튼튼한 담보이다.

3) 외국 군대가 철퇴한 이후, 남북 제 정당 단체들은 공동명의로써 전조선정치회의를 소집하여, 조선 인민의 각계각층을 대표하는 민주주의 임시정부가 즉시 수립될 것이며, 국가의 모든 정당과 정치 경제 문화생활의 모

---

11   김구는 1898년(22세) 3월에 인천감리서 감옥을 탈옥, 삼남 지방으로 도피, 늦가을에 공주 마곡사에서 스님 원종(圓宗)이 되었다. 이듬해(1899년) 4월 마곡사를 떠나 5월 평양 대보산 영천암(靈泉庵)에서 방주(房主) 생활을 한 적이 있다. 이때 김보현은 28세, 김구는 23세의 청년이다. 김구는 이해 9~10월경 환속하여 해주 고향으로 돌아갔다.

12   『조선일보』 1948.5.3; 도진순 『한국민족주의와 남북관계』, 389~90면; 『백범어록』, 261~63면.

든 책임을 갖게 될 것이다. 이 정부는 그 첫 과업으로 일반적 직접적 평등적 비밀투표로써 통일적 조선입법기관을 선거할 것이며, 선거된 입법기관은 조선헌법을 제정하여 통일적 민주정부를 수립하여야 할 것이다.

4) 위의 사실에 의거하여 본 성명서에 서명한 제 정당 사회단체들은 남조선 단독선거의 결과를 결코 승인하지 않을 것이다. 또 이러한 선거로서 수립되는 단독정부를 결코 인정하지 않으며 지지하지 않을 것이다.

6. 남북협상을 비판: 모당(한국독립당)의 결산서(1948년 5월 추정)[13]

(1) 남북협상회의의 득실

갑. 소득

가) 국제적으로는 아래의 소득이 있다.

1. 민족적 권위를 제고시켰다.

2. 조국의 위기를 극복하기 위하여 능히 단결할 줄 아는 문화민족의 우수성을 앙양하여서 우리 민족에 대한 세계 인사들의 인식을 새롭게 하였다.

3. 특히 미국 인사에게 미국의 대한정책 재검토의 기회를 주었을 것이다.

나) 국내적으로는 아래의 소득이 있다.

1. 남한 군정의 부당성을 견결히 지적하였다.

2. 북한의 다수 인민에게 향남심向南心을 좀더 견결히 하였다.

---

13 『조선일보』 1948.10.10. 10월 10일 보도이지만, "〔보도〕 시기에 늦은 감도 있으나" 운운하는 설명 등을 참고하면, 남북연석회의에 다녀온 직후 한독당 내 분분한 의견을 정리한 문건으로 보인다. 5월 29일 『동아일보』는 한독당 내 남북협상 추진파와, 이들을 "공산당 제5열"로 비난하면서 남북협상 중지와 남한중앙정부 수립에 협력을 주장하는 대립을 전하고 있는데, 이 문건과 모종의 관련이 있는 것으로 보인다. 이 결산서 보도 2일 후인 10월 12일 조소앙이 장문의 성명서로 한독당의 대한민국 거부를 비판하며 탈당을 선언하였다(『서울신문』 1948.10.13). 이 문건 및 언론 공개도 조소앙의 탈당과 관련이 있을 수 있다.

3. 남북협상으로써 통일독립운동을 실현하고자 노력함으로 말미암아 남북한 절대다수 애국적 민중의 옹호와 지지를 더욱 증강하였을 뿐 아니라, 그들에게 굳은 신념과 희망을 주었다.

4. 위원장〔김구〕 개인으로도 세계적으로는 물론 북한에 대하여도 위엄과 덕망〔威望〕을 제고하였다. 그리하여 그는 명실상부한 전국적 지도자가 된 것이다. 이것은 개인 위신만이 아니라 우리 통일독립운동에 큰 영향을 주는 것이다.

을. 손실

가) 모스끄바 3상회의 결정을 찬양하여 애매하게 추수한 것 같이 되었으므로, 일시적으로나마 타인에게 오해를 주기 쉽게 되었다.

나) 미국의 정책만 비난하고 소련의 잘못〔非〕은 지적함이 없었으므로 본당에서 주장하는 국제협조 구상을 훼손〔毀損〕하였다.

다) ×××〔이승만〕 박사를 민족반역자로 지적〔指導〕하는 데 추수하게 되었으므로 일부 우익 민중의 오해를 야기할 우려가 있다.

(2) 북한의 인상

1. 혁명자의 존재가 뚜렷하며 혁명유가족학교가 훌륭한 것.

2. 표면에 드러난 소련인의 간섭이 없을 뿐 아니라, 한인에 대한 차별대우가 없는 것.

3. 간난신고艱難辛苦 중에도 건설 사업은 전진의 제일보를 띤 것.

4. 보안서원(경찰)이 인민에게 경어를 사용하는 것.

5. 인민군과 보안서원은 전부 18~22·3세의 청년이며, 그들의 사기가 왕성한 것.

6. 한국인 당국자〔當路者〕들은 독립은 못 되었을 망정 정권 이양을 받았다고 만족해하는 동시에 오만〔傲驕〕한 태도가 현저한 것.

7. 한국인 당국자들의 소련과 소련인에 대한 호감은 우리 조상들이 중국 명明나라에 대하였던 그것과 꼭 같은 것.

8. 길거리와 실내 어디에나(편만遍滿하게) 김××〔김일성〕과 스××〔스딸린〕의 사진을 모신 것.

9. 전시 기분이 충만하여 투쟁목표를 확정한 교육을 실시하고 있는데, 국제적으로는 미국을 적이라고 규정하고, 국내적으로는 ×××〔이승만〕 박사와 김××〔김성수〕 씨를 친일파·민족반역자의 수괴로 지정한 것.

10. 인민의 얼굴에는 기아飢餓의 색채가 있고 태도에는 공포가 있는 것.

11. 전부가 인간성을 떠나 기계화한 것.

12. 자유 기분이 결여한 독재적 태도가 곳곳에 나타나는 것.

13. ××는 선전 교과서화한 것.

14. 평양 시가지 중앙에 평양일본인학교라는 간판이 정정당당하게 걸려 있는 것.

15. 대동강변에 있는 다수한 가옥 중에는 간판도 붙이지 아니하고 중공(팔로군) 측 인원이 적지 않게 거주하는데, 그중에는 당·정·군·경 각 방면의 책임자들이 있다는 것.[14]

16. 보이지 아니하는 38선을 중심으로 가까운 지역(咫尺之地)에서 미소 양국의 풍기가 흐르고 있는 것.

(3) 협상 경과에 대한 비판

1. 이번 평양회합은 남북통일·민족자주·국가독립 등 본당 당시黨是에

---

14 1947년 7월 이후 평양에는 중국동북국조선주재사무소가 개설되었으며, 대외적으로는 조선이민공사(朝鮮利民公司)라고 불렀다. 중국 공산당 동북국과 북조선노동당 사이의 비밀 연락·지원 창구로 정보 교환, 물자·군수 지원, 팔로군 등의 피난과 복귀 등을 관할하였다. 한편, 한국독립당 동북특파원 판사처 민석린(閔石麟)은 1947년 1월 17일 "중앙군〔국민당군〕이 안동(丹東)에 진주했을 때, 팔로군 약 4만명이 〔북〕조선에 입국했다"고 보고하였다. 션즈화『최후의 천조』, 김동길 외 옮김, 선인 2017, 187~91면.

완전 부합하므로 그 의의가 가장 심장深長한 것이다. 그러나 북한 그들은 파벌적 자기 이익〔自利〕에 눈이 어두워 전민족적 이익과 대중의 공의를 무시하고 오만방자〔傲慢自大〕한 태도와 아전인수의 행동으로써 대회에 군림하므로 자유로운 분위기를 파괴한 감이 없지 않다.

2. 회의에서 발표된 소위 결정서·격문·공동성명서 등 문건에 의하면,

첫째, 모스끄바 3상결정을 찬양함으로써 본당 당규에 위반되는 탁치를 승인하였다는 오해를 받을 혐의가 없지 않다는 것.

둘째, 소련을 옹호하고 미국을 비난함으로써 본당의 불편부당한 국제노선에 부합되지 않은 점.

셋째, 이××〔이승만〕, 김××〔김성수〕 양씨를 민족반역자로 비난한 것은 그 시비곡직是非曲直이 어디에 있든지 그 비난하는 시간·공간이 본당 체면에 해가 되는 것〔有碍〕이라고 인정한다.

3. 이상 1, 2 두 항의 사실에서 그들〔북한〕의 태도는 남북통일에 대한 성의가 미약함을 유감으로 생각한다.

4. 남북통일을 관철시키기 위한 정신으로써 최단기일에 공정 평등한 전국 최고정치회의를 소집할 것을 주장함이 타당하다고 인정한다.

5. 금번 본당 대표들이 남북통일에 대하여 과도한 열정으로써 무리하게 타협〔委曲求全〕에 치중하고, 원칙과 대의에 해가 되는〔有碍〕 결의에 구차하게 응한〔苟應〕 것은 본당 정신에 훼손되는 바 없지 않음을 유감으로 생각한다.

6. 본당으로서 민족자주와 합동통일을 유일한 당시黨是로 삼기 때문에 민족자주통일노선으로 시종일관 노력할 것이며 이를 실현하려면 먼저 본당 자체의 실력을 충실히 하며 조직 강화가 필요함을 재삼 인식하는 바다.

7. 제럴딘 피치의 서한: 김구·김규식의 이념적 성향(1948년 6월경)[15]

김구와 관련해, 그는 중국 충칭을 떠나기 전에 개인적으로 이승만 박사를 한국의 초대 대통령으로 지지하기로 결심했다는 것도 말해야 하겠습니다(이승만 박사가 1919년 혁명(3·1운동) 중에 형성된 한국임시정부의 초대 대통령이었던 것처럼 말입니다). 김구는 〔해방 이후〕 망명에서 돌아온 이래 여러 차례 이 입장을 거듭 밝혀왔습니다.

현재 김구는 남한 단독의 선거, 정부, 대통령이 한국의 분단을 영구화하기 쉽다고 생각하고 있습니다. 본 필자는 김구가 착각하고 있다고 생각하는 많고 많은 사람들 중 한 사람입니다. 그러나 이것이 김구의 진정성을 의심하거나, 김구가 공산주의자들에게로 넘어갔다고 말할 이유는 되지 못합니다. 그는 분단문제에서는 공산주의자들에도 반대합니다. (…)

김구와 김규식은 연석회의가 끝난 후, 38선 분단에 대한 해법을 찾을 수 있을까 하는 가망 없는 희망을 품고hoping against hope, 김일성 김두봉과 함께 이른바 '4김' 회담을 열었습니다. 김구와 김규식은 자신들이 뭔가를 이루었다고 생각합니다. 나는 그들이 착각했다고 생각합니다. 그러나 이것이 그들에게 진정성이 없었음을 증명합니까? (…)

한국에서 '우익'은 단지 '좌익'의 반대일 뿐입니다. 어떤 사람이 프랭크

---

15 "Geraldine Fitch to Mr. Oak," *Fitch papers*(국립중앙도서관 소장), Vol. 6, 168~70면: 조지 피치 『조지 피치와 대한민국』, 192~97면. 수신자 리스턴 오크(Liston M. Oak, 1895~1970)는 『뉴리더』(*The New Leader*)의 수석 편집자이다. 제럴딘 피치(1892~1976)의 이 편지는 ① 1948년 4월 21일자 『극동소식』(*Far Eastern News Letter*)에 실린 한국에 관한 정보가 틀렸고, ② 『극동소식』의 편집인 중에 한 사람이 리스턴 오크에게 김규식에 대해 잘못 이야기한 것을 바로 잡기 위해 쓴 것이다. ②와 내용이 같은 것으로 추정되는 편지(from O. J. Dekom to Oak)의 발신일이 1948년 5월 25일이다(*Fitch papers*, Vol. 2, 229~30면). 따라서 제럴딘 피치의 이 편지는 5월 25일 이후 쓴 것으로 추정된다. 앞부분 일부를 생략하고 게재한다.

린 루스벨트만큼 뉴딜주의자일 수 있고, 노먼 토머스Norman Thomas[16]나 쑨원孫文만큼이나 사회주의자일 수 있지만, 한국에서는 그가 공산주의에 반대한다면 여전히 '우익'입니다. 이 정의에 따라 [한국에서] 김구는 '우익'이지만, 그는 빈민에게 큰 동정심을 가지고 있고, 이승만 박사를 지지하는 지주계급에 크게 반대하고 있습니다. 김구는 러시아에 대해 어떤 환상도 갖고 있지 않지만, 불행히도 미국을 거의 신뢰하지 않습니다. 이것은 1882년, 1910년, 1919년에서 비롯되는 타당한 이유들[17] 때문입니다. 이는 또한 미국 정부도 그를 전혀 신뢰하지 않기 때문이기도 합니다. 이 역시 불행한 일이니, 김구는 진정한 애국자이기 때문입니다. 김구는 3차대전을 예상하고 있고, 이 전쟁이 짧지 않고 길 것으로 믿고 있으며, 미국이 러시아와 싸우기 위해 일본을 강화시키고, 아마도 일본의 지원에 대한 보상으로 한국을 다시 일본에 넘겨줄 것이라고 확신하고 있습니다.[18]

나는 김구와 김규식을 있는 그대로as they are 묘사하려고 노력했습니다. 나는 그들이 슬프게도 실수하고sadly mistaken 있다고 생각합니다. 나는 지금 남한에서 수립되고 있는 새 정부를 지원해, 유엔의 승인을 받고, 국제 상황의 개선을 추구하는 민주주의 연합의 일부가 되도록 하는 것에 통일의 희망이 있다고 생각합니다. 그러나 미국인이 뭐라고, [남북] 연합 또는 타협을 시도하는 사람에게 돌을 던지거나 '공산주의'라는 딱지를 붙인단 말입니까?

---

16   노먼 토머스(1884~1968)는 미국의 대표적인 사회주의자, 목사, 평화주의자, 정치 운동가.

17   1882년 「조미수호통상조약」에 상호 영토 보전과 독립을 존중한다는 조항이 있었지만 제대로 지켜지지 않았다는 것, 1910년 일본의 한국 강제병합을 미국이 묵인한 것, 1919년 3·1운동 당시 미국 대통령 우드로 윌슨의 민족자결주의에 희망을 가졌지만, 파리강화회의에서 한국 독립 청원은 무시된 것 등을 의미한다.

18   제럴딘 피치가 엄항섭으로부터 김구가 단독선거에 참여하지 않은 이유를 직접 들은 기록(Geraldine Fitch, "the Seoul: YMCA Reclaims Former Leaders", *Fitch papers*[국립중앙도서관 소장], Vol. 5, 139면)도 이 구절과 일치한다. 다만, 여기서는 "3차대전" 대신 "war and a long one"으로 되어 있다. 도진순 『한국민족주의와 남북관계』, 379~80면; 이 책 김구 편 5장 2절 「삼천만 동포에게 눈물로 고함」에서 "제3차 전쟁이 싹트고 있다"고 언급한 바 있다.

7장
대한민국 정부 수립
(1948년 6~9월)

1. 김구·김규식 공동성명: "통일 없이 독립 없다"(1948.6.7)[1]

통일 없이는 독립이 있을 수 없고, 독립 없이 우리는 살 수 없다. 조국의 독립을 쟁취하려면 우리의 유일한 무기는 민족단결뿐이다. 그러나 현재 우리 조국이 미소 양국의 분단 점령을 당하고 있는 이상 국제 협조를 무시할 수 없는 것도 사실이다. 그러므로 우리는 국제 협조에 노력하였고 앞으로 이 노력을 계속할 결심을 세웠다.

그러나 과거 경험에서 얻은 교훈에 의하여 국제 협조의 노력도 공고한 민족단결이 있은 뒤에야 주효할 수 있다는 것을 더욱 절실히 인식하였다. 우리들의 남북협상도 이러한 견지에서 추진하였던 것이다. 국제 제약 아래서 어려운 사업인 남북협상 공작이 단번에 만족한 성과를 거두리라고 당초부터 믿기 어려웠던 것도 사실이나, 외세 없이 우리의 손으로 평화스러운 자주민족 통일적 조국 건설 공작이 제1보를 내디디었던 것은 우리의

---

1   『동아일보』『조선일보』 1948.6.8;『백범어록』, 275~77면.

앞길에 새로운 희망을 부여한 것이다.

그런데 현 단계의 조국 실정을 살피건대 우리의 통일 공작이 모든 애국 동포의 열렬한 지지하에 추진되는 반면, 반통일 남북분단 공작이 추진되는 것도 엄연한 사실이다. 그러므로 우리는 이제 굳센 결의로써 일층 강력한 통일 공작의 신국면을 전개해야 할 시간에 직면하였고, 더욱이 우리의 국토분단을 규탄할 새로운 국제적 기회가 임박한 것도 철저히 인식해야 할 것이다.[2]

그러나 우리의 통일 공작은 전체 애국동포의 노력에서만 성공될 것이다. 그러므로 조국의 독립을 쟁취하기 위하여 삼천만이 총궐기하여 일치한 의사로써, 안으로 통일 방해 공작을 방지하고, 밖으로 정당한 여론을 환기하지 아니하면 아니 된다. 이에 우리는 아래와 같은 방침으로써 애국동포와 함께 통일독립 노선으로 매진하려 한다.

① 통일독립운동을 목적한 기구를 강화 확대할 것.

② 위의 기구를 통하여 통일독립운동의 이념과 방략을 일반 국민에게 철저히 침투시킬 것.

③ 조국의 재건과 민족의 복리는 평화로운 건설에서만 성공될 것이니, 야만적 파괴와 테러와 잔인한 동족살해를 배격할 것.

④ 우리의 통일운동을 강화·확대함으로써 우리의 일치한 의사를 국제 여론에 반영시킬 것.

2. 김구-류위완 대담록(1948.7.11)[3]

(이 문서는 비밀이 철저하게 지켜져야 한다.)

---

2   분단정부 승인 반대를 위해 파리의 제3차 유엔총회에 대표(서영해) 파견을 시사하는 구절이다.

3   조갑제 「이화장에 있는 '金九-류위완 대화 비망록' 全文 공개」, 『월간조선』 2009년 9월호.

다음은 김구 씨와 서울 주재 중국 대표 류위완劉馭萬(1897~1966)[4]의 대담 개요이다. 류 대표는 1948년 7월 11일 오전 11시 김구를 예고 없이 방문surprise visit, 한시간 넘게 이야기를 나눴다.

류위완   나는 선생님이 어떤 면보다도 정직한 분이란 점에서 존경하여 왔습니다. 나는 비록 외교관이지만 솔직하게 이야기하는 사람입니다. 서울에 부임하게 된 것은 나로선 최초의 외교관 임무입니다. 오늘 선생님을 화나게 만들지 모르지만, 정직한 사람 대 정직한 사람의 대화를 위해 방문한 것입니다.

김구   (간단히 고개를 끄떡이며 인사)

류   유엔위원단의 한 사람으로 상하이를 방문하고 돌아온 후[5] 꼭 만나 뵙고 싶었습니다. 며느님(안미생, 1914~2008)[6]과 아드님(김신, 1922~2016)[7]이

---

4   원문 "Liu Yu-man"은 "Liu Yu-wan"이 맞다. 류위완(劉馭萬, 1897~1966)은 1946년 11월 서울에 중화민국 총영사로 파견되었다가, '제2차 유엔총회'(1947.11.14) 결정에 따라 유엔한국임시위원단 중국 대표가 되었으며, 이 대화록을 작성할 당시에는 '임시위원단' 대표도 맡고 있었다.

5   유엔임시한위는 유엔총회에 제출할 5·10 선거 보고서 작성을 위해 1948년 5월 16~18일 상하이로 출국, 6월 7일 서울로 귀임하였다. 『동아일보』 1948.5.19;『동아일보』『서울신문』『조선일보』 1948.6.8.

6   안미생(安美生)은 안중근의 동생 안정근(安定根, 1885~1949)의 딸로 1940년 김구의 장남 김인(金仁, 1917~45)과 결혼했다. 1945년 3월 29일 김인 사망 이후 안미생은 김구의 비서로 활동하였고, 1945년 11월 23일 임정 환국 제1진으로 김구를 수행 귀국하여 경교장에서 생활했다. 1947년 7월 24일 피치박사 내외가 경교장을 방문하였을 때 기념 사진에 안미생이 등장하지만(『백범김구 사진 자료집』, 2012, 325면), 이후 국내에서 홀연히 사라져 상하이 친정집을 거쳐 미국으로 갔다. 1949년 3월 17일 아버지 안정근 사망 직후 안미생이 상하이 부친 묘를 참배하는 사진이 남아 있지만, 시아버지와 딸이 있는 경교장에는 다시 돌아오지 않았다. 같은 해 6월 26일 시아버지 김구 사망 당시에도 귀국하지 않았다. 2008년 향년 95세로 미

중국에 체류 중인 것으로 알고 있고, 엄씨〔엄항섭嚴恒燮, 1898~1962〕[8]도 선생님과 같이 살고 있지 않는 것으로 알고 있습니다. 통역할 사람이 없다고 생각해서, 나는 원하는 만큼 여기에 자주 올 수 없었습니다.[9]

김　　당신이 말한 그 사람들은 여기에 없지만, 당신을 위하여 통역할 사람은 있어요.

류　　나는 〔선생님과 절친한 입법원 부원장〕 우티에청吳鐵城(1888~1953)[10]이 보내는 편지를 갖고 있는데 공사관에 두고 와서 나중에 보내겠습니다. 중국 외교부장 왕쉬제王世杰(1891~1981)[11]도 직접 편지를 보낼 것입니다. 장제스蔣介石 총통께서도 편지를 직접 쓰려고 했는데, 외교부장이 오늘 대화에

국에서 사망하였다(김창희 「안중근 조카·女독립운동가, 안미생 흔적 75년 만에 찾았다」, 〈프레시안〉 2022.2.7(https://www.pressian.com/pages/articles/2022020711561959544)).

7　　김구의 차남 김신은 해방 이후 미국으로 가서 비행 훈련과정을 마치고, 중국으로 가서 공군 군관학교를 졸업하고, 1947년 8월 말 상하이로 가서 안정근의 집(형수 안미생 친정)을 방문하여 형 김인의 딸 김효자를 데리고 배편으로 귀국, 9월 2일 부산에 도착하였다. 김신이 경교장에 도착하였을 때 김효자의 어머니 안미생은 이미 경교장에서 사라진 듯 일체 언급이 없다(김신 『조국의 하늘을 날다』, 돌베개 2013, 107~11면). 김신은 1948년 4~5월 아버지 김구를 수행해서 남북연석회의를 다녀온 이후, 6월 중국으로 들어가 할머니 곽낙원, 어머니 최준례, 형님 김인, 독립운동가 차리석, 이동녕 다섯분의 유해를 모시고 배편으로 8월 8일 오후 3시경 인천항에 도착하였다(김신, 앞의 책 139~42면). 1948년 7월 11일 류위완 방문 당시 안미생, 김신 모두 경교장에 없었다.

8　　김구의 최측근 엄항섭은 류위완보다 한살 아래. 귀국 이후 부인 연미당과 함께 경교장 바깥에서 살았다.

9　　이날 류위완의 경교장행에는 변영태(卞榮泰, 1892~1969)가 동행하였는데(『한성일보』 1948.7.13) 그가 통역을 담당하고 이 문서도 작성한 것으로 판단된다.

10　　원문 "O Chul-sung"은 "Wu Tie-cheng(吳鐵城, 1888~1953)"이 맞다. 우티에청은 1937년 광둥성 주석으로서 임시정부의 광저우(廣州)-류저우(柳州) 피난 시 특별히 배려하여 기차편 등을 제공한 것이 『백범일지』에 생생하게 기록되어 있다. 우티에청은 1941년 충칭으로 와서도 국민당 중앙비서장 등을 역임하면서 김구와 임시정부 광복군을 적극 지원하였다. 1947년 6월 20일 입법원 부원장이 되었으며, 1948년 11월 행정원 부원장 겸 외교부장이 되었다.

11　　원문 "Wang Sish-gul"은 "Wang Shijie(王世杰)"가 맞다. 왕은 1945년 7월 외교부장에 임명되었다.

대한 보고를 받고 나서 쓰시도록 건의를 드렸습니다.

저는 이〔우티에청, 왕쉬제, 장제스〕세통의 편지가 모두 같은 메시지를 선생께 전하는 것임을 잘 알고 있습니다. 즉, 이 박사〔이승만〕와 협력해달라는 것입니다. 우리는 이 박사와 선생님〔김구〕과 김규식 박사가 협조해서 남한 정권을 강력하게 지탱해주시길 진심으로 기원합니다.

중국에 이런 격언이 있습니다. "집 안에서 형제들이 다툴 순 있지만, 그렇게 함으로써 집 밖 다른 패거리의 비방을 자초해선 안 된다." 선생님들 사이에서 이견이 많다고 해도 소련이 지배하는 세계공산주의라는 공통의 위협 앞에선 다 형제들입니다. 나는 선생의 아들 김신을 동생같이 생각합니다.[12] 그래서 제가 하는 말이 듣기 거북하시더라도, 아들이 아버님에게 충심에서 드리는 말씀이라고 생각해주십시오.

만약 선생께서 공산주의를 신봉하고 가담하실 생각이라면, 저는 그렇게는 믿지 않습니다만, 제발 그렇다고 말씀하십시오. 그렇다면 우리는 정치적 적으로 헤어지고 다시 만나지 않으면 됩니다.

김 (근엄한 표정으로 미소 지으며) 나는 항상 무슨 일이 일어날지 알고 있어요. 사실 나의 최측근한테도 밝히지 않은 무엇인가를 마음속에 품고 있는데, 당신에게 이것을 털어놓는다는 것은 적당하지 않다고 생각합니다. 이 정도로만 말씀드리지요. 머지않은 장래에 모든 것을 밝히겠습니다.[13] 당신이나 내 친구들이 좋아하든 않든 간에, 당신은 기다려주실 수 있지요?

---

12 류위완은 당시 51세로 김구보다 21세 연하, 김구의 차남 김신(1922~2016)보다 15세 연상이다. 김구 암살 이후 아들 김신은 경교장을 떠나야 했는데, 류위완은 자신의 관사 금화장(金華莊)을 김신에게 주선해주었다. 김신, 앞의 책 167~69면.

13 김구가 '마음속에 품고 있는 무엇'은 유엔 제3차 파리총회에서 대한민국 승인을 저지하는 대표단 파견이었다. 김구는 8월 5일, 이러한 구상과 선발대로 서영해가 6월 15일 상하이를 떠나 이미 파리에 도착했다고 발표하였다(『서울신문』『조선일보』『경향신문』『동아일보』 1948.8.7).

류   지금 생각하고 계시는 것을 말씀하지 않으셔도 좋습니다. 오히려 말씀하시지 않도록 권하고 싶어요. 저에게 부과된 임무인 메시지 전달은 끝났으므로, 허락해주신다면 저의 개인적 생각을 말씀드려, 선생님께서 고민하고 계시는 최종적인 결정을 내리는 데 도움이 될 수 있기를 희망합니다.

김   (환영은 아니지만 예의상 승낙하는 듯한 표정을 지음)

류   내가 이승만 박사께 선생님과의 협조 가능성을 타진할 때마다 그분의 대답은 변함없이 "만약 그[김구]가 나와 함께 일할 생각이 있다면, 나는 기꺼이 그에게 다가가 환영하겠다"라고 말했습니다. 나는 이 박사께서 부통령직을 선생님께 제의하실 생각을 갖고 있다는 인상을 받았습니다. 선생님께서는 그런 자리를 초월하신 분이라, 제가 이런 것을 언급하는 것을 유감으로 생각하실 것입니다. 선생님께선, "부통령 같은 것은 집어치워! 어떤 공직도 맡지 않겠어!"라고 말씀하실 수 있습니다.

그러나, 만약 선생님께서 이 박사와 협력하시고 싶다면 새롭게 구성되는 정부에서 그런 자리를 차지하는 것이, 적어도 많은 사람과, 당황하고 있는 선생님의 지지자들에게 우익 진영의 단결을 보여주는 상징적인 가치가 있다고 생각합니다. 선생님께선 애국활동의 찬란한 기록을 갖고 계십니다.

선생님께서 최근 평양에서 열린 소위 '남북 지도자협의회'에 관계하신 일은 그런 기록에 타격이 되었습니다. [동]북 중국[만주]에서 조선인들이 공산주의자들에게 포로가 되면, 살기 위해서 "우리는 김구 선생의 추종자들입니다. 여러분은 그분이 공산주의 사업에 어떻게 기여하고 계신지 아실 것입니다"라고 말하는 일들이 생기고 있습니다. 선생의 친구들 모두 선생님의 찬란한 과거 업적이 이런 식으로 허물어지는 것을 지켜보면서 통탄하고 있습니다.

김 　나도 잘 알고 있는 일입니다. 북한 공산주의자들은 나를 자신들의 협력자collaborator로 간주합니다. 내가 당신께 이야기했듯이, 곧 모든 사람이 내 입장을 알게 될 것입니다.

그렇다고 내가 남한 정부에 참여한다는 뜻은 아닙니다. 귀하도 알다시피 이 박사는 한국민주당의 포로가 되어, 말하자면 그들이 하자는 대로 해야 하는 신세입니다. 내가 만약 정부로 들어가면 피할 수 없는 갈등이 일어나 문제를 일으킬 것입니다. 나는 정부 바깥에 머무는 게 낫습니다. 나는 더러운 정치싸움에 연관되는 게 싫습니다.

류 　선생님의 말씀은 오히려 바깥에 계시는 것보다는 정부에 들어가셔야 한다는 논리를 갖게 합니다. 이 박사께서는 한때 선생님의 동지이셨던 신익희·이범석·이청천 같은 분들을 휘하에 두고 있습니다. 선생님께서 참여하셔서 그들에게 힘이 되어주지 않으신다면 모든 것이 한국민주당 뜻대로 되고 말 것입니다. 이 박사께서 국익을 위하여 그렇게 하고 싶으셔도 혼자서 그 정당을 제어하는 것이 어려울 것입니다.

선생님께서 정부에 들어가셔서 그들을 견제하면 이 박사를 강화시켜줄 것이고, 만약 버리신다면 이 박사가 한국민주당의 수중에 떨어질 것인데, 선생님께서도 한국민주당이 국가의 운명을 견제 없이 함부로 농단하여선 안 된다고 생각하시지 않습니까.

김 　(정치싸움 등 이미 말한 것을 되풀이한 다음) 더구나 나는 한 특정 정당〔한국민주당〕의 비방전에 의해 반미주의자로 광범위하게 색칠당했습니다. 나는 중국과 미국만이 한국에 도움이 되는 이웃나라라고 생각하는데도 말입니다. 우리가 나라를 건설하는 데 미국의 도움이 필요한데, 내가 정부를 구성할 때 그 안에 있으면, 미국인의 동정심에 찬물을 끼얹어 국가이익을 해치게 될 것입니다.

류　　선생님 말씀은 틀렸습니다. 이승만 박사도 한때 반미주의자로 악평을 받은 적이 있었습니다. 지금은 미국 사람들이 태도를 바꿔 그를 지원하게 되었습니다. 한국 정부를 수립하는 것은 결국 한국인의 고유한 일입니다. 한국에 있는 미국인이 선생을 어떻게 보는가 하는 것은 문제가 안 됩니다. 그들은 결국 떠나게 되어 있습니다. 하지 장군도 명예롭게, 창피를 당하지 않고 소환될 것입니다. 어떻든 하지는 떠날 것입니다. 한국 측이 단결하고 유엔이 전폭적으로 지원하게 되면 미국 측이 떠나가는 일도 앞당기게 될 것입니다.

김　　귀하는 중국이 한국을 인정하는 첫번째 나라가 될 것이라 생각합니까?

류　　나는 그 문제에 대해 자신 있게 말할 위치에 있지 않습니다. 그러나 중국·미국·영국이 최대한 빠른 시일 내 서로 동시에 그렇게 할 것이라는 점을 믿어 의심하지 않습니다.

김　　미국이 (지금 입장을) 물릴 수 없다고 생각합니까?

류　　불가능합니다. 왜냐하면 미국인들이 한국의 독립을 확고하게 지지하니까요.

김　　내가 (평양에서 열린) 남북지도자회의에 참석한 한가지 동기는 북한에서 실제 일어나고 있는 일들을 알아보려는 것이었습니다. 공산주의자들이 앞으로 북한군의 확장을 3년간 중단한다고 하더라도, 그사이 남한에서 무슨 노력을 하더라도 공산군의 현재 수준에 맞서는 군대를 건설하기란 불가능할 것입니다. 러시아 사람들은 비난을 받지 않고 손쉽게 북한군을 남진시켜, 순식간에 여기서 정부가 수립되어 인민공화국이 선포될 것입니다.[14]

류   러시아가 전쟁을 각오하지 않으면 그런 일은 일어나지 않을 것인데, 그들은 전쟁을 원하지 않는다고 봅니다. 과거에 러시아는 두번 국제적인 압력에 굴복한 적이 있습니다. 한번(1899년)은 한국으로부터, 또 한번(1905년)은 랴오뚱遼東 반도로부터 물러났습니다.[15] 유엔을 통해 세계 여론이 일어나면 러시아는 그 충격 앞에서 다시 굴복할 것입니다.

여기 남한에서 만들려고 하는 정부가, 북한정권이 러시아의 꼭두각시(puppet)인 것처럼 미국의 꼭두각시라면 나는 선생님께서 어느 쪽과도 협력하지 않으려 하는 입장을 쉽게 이해할 것입니다. (그러나) 유엔의 지지로 한국 정부는 주권국가가 될 것이고, 통일을 성취하는 기지가 될 것입니다. 한국이 약하게 보일수록 선생님께선 조건 없이 (건국을 위하여) 투신하셔야 합니다.

---

14   이러한 주장은 미-소 양 주둔군이 철수하더라도 내전은 있을 수 없다고 확인한 「남북 정당 사회단체 지도자협의회 공동성명서(1948.4.30. 평양)」와는 사뭇 다른 주장이다. 김구가 남한정부의 취약성에 대해서 언급한 것은 이것 이외 「월남 동포에게 주는 글(1948.3.21)」, 「김동환과의 회견(1948.9.1)」, 「프랑스 외무부 아주국장의 서영해 면담 메모(1948.12.2)」 등이 있다.

15   러시아는 1899년 5월경부터 마산 부근 땅을 조차하여 군사상의 목적으로 사용하려고 하였지만, 일본 측의 항의로 소망을 이루지 못하였다. 1905년 러일전쟁 패배 이후 러시아는 랴오뚱 반도에서 물러났다.

3. 통일독립촉진회 결성대회 치사 (1948.7.21)[16]

김구 치사

현하 우리 환경을 싸고도는 정세는 대단히 악독하고 험악한 바 있다. 일제가 물러간 오늘날의 현상은 어떠냐. 남북에 외국군은 주둔하여 있고 민족의 유혈은 날이 갈수록 심화하여 앞으로 열릴 UN총회에서 저울질을 받게 되었다.

조국의 운명이 외국 사람들의 손에 좌우된다는 것은 이 얼마나 슬픈 일이냐? 탐관오리 모리간상배謀利奸商輩 친일반역배 악질반동배 들이 발호하고 있음은 통곡할 일이다.

민족의 통일독립만이 우리 민족을 살리는 길이다. 우리 민족은 우리 자신이 살려야 하겠다. 친소 친미보다 우리는 먼저 우리 조국과 친하고, 우리 자신이 통일한 연후에 비로소 친소도 할 수 있고 친미도 할 수 있는 것이다.

우리는 이러한 의미에서 먼젓번 평양회담도 해보았다. 그런데 최근 평양에서 또 하나의 정부를 세운다 하니 이는 배신적 행위이므로 우리 애국통일 독립운동자들은 희생을 각오하고 통일을 위하여 싸워야 하겠다.

김규식 치사

지금 여러 가지를 생각하면 말할 흥취도 나지 않는다. 우리가 나라를 잃은 것이 40년인데, 통일 못 돼서 그렇게 된 것이었고, 그동안 갖은 고초를 다하여 해방이 되었는데, 이 해방도 남의 덕분으로 된 것이다.[17] 유감인 것은 우리가 북에서 발표한 공동성명의 제안은 명백한 데 불구하고 북에서

---

16 『서울신문』『조선일보』 1948.7.22; 『백범김구전집』 8, 461~62면.

17 남은 물론 연합국을 말한다. 김구도, 여운형도 같은 의견을 피력한 적이 있다. 이 책 74, 256면 참고.

정부를 세우느니 하는 말이 들리는 까닭이다. 만일 그게 사실이라면 북조선 동포들도 〔자신들이〕 엄정하게 성명한 글발을 잊어버리는 것이다.

나는 바라기를 우리 식구가 많든지 적든지 우선 남쪽 동포들이 통일이 되어서 우리 독립을 쟁취하는 데 일생〔畢世〕의 노력을 다할 것이다.

이제 남조선 국회에서 대통령이 선출됐는데, 나는 과거 나의 성명과 같이 반대도 안 하고 참가도 아니하는 동시에 그거나마도 잘돼나가기를 바라며, 정부가 아무렇든 간에 외국인의 군정부보다는 낫게 되기를 바란다.

동시에 북에서 또 하나 정부가 선다면, 그 북정부와 남정부가 한데 합하여 우리가 살 길을 얻기 바란다. 여러분은 앞으로 속히 다 같이 중간이고 좌이고 우이고 할 것 없이 문자 그대로 통일을 완수하여 도탄에 빠진 민생을 구해내기를 바란다.

4. 8·15 3주년 담화와 시 3편: 정부 수립과 동족상잔(1948.8.15)

(1) 8·15 담화[18]

3년이 지난 오늘에 이르러 과거사를 회상한다면 우리에게는 비분과 실망이 있을 뿐이다. 그러나 우리는 실망과 한탄을 버리고 새로운 결심과 용기를 가지고 전열을 가다듬어 강력한 통일운동을 추진해야겠다.

우리 국토 안에는 국경 아닌 국경이 생기게 되었다. 만일 우리 동포들이 양 극단의 길로만 돌진한다면, 앞으로 남북의 동포는 국제적 압력과 도발로 인하여 본의 아닌 동족상잔의 비참한 내전이 발생할 위험이 없지 않으며, 재무장한 일본군은 또다시 바다를 건너 세력을 펴게 될지도 모른다.

우리 동포들은 남에 있거나 북에 있거나, 혹은 현실 사태의 압박으로 인하여 비록 뜻하지 않은 길을 걷게 된다 할지라도, 오직 한가지 조국의 통

---

18   『동아일보』 1948.8.15.

일과 자주독립을 위하여 노력하겠다는 민족적 양심과, 동족상잔의 내전을 방지해야 되겠다는 애국애족의 열성을 가지고 나간다면, 민족의 앞길에 광명이 나타날 것을 확신한다.

(2) 1948년 8월 15일 김구가 휘호한 시 3편[19]

성삼문의 「백이숙제 사당에서〔詠夷齊廟〕」[20]

當年叩馬敢言非	그때 말고삐를 잡고서 감히 안 된다고 말리시니[21]
節〔大〕義堂堂日月輝	그 절의 당당함이여, 해와 달의 빛남과 같도다
艸木亦沾〔露〕周雨露	풀과 나무 역시 주나라의 비와 이슬을 맞은즉
愧君猶食首陽薇	부끄럽도다, 그대는 어찌 수양산의 고사리를 먹습니까!

이설李偰의 「선죽교 지나며〔過善竹橋〕」[22]

善竹橋頭血	선죽교에 낭자한 핏자국을 보고
人悲我不悲	사람들은 슬퍼하나 나는 슬퍼하지 않노라
忠〔孤〕臣當國危	충신이 나라의 위기를 만나
不死更何爲	죽지 않고 또 무엇을 하리오

---

19 『백범 김구 전집』 11, 320~23면; 『백범어록』, 282~83면. 유묵과 다른 시의 원문을 찾아 〔 〕안에 병기하였다. 몇 글자 달라도 의미는 대동소이하다. 유묵을 중심으로 번역하였다.

20 성삼문이 베이징 가는 길에 백이(伯夷)·숙제(叔齊) 사당에 들러 쓴 시로 알려져 있다. 『성근보선생집(成謹甫先生集)』 제1권. 원문과는 몇 글자 치이가 있다.

21 주(周) 무왕(武王)이 은(殷)나라를 치려고 하는데, 백이(伯夷)와 숙제(叔齊)가 출정하는 무왕의 말고삐를 잡고서 신하로서 임금을 시해하는 것은 인(仁)이 아니니 하지 말라고 간하였다고 한다. 『사기』 권 61 「백이열전(伯夷列傳)」.

22 복암(復菴) 이설(李偰, 1850~1906)의 5언절구로, 『대한협회회보』 제4호(1908. 7.25)에 수록되어 있다(https://db.history.go.kr/contemp/level.do). 원문과는 몇 글자 차이가 있다.

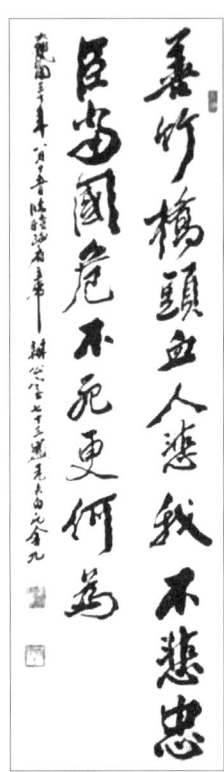

(왼쪽부터) 성삼문 「백이숙제 사당에서」 / 이설 「선죽교 지나며」 / 이양연 「눈 내리는 들판」

서산대사西山大師〔이양연李亮淵〕의 「눈 내리는 들판〔野雪〕」[23]

踏〔穿〕雪野中去	눈 오는 들판을 헤쳐 걸어갈 때
不須胡亂行	함부로 난삽하게 걷지 말지어다
今日〔朝〕我行跡	오늘 내가 디딘 자국은
遂作〔爲〕後人程	드디어 뒷사람의 길이 되나라

---

23   김구는 "西山人師詩"로 표기하였으나, 임연(臨淵) 이양연(李亮淵, 1771~1853)의 시로 밝혀
졌다. 원문과는 몇 글자 차이가 있다.

5. 김동환과의 단독 회견: 민족 분단과 인생관에 대해서(1948.9.1)[24]

북한의 수명

문　남한에서 "총선거"와 "국회 개설"과 계속하여 "독립정부"가 서고, 북조선에서도 끝끝내 "8·25총선거"가 이제 끝나 9월 현재 인민회의가 열려 "독립정부"를 세울 모양인데, 이제 한 나라 안에 두 정부가 기어이 세워지게 되었습니다. 북한에서 선생님께 오셔달라는 말씀이 없었습니까.

답　최근까지 와달라고 했지요. 그러나 내가 무엇 하러 가겠어요. 지난번 4월 평양회담 때에도 뉴욕 어떤 미국 신문에서는 내가 평양으로 가는 것이 "대통령 하러 간다"고 떠들었는데, 대통령깨나 하러 내가 가겠어요.

문　대통령으로 추대되시거든 취임하셔서, 북조선을 이끌고 남조선에 붙어서 두쪽을 합체 통일하면 좋지 않겠습니까.

답　……

문　북조선 정권은 앞으로 버티어나갈 것입니까.

답　하여〔버티어〕나갈 것입니다.

문　조국의 완전 통일을 보자면 앞으로 한 10년 계산하여야 되겠습니까.

답　아니, 그렇게 아니 걸릴 것이오. 남은 남대로, 북은 북대로, 하여나가다가 한 기회가 있을 것이니, 그때 합쳐질 것이오. 통일의 길로 바로 옳게 잡아들 것이오.[25]

문　그것은 미소美蘇전쟁을 이용한다는 뜻입니까.

답　아니오. 〔미소〕전쟁은 나지 않지요. 전쟁은 하고 싶어도 저희들이 준비가 되어 있지 않아서 진쟁을 못할 것이오. 그러나 국제적으로 어떤 큰

24　『三千里』 1948년 9월호; 『백범어록』, 284~93면; 『백범김구전집』 8, 696~97면.

25　김구의 남한정권 또는 분단체제의 취약성에 대한 인식은 「김구-류위완 대담록」(7-2) 「프랑스 외무부 아주국장의 서영해 면담 메모」(8-5)도 참고.

기회가 올 것이오. 외세의 간섭만 없다면 우리 동족끼리 합치는 것이야 그리 어려운 일이 아닐 것이고…

문　선생이 보시기에 북한을 영도해나갈 인재는 김일성 씨라고 보십니까.

답　지난번 평양 갔을 때에 수차 만나보았는데 장래가 있는 사람 같더군.

문　김일성 씨가 아니면 김두봉 씨일는지요. 그러나 연로할 터인데.

답　김두봉 씨는 상하이 때부터 오래된 친구인데, 나이는 나보다 아래지요.[26] 그렇게 늙은 것이 아니지요. 그러나 그곳 평양은 묘妙하여 실제는 "7인회의"라는 것이 있어서 거기서 모든 것을 결정하는 모양이더군. 7인회의 구성에 러시아 사람이 셋이라든가, 넷이라든가, 나머지가 우리 한인들이라더군. 그러기에 김일성이나 김두봉이나 다 맘대로 어디 하든가요. 지난번만 하여도 평양에서 내게 전기를 꼭 보내준다고 하여놓고 단전하여버리고, 또 수리水利문제 같은 것도…

문　오늘날 북한에 "독립정부"가 서게 되었으니, 지난봄 이래 남북협상이요 회담이요 한 것은 배신과 무력으로 결국 헛수고가 되지 않았습니까.

답　남북협상이야 즉시 한 덩어리가 된다고 예견 확신하고 한 노릇이 아니었지요. 합병 전후부터 일본인이 허다한 돈과 사람을 세계에 퍼내어 온갖 못된 재료만 골라가지고 세계에 선전하기를, 한국인은 이렇게 우매하여 독립할 힘이 없고 몹쓸 민족이라고, 그러니까 강대한 나라가 보호하고 인도해야 한다고 악선전을 일삼았지요. 예컨대 우리나라 시골 여자가 물동이 이고 젖통을 내놓고 흔들거리고 가는 모양이라든지, 머슴아이가 지게 벗어놓고 대로변 길가에 앉아 꽁무니를 내놓고 이 잡는 꼴… 이런 등등의 사실만 사진 찍고 문자로 써서 자꾸 선전하였단 말이오. 외국에 자랑

26　김두봉은 1889년생, 김일성은 1912년생으로 1876년생인 김구보다 각각 13세, 36세 연하이다.

할 좋은 미풍양속도 많고, 우리의 우수한 문화도 문명도 많건만 이런 것을 다 덮어두고 이런 짓을 하였지.

그러더니 최근 수년 사이에는 또 외국인들이 우리 한인들은 서로 싸움만 한다고, 합칠 줄은 모르고 자기끼리 밤낮 싸운다고, 저대로 내버려두면 유지 못할 민족이라고 자꾸 선전이 시작된단 말이오. 그래서 우리 대한사람은 서로 이렇게 뭉칠 수 있다, 합하여 통일을 열망하면서 살려는 국민이라는 것을 실례로 세상에 알리려는 데 목적이 있었지요. 외세의 간여만 없다면 썩 잘 통일 단합해서 살아갈 우수한 민족임을 알리고 싶어서 그리하였지요. 한일합병 당한 사이에 받은 일본인의 악선전도 씻어버리고, 그 선입관도 모두 씻어버리려고…

소련군 철수, 제왕정치와 대통령정치

문   소련군은 북한서 정말 철수할 것 같이 보입니까.

답   믿어지질 않소. 남쪽의 미국 군대를 떠나보내려고 그 수작인 것 같소. 원, 먼저 나가는 놈이 더 수상하고, 더 안 떠나더라니까…

문   "제왕정치"와 "대통령정치"의 우열과 소감을 들려주십시오.

답   만인이 다 살라면 민주정치의 길로 나가야지요. 대통령은 민의를 가장 존중하는 정치를 해야 하므로 대통령정치가 낫지요. 군주정치란 결국 전제정치에 떨어지기 쉬우니까.

문   이조시대의 제왕정치는?

답   조선의 왕권이란 심히 미약한 것이었지요. 왕이 제 마음대로 하는 노릇이 몇가지 있었나요. 영의정이 맘대로 하고는, 잘못되면 책임만 왕에게 둘러씌우는 것이 대다수였지요.

문   또 한가지, 왕정이든 대통령정치이든 간에 만백성이 다 잘살 수 있는 "부의 균등" 사회가 아니고는 안 될 터인데.

답   명칭이 무엇이든 간에, 만민공영의 균등사회를 실현하는 원칙에 우리 신국가의 목표를 두어야 할 줄 압니다.

문　우리나라 대통령제도 차츰 개정되어 "종신대통령"이 출현할 우려가 없습니까?

답　종신대통령은 절대 안 될 말이지요.

남한 사람, 북한 사람의 우열

문　남북을 와락 흩트려놓으면 남한이 북한을 못 당할 것이란 말이 있습니다. 그것은 공산주의니 지방 관념이니 해서가 아니라, 민족의 기질로 보아 그렇다고 하는데, 즉 서북5도인은 야성野性에 가까워 용맹스럽고 강하고 대담한 기질과 체구를 가져서, 예전에도 시베리아나 만주 벌판의 독립군에는 서북 남아가 많았고 또 용감스러웠다고 합디다. 그러니까 이제 38선을 흩트려놓고 실력대로 살게 한다면, 이조 오백년 사이에 벼슬 안 시켜주었다는 복수심으로서가 아니라, 사실상 조선을 쥐고 흔들 자는 서북인이라는 말을 하는 이가 있습니다. 문약한 남방은 거칠고 강한[粗強] 북방에 압도된다 합디다.

답　예전에 일본공사日本公事 이노우에井上馨가 김옥균金玉均더러 일본이 출동하면 "서울은 삼일이면 점령하겠고, 평양은 석달 걸리겠다"라고 말하였다는데, 그때 김옥균은 "평양은 속히 떨어질는지 모르나, 서울은 그렇지 않다"고, 불행히 단시일에 떨어진다손 치더라도 "평양 삼일에 서울 석달"이라고 대답하였다는 말을 들었는데, 나는 김씨의 관찰이 옳은 줄로 알아요. 평양 사람들은 기운깨나 잘 쓰지요, 힘센 것 같지요. 평양뿐 아니라, 나는 예전에 인천감옥을 탈옥하여 이리저리 피해서 평안도 황해도로 여러 고을로 돌아다니며 인심을 겪어보았는데, 욱! 하고 덤벼들어 힘깨나 쓰지만 서북인은 오래 가질 않고, 또 표적이 그릇되어 빗나가는 일이 많아요. 지적으로 발달된 남방을 못 이길 걸요. 그리고 나는 늘 하는 말이지만, 사람 쓸려거든 남쪽에선 양반 속에 인재가 있고, 북쪽에선 상놈 속에서 골라보라고 하지요. 남한은 원체 양반의 세력이 크고 오래서 제 소리나 하는 사람은 양반들이었고, 상민들은 그 봉건제도 때문에 그랬겠지만 무기력하고 굴종하고 소심하고 하잘것없이 되었단 말이오.

일본 시찰 여부

문   일본을 가보신 적이 있습니까.

답   한번도 없었소.

문   가보고 싶지 않습니까.

답   가까운 나라이기에 한번 가보려고 작년 겨울에 여권을 신청하였더니, 나와 일본의 여러 가지 감정을 고려하여서인지 토오꾜오의 맥아더 사령부에서 들어주지 않는다고 해서, 중지하고 만 일이 있어요.

문   이제 신정부가 섰으니 외무장관의 힘으로 여권쯤은 주선될 터이니 일본 시찰을 떠나심이 어떠하십니까.

답   글쎄요.

문   일본에 대한 강화조약의 조건을, 충칭 당시의 충칭정부에서 어떻게 구상하셨습니까.

답   충칭 임정에서는 없었소. 일본 항복이란 말도 그 순간은 잘 믿어지질 않는데 강화조약을 생각하였겠습니까.

문   대한문제도, 극동문제도, 세계문제도 모두 모스끄바의 하늘과 워싱턴의 일기日氣에 달려 있는데, 워싱턴과 모스끄바에 가서서 우리가 당면한 이 국난을 호소, 타개하면 어떠하리까.

답   그런 정치적 사명이 아니고 그저 한 유람객으로 가보고는 싶었소.

사생관, 기타

문   선생의 사생관은 무엇입니까. 그동안 너무도 여러 차례 죽음의 경지에 이르셔서…

답　나는 생명을 새털〔鴻毛〕같이 보오. 새의 날개터럭같이 가벼운 것으로 아오. 큰일을 당했을 때 더욱 그렇게 생각이 들었소.

문　일생 중 가장 위기에 들었다가 "어허 참 천명天命이었구나" 하고 생각하신 적이 어떤 때입니까.

답　일흔세살 먹는 사이 하도 죽을 고비를 많이 거쳤으니까, 어느 것이라고 따로 말하기 어렵구려.

문　서재필 박사가 미국으로 돌아가신답니다. 나라가 독립되었으니 흩어졌던 지사와 애국자 들이 모두 먼 곳에서 백골白骨을 묻으려 조국으로 찾아오는 법이거늘, 팔십 노지사가 도로 미국으로 떠나가십니다. 이렇게 우리나라 현실이 차디차고 살기 어려운 나라이었습니까.

답　글쎄, 나도 어떻게 씁쓸〔深深〕한 일인지요. 어제 저녁에 초대를 받아 작별을 하고 왔는데… 그러나 그분 생각은 다르더군. "아무데서나 죽으면 어떠냐고. 나라의 독립을 보았으면 그만이지" 하더군.[27]

문　지난번 평양에 가셨을 때 북조선 요인들과 지내시던 이야기를 좀 들려주십시오.

답　내가 예상했던 것과는 달리 친절하게 굴더군요. 김일성 씨나 박헌영 씨나 김두봉 등이 매일 한 자리에서 이야기했는데, 나는 농담 삼아 그들에게 "평양에서도 현재 종교 자유는 인정한다는데 그대들은 어째서 기독교를 박해하는가?" 그들은 "그게 무슨 말씀입니까? 누가 그럽디까? 그런 일은 없습니다". 나는 "그래도 목사들을 많이 하옥시켰다는 말을 들었는데?" 그들은 "천만의 말씀입니다. 구체적 증거를 들어 말씀하세요". 나는 "글쎄! 그렇다면 고맙소. 그런데 조만식曺晩植 씨는 왜 감금 상태에 두었소?" 한즉, "조만식 선생을 감금하다니요? 이제 당장 이 자리로 모시어 올

27　이승만을 견제하기 위해 하지가 미군정부의 최고의정관으로 초청했던 서재필은 1948년 9월 11일, 숙소인 조선호텔에서 김구·손원일 등 백여명의 환송을 받고 출발, 인천에서 미군 용선으로 미국으로 갔다.

터이니 만나 보시렵니까?" 하매, 나는 조선생을 만날 마음은 간절하였으나 혹시 잘못하여 내가 떠난 후 조선생에게 해가 될까, 그들에게 "아! 그렇다면 고맙소. 당장 만나볼 것까지는 없소. 모든 말이 낭설이겠지!" 하였다. 내가 평양을 떠나던 날 김일성 씨에게 "오늘 조선생을 데리고 가고 싶으니 같이 가게 해주구려!" 했더니, 김일성 씨가 "아! 제 마음이야 얼마든지 같이 가게 해드리고 싶습니다만, 어디 제가 무슨 권한이 있어요? 주둔군 당국의 양해가 있어야 됩니다" 하였다. 나는 "그대들의 권한이 그뿐인가? 그래서야 어디 자주정권인가?" 하며 농담하였다. 여하간 외국군만 다 나가면 우리 사람끼리는 타협 못할 일이 없다는 것을 더욱 느꼈소.

문   북방 정치에 대하여 특별히 느낀 점은 없으셨습니까.

답   나는 북쪽 가기 전에는 한가지 이상하게 생각한 것은 북에서 쫓겨나는 사람들 중에는 돈 있는 사람들이 많은데 어째서 그런가 했더니, 거기 가서 몇날 동안 좀 한가하여 낮잠만 자니 머리가 아프고 해서 소설책이나 하나 사오라고 했더니, 이태준李泰俊의 소설을 한권 사 왔소. 자세히 읽었는데 그 속에 북조선의 혁신숙청革新肅淸의 조건이 쓰여 있어 잘 알았는데, 즉 유산자有産者는 물질적으로 착취한 자로 비유컨대 냉장고와 같이 냉혹한 존재이니 새로운 사회에서 몰아내야 할 조건이고, 유산자가 아닌 소위 도덕적 정신적으로 지배해온 자는 모든 패악을 기른 온상적溫床的 존재이니 역시 새로운 사회에서 숙청해야 한다는 것이었소.[28]

---

28   이태준(李泰俊, 1904~미상)은 저명한 소설가로 1946년 월북, 조소문화협의 소련시찰단 일원으로 소련에 다녀와서 소련을 찬양하는 「소련기행」을 썼다. 북의 토지개혁을 다룬 소설로 「농토」(1948)가 있지만, 김구가 평양에서 읽었다는 소설이 이것인지는 불분명하다. 이태준은 6·25 때 서울에 내려 왔지만, 그와 절친한 정지용 시인과 김용준 화가 등의 월북에 관여했는지는 불분명하다. 한국전쟁 이후 그는 북에서 숙청되어 말년 행적은 분명치 않다.

8장
유엔 총회 대한민국 승인 문제와 여순사건
(1948년 9~12월)

1. 유엔 사무총장 리(Lie)에게 보낸 서신(1948.9.15)[1]

사무총장 리 각하Hon. Mr. Trygve Lie[2]

우리는 진정으로 통일과 독립과 민주를 애호하는 한국인을 대표하여, 세계의 영구한 평화를 확립하여 인류의 무궁한 행복을 창조하기 위하여 최선의 노력을 다하고 있는 각하와 유엔 여러분께 심심한 경의를 표하며, 아울러 그 성공을 축원합니다. 우리는 이러한 기회를 가질 수 있게 되는 것을 무한한 영광으로 생각합니다.

'통일이 없으면 독립이 없고 독립이 없으면 생존할 수 없는 것'은 삼천

1 　서신의 영문 초안(草案)은 『백범김구전집』 9, 875~76면, 한글 초역(抄譯)은 『서울신문』 『민주일보』(1948.9.29)(『백범김구전집』 8, 486~87면) 『새한민보』(1948년 11월 하순)에 수록되어 있다. 여기서는 『새한민보』에 수록된 것을 중심으로 번역 몇 군데를 수정하였고, 중요한 부분은 영어 원문을 부기하였다.

2 　트뤼그베 리(Trygve Halvdan Lie, 1896~1968). 노르웨이의 정치인, 1946~52년 초대 유엔 사무총장. 1950년 한국전쟁 때 다국적 유엔군을 결성하는 데 크게 기여하였으며, 이스라엘과 인도네시아의 국가 형성에도 도움을 주었다.

만 한국인이 다 이해하고 있습니다. 이것은 과거 36년간 일제의 압박 아래 쓰라린 경험으로부터 얻은 교훈일 뿐 아니라, 현실에 있어서도 남북한이 통일되지 못하면 경제상으로 생존을 할 수 없는 것을 확실히 체험하고 있는 까닭입니다. 그러므로 삼천만 한국인은, "유엔의 감시하에 완전한 자유 분위기로써 남북한 통합 총선거를 실행하고, 이 총선거에 의하여 피선된 대표로서 외압의 간섭과 신탁이 없이 완전한 민족자결과 민주주의 원칙에 의하여 한국의 통일적 독립정부를 수립하는 것에 협조하자"는 작년 〔1947년〕 11월 14일의 유엔 총회 결의안을 환영하였던 것입니다.

그러나 유엔 총회의 기대는 하나도 성취된 것이 없이, 남한만의 정부가 건립되었습니다. 그리고 지금 북한에서도 한개의 다른 정부를 세우고자 급속히 공작을 진행하고 있습니다. 이로부터 한반도에서 국토의 분열은 더욱 심각화하고, 민족의 감정은 더욱 첨예화하여, 동족상잔의 위기가 박두하고 있습니다. 이것이 어째 한국만의 불행이 되겠습니까, 실로 세계평화에 위협을 주는 바도 적지 아니합니다.

우리는 이번 파리에서 열리는 유엔총회가 한국 독립 원조에 대한 1947년 11월 14일 유엔 결의안의 정신을 관철할 것으로 확신하거니와, 총회에서 한국문제를 다시 토론할 때 어떤 한국인이든지 자유의사로 말하라면, 남북 반쪽 조국에 세워진 정부를 중앙정부the central government라 부를 수 없으며, 이 반쪽정부this separate government가 사신에게 행복happiness, 안전security, 그리고 기회의 균등equitable opportunity을 제공할 것이라고 인정하는 사람은 없을 것임을 기억해주시기 바랍니다.

유엔 총회에서 한국문제의 정당한 해결을 얻기 위하여 한국인의 의사를 충분히 청취하기를 요청하는 바입니다. 본 통일독립촉진회는 한국 민족의 입장에서 통일과 독립과 평화의 조국을 건립하기 위하여 남북을 통합한 진정한 민주주의 정부를 조직하려 하고 있습니다. 이것이 곧 절대다수 한국인의 의사입니다. 우리는 이러한 의견을 유엔총회에 충분히 진술하기 위하여, 본회의 대표를 유엔총회에 참가시킬 것을 견결히 요청합니다.

우리는 각하의 노력을 통하여 우리의 요청이 유엔총회에서 채택되며 아울러 각하의 회신이 속히 있기를 간망합니다.

유엔총회의 위대한 성공을 기원하면서

김구(통일독립촉진회 회장)

김붕준(통일독립촉진회 사무총장)

2. 광주 기자회견: 통일정부 수립에 대하여(1948.10.1)[3]

진공 기간의 치안문제에 대하여

미소 양군은 즉시 철퇴하고, 진공 기간에 혼란을 방지하기 위하여 유엔은 남북을 통합한 임시 통일 행정기구가 성립될 때까지 남북의 기존 무장 조직을 통제하고 전국적인 치안 유지와 통일공작에 적극 협조해야 할 것이다.

자주민주통일 독립정부의 수립에 대하여

유엔은 작년(1947년) 11월 14일 총회에서 결정된 바와 같이, 남북을 통하여 절대적인 자유 분위기 속에서 전국 총선거를 실시하여 자주민주통일 독립정부를 수립해야 한다.

남북정권에 대한 태도

지금 남과 북에 수립된 정권은 현실상의 행정부일 것이다. 그러나 3천만 동포들은 영토의 통일과 민족의 통일된 완전 자주독립정부를 갈망하고

---

3   『호남신문』 1948.10.3; 『백범김구전집』 8, 488~89면; 『백범어록』, 301~03면.

있다.

조소앙 씨 한독당 탈당설에 대하여

조소앙 씨는 좀더 가기 쉽고 동행이 많은 길을 찾으려고 고생하고 있는 것 같다. 그러나 한독당 노선은 정당하다고 믿기 때문에 지난 〔9월〕 29일 만류차 방문한 일도 있다.[4]

한미협정에 대하여

북에서도 중국의 팔로군八路軍과 무슨 협정이 성립되었다고 듣고 있다.[5] 남북을 막론하고 우리 주권을 침해하는 국제협정은 우리 3천만이 필사적으로 반대할 것이다.

미국의 일본 재무장 문제

미국은 소련의 남하세력을 방지하기 위하여 일본의 재무장을 꿈꾸고 있는 것 같다. 이는 한말 당시에 영국의 대일정책과 1차대전 직후 영국이 취한 대독정책對獨政策의 재판이라고 보지 않을 수 없다. 이에 대해서는 중국은 물론이요, 태평양 각국에서 어느 나라치고 반대하지 않는 나라가 없을 뿐 아니라, 미국과 동일 보조를 취하는 영국에서도 반대하고 있다. 소위 "호랑이를 키워 화를 사초한나〔養虎爲患〕"란 말이 여기에 마땅히 직용될 깃

4　1948년 10월 12일, 조소앙은 장문의 성명서로 대한민국을 거부하는 김구 및 한독당을 비판하며 결별을 선언했다: "지금 서울에 있는 대한민국은 그 전신이 피두루마기를 입은 3·1운동의 골격이며, 5천년 독립 민족의 적자이며, 장래 통일정권에로 돌진하는 발동기가 되고 가교가 되고, 민족 진영의 최고조직임을 천명한다. 자신이 참가하지 않았다고 자당의 정책이 집행되지 못했으며, 주권과 영토가 완성되지 못했다는 이유로 대한민국을 거부할 이유가 발견되지 않는 것이다."(『서울신문』 1948.10.13)

5　"무슨 협정"이 무엇인지 정확히 알 수 없지만, 김구가 "필사적으로 반대" 운운한 것으로 봐서, 1948년 만주 지역에서 조선의용군의 일부를 조선으로 보내고, 다수를 중공 팔로군으로 편입시킨 것을 비판한 것으로 보인다. 션즈화 『최후의 천조』, 212~13면.

이다. 미국 자체의 고충도 있겠지만, 일본을 재무장시키는 것보다 자기네의 우방 각 민주국가를 원조함이 도리어 타당한 일일 것이다.

친일반역자 처리 문제

우리 동양의 정치윤리는 무엇보다도 대의명분을 많이 주장한다. 이 대의명분과 민족정기를 내세우지 않고서는 민족질서와 혁명기율革命紀律을 바로잡지 못할 것이다. 이러한 의미에서 우리 민족의 반역친일분자들을 그대로 둘 수 없다.

3. 여순사건의 배후설에 대한 반박: "그들은 다른 사전을 가지고 있다"(1948.10.27)[6]

나는 극우분자가 이번 반란에 참여했다는 말을 이해할 수 없다. 그들은 극우라는 용어에 관하여 다른 해석을 내리는 자신의 사전辭典을 가지고 있는 것으로 보인다. 나는 이번 〔여순〕 반란을 우려하고 있다. 이 불행한 사건은 제주도의 전투〔4·3〕와 더불어 민생에 중대 영향을 끼치고 있다. 그리고 순진한 청년들을 유혈사태로 오도한 자들은 용서할 수 없는 죄를 범하였다.

현재까지 당국 발표에 의하면 반역도배〔叛徒〕들의 목적은 북한정권을 남한에 연장시키려는 것으로 보인다. 이번 반란의 반격에 관하여는 예측키 어렵다. 그러나 이는 한국 정세에 대하여 중립적 입장에 있는 유엔 회원국의 견해에 영향을 미칠지도 모른다.

---

6   『동아일보』『자유신문』1948.10.28;『백범김구전집』8, 497면;『백범어록』, 307~08면.

4. 외신 담화: "통일정부 수립의 역사적 과업을 실천하자"(1948.11.1. 보도)[7]

1. 과거 3년 동안 미국은 남한을 군사적으로 점령한 것 외에 정치적으로 그들이 예상한 바와 달리 성공하지 못하였다. 다시 말하면 한국 민중들이 감복하여 스스로 미국의 정책을 적극 지지하고 환영할 만큼 적절한 정책을 채용하지 못하였다. 이 점에 있어서 소련의 정치적 제스처는 한국 민중의 갈망하는 요소를 파악함으로써, 대한정책의 이니셔티브를 장악한 감이 있다고 본다. 소련은 민중이 증오하는 친일파에 대하여 적극적 정책을 단행했으나, 미국은 그렇지 않았다.

초기 미국의 대한정책은 공산주의 세력을 방치한 감이 있다. 어느 때는 공산주의자와의 타협을 종용하다가, 또 어느 때는 이러한 미국정책에 의하여 행동한 자유주의자까지도 좌익 동조자처럼 비난하여 입장을 곤란케하였다. 이러한 군정 당국의 애매한 정책은 공산당이 활동할 만한 기회가 생기게 하였고, 그리하여 관공서에까지 좌익분자가 침투할 수 있었다고 본다. 어떠한 좌익분자의 음모사건이 발생할 때 반대 입장에 있는 사람에까지 쓸데없는 혐의를 씌운다면, 미국은 어떠한 한국 사람들과 손잡고 일할 것인가. 한국의 애국자들은 한국 민중의 지지를 받을 수 있는 한국 사람의 입장에서 미국과의 합작과 원조를 갈망하는 것이다. 요사이 철수 문제에 대해서도 미국은 철병한다는 확고한 정책을 한국인에게 명백히 알리고, 철수의 절차와 치안확보에 대한 기술적 문제를 연구하는 것이 좋을 것이다.

2. 5·10선거는 민주주의적 요소가 구비되지 못한 채 실시되었다. 절대자유 분위기가 보장되지 못하였다. 현 정부는 남한에서 〔정부라기보다〕사

---

7   『자유신문』 1948.11.1; 『백범김구전집』 8, 498~99면; 『백범어록』, 310~12면.

실상 행정기관이라고 본다.

3. 유엔은 작년(1947년) 11월 14일 총회에서 결정한 남북을 통한 총선거를 실시하기 위하여 침착과 인내와 열의를 가지고 미소 양국의 타협을 적극 촉진시켜야 할 것이다. 3차대전의 참화를 방지하고 세계평화를 유지하는 것이 유엔의 임무라고 본다.

4. 유엔에서 미소의 협조로써 양군이 철수하면, 외세로 인하여 분할되었던 한국의 강토와 민족은 단일 민족의 자연 상태가 회복될 것이며, 조국의 통일을 위하여 반대파와 타협할 만한 열의를 가진 애국적 민주주의적 지도자들은 통일정부 수립의 역사적 과업을 실천할 수 있을 것이다.

5. 우리는 공산주의자가 무시하지 못할 만한 유형무형의 실질적 역량을 가져야 될 것이며, 정치적 방식과 민주주의를 통하여 통일 국면을 실현할 수 있도록 인내와 관용과 용기를 가지고 부단히 노력할 필요가 있다.

6. 이번 군대의 (여순)폭동은 민족적으로 일대 통탄할 일이다. 건군建軍의 정신을 명확히 하지 못하고 무장을 먼저 한 것은 좋은 방식이 아니다. 무엇을 위하여 어떤 대상과 싸워야 한다는 사상적 통일이 선결조건일 것이다. 나는 하지 중장에게도 이러한 의견을 표시한 적이 있다. 이번 사건에 우익이 관여한다는 유언비어가 있는 모양이나, 이것은 무슨 뜻인지 잘 모르겠다. 지금 남한에서는 좌익이니 우익이니 하는 문자는 '사전辭典'에 따라서 임의로 규정하는 폐단이 없지 않다.

7. 나는 유엔이 좀더 강력한 중립적 기구로 발전되어, 세계평화의 확보를 위하여 실력을 발휘할 수 있는 공정한 제재기관이 되기를 기대한다. 미국의 인민과 소련의 인민들이 전쟁을 반대하고 평화를 위하여 분투노력한다면 전세계 인류는 3차대전의 참화를 면할 수 있을 것이다.

5. 프랑스 외무부 아주국장의 서영해 면담 메모(1948.12.2)[8]

장관 부속실〔비서〕미셸리히M. Michelich의 개인 추천으로, 한국인 서영해M. SEU Ring-Hai(徐嶺海, 1902~?)가 1948년 12월 1일 아시아 국장을 "비공식적"으로 만났다. 유창한 프랑스어를 구사하는 서영해 씨는 22년 동안 "망명" 정부〔대한민국임시정부〕를 "대표해왔다"고 밝혔다.

그는 이승만 대통령이 한국을 미국에 종속시키려 한다고 비난하면서, 이승만 대통령을 떠나 반대파인 김구 진영에 들어갔다고 하였다. 그는 "정치적인" 견해를 발표하기 위해 온 것은 아니라고 하면서도, 한국 내부 문제에 관한 김구의 견해를 길게 설명했다.

김구는 한국 통일을 열렬히 추구하고 있으며, 소련과 미국 군대의 철수를 촉진하기 위해 모든 힘을 쏟고 있다고 했다. 이러한 목적을 달성하기 위해 김구가 "미국의 금지에도 불구하고" 평양회의〔남북연석회의〕에 참석했으며, 서영해 씨도 김구를 동반하였다고 한다.[9]

① 김구와, 과거 모두 김구의 동지였던 〔북한〕 공산당 지도부 간의 회담은 매우 유익하였으며, 토지개혁-노동입법-공교육과 관련 프로그램에 대한 협약이 성사되었다. ② 김구는 북조선인민군의 무장을 해제해달라고 요청했으나 거절당했다. 대신, 인민군을 김구와 공산주의자 대표 한명으로 구성된 위원회(comité)의 지휘 아래 두는 방안을 제안빋있다고 한다. ③ 공산주의자들은 외국군대가 철수하자마자 유엔의 감시 아래 한반도 전역에서 총선을 실시하자는 제안에 동의했다고 한다. ④ 한국이 스스로 치안을 유지할 때까지 중립적인 〔외국〕 군대가 질서를 유지하도록 요청할 것이

---

8 정상천『파리의 독립운동가 서영해』, 298~301면(한글번역), 301~05면(프랑스어). 번역은 편자가 부분적으로 수정하였다. 글의 일부를 게재한다.

9 서영해는 1948년 4월 중순 통신사 기자 자격으로 김구 일행에 앞서 월북했다. 정상천『파리의 독립운동가 서영해』, 143면.

다. ⑤ 김구는 38선 이남과 이북 모두에서 대단한 인기를 누리고 있으며, 새로운 정부의 수반이 될 것이다.〔원문자는 필자〕

외국 점령군대의 철수에 달려 있는 이 계획의 실현을 기다리면서 서영해가 예측하기를, 〔1949년〕 2월 이승만 정부가 전복될 것이고, 미국이 지지하는 〔새로운〕 과도정부가 들어설 것이지만, 이 과도정부는 자체의 권위가 없을 것이며, 그때쯤 한국에서 폭동이 확실히 일어날 것이다.[10]

서영해는 한국의 최남단 지역에서 일어난 소요 사태〔여순사건〕를 언급하면서, 그 소요 사태가 구 일본 행정부〔총독부〕를 유지하던 미국인들을 보고 분노한 애국자들에 의해 일어난 것이라고 강조했다. 공산주의자들은 원래 이 운동과 관련이 없었지만, 선전의 필요에 따라 이 소요 사태를 재빠르게 활용했다. 명시적으로 언급하지는 않았지만, 서영해는 이 폭동〔여순사건〕이 초기에는 김구의 지지를 받았거나, 어쩌면 그의 주도로 조직되었을 가능성도 있음을 시사했다.[11]

서영해는, 한국을 그들의 분쟁 해결을 위한 싸움터로 삼고 있는 러시아와 미국을 매우 강력하게 비판하였다. 그는 어느 한쪽도 한국인들의 사랑을 받지 못하고 있다고 평가하면서, 미국인들보다 러시아인들이 훨씬 더 교활하다고 진단하였다. 미국인들은 자기들의 코끝 너머 더 멀리를 보지

---

10 김구 편 7장 2절 「김구-류위완 대담록」에서 북한군이 남진하여 인민공화국이 선포될 것, 7장 5절 「김동환과의 단독 회견」에서 곧 분단체제가 해소될 것이라고 예상한 것 등과 연결된다.

11 정상천 『파리의 독립운동가 서영해』, 300면. 서영해는 여순사건 훨씬 전에 한국을 떠났기 때문에 여순사건의 실체적 경과를 알 수 있는 위치에 있지 않다. 그럼에도 불구하고 이와 같이 언급하는 것은, 통일독립촉진회에서 유엔총회에 대한민국 승인을 반대하는 특사를 파견하는 한편, 이에 상응하여 유엔총회 회기 중 국내 반대운동이 필요하다는 주장이 있었을 가능성은 있다. 김구는 「통일독립촉진회 결성대회 치사」(7-3)에서 "앞으로 열릴 유엔총회에서 저울질을 받게 되었다", 「여순사건의 배후설에 대한 반박」(8-3)에서 "이번 반란"이 "한국정세에 대하여 중립적 입장에 있는 유엔 회원국의 견해에 영향을 미칠지도 모른다"고 언급한 바 있다. 실리 소령의 「김구-암살 관련 배경정보」는 여순사건 관련을 김구 암살의 원인으로 지적하고 있다.

못하며, 달러가 모든 문제를 해결하는 신이라고 믿는 〔철없는〕"큰 어린애 Grands enfants"이다. 미국인들은 짧은 소견으로 한국에서 최악의 실수를 범했다. 우리는 더 이상 미국인도 러시아인도 필요로 하지 않으며, 공산주의 사상이나 미국의 자본주의에 예속되기를 원하지도 않는다. 이러한 이유로 우리는 프랑스와의 긴밀한 관계 구축을 희망한다.

(…)

서영해 씨는 한국문제가 이번 유엔 총회에서 다뤄질 것 같지 않다고 전망하였다.[12] 서영해 씨는 서울에 있는 프랑스 영사인 코스틸레스〔Mr. Henri Costilhes〕 씨에 대한 엄청난 청송과 함께 가급적 그가 오랫동안 한국에 근무할 수 있기를 희망한다는 말로 그의 진술을 마무리했다.[13]

---

12 이것은 서영해의 오판이었다. 1948년 12월 12일, 유엔 총회는 마지막 날 마지막 섹션 오후 5시 15분, 대한민국 정부를 합법정부로 승인하였다(총회 결의 제195호).

13 유엔한국임시위원단은 1948년 3월 12일 전체회의에서 남한 지역 선거안을 찬성 4(중국·필리핀·엘살바도르·시리아), 반대 2(호주·캐나다), 기권 2(인도·프랑스)로 가결했다. 당시 프랑스 대표 코스틸레스는 기권을 했다.

9장
김구, 최후의 광경
(1948년 12월~1949년 6월)

1. 유엔의 한국정부 승인과 3영수 합작에 대하여(1948.12.16)[1]

지난 〔1948년 12월〕 12일 유엔 총회의 〔대한민국 승인 결정서〕 원문을 보기 전에는 아직 상세한 것은 알 수 없으나, 절대다수 국가의 찬성으로 한국을 승인하였다는 것은 우리의 독립운동 과정에서 영원히 기억할 만한 거대한 역사적 사실이다. 그리고 '남북이 통일된 완전 자주독립국가로 승인을 받았더라면' 하는 것을 생각할 때 우리의 흥분되는 바는 더욱 심각하다.

들건대 한국에서 양군철퇴를 감시하며 남북이 통일된 완전 자주독립 국가 건설을 협조하기 위하여 새로운 유엔위원단이 1년간 주재할 예정으로 머지않아 내한한다 하니 그 호의에 대단히 감사한다. 나는 새로운 한국위원단이 과거에 임시위원단으로서 해결하지 못한 모든 문제를 원만히 해결할 수 있기를 희망하는 바이다. 그들이 이러한 임무를 진행하는 도중에 3천만 한인의 절대다수가 동족 유혈이 없는 평화로운 전국 통일 자주독립

---

1   『서울신문』『독립신문』1948.12.17;『백범김구전집』 8, 514~15면;『백범어록』, 316~19면.

의 조국을 건설하며 또 이 새로운 국가에 언론 자유, 신앙 자유, 굶지 않는 자유, 공포를 받지 않는 자유[2]를 누릴 수 있는 민주주의가 실현되기를 갈망하고 있다는 사실을 잠시라도 잊지 말기를 요청하는 바이다. 그러나 '하느님은 제 스스로 도울 줄 아는 사람을 돕는다'고 하였으니, 우리는 남만 믿고 있을 것이 아니라, 이 시간 국내적으로 더한층 복잡하여진 정치문제를 해결함으로써 통일을 실현하고, 나아가 국제적으로 평등한 지위를 쟁취함으로써 자주독립을 완성할 절박한 과업이 있다는 것을 더욱 간절히 반성하여야 할 것이다.

우리가 이 간고한 과업을 성취하고자 할진대 반드시 전민족적 통일 단결을 실현하지 않으면 안 될 것은 물론이거니와, 이 전민족적 단결을 실현하는 데 소수의 권리를 위한 독선주의는 절대 금물이며 반드시 대중의 이익을 위하여 대중과 같이 움직이지 않으면 안 될 것이다. 그러므로 우리는 대중의 이익을 위할 수 있는 민주주의 원칙에 의하지 않고서는 단결의 실현이 곤란하다는 것도 투철히 인식하여야 할 것이다.

나는 앞으로도 변함없이 민중의 한 사람으로서, 외국군의 조속한 철수를 주장하며 동족끼리 유혈이 없는 자주적 민족통일독립의 조국을 건설하기 위하여 분투노력할 것이요, 또 민중의 고통을 다소라도 제거시킬 수 있게 하고 그들로 하여금 좀더 나은 생각을 가질 수 있도록 조금이라도 공헌할 수 있게 되며, 아울러 통일된 조국을 세우기 위하여 전민족이 단결하여 주기를 하나님과 선열의 영靈 앞에 기원하는 바이다.

문   신한국위원단의 내한으로 남북통일 실현이 가능하다고 보는가?

---

2   프랭클린 D. 루스벨트 미국 대통령이 1941년 1월 6일에 발표한 연두교서 연설에서 제시한 언론과 의사 표현의 자유, 신앙의 자유, 결핍으로부터의 자유, 공포로부터의 자유 등 네가지 자유와 동일하다.

답   새로 오는 한국위원단은 어떠한 포부를 가지고 오는지 나는 모르나 5·10 선거 당시 내한한 유엔임시한국위원단도 초기의 목적을 완수하지 못한 만큼, 이번 오는 한국위원단에 대하여서도 그 행동 여하를 보고 말하겠다.

문   유엔의 한국승인을 계기로 종래의 남북통일노선에 변화는 없는가?

답   우리는 강력한 독재권도 원치 않는다. 오직 민주주의 원칙에 의하여 남북을 통일하자는 것은 다름이 없다.

문   3영수(김구·김규식·이승만) 합작 추진설이 대두되고 있는데 이에 대한 귀하의 견해 여하?

답   어떤 점에서 대두되고 있는지, 또 내가 3영수 합작을 적극 추진시키는 것도 아닌 만큼 모르겠다. 현재로써는 3영수회의라는 것은 잘 진행되기 어렵다고 본다.

문   김규식 박사는 귀하의 노선과는 다르다고 하였는데[3] 귀하의 견해는?

답   물론 다르다.

문   금후 한독당은 종전과 같은 독립 쟁취 노선으로 운동을 전개할 것인지, 정부를 인정하고 정당 운동을 전개할 것인지, 귀하의 견해 여하?

답   내년 1월 15일에 열릴 중앙집행위원회에서 결정하게 될 것이다.

문   금번 유엔에서 대한민국정부가 48 대 6이라는 절대다수로 승인되었는데 금후에도 〔임시정부〕 법통法統을 주장할 것인가?

답   세계 각국이 모두 현 정부를 승인하였다고 하더라도, 현재 분열되고 있는 만큼 법통을 무시할 수 없을 것이다.

---

3   김규식은 1949년 2월 6일 민족자주연맹 제5차 중앙집행위원회에서, 한독당은 5·10선거를 "반대"하였으나, 자신의 민족자주연맹은 "불참가, 불반대"였다면서 차이를 강조하였다(『조선일보』 1949.2.9).

문 현 정부의 시책에 대한 귀하의 견해는.

답 무어라 말할 수 없다.

문 원로원元老院이 설치되면 참가할 의사는 없는가.

답 나는 그에 대한 것을 들어본 적 없으니 말 못 하겠다.

2. 한국독립당 중앙집행위원회 개막연설: "서울에서 남북협상을" (1949.1.16)[4]

친애하는 동지 여러분!

전세계 인류가 머리를 아시아로 돌려 눈을 크게 뜨고 보는 이때 우리는 제6계屆 제5차 임시 중앙집행위원회를 열게 되었다. 우리의 말 한마디 행동거지 하나에 세계의 관심도 크려니와, 헐벗음과 굶주림에 헤매는 동포들이 기대하는 바는 더욱 클 것이다. 오직 조국의 완전한 독립과 민족의 행복한 생존만을 위하여 분투 노력해온 여러분은 수십년 동안 꾸준한 투쟁에서 얻은 풍부한 경험과, 순식간에 변화무쌍한 내외정세에 대한 냉정한 관찰에서 얻은 정확한 판단을 가졌다. 이번 회기, 여러분이 채택하는 안건 전부가 조국의 완전한 자주민주의 통일독립을 달성할 지침이 됨으로써, 절대다수의 동포들로 하여금 많은 희망과 용기를 가지게 하며, 또 전세계 평화 수립의 초석이 됨으로써, 만천하에서 정의를 애호하는 인사들의 격려와 옹호를 받을 것이다. 이에 나도 비상한 감동과 기쁨을 느끼면서 여러분 앞에 소회를 피력하려 한다.

동지 여러분, 우리를 싸고도는 최근 국제정세는 어떻게 발전하고 있는가. 상세한 것은 「국내외 정세보고」에서 청취할 수 있을 것이므로 길게 언급하지 않거니와 개요만 약술하면 이러하다.

---

4 『독립신문』『서울신문』『자유신문』1949.1.18; 『백범김구전집』8, 700~03면; 『백범어록』, 335~43면.

첫째 베를린〔伯林〕 문제니, 한때는 그 험악한 상태가 일촉즉발의 기세여서 호전적 파쇼꾼들은 손꼽아 전쟁이 발발하기만 고대하였으나, 지금은 약간의 소식이 끊일 듯 말 듯 전해올 뿐 대체로 고요하다.[5] 둘째는 '팔레스타인' 문제니, 한때는 '아랍'과 '이스라엘' 사이에 전쟁이 격렬히 진행되었으나, 중동 일대의 방대하고 풍부한 유전을 중심으로 미·영·소의 각축전으로부터 오는 모순이 이 3대 강국으로 하여금 피차 서로 다른 쪽에 가담케 하여 어느 한쪽이 더 도전하지 못하고 있다.[6] 셋째는 '아시아회의'니, 주로 '인도네시아'에 대한 네덜란드의 침략전쟁을 제지하려는 것이 목적이다.[7] 넷째는 중국문제니 현재 공산군이 파죽지세로 난징南京으로 돌진하고 있다. 이리하여 국민당 중앙정권은 이제 도리어 지방정권화되었다. 그러나 중국 인민은 〔정권의 성격에 관계없이〕 무조건하고 평화만 희망한다. 그것은 그들의 전부가 다 공산주의를 구가하는 것을 의미하는 것이 아니요, 다만 그들이 평화에서만 생존할 수 있다는 것을 인식한 까닭이다.[8] 다섯째

---

5   2차대전 패전 후 독일의 수도 베를린은 미국·영국·프랑스·소련 네 나라에 의해 점령되었다. 원래는 4개국 공동 점령이 계획되어 있었지만, 동서 대립이 격화됨에 따라 1948년 6월 소련은 베를린을 전면 봉쇄하였다. 서베를린이 고립되자, 서방측 3개국은 미군을 중심으로 공수작전으로 이에 대항하였다. 1949년 5월 소련 측의 봉쇄 해제로 베를린위기는 끝났으나, 1949년 가을 결국 독일은 분단되고, 베를린도 동서로 분리되었다.

6   2차대전 종전 이후 팔레스타인 문제는 유엔으로 이관되어, 1947년 11월 29일 유엔총회에서 팔레스타인에 아랍인 국가와 유대인 국가를 따로 세울 것을 제안하는 결의안이 통과되었다. 1948년 5월 14일 이스라엘이 건국을 선언함과 동시에 1차 중동전쟁이 발발하였는데, 이스라엘이 압승하였다. 1948년 11월 6일 유엔 안전보장이사회의 휴전 결의 채택으로 전쟁이 일시 중지되었다.

7   2차대전 종전 이후에도 인도네시아와 인도차이나 지역에서 식민주의가 부활하자, 인도의 네루는 1947년 3월 뉴델리에서 아시아회의(Asian Relations Conference)를 소집하여 식민주의를 규탄하였다. 1947년 8월 15일 인도의 독립은 인도차이나에서 민족운동 승리의 중요한 기반이 되었다. 인도 수상으로 취임한 네루는 1949년 다시 전아시아 민족회의를 소집하였다. 네루의 이러한 반식민주의운동은 1955년 인도네시아 반둥회의를 통해 아시아 아프리카의 제3세계가 형성되는 모태가 되었다.

8   1948년 11월~1949년 초 중국인민해방군은 화이하이(淮海) 전투에서 55만 5천명의 국민당 군대를 붕괴시키는 데 성공했다. 인민해방군은 양쯔강 이북의 중요한 지역을 거의 모두 점령할 수 있게 되었고, 이로써 국민당 정부의 수도 난징(南京)을 압박할 수 있게 됐다. 김구의

는 미국 대통령 선거문제니, 선거 당시에는 대대수가 강경한 반소反蘇정책을 취하여 전쟁까지 유도할 위험성을 가졌다고 추측되는 공화당 측에서 대통령이 당선되리라 하였으나 〔민주당〕 트루먼 대통령이 재선되었다.[9] 어찌 그뿐이랴. 최근에는 애치슨Dean Acheson 씨가 국무장관이 되었다. 이것은 다른 것이 아니라 미국 국민도 다른 나라 국민과 같이 평화를 애호한다는 것을 사실로써 증명한 것이다. 우리는 이상의 다섯가지 문제를 통하여 하나의 공통된 점을 발견할 수 있으니 그것은 곧 '평화를 원하는 것'이다.

다음, 현재 우리 자신과 절실한 관계를 가진 국제문제는 어떠한가. 유엔 총회는 재작년〔1947년〕 11월 한국의 통일독립을 성취하도록 하는 결의안을 통과하였다. 우리는 감격하여 이것을 환영하고 지지하였다. 그러나 작년〔1948년〕 1월 위의 유엔 결의를 실행할 목적으로 한국에 온 유엔위원단은, 소련에서 북한에 들어오는 것을 거절한다는 이유로 다시 소총회의 결의에 의하여 소위 "가능한 지역에서의 선거"를 실행하도록 하였다.

우리가 소련의 거절을 비판하지 아니한 바 아니지만, 58개국을 대표하는 최고 권위의 유엔이 일개 소련을 어찌하지 못하여 도리어 한국을 희생하는 것을 더욱 비판하지 않을 수 없다. 유엔이 베를린 문제도, 이스라엘 문제도, 인도네시아 문제도 해결하지 못하는 것은, 한국문제에서 위신이 추락된 관계라 볼 수 있다. 그러나 유엔은 한국문제에 있어서만 위신을 잃어기면서 행한 '가능한 지역의 선거'라도, 그 위신을 보진하려고 결과를 합리화하였다.

우리가 5·10선거를 반대하였던 것도 이 때문이었다. 과연 이날은 우리

이 연설 이후, 1949년 4월 21일 인민해방군은 새벽 양쯔강을 건너기 시작하였고, 파죽지세로 4월 24일 난징, 5월 22일 난창(南昌), 5월 27일 상하이를 함락하였으며, 10월 1일 마침내 베이징에서 마오쩌둥(毛澤東)을 주석으로 하는 중화인민공화국을 수립했다.

9   1948년 미국 대통령 선거에서 거의 모든 여론 조사가 공화당 듀이(Thomas E. Dewey) 뉴욕 지사의 승리를 예견하였지만, 결과는 민주당 트루먼(Harry S. Truman)이 재선되었다. 김구는 트루먼의 대통령 취임식에 장문의 축하전문을 발송한 바 있다(『경향신문』 1949.1.21).

에게 무엇을 가져왔나. 남한에서 정부가 성립됨과 동시에 북한에서는 핑곗거리만 기다리고 있었다는 듯 자기들도 또 하나의 정부를 황황급급하게 만들었다. 그러나 이번 파리 유엔총회는 의연히 한국의 독립을 협조하기 위하여 한국위원단을 파견하여 미소 양군 철퇴를 감시하며 남북통일에 계속 노력하기로 결정하여, 지금 그들이 오고 있는 중이다. 우리는 이에 대하여 감사하는 마음을 갖는 바이며 즐겨 공동 노력하고자 하는 바이다. 한번 실패하였기 때문에 이번에는 온전한 계책(萬全之策)을 가지고 올 것으로 큰 기대를 가지고 기다리거니와, 우리도 실패한 경험에서 배운 것이 있은즉 만일을 염려하여 면밀한 주의를 하지 아니할 수 없다. 그러므로 유엔위원단의 공작工作에 대하여 의아한 점을 연구해보려 한다.

첫째는 철병감시문제이다. 철병감시라 함은 미소 양군 철퇴를 감시한다는 것인데, 소련 측의 성명에 의하면 소군은 이미 북한에서 철퇴를 완료하였다 하니, 그것이 사실이라면 유엔위원단은 별로 감시할 것이 없을 것이다. 남한에서는 미국이 아직 3만명을 주둔시키겠다 하고 유엔도 이것을 승인하고 있으니, 유엔위원단이 어떻게 또는 어느 때까지 철병감시 공작을 완수할는지 애매해 보인다.

둘째는 남북통일문제이다. 미소 양군이 한국으로부터 깨끗이 철퇴하지 아니하는 한 남북통일은 바라기 어려운 것이다. 또 북한에서 전번과 같이 유엔위원단의 입경入境을 거절하면 통일공작은 추진할 수 없을 것이다. 우리의 상식으로 추측하더라도, 유엔위원단은 먼저 소련에 향하여 북한 입경 허용을 요청할 것이나, 소련은 자기 군대의 철퇴를 이유로 북한 당국과 직접 교섭하라고 할 것이다. 그러면 유엔위원단의 남북통일 공작은 또 추진하기 곤란할 것이다. 요컨대 미군이 철퇴하지 아니하는 이유는 미군이 철퇴하는 즉시 인민군이 남하하여 전한국을 적화할 우려가 있다는 데 있다. 그러나 그 반대 해석으로 남한의 국방군이 인민군보다 우세를 가지게 되어 미군이 안심하고 철퇴하는 날에는, 소군이 또 어떠한 태도를 취할지

우려가 없지 않다.

그러면 미소 양군을 신속히 철퇴시키는 최상의 방법은 무엇일까. 그것은 별것이 아니다. 북에서는 소련에 기대어 미국이나 남한에 대한 적개심을 고취하지 말고, 남에서는 미국에 기대어 소련이나 북한에 대한 적개심을 고취하지 아니하면서, 국방군과 인민군이 오직 조국을 보위하는 군대로 뭉치려는 결의와 태세를 보여서 미소 양국으로 하여금 각각 안심할 수 있게 하는 것뿐이다.

이와 같이 남북통일도 유엔위원단의 노력만으로는 성공하기 어려운 것이다. 이 문제는 미소 양군이 철퇴하는 때 비로소 용이하게 해결될 것이다. 양군이 철퇴하더라도, 북한의 한인이 자주적 정신 아래 〔남한의 한인과〕 손을 맞잡고 공동 분투해야 성공할 수 있는 것이다. 이로써 보면 한국문제는 결국 한국 사람의 손으로 해결해야 된다는 것을 재확인할 수 있다. 다시 말하면 한국문제에 대해서는 아무리 국제적 원조가 있을지라도 필경 한국 사람의 손으로 하지 아니하면 해결할 수 없다. 현재 남북이 분단되어 통일이 못 되는 것인즉, 이 문제를 해결할 사람은 남북 한인뿐이다.

그러면 우리는 어떻게 할 것인가. 전쟁이냐 타협이냐. 우리는 서슴지 아니하고 타협의 길을 취하자고 주장한다. 과거도 그러하였고 현재도 그러한 것이다. 이것이 인류의 염원이며 삼천만의 애국심이다. 금일 삼천만이 길밍하는 바는 외국의 긴섭 없이 동족의 유혈이 없이 오직 평화로운 민주 방식에 의하여 조국의 통일독립을 완성하는 것이다. 조국이 평화롭게 통일을 하지 못하면 정치적으로 독립을 얻을 수 없고 경제적으로 생존을 구할 수 없다는 것을 그들〔삼천만〕이 투철히 인식하고 있다. 금일의 세계가 평화를 지향할 뿐 아니라, 유엔위원단도 한국을 도와서 국방군을 조직하는 것이 한국에서 전쟁을 막자는 데 목적이 있는 것이다.

우리가 무엇 때문에 우리끼리 피를 흘리겠느냐. 유엔위원단이 북한에 입경할지라도 역시 평화로운 수단으로 통일의 방법을 강구할 것이다. 다시 말하면 누가 남북통일을 위하여 노력할지라도 평화로운 협상의 길을 취할 수밖에 없다. 그러므로 남북통일은 남북협상의 경로를 통해야 얻을 것이다. 혹자는 남북협상을 주장하는 동지들을 지목하여 남북협상파라고 하면서 죄인같이 간주하나, 그 자신이 남북협상파가 될 날이 멀지 않았다는 것을 말하여둔다. 이것이 마치 양군철퇴를 주장한다고 우리를 비非국민같이 간주하던 그 사람들이, 우리의 뒤를 따라서 양군철퇴를 국제적으로 호소하는 것과 같을 것이다.

일부 인사들은 남북협상이라는 것을 몹시 싫어한다. 그것도 무리는 아닐 것이다. 제1차 남북협상의 굳은 맹약을 북한 공산주의자들이 파괴하고 인민공화국을 세웠으니, 이것을 보고 낙심하는 것도 비난할 수 없다. 그러나 북한에도 남한같이 절대다수의 민중이 우리와 공명하여 우리와 함께 분투하려고 하고 있으며, 또 공산주의자 자체 내에도 세계적 신조류와 삼천만 동포의 욕구에 순응하여 우리와 협상하고자 하는 진보적 애국분자가 날로 증가되고 있으니, 우리는 조금이라도 비관할 필요가 없다.

유고의 '티토'[10]와 중국의 '마오쩌둥'이 그들(북한의 민중)에게 산 교훈을 주는 것도 현저한 사실이지만, 소련만 바라보고 쫓아가던 불란서 공산당도 자국의 이익을 위하여 소련이 강경히 반대하는 자르Saar와 루르Ruhr 지방[11]의 불란서 점령을 찬성하며, 이태리 공산당도 이태리의 이익을 위하여

---

10   요시프 브로즈 티토(Josip Broz Tito, 1892~1980)는 유고슬라비아의 독립운동가, 공산주의 혁명가, 초대 수상, 1947~48년 티토의 유고슬라비아는 소련에 종속되지 않은 독자 노선을 걷기 시작했고, 1948년 6월 28일 스딸린은 코민포름(Cominform, 공산당 정보국)을 통해 유고슬라비아 공산당을 제명하였다. 이 사건은 "티토-스딸린 결별"이라 불린다.

11   원문: "싸-알과 루루". '싸-알'은 '자르(Saar)', '루루'는 '루르(Ruhr)'. 2차대전 종전 이후 독일과 프랑스의 접경인 자르(독일어 Saar, 프랑스어 Saare) 지역은 미군의 통치 지역이었지만, 1945년 7월 점령지역 재조정 과정에서 프랑스로 넘어갔다. 그러나 1955년 주민투표 결과 1957년 서독에 편입, 자를란트(Saarland) 주가 되었다. 루르(Ruhr) 지역은 독일 최대의 중공업 지대(철강, 석탄 등)로, 프랑스가 전후 독일의 군수 재건을 막고자 이 지역의 국제적 통제를 원하여, 1949년 프랑스가 참여하는 다국적 감시 기구인 IAR(International Authority for the Ruhr)이 설립, 운영되었다. 1952년 유럽석탄철강공동체(ECSC) 출범과 함께 폐지되었다.

소련이 강경히 반대하는 이태리의 '트리에스테Trieste' 점령을 찬성하고 있다는 것은,[12] 그들의 각성을 촉진하는 또 하나의 산 사실이다. 어찌 그뿐이랴. 최근에는 북한에서도 전기를 충족히 쓰지 못한다 하니, 이것도 동족단결을 촉진하는 사실이다.

그러므로 나는 멀지 않아 서울서 조국 통일을 위한 남북협상이 있을 것을 희망하며 또 믿고 있다. 혹자는 이것은 공염불 같은 좋은 이론으로 비웃고 있지만, 좋은 이론이 없이 좋은 실천이 있을 수 없는 것이다. 자고로 위대한 혁명가 학자 발명가 들이 얼마나 많은 공염불로부터 자기의 이상을 실현하였던 것도 우리는 잘 알고 있다.

친애하는 동지 여러분! 우리의 걸어온 길은 정확하였다. 앞으로 갈 길도 이 길뿐이다. 우리가 아직도 성공하지 못한 것은 환경의 불우와 노력의 부족에 기인한 것뿐이요, 노선이 잘못된 것은 아니다. 그러므로 우리는 이 길에서 최후 승리를 얻을 것을 확인하는 바이니, 앞만 보고 용감하게 나아가자. 어떠한 고난과 핍박이 있을지라도 그 시간은 멀지 아니하였다. 모든 어려운 것을 인내하고 계속 분투하자.

친애하는 동지 여러분! 여러분은 본회기에 있어서 이전 상임위에서 통과한 당면정책을 검토하여 그 실행치 못한 것을 계속 실행하기로 결심하는 동시에, 적어도 다음 몇가지 문제를 토론하여야 할 것이다. 첫째 자주민주 통일독립노선의 재확인, 둘째 북한에 대한 대중적 계몽 실시, 셋째 약소민족국가의 단결, 넷째 국제 친선 도모, 다섯째 조난 혹은 순직한 동지들에 대한 구호 등등이다.

이것을 위하여 당을 정비하며 강화하는 동시에 용감하고 열렬한 애국

---

12 트리에스테는 슬로베니아와 국경지대에 위치하는 이탈리아 북동부의 항구도시. 1946년 7~10월 파리 평화회의에서 이 지역의 귀속문제를 두고 미소가 대립하여, 1947년 2월 10일 트리에스테는 국제연합 통치하의 자유지역이 되었다가, 1954년 이탈리아와 유고슬라비아에 분할되었다. 소련은 트리에스테를 동구권으로 편입하고자 하였지만, 이탈리아 사회주의자들은 자국의 편입을 원했다.

민중을 본당 산하로 집결시켜야 할 것이다. 그리고 우리 동지들은 모두 다 각각의 힘과 돈을 당에 바치자. 이리하고서야 우리는 한국독립당의 당원이 될 자격이 있는 것이다. 선열과 민중에 대하여 부끄러울 것이 없는 것이다. 끝으로 여러분의 건강과 대회의 많은 성과를 빌고, 말을 그친다.

3. 민족통일의 재구상: "마음속의 38선이 무너져야"(1949년 3월)[13]

'민족통일의 재구상'이란 제목으로 글을 쓰라고 하는데, 기탄없이 말하면 나에게는 민족통일에 관한 어떤 신新구상도 재再구상도 없다. 민족통일에 관한 나의 신념이나 주장은 때가 바뀌었다고, 장소가 바뀌었다고, 환경이 달라졌다고, 그때그때 새로워지고 변하는 것이 아니요, 과거에나 현재나 미래에나 죽는 날까지 변함이 없을 것임을 감히 스스로 자신하고 자부하는 까닭이다. 따라서 여기서는 재구상이니 신구상이니 하는 것보다 민족통일에 관한 평소 나의 주장과 신념의 일단을 피력함으로써, 잡지 편집인과의 약속을 이행하고자 할 따름이다.

한마디로 얼른 말하라면, 나의 희망이나 소원은 첫째도 대한독립이요, 둘째도 우리나라의 독립이며, 셋째도 우리나라 대한의 완전한 자주독립이다. 나의 소원은 언제 어느 곳에서나 단지 이것 하나밖에 없다. 내 과거 70 평생 이 소원을 위하여 살아왔고, 현재에도 이 소원 때문에 살고 있으며, 미래에도 이 소원을 달성하기 위하여 살아갈 것이다.

독립이 없는 나라의 백성으로 70 평생 동안 서러움과 부끄러움과 안타까움을 받아온 나에게, 세상에서 가장 좋은 것이 완전하게 자주 독립한 나라의 백성으로 살아보다 죽는 일뿐이다. 나는 일찍이 우리 독립정부의 문지기가 되기를 원하였거니와, 그것은 우리나라가 완전히 독립만 되면 나

---

13   『대조』 1949년 3·4월호; 『백범 김구전집』 8, 706~09면; 『백범어록』, 363~70면.

는 그 나라의 가장 미천한 자가 되어도 좋다는 뜻이다. 독립한 자기 나라의 빈천貧賤이 남의 밑에 사는 부귀富貴보다 기쁘고 영광스럽고 희망이 많기 때문이다.

근래 동포 중에는 우리나라를 이웃 큰 나라의 연방에 편입하기를 소원하는 자가 있다 하나, 나는 차마 이런 말을 믿을 수 없다. 만일 진실로 이러한 자들이 있다면 그는 제정신을 상실한 정신병자라고 밖에 생각할 수 없는 일이다. 나는 일찍이 공자·석가·예수의 도를 배웠고 그들을 성인으로 숭배하거니와, 그들이 합하여서 세운 천당과 극락이 있다 하더라도, 그것이 우리 민족이 세운 나라가 아닐진대, 우리 민족을 그 나라로 끌고 들어가지 아니할 것이다. 왜 그런가 하면 피와 역사를 같이하는 민족이란 완연히 있는 것이어서, 내 몸이 남의 몸이 될 수 없는 것과 같이 이 민족이 저 민족이 될 수는 없는 것인 만큼 형제도 한집에서 살기 어려움과 같은 일이다.

일부 소위 좌익의 무리는 '혈통의 조국'을 부인하고 소위 '사상의 조국'을 운운하고, '혈족의 동포'를 무시하고 소위 '사상의 동무'와 '프롤레타리아의 국제적 계급'을 주장하며, 민족주의라 하면 이미 진리의 영역 바깥에 떨어진 것 같이 말하고 있다. 이것은 심히 어리석은 생각이다. 철학도 변할 수 있고, 정치·경제의 학설도 일시적일 수 있으나, 민족의 혈통만은 영구적이기 때문이다.

어느 민족이나 종교나 학실, 혹은 징지직·경제직 이해의 충돌로 인하어 두파 세파로 갈라져서 피를 흘리며 싸우지 않은 민족이 없거니와, 지내놓고 보면 그것은 바람과 같이 지나가는 일시적의 것이요, 민족은 필경 바람잔 뒤의 초목 모양으로 뿌리와 가지를 서로 뻗고 한 수풀을 이루어 살고 있는 것이다. 오늘날 소위 좌우익이란 것도 결국 영원한 혈통의 바다에 일어나는 일시적인 풍파에 불과한 것을 잊어서는 아니 된다.

민족은 영원히 갈라질 수가 없다. 민족의 조상을 같이하는 혈통 속에 흐르는 피는 무슨 정치나 경제적인 이해관계로 인해서 변할 수 없다는 것이

나의 민족에 대한 기본 신념이요, 이 기본 신념 때문에 나는 반쪽이 아니라 한국 민족 전체가 한데 뭉치는 진정한 완전 통일을 갈구하여 마지않는 것이다.

그러면 우리 민족은 과연 어떠한 나라를 세워야 할 것인가?

나는 우리나라가 세계에서 가장 아름다운 나라가 되기를 원하지, 가장 부강한 나라가 되길 원하지 아니한다. 내가 남의 침략에 가슴이 아팠으니, 내 나라가 남을 침략하기를 원치 아니한다. 우리의 경제력(富力)은 우리의 생활을 충족할 만하고, 우리의 무력(强力)은 남의 침략을 막을 만하면 족하다. 오직 한없이 가지고 싶은 것은 높은 문화의 힘이다. 문화의 힘은 우리 자신을 행복되게 하고 나아가서 남에게 행복을 주겠기 때문이다. 지금 인류에게 부족한 것은 무력도 아니요, 경제력도 아니다. 자연과학의 힘은 아무리 많아도 좋으나, 인류 전체로 보면 현재의 자연과학만 가지고도 편안히 살아가기 때문이다.

현재 인류가 불행한 근본적 이유는 인의仁義가 부족하고 사랑이 부족하기 때문이다. 이러한 마음만 발달되면 현재의 물질력으로도 (세계) 20억이 다 편안히 살아갈 수 있을 것이다. 인류에게 이러한 정신을 배양하는 것은 오직 문화가 있을 따름이다. 나는 우리나라가 남의 것을 모방하는 나라가 되지 말고, 이러한 높고 새로운 문화의 근원이 되고 모범이 되기를 원한다. 그래서 우리나라로 말미암아 진정한 세계 평화가 실현되기를 원한다.

홍익인간弘益人間이라는 우리 국조國祖 단군의 이상도 이것이라고 믿는다. 또 우리 민족의 재주(才操)와 정신과 과거의 단련이 이 사명을 달하기에 넉넉하고, 우리 국토의 위치와 기타의 지리적 조건이 그러하며 또 1차, 2차의 세계대전을 치른 인류의 요구가 그러하며, 이러한 시대에 새로 나라를 고쳐 세우는 우리의 처한 시기가 그렇다고 믿는다. 우리 민족이 주연배우로 세계무대에 등장할 날이 눈앞에 보이지 아니하는가?

이 일을 하기 위하여 사상의 자유를 확보하는 정치적 양식의 건립도 필요하고, 교육의 완비도 필요하고, 경제적 조건도 불가피하지만, 무엇보다 근본문제가 되는 것은 진실로 인권의 평등 자유를 보장할 수 있는 나라가 되어야 하겠다는 것이다. 그러나 내가 자유라고 하는 것은 제멋대로 살자는 것은 아니다. 어느 일개인의 독재도 없고, 어느 한 계급의 독재도 없이, 백성이 정권의 노예가 되지 않고 만민이 정권을 향유할 수 있는 나라의 자유를 의미한다.

내가 주장하는 남북협상을 가리켜 좌익에의 투항이니, 남한정부에의 비협력이니 하는 것은 심한 오해라 아니할 수 없다. 나는 상술한 바와 같은 민족통일의 기본 신념과 주장 아래, 남북의 구별 없이, 당파의 구별 없이, 각자가 한민족의 일원으로 돌아가서, 개인의 사리사욕을 떠나고 정권욕을 떠나서, 민족 만년의 대계를 위하여, 가슴속을 서로 털어놓고 완전히 통일된 민족국가를 건립하는 데 노력하자는 것뿐이다.

이러한 신념과 주장과 견해 아래 전국을 통한 총선거에 의한 한국의 통일된 완전 자주적 정부 수립을 갈망해왔고, 총선거는 인민의 절대 자유의사에 의하여 실현할 수 있게 되기를 요구해왔으며, 소련이 북한 입경入境을 거절하였다는 구실로써 유엔이 그 임무를 태만히 하지 아니할 것을 요구해왔다. 또한 독립적 통일정부를 수립하기 위하여 '미소 양군이 즉시 철퇴하여 한국인으로 하여금 자유로운 입장에서 자주적으로 총선거를 실시하여 통일정부를 수립하게 하자'는 소련의 주장은 원칙적으로 정당하니, 양군철퇴로 인하여 소위 진공 기간에 어떠한 혼란이 야기할 것으로 예측하고 '미소 양 점령군은 한국정부 수립 이후 철퇴하자'는 미국의 주장도 무리한 것이 아니라고 생각해왔다.

그러나 미소 양국이 서로 모순되는 주장을 고집함으로써 한국을 희생시킨다는 것이 거대한 세계적 과오라는 것은 예나 지금이나 한결같은 나의 견해이다. 그러나 이미 한국문제 해결이 미소 양국으로부터 유엔으로 옮겨지고, 새로운 '한국위원회〔UNCOK, United Nations Commission on Korea〕'가 그 업무를 시작한 이상, 조선 민족 통일의 대업을 위하여 최대 최선을 다하여 책임지는 것이 가장 합리적인 견해라고 생각한다.

이는 남의 힘에 의뢰하자는 의미가 아니다. 오늘 우리를 둘러싼 정세가 꼭 유엔의 힘으로만 통일을 성공할 수 있다고 생각할 수는 없지만, 그렇다고 유엔의 협조를 떠나서 우리의 통일이 성공되기 어려운 것도 사실임을 알자는 것이다. 그리고 유엔의 힘을 빌리던지 아니 빌리던지 우리의 민족 통일은 우리 손으로 앞길을 개척해야 할 것이며, 오직 애국애족의 열성에 근거한 자주적 남북협상 없이는 어렵다는 것을 나는 굳게 믿는 바이다.

가끔 대한민국 정부에 대한 나의 태도를 묻는 사람들이 있다. 나는 이 자리에서 명백하게 말하거니와 무슨 비법적非法的 민족통일운동을 하자는 것은 결코 아니다. 나는 어디까지나 한 애국자로서, 한 혁명가로서, 개인의 사사로운 이해관계를 떠나서, 어디까지나 공명정대하게 정권욕을 떠나서 민족통일의 대업에 몸을 바치자는 결심뿐이다. 거듭 말하거니와 한국이 있어야 한국 사람이 있고, 한국 사람이 있고야 민주주의도, 공산주의도, 무슨 단체도, 무슨 정당도 존재할 수 있는 것이다.

자주독립적 통일정부를 수립하려는 이 중대한 시대(世代)에 당면하여 어찌 개인이나 집단의 사리사욕을 탐하여 국가민족의 백년대계를 그르칠 수 있으랴? 우리는 과거를 한번 잊어보자! 갑은 을을, 을은 갑을 의심하거나 경멸하여 욕하지 말고 서로 진지한 애국심에 호소하자! 악착한 골육상쟁의 투쟁을 중지하고 피차 관대한 온정으로 임해보자!

마음속의 38선이 무너져야 땅 위의 38선도 철폐될 수 있을 것이며, 민족통일의 구상도 여기서부터 자연적으로 생길 수 있을 것이다.

4. 유엔한국위원회에서의 진술: 서울에서 남북 민간지도자 회담 (1949.5.31)[14]

나는 유엔한위(UNCOK)에서 통일에 대한 의견을 청취하기 전에, 먼저 한위의 남북통일에 대한 방침을 명시할 것을 희망하였다.

1. 유엔은 평화적 통일에 협조할 것이다. 그렇다면 북한의 사실상 권력체(조선민주주의인민공화국)에 대하여 어떠한 태도로 임하겠다는 방침이 명백해지기 전에 평화통일의 방법을 말하기는 곤란하다.

2. 남북의 한국인들이 평화통일을 위하여 모든 가능한 방법을 자유로이 토의할 수 있도록 언론의 자유가 보장되어야 한다.

그러므로 한위로서는 남북통일 협조에 관한 방침과 원칙을 조속하게 표시해주기를 거듭 희망한다. 그리고 지금 내가 한위의 협의에 응하는 것은 오직 남북 한인들이 평화통일을 갈망하고 있다는 사실과 보편적인 의견을 유엔한위에 설명하려는 것이다.

통일문제에 대하여

한국 통일문제를 유엔을 통하여 해결한다는 원칙에 대하여, 소련과 북한에서 동의하지 않는다면 한위의 남북통일 과업은 곤란에 봉착할 것이나. 유엔은 먼저 한국문제 해결을 위한 미소의 협조를 촉진시키도록 적극 노력하여야 한다. 지금의 형편으로서는 미소 간의 타협 없이 남북의 통일이 실현되기는 곤란하다. 객관적 입장에서 본다면 남북통일에 대해 다음 세가지 방법을 고려할 수 있을 것이다.

(1) 1948년 5월 10일 유엔임시한위(UNTCOK) 감시하에 실시된 가능한 지역 선거 당시, 북한을 위하여 보류하였다는 100명의 대표를 유엔 감시하

---

14   "Kimkoo's Statement to UNCOK on May 31." (NARA, RG 59, 501, BB Korea) 『백범김구전집』 9, 709~712면;『자유신문』『경향신문』『조선중앙일보』 1949.6.1;『백범어록』, 380~84면.

북한 지역 선거로 대한민국 국회에 보내는 것.

(2) 〔새〕 유엔한위(UNCOK)의 감시하에 남북 총선거를 〔새로〕 실시, 대한민국 국회의원 전체를 새로 선출하는 것.

(3) 1947년 11월 14일 유엔 총회에서 채택된 결의안에 의해 남북 총선거를 〔새로〕 실시하는 것.

이상의 세가지 방법 중에서 한위韓委로서 실현 가능한 한가지 방법을 실시하면 될 것이다. 만일 (1)이나 (2)의 방법이 가능하다면 문제는 비교적 용이하나 현실적으로는 기적을 바람과 다름없는 곤란한 일이므로, 우선 '남북 민간지도자 회담'이나 혹은 '정당·사회단체대표자연석회의'를 개최하고 통일을 실현하기 위한 어떤 가능한 방법을 협의해보는 것이 좋겠다고 생각한다. 만약 이 회담에서 더 좋은 새로운 통일방안이 성립된다면 더욱 좋을 것이다.

남북에 이미 사실상으로 존립한 권력 형태는 말살하려 해도 말살되지 않는 것이 현실이다. 그러므로 남북에서 이미 진행된 사실을 우선 인정하면서, 양극단을 구심력적으로 조절하여, 점진적으로 접촉의 기회를 촉성하고 점차 통일을 위한 협조적 기능을 다하기 위하여, 남북정권에 직접 가담치 않은 민간 정당 사회단체의 협력이 필요할 것이다. 이상과 같은 회담을 구상하면서 다음과 같은 실천 방법을 상정할 수 있다.

A. 남북 민간지도자 혹은 정당단체 대표인물로서 개인(私人) 자격에 의한 남북회담을 개최하여 통일방안을 협의할 것(모든 곤란한 형식 문제를 피하기 위하여 남북 정권의 대변인도 개인 자격으로 참가할 것).

B. 회담 지점은 서울에서 할 것.

C. 회담 내용에 대해서는 관계 방면의 합의에 의해 발표할 것.

D. 이 회담에서 통일방안에 대한 초보적 합의가 성립되는 대로 각기 원지역에 돌아가서 정식 남북회담이 실현되도록 노력할 것.

E. 유엔한위는 이 회담이 실현될 수 있도록 모든 환경과 조건을 조성하

기 위하여 극력 협조할 것.

대한민국 정부에서 취할 통일 조치에 대하여

대한민국정부로서 통일을 추진시키는 어떠한 조치를 취하였다고 발표된 것은 아직 없는 것 같다. 민국정부의 정책이 장차 평화통일의 방향으로 추진될 수 있다면, 그 전제 조건으로 평화통일을 추진하려는 정당 단체의 합법적 활동이나 언론에 대한 간섭이 완화되어야 할 것이다.

나는 김규식 박사와 더불어 1948년 4월 평양에서 개최되었던 남북회담에서 돌아와서부터, 우선 우익 진영의 통일된 방안을 가지고서 좌익에 대하여 협상도 하고 될 수 있으면 타협하여 남북통일을 촉진하려고 노력하였으나, 앞으로 더욱 광범한 우익단체의 합의와 지지로써 좌익(북한)과의 회담에 임할 수 있도록 노력하겠다.

사회적 경제적 장애의 제거에 대하여

미소 양군의 분할점령으로 인하여 생긴 38 장벽이 제거되지 않고, 또 남북한의 무장세력 간의 충돌이 빈발하는 상태가 개선되지 않으면 어떠한 장애도 제거되기 곤란할 것이다. 사회적 또는 경제적으로 부분적 교류를 추진시키기 위하여, 먼저 남북의 군사적 충돌 위기를 완화시키지 않고서는 불가능힐 것이다. 이러한 문제도 미소 협의를 원칙으로 하는 유엔의 노력이 기대되는 바이나, 한국을 분단해놓은 미소 양국이 자기 점령지역에 각기 상반된 정권과 군대를 만들어놓고 그대로 나가는 것은, 마치 남의 동리에 와서 싸움을 붙여놓고 슬쩍 나가버리는 것과 같은 것이다. 만약에 내전이 발생된다면 그 책임은 미소 양방에 다 같이 있는 것이다.

5. 한독당 7계 전국대표자대회 선언문 요지(1949.6.17)[15]

2차대전을 통하여 전인류는 독일 파시즘과 일본 군국주의를 타도하고 평화와 자유와 민주를 전취하기 위하여 역사상 유례없는 막대한 희생을 감수하였다.

동아시아, 인도네시아, 발칸 등지에서는 민족자결을 위한 강렬한 반제 투쟁이 전개되고 있다. 유엔은 제3차 총회까지 회의를 거듭하고 있으나, 전세계에서 전개되고 있는 이러한 모순과 대립과 전쟁이 그대로 집중적으로 표현되고 있을 따름이며, 아무런 문제도 실질적으로 해결하지 못하고 있다.

이상과 같은 국제적 환경은 우리 조국에도 그대로 축소 반영되고 있다. 국토의 양단은 경제의 파탄과 동족상잔을 초래하여, 인민으로 하여금 생사의 갈림길(關頭)[16]에서 방황케 하고 있으며, 친일파·민족반역자 들의 발호와 봉건세력의 잔존은 새로운 민주주의의 자유 발전을 방해하고 민족정기를 말살하려는 것이다.

우리는 억압과 침략을 위한 어떠한 기도도 결사반대할 것이며, 전세계 평화를 애호하는 인민과 더불어 영구한 세계평화의 확보를 위하여 투쟁할 것이다. 우리는 세계 제 약소민족의 생존권을 위협하고 자결권을 유린하려는 낡은 제국주의 세력의 침략정책을 배격하고, 당면한 역사적 과업의 최고 목표인 양단된 조국의 통일을 위하여 최대의 열의를 경주하며 투쟁할 것이다.

우리의 투쟁은 항상 민주주의적 합법적 수단과 방법에 의하여 수행될 것이며, 먼저 세계적으로 보장되고 있는 민주주의의 기본 원칙인 언론·집

---

15 『조선일보』 1949.6.15; 『조선중앙일보』 1949.6.17; 『백범어록』, 385~88면; 『백범김구전집』 8, 549~51면.

16 『백범김구전집』 8, 551면에는 "關頭"를 "벽두"로 오독.

회·결사의 진정한 자유가 확보되어야 할 것을 요구하며, 언론 비판의 자유는 민주주의 사회 발전의 필수조건임을 지적한다.

우리는 외국군 철퇴와 남북 평화통일을 위하여 노력하는 한, 유엔 한국위원단에 대하여 협조적 태도를 취할 것이다. 그러나 유엔한위는 한국문제 해결의 완전 주체가 되지는 못하는 것이다. 우리는 세계일가世界一家와 민족자결의 이념 아래 세계평화와 조국의 자주민주 통일독립을 위하여 최후까지 용감하게 투쟁할 것을 만천하에 정중히 선언하는 바이다.

6.「공염불과 현실」(유고)[17]

모스끄바 3상회담에서 신탁통치가 결정되었다는 소식이 발표되었을 때에 전민족은 격노하였다. 그 순간에 좌도 우도 다 같은 민족적 양심에서 일제히 반대한 것이 본연한 이성의 발로였다. 그러나 얼마 되지 않아 행동의 변화가 생긴 것은 조급한 정치적 의욕과 당파의 분열에서 비롯된 것뿐이요, 민족적 양심에서는 아닐 것이다.

'양군철퇴' '남북통일' '완전 자주독립'은 반탁이념의 3대 요소라 하겠다. 신탁을 반대하는 사람들은 다 같은 민족적 양심에서 일치하게 이것을 주장하였으니, 이 또한 자연한 이성의 발로였다. 그러나 중간에 이르러서 반탁 진영의 보조에도 혼란이 생긴 것은 유감이다. 이 역시 조급한 정치적 의욕과 당파적 분열에서 되어진 것뿐이요, 민족적 양심에서는 아닐 것이다. 이래서 분열, 저래서 분열, 분열에서 반대로, 또 반대에서 분열로, 이러는 가운데서 이 겨레의 혼란을 빚어내고 있다.

실상으로는 미소의 정책으로 조성되는 현실 위에서 피차彼此 압제당하는 처지에 있는 사람들끼리, 이제 과열을 진정하고 반성함으로써 냉정한

---

17   『민성』 1949년 7월호;『백범어록』, 389~91면;『백범김구전집』 8, 711면.

이성을 회복하여, 한결같은 민족적 양심으로 정성 단결하여, 다 같이 외세의 압력을 거부하고 자주통일의 길로 총진군할 수 있는 날에, 비로소 이 겨레의 앞에는 통일과 자유의 서광이 비칠 것이다.

4년 동안이나 공염불처럼 떠들던 양군철퇴도 마침내 실현단계에 다다랐다. 이제는 남북통일, 완전독립이란 다른 공염불이 남아 있을 뿐이다. 그러나 이것도 우리가 꾸준하게 분투 노력하는 데서 꼭 실현될 수 있는 것이다. 보는 사람의 관점에 따라서 공염불이 아닌 것을 공염불이라 볼 수도 있고, 가장 현실적인 것도 비현실적으로 볼 수도 있으니, 구태여 서로 시비를 가릴 것은 없다. 외국군이 철퇴하게 되었으니, 앞으로 우리가 해야 할 일을 진실〔眞摯〕하게 토론하는 것만이 이 나라를 위하여 가장 현실적이며 건설적일 것이다.

여운형

해방 제1성의 복음을 전하는 몽양 여운형(1945. 8. 16, 휘문중학교, 손치웅 촬영).

1장
조선건국준비위원회, 20일 천하

1. 여운형과 일본 정부와의 관계 최종 보고서(1947.1.11)[1]

「일본과 협력」

6. 여운형은 일본 항복 이후 질서를 지키기 위해 일본과 협력했다. 항복 전에 엔도오 류우사꾸遠藤柳作(조선총독부 정무총감), 니시히로 타다오西廣忠雄(조선총독부 경무국장), 이소자끼 히로유끼磯崎廣行(조선총독부 경무과장)는 법

---

[1] 버치 문서 Box 1-G-19-33; 박태균 『버치문서와 해방정국』, 역사비평사 2021, 34~36면, 308~20면. 1946년 8월 2일 주한미군 사령관 정치고문 버치(Leonard Bertsch)의 건의로, 8월 10일 하지가 여운형에 대한 조사를 승인하여, 오리오던(Charles O'Riordan) 소령 등이 일본으로 가서, 전쟁 이전 일본 수상이었던 도조 히데끼(東條英機), 코이소 쿠니아끼(小磯國昭), 조선 총독 우가끼 카즈시게(宇垣一成), 아베 노부유끼(阿部信行), 조선총독부 정무총감 엔도오 류우사꾸(遠藤柳作), 경무국장 니시히로 타다오(西廣忠雄), 보안과장 이소자끼 히로유끼(磯崎廣行) 등을 두루 만나 조사한 내용의 최종보고서이다. 흔히 여운형의 약점을 잡으려는 조사로 설명하지만, 조사 동기(버치의 건의)와 시기 등의 정황을 고려하면 오히려 중용을 위한 사전 검증의 성격이 강하다. 최종 보고의 시기는 1947년 1월이지만 친일 관련이라 서두에 배치하며, 보고서의 일부만 게재한다.

과 질서를 유지하고 일본인들의 생명과 재산을 지키기 위하여, 여운형과 논의했다.

여운형은 러시아인들이 서울에 오기 전에 정치범들을 석방할 것을 제안했다. 러시아인들이 오기 전에 정치범들이 석방된다면 모두 흩어질 것이기 때문이었다. 러시아인들이 들어온 이후 정치범들이 집단적으로 석방된다면 여운형은 그들을 통제할 수 없었다.[2] 일본 공권력은 여운형〔의 능력〕에 대해 자신이 있었던 것 같다. 그가 유혈 사태를 막아줄 수 있다고 진심으로 믿었던 것 같다. 여운형은 폭력을 삼가고 평화를 지킬 것에 대한 라디오 연설을 몇 차례 했다.[3] 일본인들은 여운형의 연설이 상당한 효과가 있었다고 믿었다.

그때까지만 해도 그들〔위 조선총독부 고위관리〕은 여운형이 올바른 길로 간다고 생각했다. 그런데 여운형은 일본 총독부가 생각했던 바를 따르지 않았다. 일본이 원했던 것은 〔여운형이〕 평화유지위원회 의장으로 연합군이 올 때까지 질서를 유지하는 것이었다. 그러나 여운형은 실질적인 정부로 여겨질 수 있는 정치적 조직〔건국준비위원회〕을 만들었다. 그로 인해 〔조선총독부 고위관리들이〕 실망했음에도 불구하고 여운형을 질서를 유지할 수 있는 유일한 사람으로 받아들였다.[4]

경무국장 니시히로는 여운형에게 조직 자금으로 1백만엔을 주었고,[5] 이

---

2 소련군 진주 이전에 석방하면 정치범들이 평화로이 흩어지지만, 소련군 진주 이후 석방하면 정치범들이 더 유리한 정황에서 집단행동을 할 수 있다는 의미이다.

3 1948년 8월 16일 오후 3시, 6시, 9시, 건국준비위원회 부위원장 안재홍의 세차례 라디오 연설(정병준 『1945년 해방 직후사: 현대 한국의 원형』, 돌베개 2023, 91~93면)을 지칭하는 것으로 보인다.

4 박태균은 "실질적인 정부로 여겨질 수 있는 정치적 조직"을, 1945년 8월말 건국준비위원회가 인민위원회로 전환되는 것으로 해석했지만(박태균 『버치문서와 해방정국』, 45면), 여기서는 '건국준비위원회' 그 자체를 지칭한다. 즉 8월 16일 총독부에서 여운형에게 위임한 것은 치안 유지인데, 여운형이 건국을 준비하는 조직으로 활용한 것은 약속 위반이라는 것이다. 사실 이 점이 건준에서 가장 중요한 논쟁점이다. 이 책 서문 38~40면 참고.

5 1백만엔 자금 수수에 대해서는 정병준 『1945년 해방 직후사』, 186~93면 참고.

는 평화 유지를 위해 여운형의 위원회가 필요하다고 생각했기 때문이다. 일본인들은 이러한 모든 결정이 토오꾜오의 지시 없이 서울에서 이루어진 것이라고 말했다. 그들은 여운형이 중국 옌안延安이나 러시아와 접촉하려는 시도는 없었다고 주장했다. 그들은 여운형을 공산주의자나 친러시아파로 생각하지 않았다. 그가 한국 민족운동을 대표하면서 반일주의자였다고 믿었다.

(…)

13. 한국문제에 관련된 일본인들의 마음에 여운형은 현재 한국인들에게 가장 중요한 정치 지도자다. 그 이유 중 하나는 그만이 한국을 통합할 수 있기 때문이다. 여운형은 공산주의를 지지하지 않지만, 공산주의자들의 지원을 받아들일 것이다.

14. 여운형은 러시아인들이 서울로 들어와 한국 전체를 점령할 것으로 기대하고 있었다. 1948년 9월까지 한국의 분할 점령이 총독부에 알려지지 않았다. 언제 알려졌는지는 정확하지 않고, 지금도 조사 중에 있다.

「결론」

1. 여운형은 일본의 요원이거나 협력자가 아니었다. 그는 항상 반일주의자였으며, 심지어는 그의 친구인 일본인 관리들에게조차 그렇게 알려졌다.

2. 여운형은 코이소 내각 시절〔1944. 7. 22~1945. 4. 7〕러시아와의 관계를 중개하는 역할을 수행하지 않았다.

3. 여운형은 항상 한국의 독립을 위해 충성을 다했다. 이 조사에서 그의 애국주의를 의심할 만한 어떠한 증거도 발견하지 못했다. 조사관들의 마음에도 진정한 찬사를 갖도록 했다.

4. 여운형은 1933~45년 효과적이고 지적인 독립운동 지도자였다. 그는 1932년 히틀러가 독일 청년들을 히틀러의 청년으로 만드는 것을 보았다.

1932년 무솔리니와 바티칸이 이탈리아의 청년들을 통제하는 것을 보았다. 일본의 동화주의는 실패했고, 여운형의 청년들에 대한 캠페인은 성공했다. 반일 청년들은 여운형에게 충성을 바쳤다. 여운형은 독립의 상징으로 인식되었다.

5. 일본인들은 여운형을 러시아 공산주의자들의 신봉자로 여기지 않았다. 그는 정당도 따르지 않았고, 폭력도 지지하지 않았다. 그러나 그는 한국 공산주의자들에게 많은 영향을 미치고 있다.

6. 1945년 〔해방의〕 시점에서 여운형은 한국인들에게 논쟁의 여지가 없는 지도자였다. 그는 단지 선호하는 사람이 아니었다. 일본인들은 그가 한국인들을 통제할 수 있다고 믿었다. 엔도오 류우사꾸(1886~1963) 정무총감은 많은 한국인 지도자들과 논의했는데, 그는 여운형의 충고를 따랐다. 여운형 외에는 그 누구도 없었다. 우가끼宇垣一成 조선총독이나 코이소小磯國昭 일본수상은 한국의 대통령 감으로 여운형의 자질에 대해 20분 동안 얘기했으며, 부통령으로는 가능성조차 언급하지 않았다. 분명히 일본인들과 미국인들 사이에서 여운형에 대한 정치적 인상은 너무나 달랐다. 아마도 망명했던 정치가들의 귀환이 정치적 균형을 변화시킨 것 같다.[6]

7. 일본인들은 여운형이 미군과 협조할 것이라고 믿었다. 일본인들은 만약 미국이 진정으로 독립된 한국 정부를 원한다면 여운형과 충분히 협조해야 하며, 그에게 의존해야 한다고 믿었다. 그러나 이것은 여운형을 대통령으로 생각하는 사람들의 의견이다.

10. 한국의 정치적 큰 그림에서 여운형을 제거하는 것은 공백을 만들 것이다. 자유주의적 우익과 극단적인 좌파를 확대할 것이다. 우리는 그가 '밑으로부터' 남과 북에서 지지를 받고 있다는 점을 인정해야만 한다. 공산주의자들이 여운형의 공백으로부터 더 이득을 얻을 것이다.

---

6   해방 이후 이승만 김구 등이 귀국하고 난 뒤에 여운형의 비중이 상대적으로 낮아졌다는 의미이다.

2. 해방 제1성(연설): 해방의 날은 왔다(1945.8.16)[7]

조선 민족 해방의 날은 왔다. 어제 15일 아침 8시 엔도오 조선총독부 정무총감의 초청을 받아 "지나간 날 조선 일본 두 민족이 합한 것이 조선민중에 합당하였는가 아닌가는 말할 것이 없고, 다만 서로 헤어질 오늘을 당하여 마음 좋게 헤어지자. 오해로써 피를 흘린다든지 불상사가 일어나지 않도록 민중을 잘 지도하여 달라"는 요청을 받았다.[8]

나는 이에 대하여 다섯가지 요구를 제출하였는데, 〔엔도오는〕 즉석에서 무조건 응낙하였다.

1) 전조선 각지에 구속되어 있는 정치 경제범을 즉시 석방하라.

2) 집단생활지인 경성의 식량이 제일 문제이니 8~10월 3개월간 식량을 넘겨달라.

3) 치안 유지와 건설 사업에 아무 구속과 간섭을 하지 말라.

4) 조선에서 민족해방의 추진력이 되는 학생훈련과 청년조직에 대하여 간섭을 말라.

5) 전조선 각 사업장에 있는 노동자를 우리들의 건설 사업에 협력시키며 아무 괴로움을 주지 말라.

이것으로 우리 민족해방의 첫걸음을 내디디게 되었으니, 우리가 지난날 아프고 쓰렸던 것은 이 자리에서 모두 잊어버리자. 그리하여 이 땅에 참으

---

7 『매일신보』 1945.8.17; 여운형 『조선독립의 당위성(외)』, 강준식 편, 범우 2008, 319~20면; 여운형 『여운형 산문집(해방 후): 해방의 날은 왔다』, 솔 2020, 7~9면.

8 엔도오는 서울이 소련군에 의해 점령되는 것으로 알고 여운형에게 치안을 부탁하였다. 이 책 여운형 편 5장 2절 「소련군 정보 자료: 여운형-로마넨꼬 비밀회담」: "1945년 8월 15일 오전 7시에 전 정무총감인 엔도오가 조선 인민의 대표들을 불러 '4~5일 후면 서울에 소련 붉은군대 선발대가 도착할 것이며, 일본이 항복했기 때문에 우리가 무장해제 당할 것'이라고 말했습니다."(이 책 297면)

로 합리적인 이상적 낙원을 건설하여야 한다. 이때 개인 영웅주의는 단연코 없애고 끝까지 집단적 일사불란한 단결로 나아가자. 머지않아 각국 군대가 입성하게 될 것이며, 그들이 들어오면 우리 민족의 모양을 그대로 보게 될 터이니 우리들의 태도는 조금도 부끄럽지 않게 하여야 한다. 세계 각국은 우리들을 주목할 것이다.

백기를 든 일본인의 마음속을 잘 살피자. 물론 우리들의 아량을 보이자. 세계 신문화 건설에 백두산 아래에서 자라난 우리 민족의 힘을 바치자. 이미 전문대학 학생으로 된 경비원이 배치되었다. 이제 곧 여러 곳으로부터 훌륭한 지도자가 오게 될 터이니, 그들이 올 때까지 우리는 힘은 적으나마 서로 협력하지 않으면 안 될 것이다.[9]

3. 건국준비위원회 위원장 담화(1945.8.18 보도)[10]

조선에는 지금 묵은 정권(총독부)이 물러가려 하고 있는데, 새 정권은 아직 서지 않고 또 갑자기 설 수도 없습니다. 그러나 정권이 물러나고 대중이 헤매는 이때, 가장 걱정되는 것은 대중이 형편없이 날뛰는 것이고, 가장 필요한 것은 대중을 잘 이끌어가면서 그 역량을 살리고 잘 육성하여나가는 일입니다.

이 사명을 띠고 나온 것이 '조선건국준비위원회'(이하 '건준')입니다. 그리고 이 건국 준비에 가장 필요한 것은 첫째 치안을 유지함이요, 둘째는 건국의 소요되는 힘과 자재와 기구 등을 잘 보관하고 육성하여, 새로 탄생하

---

9   이 담화의 방점은 건국 준비보다는 치안 유지에 있다.

10   『매일신보』 1945.8.18; 『조선독립의 당위성(외)』, 321~22면; 『여운형 산문집(해방 후)』, 9~10면. 이 담화가 보도된 8월 18일 밤 11시, 여운형은 정체불명의 괴한들에게 폭행을 당하여 시골로 내려가 8월 25일까지 요양하였다. 그사이 건준 부위원장 안재홍을 중심으로 우익과 협의하며 조직을 확대하였고, 이것은 건준의 첫 내분으로 이어졌다(정병준 『1945년 해방 직후사』, 108면, 117면).

는 국가를 되도록 건전하게 건설하는 것입니다. 치안 유지에는 치안대와 무장대武衛隊를 차례로 조직·사용하는 한편, 기왕에 있는 마을조직〔町里組織〕도 활용할 수 있을 것이요, 대중의 식량 확보에 최대한 노력하기로 합니다. 그 외 일반 생활필수품도 되도록 원활히 확보하기 위해, 각 방면에 잠겨 있는 모든 물품을 되도록 빠지지 않고 각각 그 현지에서 보관하는 방침을 진행 중입니다. 또 교통 통신 금융기관에 대해서도 이미 책임 있는 지위에 있는 여러분의 자발적 협력을 얻어 지금도 매일같이 그 대책을 강구하는 도중에 있는데, 이 문제는 상당한 난관에 부딪힐 것을 각오할 바이나 반드시 뚫고 나아갈 길이 있을 것입니다.

연합군 상륙이니 경성 도착이니 하는 문제는, 그동안에도 군중 측에서 유언비어에 가까운 소동도 있었고, 경성역까지 환영하러 몰려간 일도 있었으나,[11] 멀리서 오는 손님을 일정한 예의로 맞이함은 옳겠지만 거기에는 면목과 체통이 있으니까, 우리 위원회에서 그러한 경솔한 지휘를 한 일은 없었습니다.

또 오래 기를 못 펴고 눌려 있던 대중인지라 여러 가지 간판과 명목을 내걸고 제각각 움직이고 있지만, 아무리 그 목적이 좋다 할지라도 모두 일원적으로 통일할 방침이고, 만일 아직 합류되지 아니한 방면에 대하여는 되도록 성의를 다하여 그 협력을 구하려고 합니다. 또 치안 상태와 기타의 조건에서 아직 유감되는 점도 있으나 이는 금후의 노력으로 갈수록 개선될 줄 믿습니다. 이외에 미진한 점은 이다음 다시 발표하기로 합니다.

---

11   8월 16일 소련군의 경성역 진주 소동을 말한다(정병준 『1945년 해방 직후사』, 223면).

4. 건국준비위원회 위원장 연설(1945.8.25)[12]

모진 더위에 수고하는 여러분들에게 감사드립니다. 나는 5, 6일간 일사병 같은 병세로 요양하고자 시골에 가 있었습니다. 시골에 가 있는 동안에 향촌에 있는 여러 농민분들의 노력 즉 근로대중들이 조금도 동요함 없이 식량 증산의 중요한 임무에 진력하고 있는 것을 볼 때, 나 자신은 감사의 눈물을 금치 못하였습니다. 그들은 아무 욕심도 없고 다만 자기들의 맡은 임무에만 묵묵히 노력하고 있는 것을 볼 때 진실로 감사하였으며, 또 한편 부끄러움을 느꼈습니다.

우리는 과거 36년 동안 이민족의 통치를 받아온 울분에서 해방되니까 참으로 기뻐 날뛰는 모습이 혹 무질서한 것 같지만, 실질적으로 이를 검토하고 정확히 관찰한다면 우리들의 문화적 수준은 매우 높았다고 볼 수 있습니다. 같은 정세에 있는 만주滿洲의 여러 가지 정보를 들어보면, 우리와 같이 통제가 되고 질서가 정연한 것을 볼 수 없었다고 할 수 있습니다.[13] 이러함에도 불구하고 혹 방관자들의 비판이 있으나, 지금 우리가 하는 일보다 더 잘할 사람은 없을 것이며, 이것은 오로지 일반 대중의 문화 정도가 높아서 질서가 유지된 것입니다. 진실로 우리 동포들의 신중(自重)한 태도에 대하여 감격을 금할 수 없습니다. 농촌의 농부나 노동대중은 오로지 자신의 직책을 이행함으로써 우리 조선 건설에 기여하고 있습니다.

이때에 헛되이 질서를 문란케 하거나 비판을 일삼는 사람이 있다면, 5백

12　이만규 『여운형투쟁사』, 민주문화사 1946, 213~14면; 『조선독립의 당위성(외)』, 323~24면; 『여운형 산문집(해방 후)』, 11~12면. 여운형은 8월 18~24일 시골에서 요양하고, 8월 25일 서울로 돌아와 건준 집행위원들을 모아놓고 이 연설을 했다. 연설은 논란이 격심한 '정부' '정권' 등의 건국 문제를 피하고 치안 유지에 의식적으로 초점이 맞추어져 있으며, 해방 직후 질서가 유지된 데 대해 민족적·문화적 자부심을 피력하고 있다.

13　일본 패전 당시 만주에는 많은 일본인이 거주하고 있었고, 이들의 전후(戰後) 본국 귀환은 다른 지역에 비해 귀환 손상률(損傷率)이 높았고 귀환 기간도 월등히 길었다. 임성모 「전후 일본의 만주 기억, 그 배후와 회로」, 『일본비평』 2호, 서울대학교 일본연구소 2010, 134~35면.

년 동안 우리 민족의 혼을 마비시킨 소위 글자나 안다는 지식층 인텔리라고 하겠습니다. 지금은 많은 제갈량보다도 한 사람의 충실한 병졸이 필요합니다. 우리가 우리 대중과 목표한 바를 이루기 위해서 기탄없이 적극적인 현명한 의견을 제안하는 것은 대단히 좋은 일입니다. 따라서 2, 3인의 소수라도 동일한 의견으로 결합하여 공고한 단결을 배양치 아니하면 안 될 것입니다.

지금 우리가 할 일은 정부 조직이 아니고, 또 어떠한 기성세력을 형성하려는 것도 아니며, 무슨 정권의 쟁투도 아닙니다. 다만 신정권이 수립될 때까지 준비를 위한 것과 치안을 확보하는 것뿐입니다. 말을 줄이고 묵묵히 실행하는 것만 남아 있습니다.

나는 임무를 마치면 곧 농촌으로 가겠습니다. 나 자신이 농촌 출생이고 또 농부들과의 귀농을 약속하였습니다. 나는 지식 계급에게 잘못할지언정 결단코 노동대중에게는 잘못하고 싶지 않습니다. 여러분 중에 단 한 사람이라도 우리 위원회라든지 내 자신의 직책에 불평이 있고 내가 책무를 잘 이행하지 못하는 점이 있다고 지적한다면, 나는 이 자리에서 물러나겠습니다. 그렇지 않으면 서로 마음과 힘을 합하여 우리의 사명인 조선 건설의 대업을 위하여 매진하지 않으면 안 될 것입니다.

5. 건국준비위원회 선언과 강령: 치안과 건국(1945.8.28)[14]

1) 선언

인류는 평화를 갈망하고, 역사는 발전을 지향한다. 인류역사의 전례 없

---

14   ⓐ「전단(傳單): 조선건국준비위원회 선언과 강령」(국립중앙도서관 소장), ⓑ「조선건국준비위원회 선언과 강령」,『매일신보』1945.9.3;『조선독립의 당위성 (외)』, 325~27면;『여운형 산문집(해방 후)』, 14~16면. ⓐ와 ⓑ는 5군데(본문의 ①~⑤) 차이가 있는데, 본문은 수정된 ⓑ, 전단(ⓐ)은 각주로 소개한다.

는〔空前的〕[15] 참사인 2차대전의 종결과 함께 우리 조선에도 해방의 날이 왔다.

지난 반세기 동안 우리 조선은 제국주의 일본의 식민지로서 제국주의적 봉건적 착취와 억압하에 모든 방면에서 자유의 길이 막혀 있었다. 그러나 우리는 과거 36년 동안 우리의 해방을 위하여 투쟁을 계속하여왔다. 이 자유 발전의 길을 열려는 모든 운동과 투쟁도 제국주의 및 그와 결탁한 ①반동적 반反민주주의적 세력[16]에 의하여 완강히 거부되어왔다.

전후문제의 국제적 해결에 따라 조선은 제국주의 일본의 굴레로부터 벗어나게 되었다. 그러나 조선 민족의 해방은 다난한 운동사에서 겨우 새로운 일보를 내디디었음에 불과하나니, 완전한 독립을 위한 허다한 투쟁은 아직 남아 있으며, 새 국가 건설을 위한 중대한 과업은 우리의 앞길에 놓여 있다.

지금 우리의 당면 임무는 완전한 독립과 진정한 민주주의의 확립을 위하여 노력하는 데 있다. 일시적으로 국제세력이 우리를 지배할 것이나, 그것은 우리의 민주적 요구를 도와줄지언정 방해치는 않을 것이다. 봉건적 잔재를 일소하고 자유 발전의 길을 열기 위한 모든 진보적 투쟁이 전국적으로 전개되고 있고, 국내의 진보적 민주주의 여러 세력은 통일전선의 결성을 갈망하고 있나니, 이러한 사회적 요구에 의하여 우리의 건국준비위원회가 결성된 것이다.

그러므로 본 준비위원회는 우리 민족을 진정한 민주주의 정권으로 재조직하기 위한 새 국가 건설의 준비기관인 동시에, 진보적 민주주의 여러 세력을 집결하기 위하여 각층 각계에 완전히 ②개방開放[17]된 통일기관이요, 결코 혼잡한 협동기관이 아니다.[18] 왜 그런고 하면 여기에는③[19] 모든 반민

---

15   『여운형 산문집(해방 후)』(14면)에는 "空前的"이 "公戰적"으로 오기되어 있다.

16   ⓐ에는 "지주 및 반동적 민족부르조아지", 배제할 세력을 보다 구체적으로 적시하였다.

17   ⓐ에는 "개통(開統)"으로 되어 있다. 특별한 함의가 없는 단순 착오로 생각된다.

18   "혼잡한 협동기관"은 건준 우파 안재홍과 한국민주당 송진우 측의 타협을 비판하는 구절이다(이정식 『여운형』, 524면; 정병준 『1945년 해방 직후사』, 125면).

주적 반동세력에 대한 대중적 투쟁이 요청되는 까닭이다. 과거에 그들은 일본제국주의와 결탁하여 민족적 죄악을 범하였다. 금후에도 그들은 해방 조선의 건설을 방해할 가능성이 있나니 이러한 반동세력 즉 반민주 세력과 싸워, 이것을 극복 배제하고, 진정한 민주주의 실현을 위하여 강력한 민주주의 정권을 수립하여야 할 것이다.

이 정권은 전국적 인민대표회의에서 선출된 인민위원으로서 구성構成될[20] ④것이며,[21] 그동안 해외에서 조선해방운동에 헌신하여온 혁명전사와 그 집결체[22]에 대하여서는 적당한 방법으로 마음을 다해〔全心的〕[23] 맞이하여야 할 것은 물론이다. 그리하여 조선 전민족의 총의를 대표하여 이익을 보호할 만한 완전한 새 정권이 나와야 하며, 이러한 새 정권이 수립되기까지의 일시적 과도기에 본 위원회는 조선의 치안을 자주적으로 유지하며, 한걸음 더 나아가 조선의 완전한 독립국가 조직을 실현하기 위하여 새 정권을 수립하는 ⑤잠정적 임무를[24] 다하려는 의도에서, 아래와 같은 강령을 내세운다.

2) 강령

一. 우리는 완전한 독립국가의 건설을 목표로 함.

一. 우리는 전민족의 정치적 경제적 사회적 기본요구를 실현할 수 있는

---

19 ⓐ에서는 이 자리에 "폭악한 지주 고리대금업자 반동적인 민족부르조아지의"가 삽입되어 있었는데, ⓑ에서는 삭제되었다.

20 『조선독립의 당위성(외)』(326면)은 "戰取될", 『여운형 산문집(해방 후)』(15면)은 "싸워 목적한 바를 얻을"로 되어 있다. 전국적 인민대표회의 운운한 이 구절은 9월 6일 '조선인민공화국'의 도래를 암시하고 있다.

21 ⓐ에는 "것이니, 민주주의적 기본적 요구를 내걸고 이것을 찬성하고 실천에 힘쓰는 모든 인민의 조직만이 각기 자기 대표를 이 전국대회에 보낼 수 있을 것이다"였는데, 이 부분은 완전 삭제되고, 대신 "그동안 ~ 물론이다"로 대체되었다.

22 "집결체"란 충칭임시정부를 비롯한 해외 독립운동 단체들을 지칭하는 표현이다.

23 『여운형 산문집(해방 후)』(15면)은 "專心的"으로 오기되어 있다.

24 ⓐ에는 "산파적 사명을"로 되어 있다.

민주주의적 정권 수립을 목표로 함.

一. 우리는 일시적 과도기에 국내 질서를 자주적으로 유지하며 대중생활의 확보를 목표로 함.

6. 하지 사령관에게 보낸 첫 편지(1945.9.2 이전)[25]

하지 사령관 및 연합군 여러분!

나(여운형)는 조선 건국준비위원회[26]를 대표하여 국제 파쇼 군국주의에 대한 세계평화 민주주의 승리를 위하여, 그리고 우리 조선 민족의 해방을 돕기 위하여 영웅적으로 싸워준 여러분께 최대의 경의와 감사를 드립니다.

우리 건국준비위원회는 조국의 자유와 독립을 위하여 싸워온 애국투사들로 조직되었으며, 민주주의 조선의 건설을 위하여, 조선 인민대중의 생활 확보를 위하여, 더 나아가서는 국제 평화의 유지와 민주주의의 국제적 연대성 확보를 위하여 충실히 노력하려 합니다.

여러분의 특별한 협력과 원조를 희망합니다. 또 여러분을 통하여 연합국의 국민 병사 대중에게 우리의 최선의 인사를 전해주시기 바랍니다.

---

25 『조선독립의 당위성(외)』, 328면;『여운형 산문집(해방 후)』 17면. 이 편지를 가지고 인천으로 간 여운형의 특사는 백상규(白象圭) 여운홍(呂運弘) 조한용(趙漢用)이었다. 세 사람은 9월 5일 인천에 도착하여 사흘 동안 바다 위에서 기다린 후, 9월 8일 미군사령함(USS Catoctin)에 올라 제24군단 참모장 가빈(Crump Garvin) 준장에게 여운형의 편지(1-6)를 전했다. 편지의 내용은 '건준'을 소개하고, 협력과 원조를 희망하는 것이었다.

26 편지의 영어 원문에서는 '건준'을 'the Provisional Korean Commission(임시한국위원회)'로 의역하였다. 여운홍『몽양 여운형』, 청하각 1967, 165면; 손세일『이승만과 김구』 6, 49면.

2장
'조선인민공화국'에서 '조선인민당'으로

1. 전국인민대표대회 연설(1945.9.7)[1]

어제(9월 6일) 저녁 급히 전국인민대표대회를 개최한 데 대하여 여러분에게 미리 알리지 못해서 사과를 드립니다. 그러나 지금은 건국의 비상시이니 비상조치로서 그렇게 할 수밖에 없었습니다.

선출된 인민위원은 각계각층을 망라하였다고는 하나 완전하다고 할 수 없고, 이제부터 국민 총의에 의한 대표위원이 나올 때까지의 잠정적 위원이라고 볼 수 있습니다. 선출된 위원 대개는 승낙한 것으로 생각합니다.

말할 것도 없이 건국의 대업은 어려운 일입니다. "로마는 하루아침에 이루어진 것이 아니"라고 하는 것과 같이, 건국의 대업이 하루아침에 되는 것은 아닙니다. 그러나 연합군의 진주가 곧 있을 것이고, 연합군과 절충할 인민 총의의 집결체가 없으면 안 될 것이니, 그 집결체의 준비 공작으로 이리 급히 전국대표회의를 개최할 수밖에 없었습니다. 대표위원들은 일치단

---

1   『백민』 1945.12; 『조선독립의 당위성(외)』, 329~30면; 『여운형 산문집(해방 후)』, 18~19면.

결하여 힘 있는 대로 건국사업에 노력하여주기를 바랍니다.

앞으로 사태의 진전에 따라서는 건준은 그 사무가 종료될 것이니, 그때까지는 일치단결하여 쉬지 않고 일해주기를 바라며, 또 외부 동지들도 함께 분투하여주기를 바랍니다.

이제부터 우리 사업은 외국인을 상대해야 합니다. 3천만 민중의 자격이 그들의 앞에 드러나게 될 것입니다. 또 우리는 〔미·소〕 두분의 손님을 맞이하게 되어 난처한 것도 있습니다.

그러나 어느 때라도 과거 5백년 동안 우리의 치욕이요 폐단인 사대사상을 단호히 버려야 합니다. 우리 민족의 체면을 손상시키는 일이 있어서는 안 될 것은 물론, 여러분 위원들은 민중의 선두에서 민중 지도에 노력해야 할 것입니다.

끝으로 우리는 세계적 지도원칙에 입각하고, 거기에 우리 조선의 특수 조건을 참작하여, 건국 대업에 가장 공고한 기초를 세워야 할 것입니다.

2. 문답: 조선인민공화국 ── 탄생 경위와 소감(1945.10.1)[2]

문　　조선인민공화국이 탄생한 경위는 무엇이며 그 후 어떻게 되었으며 장차 어떤 방책으로 나아갈 터인가.

답　　건국준비위원회가 새 조선의 건설을 위하여 8월 15일 이후 치안 유지를 위주로 노력하고 있었다. 이때에 38선 이북에는 소련군이 온 후로 허다한 풍설과 세평이 있었으나, 시일이 지날수록 전광석화같이 질서를 회복하고 인민에게 줄 것을 착착 주고 있다. 그러므로 38선 이남에도 반드시 동일한 처지가 있을 줄로 알았었다. 1개월이 지났는데 기대에 어긋난 것은 유감이다.

2　　『매일신보』 1945.10.2; 『조선독립의 당위성(외)』, 331~34면.

문 어째서 인민공화국이라고 이름하였는가.

답 먼저 인민공화국을 조직하고 인민위원을 선정하였는데 국호에 여러 가지 주장이 있었다. 즉 조선, 대한, 고려, 대진大震³ 등이 있었으나, 결국 단군 이래의 고유명사인 조선으로 결정되었다. '인민'이란 문자에 대하여도 여러 가지 의논이 있는 모양이지만, 인민공화국은 주권이 인민에게 있는 것이다. 벌써 100년 전에 미국에서는 인민을 주권의 주체로 보지 아니했는가. 조선의 독립은 연합군이 우리 조선 사람에게 주는 단순한 선물은 아니다. 3천만 조선 동포는 과거 36년간 유혈 투쟁을 계속해왔으므로 〔조선인의〕 혁명에 의하여 오늘날 자주독립을 획득한 것이다. 그러므로 혁명에는 꺼리는 것〔忌憚〕이 필요치 않다. 혁명가들이 먼저 정부를 조직하고 이후 인민의 승인을 받을 수 있다. 급격한 변화가 있을 때, 비상조치로 생겨난 것이 인민공화국이다. 인민이 승인만 한다면, 조선인민공화국과 그 정부는 그대로 유지될 수 있다고 생각한다. 당초에 연합군이 진주하면 즉각 국권을 받아들일 수 있도록 준비한 것이 조선인민공화국 내각이었다. 약체이면 〔앞으로〕 보강하여 난국에 대처할 수 있게 하겠다. 혁명 초에는 혁명단체가 조각組閣하는 것이요, 인민이 조각하는 것이 아님은 쑨원孫文을 보아도 알 것이다.⁴

문 현재 한국민주당을 주로 해서 인민공화국과 건준에 반대하는 경향이 있는데.⁵

답 대단히 좋다. 민주주의니까 정견과 이론이 같은 사람끼리 정당을

---

3 해방 직후 고구려 발해 등을 계승한다는 취지에서 대진(大震)을 국호로 내세우자는 주장도 있었다.

4 '인민공화국' 건국을 쑨원의 중화민국 건국을 비교한 것은 궁여지책이지만, 쑨원의 중화민국은 1912년 인민의 보통선거가 아니라 혁명가들(쑨원과 임시참의원)에 의해 먼저 수립되었다.

5 1945년 9월 8일 한국민주당 창당 발기대회에서 채택된 '발기인 성명서'에서는 여운형과 건준·인공을 강도 높게 규탄하였다. 「한민당, 임정 외에 정권 참칭하는 단체 및 행동 배격 결의 성명서」, 『자료대한민국사』 1945.9.8(https://db.history.go.kr/contemp/level.do).

조직함은 당연하다. 지난 8월 15일 이후 각 정당이 잇따라 생겨났지만 결코 많지 않다고 생각한다. 압박에서 해방되어 정치적 호흡을 하게 되니까, 많이 생기는 것은 자연발생적 필연적 현상이 아닌가 생각된다. 앞으로 시일이 지나면 동일한 목적을 위하여 합해질 것은 이미 정해진 운명이다. 결국에는 2·3개의 정당만 남게 될 것이다.

문　충칭임시정부를 유일무이한 정통한 조선정부로 보기 때문에 인민공화국을 반대하는 최대의 이유로 보는데.

답　충칭임시정부를 지지 환영하는 것은 이 여운형이 가장 강하다. 사람은 감정이 있는 것이니, 〔상하이에서〕 10여년 동안 동고동락하면서 굶고 애쓰고 일하던 사람들의 정부이므로 동지애로 가장 사랑하게 된다. 1차대전이 끝난 후 기미년(1919) 상하이에서 파리에 대표를 보내고, 조선 민족의 지도기관을 설치하자, 국내 3·1 독립운동에 호응하여 상하이에서 4월 11일 임시정부를 수립하였다. 나는 10년 5개월 동안 〔상하이〕임시정부와 합력하다 〔1929년 7월〕 조선에 잡혀왔다. 그러므로 임시정부에 경의를 표한다. 〔그러나〕 충칭임시정부만을 지지한다는 법은 없으리라 생각하며, 충칭임시정부 측도 지지를 절대 중요하게 생각하지 아니한다. 국내에 있는 정치운동을 무시할 그네들이 아니다. 나는 해외 정권을 환영한다. 현재 충칭임시정부 외에 미국에도 두 파가 있다. 옌안에도, 시베리아에도 정당이 있어서 5개의 정부〔정파〕가 있다.[6] 따라서 한 정부만 지지한다고 하면 해외 동지를 그만큼 분란시킬 뿐이다. 그러므로 모든 해외 동지를 환영하고 받아들여 국내에서 정부를 조직하여야 한다.

문　미군정 당국에서는 현재 조선인민공화국 정부를 정당으로밖에 보지 않는다는데.

답　인민공화국 정부뿐 아니다. 충칭임시정부를 비롯한 모든 임시정

6　해외 여러 독립운동 정당과 단체가 있었던 것은 사실이지만, 해방 당시 '정부'라는 칭호는 충칭임시정부뿐이기 때문에, 충칭임정을 해외 "5개의 정부" 중 하나라고 한 것은 무리이다.

부를 승인하지 않는다. 이것은 미군으로서 당연한 일이다. 〔조선 사람들은〕 페어플레이를 해야 한다. 미군정 당국에서는 조선 사람들의 정당이 싸우는 경우에 간섭할지라도 그밖에는 일일이 간섭하지 말아달라고 요청하고 싶다. 더티플레이를 하지 말라. 정치게임에서도 남의 대가리를 까는 짓은 하지 말라. 나는 외국 의존에는 절대 반대이다.

문　　인민공화국정부는 붉다고 하는 사람도 있는데.

답　　포복절도할 일이다. 일본으로부터 해방된 오늘날 민주주의 조선을 건설하는 데 적색이 어디에 있느냐. 대체 공산주의자를 배격할 필요가 어디 있느냐. 다 같이 참여하여 민주주의 국가를 건설하고, 많고 적은 것은 결국 인민투표에 의해서 결정될 것이다. 영국을 보라. 6·7년간 전쟁〔2차대전〕에 승리의 공로자 처칠이 물러나고 노동당이 승리했다. 그러나 적색은 아니다. 영국 내각에는 공산당이 3인밖에 없다.[7] 노동자 농민 및 일반 노동대중을 위하는 것이 공산주의냐. 만일 그러면 나는 공산주의자가 되겠다. 노동대중을 위하여 여생을 바치겠다. 우익이 만약 반동적 탄압을 한다면 오히려 공산주의 혁명을 촉진시킬 뿐이다. 나는 공산주의자를 겁내지 않는다. 그러나 급진적 좌익 이론은 정당하다고 보지 않는다. 인민이라는 용어를 적색이라고 함은 소〔초등〕학교 1년생과 같이 〔무지한〕 사람이라 하겠다. 한국민주당, 국민당 등이 민족적 총력으로 총단결하여야 할 터인데 그 결정은 인민이 할 것이다. 사대주의 배외사상은 절대 배제하여야 하겠다.

문　　모 정당〔한국민주당〕에서는 충칭임시정부로부터 연락이 있다고 공언하고 있는데 여운형 씨에게는 연락이 있는가.

답　　나도 3년간이나 옌안독립동맹과 연락하고 지하운동을 해왔다. 독립동맹은 40분맹分盟이 있고 5~6만명의 맹원이 있다. 그리고 그중에는 군

7　　이는 여운형의 착오이거나 '공산주의 성향이 강한 인사'를 잘못 표현한 것으로 보인다. 당시 노동당의 1차 애틀리 내각(1945.7.26~1950.2.23) 구성원 중 공산당 소속은 존재하지 않았다. 이 책 239면에도 여운형의 같은 언급이 있다.

대도 있다.[8] 충칭임시정부와는 직접 연락은 없으나, 소식은 그치지 않고
있다.

3. 각 정당 수뇌 간담회 중 여운형 발언(1945.10.5)[9]

1) 미군이 진주하여 군정을 실시하고 있으나, 그리 오래 가리라고 생각
안 됩니다. 어제[10월 4일] 군정청에서 그들과 만났지만 그들도 이렇게 말
합니다. "진주한 우리들은 미국 사람이지만, 4개국[미소영중] 대표로 온 것
이다. 하루바삐 국가를 건설해서 우리들이 고국으로 돌아갈 수 있도록 해
달라"고. 미군이 고마운 손님이며 여기 와 있는 것은 좋을지 모르되, 우리
살림은 우리 손으로 하는 것이 옳을 것입니다. 그리하여 손님들이 하루바
삐 돌아가실 수 있도록, 초당파적 경지에서 국가 건설에 힘을 합하는 것이
오늘 여기 모인 이의 취지이지, 결코 정당을 통일하자는 것은 아닌 줄 압니
다. (…)

2) 동일 민족 사이에서 더구나 국가건설 도중에 국민대회를 두군데서
소집한다는 것이 과연 옳은 일인지요? 충칭에 계신 임시정부 선배들의 여
러 가지 일을 모르는 것이 아닙니다. 인민공화국을 조직하였다는 한 사람
인 이 여운형으로서도 모든 것을 국민의 총의에 물어 하루바삐 의견을 일
치하는 것이 옳다고 생각합니다.
국민대회를 소집해, 임시정부를 지지할 것인가, 인민공화국을 지지할
것인가, 아니면 새로운 무엇을 만들 것이냐를, 국민 총의에 물어야 합니다.

---

8   옌안독립동맹에 대해서는 상당한 과장이 있어, 여운형이 충칭임시정부보다 옌안독립동맹
     을 높이 평가하고 있음을 알 수 있다.
9   『조선주보』 1945.10.15; 『조선독립의 당위성(외)』, 335~41면; 『여운형 산문집(해방 후)』,
     20~22면.

즉 최후의 판결은 반드시 국민이 내려야 할 것입니다. 무슨 주장 명령보다 지금의 조선에는 복종, 즉 결정에 따라가는 것이 필요하다고 생각합니다. 어떤 대표가 뽑히던 간에 하루바삐 국민의 총의를 듣는 것이 긴급한 문제라고 생각합니다. 오늘 이 자리에서 무슨 결정이 나면, 나는 여기에 절대 복종하겠습니다.[10]

3) 어저께[10월 4일] 하지 중장을 만나니까 다른 말은 다 제쳐놓고 "당신 일본 사람한테 돈은 얼마나 받았느냐"고 묻습디다. 하도 어이가 없어서 얼른 대답도 못했습니다. 아주 액수까지 말합디다. 3백만원[엔]이라고.[11]

그리고 [한국]민주당 성명서에서 나를 보고 "일본 제국주의의 주구"라니 말이 됩니까. 어떠한 의미로 하시는 말씀인지 모르나 조선을 사랑하는 동지로서 차마 입밖에 낼 수 없는 말이 아닌가 합니다.

4) 임시정부 이야기가 나왔으니 하는 말입니다. 여기 계신 최근우[12] 씨나 조동호[13] 씨도 그[임시] 정부 조직의 내용을 잘 아시지요. 여기서 잠깐

10 李英根「八・一五解放前後のソウル(5)」(『통일조선신문(統一朝鮮新聞)』, 1970.9.30. 번역문은 『월간조선(月刊朝鮮)』 1990년 8월호, 442면)에는 "인민공화국은 백번 해산해도 좋다"고 언급한 것으로 되어 있다(손세일 『이승만과 김구』 6, 조선뉴스프레스 2015, 107~08면).

11 여운형이나 건준이 총독부로부터 돈을 받았다는 시비는 히지게 언급했다는 3백만엔 이외에도 ① 총독부 니시히로(西廣忠雄) 경무국장이 전달했다는 "1백만엔"(이 책 218면), ② 신복룡 편 『한국분단사자료집 II』(원주문화사 1999, 138면)에 소개된 "2000만엔", ③ 총독부의 치안권 이양 과정에 개입했던 최하영(전 조선총독부 농상과장)의 "450만달러 상당[당시 6,750만엔]"(최하영 「정무총감, 한인과장을 호출하다」, 『월간중앙』 1968년 8월호, 122~25면) 등 다양하지만, 확실하게 확인된 것은 없다.

12 최근우(崔謹愚, 1897~1961)는 1919년 일본 토오꾜오에서 2·8독립선언에 참여했고, 이후 중국 상하이로 망명해 임시의정원 의원과 임정의 기관지인 『독립신문』 기자로 활동했다. 이때 여운형을 만나 여운형의 토오꾜오행에도 수행했으며, 해방 이후에는 건준 총무부장, 근로인민당 부위원장을 역임했다.

13 조동호(趙東祜, 1892~1954)는 1918년 여운형과 신한청년당을 조직하고, 임시정부에서 의정원 의원과 『독립신문』 기자로 활동했다. 신한청년당·임정·이르꾸쯔끄파공산당·건국동

그 경과를 말씀드리고자 합니다.

1919년 〔2월 8일〕 토오꾜오 유학생들이 독립을 선언함으로써 도화선이 되어 이에 호응해 상하이에서 정부를 조직하게 되었습니다. 그때 나도 만주 시베리아를 경유해서 상하이로 갔었습니다. 거기서 정부로 하느냐, 의정원으로 하느냐 문제가 되었지만, 운영의 편의상 정부라는 명칭을 사용하게 되었습니다.

그리고 국호는 뭐라 하느냐 여러 가지 말이 나왔었습니다. 대한이냐, 조선이냐, 또는 고려, 동진東震,[14] 이렇게 말이 구구했습니다만, 일본에 잃어버린 한국〔대한제국〕을 다시 찾는다는 의미에서 대한민국이라고 국호를 지었습니다.

그런데 경성에 한성정부라는 것이 손병희孫秉熙(1861~1922) 씨와 그 외 동지들에 의해 성립되자, 이것을 어떻게 하느냐 토의한 결과, 대한민국임시정부는 해외에서 된 것이고, 한성정부는 국내에서 13도 대표가 모여 된 것이라, 국내 동포의 의지를 존중하자고 한성정부를 상하이로 모시어 받들었습니다.[15] 그 후 상하이에서 만든 정부는 상하이에서나 승인받았지, 베이징 시베리아 만주에서는 승인을 받지 못하였습니다. 그리하여 정부

맹·건국준비위원회·근로인민당·민주주의민족전선 등 수많은 조직에서 여운형과 함께한 평생의 동지였다.

14　동진(東震)은 한반도의 별칭, 해방 직후 이승만, 김구, 여운형, 김일성 등 4인이 포함된 '동진공화국' 조각 명단이 벽보와 전단 형태로 전국 각지에 나돌았던 적이 있다. 森田芳夫『朝鮮終戦の記録: 米ソ両軍の進駐と日本人の引揚』, 東京: 巌南堂書店 1964, 81면.

15　약간의 착오가 있다. 손병희는 연해주 '대한국민의회'가 조직한 임시정부의 대통령이었고, 국내에서 수립된 한성정부의 수반(집정관 총재)은 이승만이었다. 상하이의 임시의정원은 1919년 5월 3일 한성정부 문제에 대한 회의에서 "4월 23일 경성에서 정한「임시정부조직 선포문」및 각 원의 선정을 인정하지 않"는다고 결정했다. 그러나 이승만과 이동휘 등 임정의 주요 각료로 내정된 인사들이 한성정부·대한인국민회 소속으로 활동하며 취임을 유보·거부하자, 임정은 출범조차 어려운 상태에 빠졌다. 안창호 등은 임정의 정통성을 강화하기 위해 한성정부의 수반(이승만)을 불러들이고, 또 러시아·미주 세력까지 통합하려고 이동휘를 영입하였다.

내에 파벌들이 생기어 창조냐 개조냐 하고 격론했으며 나중엔 권총까지 등장하였지요.

그런데 만주 서간도에서는 이것〔상하이 임시정부〕을 승인하고 〔1925년 9월〕 이상룡李相龍(1858~1932) 씨가 대통령 노릇〔첫 국무령이자 제3대 수반〕을 하셨지만, 〔1926년 1월〕 이상룡이 떠난 이후 〔임시정부의〕 간판도 내걸지 못하고, 당시의 애국자로서 제1인자이던 노백린盧伯麟(1875~1926) 씨가 굶어 돌아가실 때〔1926년 1월 22일〕 그이에게 밥 한그릇 갖다드리는 동지가 한 사람도 없었고, 돌아가신 후에는 중국 사람한테 돈을 빌려서 장례를 지냈습니다. 그러나 〔1932년 4월 29일〕 시라까와白川 살해사건으로 윤봉길 씨 이름이 퍼지자, 중국 사람의 조선 사람에 대한 태도와 인기가 갑자가 달라져 극장 같은 데서까지 무료로 조선 사람을 입장시키곤 하였습니다.

4. 문답: 인민공화국에 대하여(1945.10.9)[16]

질문　인민공화국 정부를 한층 강력히 진전시킬 의향?

답변　인민공화국 정부는 문자 그대로 인민대중의 정부이니 장차 여러분의 지지 여하에 달려 있습니다. 다만 현재는 비상조치로 세운 것이니 인민의 총의로서 언제든지 명칭도 내용도 바뀔 수 있습니다.

질문　인민공화국의 충칭임시정부에 대한 태도 여하?

답변　충칭임시정부는 기미년〔1919년〕 만세 때 상하이에서 수립한 것인데, 그때 나도 참가했습니다. 그 후 같이 활동하다가 〔1929년 7월〕 나는 일본 관헌에게 잡혀 와서 그 후 자세한 사정은 모르나, 그네들과 고생을 같이 하였고, 현재 임시정부에 있는 분은 내가 잘 아는 선배이며 동지들이니, 그

16　『학병』 1946.1; 『조선독립의 당위성(외)』, 347~48면; 『여운형 산문집(해방 후)』, 29~30면.

네들의 개선凱旋을 누구보다도 이 여운형이 두 손을 벌려 맞이할 것이며, 그들과 함께 민의에 의한 정부를 만들 것은 두말할 것도 없습니다.

질문　인민공화국과 건국준비위원회의 관계?

답변　건국준비위원회는 신정부 수립의 모체요, 산파 역의 사명을 가진 것이며, 혼란한 과도기의 치안을 맡은 것입니다. 그러나 오늘날 인민공화국이 수립되었으며, 미군정으로 하여금 치안도 확보되어가며, 또 한편 지방의 지부조직에서 건준과 인민위원회 간에 알력도 있으므로, 이제 건준은 그 존재의 필요성을 느끼지 않으므로 '발전적 해소'를 결의하였습니다〔10월 7일〕. 아마 오늘쯤 건준이 해산되는 것 같습니다.[17]

5. 새 조선 건설의 큰 길人道(1945.10.22)[18]

40년간이라면 거의 반세기에 가까운 세월입니다. 이 장구한 기간 끔찍한 침략 일본 제국주의하의 노예생활에서 우리는 기어코 빛나는 자주독립을 획득하고야 말았습니다. 3천만 동포는 오늘에 있어서 누구나 할 것 없이 일체 사리사욕을 버리고 오직 동일한 민족적 이상인 신조선 건설을 목적하여 각자의 임무를 충실히 이행해나가야 할 것입니다.

내 자신이 8월 14일 이후 열성 부족과 시국에 대한 관찰이 미치지 못한 것과 또 귀중한 시기에 병상에 누워 있었던 관계로 원만하지 못하게 진행된 여러 가지 일이 있습니다. 나는 이에 대하여 어디까지든지 책임을 지려고 합니다.

17　1945년 10월 7일 건준 집행위원회는 건준의 '발전적 해소'를 결의했고, 다음 날 숙명고등여학교에서 위원장 이하 전원이 참석한 가운데 건준 해소식이 거행되었다(『자유신문』 1945.10.8). 인공으로부터 가장 큰 피해를 입은 조직은 모체였던 건준이라 할 수 있다.

18　『조선주보』, 1945.10.22; 『조선독립의 당위성(외)』, 349~51면; 『여운형 산문집(해방 후)』, 31~33면.

조선인민공화국을 조직하여 발표한 데 대해서 많은 논의가 있는 모양인데, 내가 본 당시 정세로는 당연한 조치라고 생각할 수밖에 없습니다. 중화민국의 청천백일만지홍기青天白日滿地紅旗[19]도 국민의 총의 집결로 제정된 것이 아니고 혁명 지도자들의 투철한 의지와 정렬에서 나온 것입니다. 어느 혁명국가를 막론하고 혁명 초기에 있어서는 반드시 적법, 즉 법리에 가까운 혁명적 수단으로 모든 일을 처리해나가는 것입니다.

조선 북위 38도 이북에 소련군이 진주하여 결연하게 모든 질서를 회복시키고 인민에게 줄 것을 착착 주었습니다. 그래서 38도 이남에 미군이 진주하면 38도 이북의 소련군과 같은 처리를 할 것이라고 기대되었기 때문에, 시급한 비상조치로서 연합군이 진주하면 즉석에서라도 국권을 받아들일 수 있도록 준비한 것이 즉 조선인민공화국이었습니다. 인민이 승인한다면 조선인민공화국은 그대로 성립될 수 있는 것입니다. 결국에는 미국 진주군에 대한 생각에 우리의 착오가 있었지만, 이것을 우리의 탈선이라고 단순히 보는 것은 가당치 않습니다.

또한 이 조선인민공화국 조직에 대하여 인민이라는 두 글자를 곧 적색赤色이라고 보는 일부 사람들도 있는데 이것은 가소로운 일입니다. 일본의 압박으로부터 자유 해방된 오늘날, 민주주의 조선을 건설하는 데 있어 적색이고 무엇이고 있을 까닭이 없습니다. 또한 공산주의자를 배격할 필요가 조금도 없습니다. 나는 믿고 있습니다. 다 같이 손을 잡고 민주주의 국가를 건설하면 그만이라고. 다소의 문제는 결국 인민투표에 의해서 결정될 것입니다.

영국을 보십시오. 6, 7년간 전쟁에서 승리한 공로자 처칠이 물러나고 영국의 노동당이 들어앉았습니다. 그러나 적색은 아닙니다. 영국 내각에는 공산당이 3인밖에 없습니다. 노동자 농민 일반 근로대중을 위하는 것이 공

---

19   1912년 1월 1일 중화민국 건국 당시 국기는 오색기였으나, 1928년 12월 북벌 성공 이후 '청천백일만지홍기'가 중화민국의 공식 국기가 되었다.

산주의라면 나를 공산주의자라고 해도 좋습니다. 저는 근로대중을 위하여 여생을 바칠 각오입니다.

우익이 만약 반동적 탄압을 한다면 오히려 공산주의 혁명을 촉진시킬 것입니다. 나는 공산주의자를 겁내지는 않습니다. 그러나 급진적 좌익 이론에는 정당하다고 찬성할 수 없습니다. 인민이라면 곧 적색이라고 함은 정치에 있어서의 무지의 표현입니다.

현재 정치적 호흡이 자유로우니 정견을 같이하는 사람끼리 모인 각 정당이 속출함은 자연발생적 현상입니다. 많이 생길수록 좋습니다. 하지만 이것도 앞으로 시일이 경과함에 따라 동일한 목적을 위하여 합일될 것입니다.

충청에 있는 임시정부가 들어오면 곧 조선 정부가 될 수 있다고 관측하는 분이 있는데 그렇지 않습니다. 임시정부를 지지하고 환영하는 데 나는 결코 누구에게도 뒤지지 않습니다. 제1차 대전이 끝난 후 기미년〔1919년〕 상하이에서 파리로 대표를 보내고 조선 민족 지도기관을 설치하자, 3월 1일 국내에서 일어난 독립운동에 호응하여 임시정부를 수립하고 대일 반항의 깃발을 든 것입니다. 그리하여 10년 5개월 동안 같이 힘을 합하다가 〔1929년 7월〕 나는 체포되어 조선으로 나왔습니다.

그 후로 나는 옌안延安에 있는 독립동맹과 연락하여 지하운동을 해왔으므로 임시정부에 대한 경의는 변하지 않습니다. 그렇다고 해서 임시정부만을 지지하라는 법은 없으리라고 생각하며, 또 임시정부에서도 임시정부를 절대 지지하기를 요망하고 있지는 않을 것입니다. 국내의 정치운동을 무시할 그분들도 아닙니다. 나는 해외에 있는 모든 정권을 환영합니다.

앞으로 조선의 운명은 우리의 노력 여하에 달려 있습니다. 나는 연합국에 대한 우리의 태도를 처음부터 이렇게 생각하고 있습니다. 즉 만났으니 "하우 두 유두?"라 인사할 것이고, 둘째 번에는 "땡큐"라 감사의 뜻을 표해야 할 것이고, 셋째로는 "굿바이!"가 있을 뿐입니다. 절대로 멀리서 온 연합군을 괴롭혀서는 안 됩니다. 또 〔그들이〕 잘 모르는 국내 사정을 호소, 의뢰해서도 안 됩니다. 외래세력에 대한 의뢰심은 우리의 결점 중 하나였습니다. 사대주의와 배외사상은 절대로 배척하지 않으면 안 됩니다. 우리는 우리 민족 자주의 힘으로 신 국가를 건설하여야 하고 꿋꿋하게 키워나가야 할 것입니다. 우리 앞에 열린 이것이 단 하나의 길이요, 그리고 단 하나밖에 없는 길입니다.

6. 조선인민당 선언과 강령(1945.11.12)[20]

선언

이제야 건국동맹은 그 자체의 발전과 외부정세의 변화에 따라 다년 지하시대의 협애한 규모를 버리고 내외 동지를 규합하여 개방적인 대중적 정당으로 새로운 출발을 보게 되었으니, 이것이 곧 우리 조선인민당이다.[21]

조선인민당은 근로대중을 중심으로 전민족의 완전한 해방을 기본이념으로 하며, 조선의 완전 독립과 민주주의 국가의 실현을 과제로 한다. 기본이념을 등한시하고 현실적 요청에만 얽매여 있는 것이 역사의 진전을 지연시키는 행위라면, 기본이념에만 급급하여 현실적 과제를 무시하는 것도 역시 발전을 지체시키는 동일한 결과를 가져오는 것이다. 그러므로 우리는 조선의 현실적 과제인 완전 독립 민주주의 국가의 급속한 실현을 당면 임무로 자임하는 동시에, 우리의 기본이념인 전 근로대중의 완전한 해방까지 혁명적 추진을 결의한다. 조선의 완전 독립과 민주주의 국가의 실현은 현 단계 조선이 통과하지 아니할 수 없는 엄숙한 요청이니, 우리는 이

20　「조선인민당 전단」(1945.11.12); 『중앙신문』 1945.11.13.

21　「선언」은 기존의 '건국동맹 → 건준 → 인공'의 발전노선에서 '건국동맹 → 〔건준〕 → 인민당'으로 수정하였다. 이제 '인공'이 실종되고 있다.

당면문제를 수행하면서 각층 각계의 인민대중을 포섭 조직하여 완전한 통일전선을 전개하고, 관념적 혹은 반동적 경향을 극복 타파함으로써 완수할 것이다.

조선의 현 정세는 생산의 파멸, 질서의 불안으로 근로대중은 실업, 질병, 기아에 직면하여 조속한 민주국가의 성립과 생산의 부흥을 갈망하고 있으나, 일부의 편협한 고집은 민족적 통일전선의 의의를 망각하고 내분을 일삼아 외압을 자초하여 독립국가의 실현을 지연시키고 민생의 애로를 등한시하고 있으니, 이 얼마나 개탄할 바인가.

이에 우리 조선인민당은 먼저 현 단계의 역사적 사명인 민주주의혁명에 혼신의 정성을 다하고자 하며, 이것을 달성함으로써 일보 전진하여 전민족의 완전해방을 실현코자 용약매진勇躍邁進하려 하노니, 만천하 동지는 이 역사적 사명을 자각하고 이 정치적 임무에 충실한 전우가 되자.

강령

1) 조선 민족의 총역량을 집결하여 진정한 민주주의 국가의 건설을 기함
2) 계획경제 제도를 확립하여 전민족의 완전 해방을 기함
3) 진보적 민족문화를 건설하여 전인류 문화 향상에 공헌함을 기함

7. 인민당은 인민공화국의 '정책'을 지지하는 것이다(1945.12.6)[22]

민족통일에 관하여 현 단계에서 제일 어렵고 중대한 사명을 가지고 있는 〔충칭〕임정 요인들이 3, 4일 전 회담을 하였고, 금일도 회담이 있는 모양입니다. 그리고 또 한편으로는 이승만 박사를 중심으로 독립촉성중앙협의

22　『조선인민보』 1945.12.7; 『조선독립의 당위성(외)』, 363~65면; 『여운형 산문집(해방 후)』, 41~43면. 인민당을 인공과 분리하고자 '건국동맹 → 건준 → 인민당'의 발전노선을 제시하고, 인민당은 인공이 아니라 그 정책을 지지하는 것이라는 애매한 입장이 드러나 있다.

회에서도 2차 회합이 있었다 하니, 이상의 두 집회를 통하여 명안이 나올 것이라고 믿고 있습니다.[23]

나는 독촉중협의 1차 회합(10월 23일)에 참가한 이후 불참가를 성명하였습니다. 통일전선의 근본문제는 장애물 제거라고 생각합니다. 통일이라면 콘크리트의 시멘트와 모래와 같은 작용에서 (서로 다른 것이 섞이어서) 결성되는 것입니다. 그러므로 독선적으로나 폭력적으로는 절대 불가능한 것입니다. 만일 우익에서 좌익을 경시 혹은 무시하고 민족통일전선을 결성한다면, 그것은 언어도단의 행동입니다. 원래 좌익은 혁명적이고, 우익은 반동적인 것입니다. 혁명적 좌익을 무시한다면 비민주적이고 파쇼적입니다. 이러한 경향에 대해 우리는 절대 항쟁할 것입니다.

우리 인민당으로서는 임시정부를 배척하고 거부하고 인민공화국을 지지하는 것은 아닙니다. 나라는 둘이 될 수 없는 것이고, 또는 임시정부와 인민공화국을 양대 세력으로 보는 것도 잘못입니다.[24] 인민당은 인민공화국을 지지하는 것이 아니고, 인민공화국의 정책을 지지한다는 것을 오해치 말기를 바랍니다.

인민당은 공산당과 그 조직에서는 흡사하고 정치적 성격에서 애매하다고 보는 것은, 인민당의 정강과 건국동맹에서 인민당까지의 발전과정을 이해치 못한 것이라고 생각합니다. 건국동맹은 8·15 전까지는 비밀결사였었고, 그 정치적 투쟁은 지하조직을 통하여 일본 제국주의의 패전 조장을

---

23 1945년 12월 3일 11시, 김구의 경교장에서 임시정부 국무회의가 열렸다. 이승만과 2진으로 귀국한 국무위원들도 참석, 해방 이후 임정의 유일한 국무회의라 할 수 있다. 한편 돈암장에서도 이승만을 중심으로 12월 5·6일 조직 강화를 논의하였다(『서울신문』 1945.12.7). 12월 6일, 하지는 이승만 김구 여운형 세 사람을 시차를 두고 군정청으로 초치하여 민족통일 방안에 대해 논의하였다.

24 1946년 1월 2일 인민당은 임시정부에 권고문을, 인공에 감사문을 보내 양측의 일부 인사들이 추진하던 동시 해체 및 통합 방안을 지지했다. 그러나 임정은 인공이 정부 명칭을 참칭하고 있다는 이유에서 이 권고문을 접수하지 않았다(정병준 『몽양 여운형 평전』, 한울 1995, 191면).

목표로 하였습니다. 그러므로 그 조직과 투쟁 분야에 있어서 공산당원과 같은 감옥에 투옥된 동지들이 많았습니다. 그러던 것이 8·15 이후 출옥한 동지가 건준을 중심으로 결집하였고, 한편 공산주의자들은 소위 장안파를 중심으로 한 공산당을 조직한 것입니다. 그 후 건준은 자체의 전략적 입장에서 조선인민당으로 발전한 것이니, 우리의 〔이러한〕 전략이 우리 당의 정치적 성격을 규정합니다.

인민당은 그 정치적 이념에서 공산당과 일치하고 있으나, 현 단계 전략상의 차이가 있을 뿐입니다. 8·15 전까지 우리의 역사적 특수성은 조선인 전체가 하나의 계급처럼 일본 제국주의 압박하에 있었다는 데 있습니다. 또 한가지, 조선에서 공산주의 운동은 국내 계급적 대립을 중심으로 한 투쟁은 비교적 적었고, 일본 제국주의에 대한 투쟁이 강렬하였다는 사실입니다.

이러한 조선의 역사적 특수성으로 노동자 농민은 프롤레타리아적 정치 〔계급〕의식이 박약합니다. 전농민의 75퍼센트를 점하고 있는 빈농의 대부분은 금일 공산당의 전략과는 거리가 있습니다. 이러한 계층을 계몽하여 다음에 오는 정치적 조직화에 대한 전前 단계적 훈련을 하는 것이 우리 당의 역할입니다. 그러므로 대중 획득에서도 공산당과 결코 마찰하는 것이 아닙니다. 정치적 수준이 높은 층은 공산당 산하로 집결될 것이고, 그 이외의 층은 우리 산하로 모이게 될 것이라 생각하기 때문입니다.

끝으로 강조할 것은 민족통일전선은 결코 지도자 몇몇 개인의 협동과 결렬로 좌우되는 것이 아니라는 것입니다. 주권은 인민의 것이라는 민주주의 철칙하에 최후의 심판자는 인민 대중이고, 지도자의 분열과 과오가 생길 때에는 인민이 자신의 손으로 모든 것을 해결할 것이니까, 나는 모든 문제에 대하여 절대로 자신을 가지고 있습니다.

3장
1차 미소공위와 남북·좌우합작
(1946년 1~7월)

1. 김일성, 조선인민당 위원장 려운형과 한 담화(1946.2.11)[1]

요즘 날씨도 찬데 려 선생이 이렇게 먼 길을 오느라고 수고하였습니다. 선생의 건강은 어떻습니까? 이제부터 새 조선 건설을 위하여 할 일이 많은데 무엇보다도 건강하여야 합니다.

나는 선생이 보낸 편지들도 받아보았고, 인편으로 보내준 소식도 여러 번 들었습니다.[2]

그래서 선생과 한번 만나려고 하였는데 선생이 이처럼 찾아와주니 정말 반갑습니다. 우리는 과거 산에서 일본제국주의자들과 싸울 때〔빨치산 활동 시기〕 선생과 련계를 가지려고 공작원을 파견하였던 일이 있습니다. 그러나 뜻하지 않은 사고로 하여 유감스럽게도 선생과 련계를 맺지 못하였습

---

1 『김일성저작집』 2권(조선로동당출판부 1979)〔https://minzokjaju.wayful.com/1970/12/ 351946-2-11.html〕. 김일성과 여운형의 첫 만남에 대해서는 여연구 『나의 아버지 여운형』 (김영사 2001, 198~201면, 203~08면), 박병엽 『김일성과 박헌영 그리고 여운형』(유영구·정창현 엮음, 선인 2010, 109~20면) 참고.
2 여운형이 첫 만남 이전에 김일성에게 서한과 메시지를 보낸 것을 알 수 있다.

니다.

려 선생은 우리가 과거 산에서 일제와 싸우느라고 수고하였다고 하는데, 국내에서 일제를 반대하여 싸운 분들이 고생을 많이 하였습니다. 우리는 려 선생이 일제의 박해 속에서도 민족적 지조를 굽히지 않고 조선의 독립을 위하여 싸웠다는 것을 잘 알고 있습니다.

우리는 작년 10월 남조선에서 '조선인민당'이 조직되었다는 소식을 들었습니다.[3] 조선인민당이 나온 지 얼마 되지 않았지만, 벌써 적지 않은 남조선 인민들의 지지를 받고 있는 것은 좋은 일이라고 생각합니다. 우리는 선생의 지도 밑에 조선인민당이 앞으로 새 조선 건설에 크게 기여하기를 바랍니다.

우리 인민은 장기간의 간고한 항일혁명투쟁을 통하여 일제를 격멸하고 조국을 광복하였습니다. 이제는 해방된 조선을 어떻게 건설하겠는가 하는 것이 문제입니다. 선생도 말하였지만 해방된 조선이 나아갈 길에 대하여 지금 많은 사람들이 저마다 자기의 주장을 내놓고 떠들고 있습니다.

어떤 사람들은 민주주의 간판을 들고 우리 인민을 낡은 미국식 민주주의의 길로 이끌려고 하는데, 그것은 조선이 나아갈 옳은 길이라고 볼 수 없습니다. 미국식 민주주의는 소수 특권계급에게는 무제한한 자유와 권리를 주지만, 로동자 농민을 비롯한 광범한 근로대중에게는 초보적인 정치적 자유와 권리도 주지 않습니다. 결국 미국식 민주주의는 부르죠아 제도, 부르죠아 정권의 반동성을 가리기 위한 하나의 위장물에 지나지 않습니다. 만일 우리가 이러한 길을 따른다면 조국과 민족의 번영을 이룩할 수 없을 뿐아니라 나라의 완전독립도 성취할 수 없습니다. 우리 인민은 절대로 일부 사람들이 부르짖는 미국식 민주주의의 길을 걸어서는 안 됩니다.

남조선의 일부 사람들은 우리나라에서 당장 사회주의혁명을 하여야 한

---

3   김일성이 건준과 인공에 대해서는 일체 언급하지 않았다.

다고 주장하고 있습니다. 이것은 우리나라의 현실을 무시하고 혁명 발전 단계를 뛰어 넘으려는 그릇된 주장입니다. 혁명의 성격과 임무는 개별적 사람들의 주관적 욕망에 의하여 규정되는 것이 아니라 사회 발전의 필연적 요구에 의하여 규정되는 것입니다. 조선의 현실을 무시하고 혁명 발전 단계를 제멋대로 뛰어 넘으려 하여서는 안 됩니다. 우리나라에서 당장 사회주의혁명을 하여야 한다는 사람들의 주장이야말로 좌익소아병이라고 말하지 않을 수 없습니다. 우리가 이 초超혁명적인 좌익소아병을 극복하지 않는다면 많은 군중을 잃어버리게 되며 결국 조선혁명을 성과적으로 수행할 수 없게 될 것입니다.

일제 식민지 통치에서 해방된 우리나라는 다른 나라가 나아가는 길을 그대로 따라가서는 안 됩니다. 우리는 어디까지나 조선식으로 건국사업을 해나가야 합니다. 조선 사람에게는 미국 옷도 맞지 않고 쏘련 옷도 맞지 않습니다. 우리는 맞지도 않는 다른 나라의 옷을 입을 것이 아니라, 우리에게 맞는 조선식 옷을 만들어 입어야 합니다.

려 선생도 알고 있는 바와 같이 우리나라는 장기간 일제의 식민지로 있었기 때문에, 해방이 되었지만 사회의 모든 분야에 악독한 일제 잔재와 봉건 잔재가 그대로 뿌리 깊이 남아 있습니다. 일제 잔재와 봉건 잔재를 청산하지 않고서는 나라의 완전 독립도 사회의 민주주의적 발전도 이룩할 수 없습니다. 그러므로 우리는 현 단계 조선혁명의 성격을 '반제반봉건 민주주의혁명'이라고 규정하였습니다.[4]

조선혁명의 이러한 성격으로부터 출발하여 우리는 오늘 우리나라의 실정에 맞는 조선식 민주주의의 길로 나아가야 합니다. 조선식 민주주의는

---

4   1945년 8월 18일 장안파 공산당은 당면 혁명 단계를 프롤레타리아혁명으로 규정하는 내용의 정강·정책을 발표한 바 있다. 8월 20일 박헌영은 '8월 테제' 「현정세와 우리의 임무」로 이를 비판하고 '부르주아 민주주의 혁명단계'라고 규정했지만, 8월 테제도 민족통일전선 개념이 결여된 좌경적인 것이었다. 홍종욱 『민족과 혁명』, 역사비평사 2025, 182~83면.

인민대중이 정권의 주인으로 되게 하고, 전체 인민이 누구나 다 동등한 정치적 권리를 가지게 하며, 인민의 리익을 철저히 옹호하는 진정한 민주주의입니다. 우리 인민은 오직 이 길을 따라 나아가야만 나라의 완전 자주독립과 조국의 무궁한 번영을 이룩할 수 있으며 진정한 자유와 행복을 누릴 수 있습니다.

조선식 민주주의를 실현하려면 악독한 일제 잔재와 봉건 잔재를 숙청해야 하며 외래 제국주의자들의 식민지화 정책을 철저히 반대하여야 합니다. 조선 인민은 조선식 민주주의의 요구에 맞게 진정한 인민의 정권을 수립하고 반제반봉건 민주주의혁명을 철저히 수행함으로써 부강한 민주주의 자주독립 국가를 건설하여야 합니다.

우리는 건국사업에서 절대로 외세에 기대를 걸어서는 안 된다고 생각합니다. 미국 사람들이 우리 인민에게 완전독립을 가져다주지는 않을 것입니다. 우리는 외세를 믿을 것이 아니라 어디까지나 조선 민족의 단합된 힘을 믿어야 합니다. 려 선생이 얼마 전〔10월 14일〕 미군정 고문직을 사퇴한 것은 아주 옳은 처사라고 생각합니다.[5] 미국 사람들은 남조선에서 자기들의 반동적인 군정통치를 정당화하며 애국적 인민들의 민주주의적 진출을 가로막아보려는 목적으로 선생과 같은 분을 고문으로 임명하였던 것입니다. 선생은 미국 사람들의 이러한 검은 속셈을 제때에 간파하고 미군정 고문직을 사퇴함으로써 그들에게 큰 타격을 주었다고 볼 수 있습니다. 나는 선생이 앞으로도 이러한 견결한 립장을 계속 견지하리라고 믿습니다.

건국사업을 성과적으로 수행하기 위하여 전민족이 하나와 같이 굳게 단결하여야 합니다. 공산주의자이건 민족주의자이건, 정견의 차이가 있건 없건 관계없이 제국주의와 봉건에 반대하며 나라와 민족을 사랑하고 민주주의를 요구하는 각계각층의 모든 애국적 인민들이 굳게 단결하여야 새

---

5   여운형은 1945년 10월 5일 미 군정청의 한국인 고문으로 임명되었으나, 고문단이 한민당 인사들로 편중된 것에 반발하여 10월 14일 사임하였다.

민주조선을 건설할 수 있습니다.

각계각층의 모든 애국적 민주력량을 튼튼히 묶어세우려면 민주주의적 인 통일전선을 굳게 형성하여야 합니다.

해방 후 우리나라에는 다양한 계급과 계층의 리익을 대표하는 여러 민주주의적 정당, 사회단체 들이 나왔으며 또 계속 나오고 있습니다. 북조선에서는 이미 공산당과 민주당[6], 청우당[7]이 창건되고 민주주의적 사회단체들이 결성되어 활동하고 있으며 남조선에서도 진보적 정당, 사회단체 들이 조직되었습니다. 그런데 지금 이 정당, 사회단체 들은 제각기 분산적으로 활동하기 때문에 하나의 강력한 전선을 형성하지 못하고 있으며 각계각층 인민대중을 건국사업에 힘 있게 조직 동원하지 못하고 있습니다.

우리나라의 민주주의적 정당, 사회단체 들과 각계각층의 애국적 인민들은 모두 다 부강한 민주주의 자주독립 국가 건설을 지향하고 있는 것인 만큼 능히 단결할 수 있으며 강력한 통일전선을 형성할 수 있다고 봅니다. 우리는 남북조선의 민주주의적 정당, 사회단체 들을 비롯한 모든 애국적 민주력량을 망라하는 민주주의적인 통일전선을 형성하기 위하여 적극 힘써야 합니다.

특히 남조선에서 민주주의적인 통일전선을 굳게 형성하는 것은 매우 절박한 문제입니다. 미군의 비호 밑에 친일파, 민족반역자 들이 되살아나 온

6　조선민주당은 1945년 11월 3일 조만식 중심의 민족주의자들에 의해 창당되었다. 소련군정 및 조선공산당과 마찰을 빚으며 당수 조만식이 연금되고, 상무위원급 33인 중 15인은 월남하였다. 여운형과 김일성의 만남이 있기에 앞서(2월 5일) 개최된 민주당 열성자협의회에서는 조만식을 비판하는 선언문을 채택하고, 조선공산당을 추종하는 인물들로 중앙위원회가 개조되어 사실상 조선공산당의 위성정당으로 전락하였다. 1946년 2월 24일, 오산학교 졸업생으로 김일성의 동료였던 최용건이 조선민주당의 당수로 선출되었다.

7　천도교청우당은 식민지기 조직되었던 천도교청년당의 후신으로 1946년 2월 8일 창당, 김달현이 위원장으로 선출되었다. 천도교청우당은 북한의 다른 정당들과 마찬가지로 조선노동당의 '우당(友黨)' 역할을 수행하였다. 박정희 정권 아래서 외무부장관, 주석독대사를 역임했던 천도교 교령 최덕신과 그의 아내 류미영도 1986년 월북한 뒤 청우당 위원장을 역임하였다.

갖 반민주주의적 책동을 다하고 있는 남조선의 실정에서 민주주의적인 통일전선을 형성하기 위한 사업을 다그치지 않고서는 애국적 민주력량의 분렬을 막을 수 없으며 인민대중을 옳은 길로 인도할 수 없습니다. 남조선의 현실은 나라와 민족의 장래를 우려하는 모든 정치활동가들에게 하루빨리 통일전선을 형성하고 각계각층 군중을 묶어세우기 위한 사업을 힘 있게 전개할 것을 절박하게 요구하고 있습니다. 우리는 남조선 인민들 속에서 영향력이 있는 선생과 같은 분들이 이 사업에서 많은 역할을 하여야 하리라고 생각합니다.

민주주의적인 통일전선을 형성하는 데서 중요한 문제는 통일전선에 대한 옳은 인식을 가지고 이 사업을 바로 해나가는 것입니다.

지금 남조선의 일부 사람들은 아무런 원칙도 없이 친일파, 민족반역자들까지 통일전선에 끌어들이려 하고 있는데 이것은 본질에 있어서 친일파, 민족반역자 들의 기반을 닦아주는 이적행위라고 생각합니다.

우리가 말하는 통일전선은 반제반봉건 민주주의혁명을 수행하며 조선에 진정한 민주주의사회를 건설하기 위한 통일전선입니다. 그러므로 새로운 민주주의사회 건설을 방해하는 친일파, 민족반역자 들은 절대로 통일전선에 끌어들이지 말아야 합니다. 통일전선에는 친일파, 민족반역자 들을 빼놓고 로동자, 농민, 인텔리, 종교인을 비롯하여 민주조선 건설을 염원하는 각계각층의 모든 애국적 력량을 망라시켜야 합니다.

려 선생은 자본가들도 통일전선에 끌어들일 수 있는가 하였는데, 자본가들에 대해서는 매판자본가와 민족자본가를 엄격히 구분하여 보아야 한다고 생각합니다. 매판자본가는 과거 일본제국주의자들에게 충실히 복무한 친일주구로서 투쟁대상이 되지만, 량심적인 민족자본가들은 통일전선에 망라시켜야 합니다. 민족자본가들은 과거 일제와 매판자본가들에 의하여 끊임없이 파산몰락의 길을 걸어왔으므로 반일반제 감정을 가지고 있으며, 반제반봉건 민주주의혁명에 리해 관계를 가지고 있습니다. 우리는 그들을 혁명의 편에 전취하여야 합니다. 려 선생과 같은 분들이 남조선의 민족자본가들을 포함한 중간세력을 통일전선에 묶어세우는 데서 큰 역할을 하여야 합니다.

남조선에서 민주주의적인 통일전선을 굳게 형성하려면 파쟁을 결정적으로 없애야 합니다.

파쟁은 우리나라에서 력사적으로 고질화된 악폐입니다. 우리 인민이 이 고질화된 파쟁 때문에 얼마나 커다란 불행과 시련을 겪었습니까. 과거 우리나라의 반일민족해방운동에 커다란 해독을 끼친 파쟁분자들이 해방된 오늘 또다시 파쟁을 계속함으로써 인민대중의 단결에 지장을 주고 있습니다. 남조선에서 종파분자들의 파쟁으로 민주력량이 통일 단결되지 못하고 있는 것은 참으로 가슴 아픈 일입니다. 파쟁은 새 조선 건설사업을 파탄시키려는 친일파, 민족반역자 들을 도와주는 결과밖에 가져올 것이 없습니다.

오늘 단결하는가 분렬하는가 하는 것은 건국을 하는가 못하는가 결정하는 매우 중요한 문제입니다. 참말로 나라와 민족을 위하고 후손들의 장래를 위하는 사람이라면 파쟁을 그만두고 단결하기 위하여 노력해야 할 것입니다. 친일파, 민족반역자 들이 민주력량을 분열시키며 우리 인민을 반민주주의의 길로 끌어가려고 온갖 책동을 다 하고 있는 지금이야말로 민주주의적인 각 당 각 파와 각계 민주인사들이 협애한 생각을 버리고 굳게 단결하여나갈 때라고 생각합니다.

남조선에서 파쟁을 없애고 민주력량의 통일단결을 이룩하는 데서 려 선생에 대한 우리의 기대가 큽니다. 나는 선생이 민주정당의 지도자의 위치에서, 통일전선을 강화하는 립장에서 각 당 각 파 속에서 나타나는 파벌적 경향에 대하여 원칙적으로 충고하여주고 그것을 제때에 바로잡아주었으면 합니다. 선생은 남조선의 많은 공산주의자들과 가까운 사이인 것만큼 그들과 힘을 합쳐 민주주의적 정당·사회단체 일군들을 여러모로 도와줄

수 있을 것입니다.

민주주의적인 통일전선을 튼튼히 형성하고 그 역할을 높이는 것이 중요합니다.

통일전선을 형성하는 목적은 건국사업을 잘하자는 데 있습니다. 통일전선을 형성하고 그 역할을 높이지 않는다면 그것은 무기력하고 쓸모없는 것이 되고 말 것입니다. 우리는 통일전선을 형성하는 것으로 그칠 것이 아니라 대중을 조직 동원하여 새 조선을 건설하기 위한 투쟁을 힘 있게 전개하여야 합니다.

남조선 민주정당의 일부 당원들 가운데는 우리의 통일전선이 새 조국 건설을 위하여 투쟁하는 전선이라는 것을 잘 알지 못하는 사람들도 있는 것 같습니다. 그들은 통일전선을 한다고 하면서도 인민대중의 혁명 기세와 적들의 눈치를 살피면서 투쟁하지 않고 그저 온건하게 지내려고 하는데 그래서는 안 됩니다.

통일전선은 자기의 강령을 실현하기 위하여 언제나 적극적으로 투쟁하는 전선이 되어야 합니다. 그러자면 통일전선에 망라되는 모든 정당, 사회단체 들이 자기의 특성에 맞게 행동강령을 제시하고 각종 형태의 투쟁을 전개하여야 할 것입니다.

민주주의적인 통일전선은 정세의 요구와 인민대중의 준비 정도에 맞게 옳은 투쟁구호를 제시하여야 합니다. 남조선에서 현재에는 ‘친일파, 민족반역자 들을 숙청하자!’는 등의 구호를 내세우고 투쟁할 수 있을 것입니다.

우리는 민주주의적인 통일전선의 역할을 부단히 높임으로써 적들에게 커다란 타격을 주고 새 조국 건설을 앞당기며 그 과정을 통하여 민주력량의 통일과 단결을 더욱 강화해나가야 합니다.

지금 선생이 남조선의 일부 사람들의 편협한 사업태도로 말미암아 여러 가지 고충을 겪고 있는 것 같은데, 우리는 선생의 립장을 충분히 리해할 수 있습니다. 앞으로 민주력량의 단결을 이룩하기 위한 투쟁에서 더 많은 고

충과 시련을 겪으리라고 생각합니다. 나는 선생이 조선혁명의 전반적 리익의 견지에서 큰 도량을 가지고 분열이 아니라 단결을 위하여 적극 힘쓰리라고 믿습니다. 선생은 남조선의 공산주의자들과 굳게 손을 잡고 민주주의적 정당, 사회단체 일군들과 인민들에게 통일전선 형성에서 나서는 원칙적 문제들을 잘 일깨워주어야 합니다. 그리하여 통일전선사업에서 나타나고 있는 편향들을 바로잡고 하루빨리 남조선에서 민주주의적인 통일전선을 튼튼히 형성하도록 해야 할 것입니다.

나는 려 선생이 친일파, 민족반역자 들의 온갖 책동을 용감히 물리치고 남조선의 모든 애국적 민주력량의 단결을 강화하며 민주주의 자주독립 국가를 건설하기 위한 사업에서 커다란 성과를 거두리라고 굳게 믿습니다.

려 선생이 이제 서울에 돌아가면 선생에 대한 미군과 반동들의 모략책동이 심하여질 수 있습니다. 나는 선생이 언제나 반동들의 악랄한 모략행위에 경각성을 높이며 부디 건강에 유의하기를 바랍니다.

2. 하지 장군 자문위원 탈퇴 통고문(1946.2.14)[8]

본당(조선인민당)은 굿펠로우 씨로부터 민생문제에 관한 하지 중장의 개인 자문위원회의 대표 파견을 요청 받았을 때,

① 우리는 하지 장군 개인의 자문위원회가 시급한 민생문제에 한한 자문기관인 것을 인정함.
② 본 자문위원회가 결의제가 아님을 인정함.
③ 본 자문위원회가 임시정부 수립 등 정치문제에 언급하지 않을 것을 인정함.

---

[8] 『조선인민보』 1946.2.15; 『조선독립의 당위성(외)』, 390~91면.

등의 조건하에 참가하였으나, 금일 결성된 귀하는 여실히 이〔此〕취지에 배치되므로 본당 대표 여운형, 백상규, 황진남 3인을 소환하기로 결의하여 이에 통고함.

1946년 2월 14일
조선인민당 중앙집행위원회 여운형

3. 민주주의민족전선 의장 연설(1946.2.16)[9]

감기로 몸이 좀 괴로워 시외에 가 있다가 어제〔15일〕〔민주주의민족전선〕 개회하는 날 참석하지 못하였습니다. 교통도 불편하고 일기도 추운 데 불구하고 각지에서 많이 출석한 이 자리에, 서울에 사는 사람으로서 출석하지 못한 태만을 여러분 앞에 사죄합니다.

오늘 이 자리에서 여러분과 함께 소회를 말씀하려 하는 것은 여러분과 다른 생각이나 계획이 있음은 아니고, 오직 우리가 해방된 조선에 새로운 민주주의 국가를 위하여 싸우는 이 전선의 대大편대編隊를 조직하는 여기에 한 병졸로 싸우려고 참가하기 때문입니다. 머리가 희고 나이가 먹은 늙은 몸이 여기에 참가할 기력이 있을까 의심하는 분도 계시겠지만, 여러분 노동자 농민 즉 노동대중과 혁명청년 들이 행진하는 그 자리에 일개 병졸로 창을 끌고 뒤를 따르는 풍경도 보기 싫지는 않을 것입니다.

여러분! 이 땅이 해방되어 3천만 대중은 누구나 하루라도 속히 독립이 되기를 바라는데, 우리는 어찌해서 독립을 위한 통일도 하지 못하였느냐고 지방의 여러분에게 공격을 받을 것입니다. 여러분의 책망에 변명할 말이 없습니다. 그러나 쉽게 헐값으로 통일되지 아니하고, 또 그렇게 되어서

---

9   『조선해방연보』 1946; 『조선독립의 당위성(외)』, 392~97면; 『여운형 산문집(해방 후)』, 70~74면.

는 못씁니다. 지나간 역사를 회고하면 길게 말씀 안 드려도 다 아실 것입니다.

〔1866년〕 병인양요 때 프랑스 병사가 강화도에 와서 문을 열고 세계와 교제를 하고자 할 때에, 요망한 〔대원군 등 척사파〕 무리들은 가장 애국적 문구로서 붙인 것이 있었습니다. "서양인과 화친하는 놈은 매국노라고…" [10]

그러나 안에서는 새 살림을 하기 위하여 그때부터 새로운 노력이 성난 물결같이 일어났습니다. 그 후 〔1884년〕 갑신정변에 김옥균을 수반으로 한 혁신운동이 있었으나, 그는 대중을 기반으로 하여 일어난 것이 아니고 특수계급·귀족계급이었기 때문에, 결국은 정권 쟁탈·정권 독점의 야욕에 그치어 실패하고 말았습니다.

1894년〔갑오년〕 청일전쟁에서 청나라가 패한 후 시모노세끼조약〔馬關條約〕 제1조에 '조선의 자주독립'이라 하여 독립의 껍데기 이름을 얻어 '대한大韓'이라고 새로운 나라 이름〔국호〕을 부르고 조금 독립의 행세를 하려 하였으나, 이것은 청나라와 일본의 싸움에서 얻은 '사생아의 독립'이었습니다. [11] 그리하여 '대한'이라는 이름으로 독립을 지지해왔으나, 농민을 대표하는 동학당과 밑에서 새 힘이 일어날 적에 조선의 왕가와 보수당들은 야합하여 자기 땅 전체를 왜놈들에게 헐값으로 팔아먹었던 것입니다. [12]

---

10 대원군이 세운 척화비는 12자의 큰 글씨로 "서양 오랑캐가 침입하는데, 싸우지 않으면 화친하는 것이요, 화친을 주장하는 것은 나라를 팔아먹는 것이다(洋夷侵犯 非戰則和 主和賣國)", 그 옆에 작은 글자로 "우리들 만대 자손에게 경고하노라(戒我萬年子孫), 병인년에 만들어 신미년에 세운다(丙寅作 辛未立)"가 새겨져 있다.

11 1895년 4월 17일 시모노세끼에서 체결된 청일강화조약의 제1조는 "청은 조선이 완결 무결한 자주독립국임을 확인하며"로 시작된다. 이후 조선은 우여곡절을 겪다가, 1897년 10월 12일 고종이 황제국을 선포하고 국호를 '대조선국'에서 '대한제국'으로 변경하였다. 여운형은 이러한 과정을 "사생아의 독립"이라 표현하였다.

12 여운형은 한일합방을 대한제국 황실과 수구파 관료가 헐값에 팔아먹은 것으로 이해하였다. 그는 "한국정부의 폐정을 목격하여 격분하고 있던 내게는 한일합방에 대해 어떠한 분개도 없었다"고 밝힌 바 있다(「여운형심문조서」, 1930.3.9~10. 진술). 1919년 임시정부의 임시헌장에 구황실을 우대하는 조항 삽입에 대해, 황실은 우대가 아니라 벌을 받아야 한다고 격렬

그 후 30, 40년 동안 민중은 갖은 고통을 당하고 지배층과 새로 일어나는 소위 재벌 등 일제의 돼지 새끼 같은 [친일파] 놈들이 이 땅을 유린하여 온 것입니다. 그러다가 이번 민주주의 대 반민주주의의 전쟁에서 세계 파쇼가 타파됨에 따라 독립이 약속되었습니다.

8·15 해방 이후 반년과 이틀이 지난 오늘날까지의 현상은 어찌 되었습니까? 신세력과 구세력의 싸움이 계속되었습니다. 이것은 반드시 있어야 할 것이 있는 것입니다. 이 땅은 우리 힘으로 해방되지 못하였습니다.[13] 여기에는 두가지 조류가 흐르고 있으니, 민주주의와 보수주의 세력입니다. 그런데 지금 세계 민주주의 국가와 보조를 같이하며 민주주의 국가를 건설하려는 이 땅에, 반민주주의 세력이 방해를 한다면 단연코 싸워야 할 것입니다.

우리는 민주주의 국가 생활을 해본 적이 없습니다. 나도 오늘까지 면장도 해본 일이 없습니다. 우리 자체가 진정한 민주주의자인가 아닌가를 검토해야 합니다. 우리가 근로대중의 이익을 위하여 싸우는 것인지, 혹은 정치 욕에 날뛰는 것은 아닌지, 자기비판을 하지 않으면 안 된다고 생각합니다.

독립을 완성하기 위해서라면 땅의 남북과 사상의 좌우를 가릴 필요가 어디 있습니까? 좌우 간의 사상문제는 중대한 문제입니다. 먼저 좌익을 말해보기로 합시다. 혹자는 이 회합[민전]을 공산당 합동대회라고 말하고 있습니다. 그러나 이 자리의 모든 대표자들 중 공산당원은 몇 안 되리라 생각합니다. 과거 지하운동 시대를 생각해보십시오. 어두컴컴한 감방에서 더듬더듬 걷다가 탁 부딪친 후에 "너는 누구냐?"고 묻고 보면 "나는 공산주

하게 비판하였다(여운홍 『몽양 여운형』, 42면; 이정식 『여운형』, 63면, 179~80면).

13 김구가 「건국기원절(개천절) 기념사(1945. 11. 7)」에서 "우리의 손으로 우리의 조국을 해방하지 못하고 끝내 동맹군의 손을 빌려서 해방되었습니다"(이 책 74면)라고 말한 것과 같은 해방관이다. 이것은 해방 직후 좌우를 불문하고 공통된 정세관이었다. 해방의 현실이 그러했다.

의자다”“나는 민주주의자다”라고 말하며 껴안고 어쩔 줄 모르던 혁명투사들 간에는 민주주의자도 공산주의자도 없었던 것이 아닙니까.

우익에서는 인민당을 '공산당의 행랑방行廊房'이라고 말하고 있는데, 인민대중의 이익을 위하여 싸우려면 공산주의자와 손잡지 않을 수 없지 않습니까? 노동대중을 위하여 싸우는 공산주의가 왜 나쁘다 합니까. 조선 인민이 조선 인민의 이익을 위하여 싸우려는 이 자리가 왜 공산주의자만 모인 것이라고 말하며 나쁘다 합니까.

만담은 신불출申不出 씨만의 전매특허가 아닌 이상, 나도 만담을 한마디 해보겠습니다.[14] 유행어가 되어 있는 '반탁'이니 '찬탁'이니 하는 문제에 대하여 몇마디 말씀드리려 합니다. 국제 파시스트가 무너진 후 카이로 회담에서 일본 처리문제를 의논할 때 조선에 대하여 '적당한 시기에 적당한 방법으로 독립을 시킨다'고 막연히 약속받은 바 있습니다.[15] 그것이 이번 (모스끄바) 3상회의에서 민주주의를 원칙으로 구체적 방법과 시기를 결정했던 것입니다. 외국 기자가 나와 만났을 적에, 3상회의 결정은 (1943년 11월 27일) 카이로선언에 의하여 조선에 독립을 주려 하는 것이었는데 왜 너희들은 반탁 운운하느냐 그 이유를 모르겠다고 말할 적에, 나는 뭐라 대답을 해야 좋을지 몰랐습니다. 앞으로 사실이 증명할 것이나, (여러분이) 지방에 가시면 3상회의 결정은 탁치도 아니고 위임통치도 아니며, 조선의 독립은 이 길을 통하여만 가능한 것을 알려주시기 바랍니다. 절대로 3천만

---

14 모스끄바 3상회담이 조선의 독립을 위한 것인데 반탁이라며 반대하는 것은 신불출의 만담과 같이 웃기는 이야기라는 의미이다. 신불출(1905(또는 1907)~1976)은 유명한 만담가로, 일제시대 차라리 이런 세상에는 “태어나지 말았어야 했다”는 의미에서 '불출(不出)'이란 예명을 사용하였다.

15 1943년 11월 27일 루스벨트·처칠·장제스 3자 명의의 「카이로 선언(Cairo Declaration)」은 한국 독립을 명시했으나 독립의 시기와 방법은 모호한 채로 남겨놓았다. 루스벨트의 특별보좌관 해리 홉킨스(Harry Hopkins)의 초안은 “가능한 한 빠른 시점에(at the earliest possible moment)” 한국을 독립시킨다는 것이었으나, 루스벨트는 “적당한 시점에(at the proper moment)”로 고쳤고, 처칠은 애매한 “in due course”로 수정했다.

민중을 불행하게 하는 것이 아니니, 의심할 필요가 없습니다.

2월 14일 거행된 '남조선대한국민대표민주의원'과 나와의 관계를 말씀드리려고 합니다. 〔2월 12일〕 하지 중장의 정치고문 굿펠로우Millard Preston Goodfellow(1892~1973)가 찾아와서 하는 말이, 민생문제를 중심으로 하되 장래에는 민족통일을 위하여 노력할 목적으로 하지 중장의 고문을 둔다고 참가하라고 하기에 나는 감사히 생각했습니다. 우리 자신이 해결하기 곤란한 민생문제와 민족통일문제를 외국 손님이 해결해준다니 참으로 고마운 일입니다. 그러므로 나는 개인 자격으로 참석하였고, 인민당 대표로 몇 분이 참석했던 것입니다.

그런데 14일 발표를 보고 깜짝 놀랐습니다. 단순한 민생문제를 위한 고문격인 자문기관이라고만 생각했었는데, 〔비상국민회의非常國民會議〕 최고정무위원이다, 남조선 대한민국 무엇〔대표민주의원〕이라는 것이 대체 뭐기에 내가 참석했나 하고 놀랐습니다. 권고나 명령도 받은 일이 없는데 웬일인가 생각했습니다. 민주의원은 민주주의를 내세웠으나 실은 비민주주의였습니다.

그 회합의 소집과 의장 선거를 민주주의적으로 해야 할 것인데도 불구하고, 의장에 김구 씨와 이승만 씨가 되었는데[16] 이것은 민족의 추천도 아니고 인민의 선거도 아니니, 그러면 자립입니까? 비상국민회의나 최고정무회의는 비상시인 만큼 비상조치로서 용인한다 하더라도, 민주의원만은 무식한 나무꾼이라 할지라도 민주주의적인 것이 아님을 알 것입니다. (박수)

민주주의민족전선은 민주의원과는 합할 수 없고, 민주주의 요소와만 합할 수 있습니다. 민족통일이란 값싼 외상 통일을 하는 것보다도 시간이 길더라도 완전한 통일을 해야 할 것입니다. 청일전쟁 당시의 사생아 독립을 하지 말고, 새로운 세계에 영웅적이고 건전한 우리의 새 자식을 낳기 위하

---

16   1946년 2월 14일 남조선대한국민대표민주의원에서 이승만이 의장, 김구과 김규식은 부의장에 선출되었다. 김구는 2월 23일 총리로 바뀌었다.

여 고통을 견딥시다.

민주주의 국가에는 '국부'도 없고 '영수'도 없습니다. 국부가 있다면 전 인민의 행복을 위하여 투쟁하는 노동대중만일 것입니다. 우리가 민주주의 적으로 나가야만 모든 문제를 해결하리라고 나는 믿는 바입니다.

4. 새 정부는 '메이드 인 코리아'의 조선제가 되어야 한다 (1946.4.5) [17]

1. 조선의 건설은 조선인이 맡아야 됩니다. 머지않아 수립될 새 정부도 '메이드 인 코리아' 즉 조선제가 되어야지, 외국제가 되어서는 안 되겠습니다. 우리는 어디까지나 조선인이니까 언제든지 조선의 주인이요, 조선 정치의 주체입니다. 외국인의 원조는 받을지언정 그 괴뢰가 되어서는 안 됩니다. 우리는 원조를 받아 자립할 뿐 편향과 의존은 절대 금물입니다.

2. 이제야 민주주의 국가 간의 국제 신의는 미소공동위원회에서 잘 실행되고 있습니다. 우리는 그 협의적 노력에 충심으로 감사해야 할 것입니다. 따라서 우리는 미소공위와 잘 협력하여 거룩한 우리 민주 신정부 수립에 유감이 없도록 하여야 할 것입니다. 쌀 문제, 생산과 물가 문제, 38도선 문제도 다 우리 정부가 빨리 수립되어야만 해결되나니, 그 급속한 수립을 위하여 조선 민중은 소리를 같이하여 미소공위를 부단히 격려하지 않으면 안 될 것입니다.

3. 우리는 우리의 자율통일이 없는 곳에 조선제 정부도 없다는 것을 잊지 말아야 합니다. 되면 좋고 안 되어도 그만이라는 미온적인 태도로 나가서는 안 됩니다. 〔우리는〕 우익이라고 반대하는 것이 아니라, 우익 가운데 작용하고 있는 악랄한 비민주적 요소, 파쇼적 요소, 친일파 요소 들을 반대하는 것입니다. 조선인의 양심이 죽지 않는 이상, 그 반대는 계속될 것입니

17 『조선인민보』『서울신문』 1946.4.6; 『조선독립의 당위성(외)』, 406~08면; 『여운형 산문집(해방 후)』, 80~82면.

다. 이 불순한 요소들 때문에 통일이 못 되고 합작이 못 되는 것이 참으로 분통할 일입니다.

우리의 통일은 결코 늦지 않고 절망적인 것도 아닙니다. 오직 공동으로 비민주주의와 싸울 각오라면 곧 통일될 수 있습니다. 우리 인민당은 민주주의적 자주적 통일을 위해서 지금도 계속 노력하고 있으며 앞으로도 계속할 것입니다.

4. 친일파 정치장사꾼(政商)들, 자신의 이익만 추구하는 모리배들, 테러단들도 조선인들입니다. 그러나 새 국가 건설을 그들에게 맡겨도 좋다는 조선인은 한 사람도 없을 것입니다. 따라서 자기비판으로 자숙하여야 할 그들이지만 적반하장 격으로 애국자 및 그 운동을 중상·이간·방해·파괴하는 것은 참을 수 없는 파렴치한 반동이니, 조선과 혁명세력은 언제든지 이것과 싸울 것입니다. 물러서는 자에게는 양심이 있고 동포의 관대한 처분이 있을 것이며, 가장하고 기만하려는 자에게는 죄악이 자라고 냉혹한 인민의 처단이 있을 것입니다.

5. 국제적 회의는 국제간 이해理解에서 성공될 수 있고, 오해에서 실패할 수 있습니다. 그러나 이번 미소공위는 이미 3상회의에서 결정된 궤도를 달리는 것이니, 반드시 성공될 것으로 믿습니다. 만약 미소공위가 세력 균형 외교로 부질없이 그 시일을 지연시킨다면, 급속한 새 정부 수립을 열망하는 민중의 실망이 어떠하겠습니까. 조선을 위한 새 정부 수립으로 직진하는 것이 미소공위의 임무입니다. 우리는 특히 조선 인민의 이름으로 이 말을 미소공위에 보내고 싶습니다.

우리 민족의 주체성을 망각하지 말고 이 미소공위가 성공되도록 추진시켜야 합니다. 이것은 우리 민족의 장래를 위해서도 세계평화의 촉진을 위해서도 절대로 성공시켜야 합니다. 미소공위에 대해 국제 객관 정세로는 낙관을 다소 불허하는 점도 없지 않으나, 우리는 낙관하도록 노력하고 또 그런 신념을 가져야 합니다. 그러기 위해서는 인민 절대 사수의 통일된 의견을 미소공위에 반영시켜야 합니다. 그리고 우익 정당의 통일 기운이 성숙하였다는 것에 대해서 나는 경하하여 마지않습니다. 다만 이 기회에 비민주주의적 모든 요소를 정화하는 일대 용단이 있기를 바랍니다. 우익이 내포하고 있는 불순한 비민주주의적·반민족적 요소를 완전히 청소하지 않는 한 양적 통일은 무의미한 일입니다.

5. 소련군 정보 보고: 황진남과 랭던의 밀담(1946.5.3)[18]

(가) 5월 4일 김(박헌영)은 최(여운형)를 만나 그와 길지 않은 대화를 나누었다. 최(여운형)는, 5월 3일 랭던William R. Langdon이 자신을 집으로 초청했지만 가지 않고 자신의 통역관 황진남[19]을 보냈다. 대화는 2시에 시작, 4시에 데이어Charles C. Thayer[20]가 와서 중단되었다가, 6시에 대화가 재개되었다.

랭던은 (미소공위에 의한) 조선민주주의임시정부가 한달 안에 혹은 늦어도 두달 안에 수립될 것이라고 말하였다. 그는 또한 다음과 같이 말하였다. "이승만과 김구는 장차 수립될 정부에 참여하지 않을 것이다. 미국인들은 여운형을 내세울 생각이다. 그러나 미국인들은 여운형이 공산주의자가 아닌지 의심하고 있다.[21] 그들은 국무성에 여운형을 (대통령) 후보자로 천거

---

18 『소련군정문서, 남조선 정세 보고서 1946~1947』 1. 러시아연방국방성 중앙문서보관소 문서군 172, 목록 614631, 문서철 12, 144~52면. 구두 정보 보고(No. C-33, 1946.5.4)(https://db.history.go.kr/diachronic/level.do?levelId=fs_006_0010_0320).

19 황진남(黃鎭南, 1897~1970)은 해방 이후 여운형의 건국동맹에 가입, 여운형의 비서 및 통역으로 보좌하였다. 그는 1946년 12월 12일 개원한 남조선 과도입법의원에 참여, 이후 외무국 방위원장에 선출되었으나, 1948년 3월 18일 입법의원직을 사임하였고, 이후 김구·김규식의 통일독립촉진회 외교전문위원회에서 활동했다.

20 데이어(Charles C. Thayer, 1910~69)는 미소공위를 위해 1946년 미 본국으로부터 보강된 인원이다. 랭던(1891~1963)보다 19살 아래이다.

21 「랭던의 여운형 회고」(7-6-2) 참고.

하는 문제에 대해 보고할 계획이다. 그러나 그가 공산주의자인가 아닌가 하는 문제가 불확실하기 때문에 이 일이 지연되고 있다."

랭던 자신은 여운형을 공산주의자라고 간주하지 않지만, 아놀드Archibald Vincent Arnold 군정장관[22]과 다른 사람들은 여운형을 공산주의자라고 주장하고 있다고 말하였다. 랭던은 조선에서 자신의 나라를 능히 통치할 수 있는 강력한 정부가 수립된다면, 미국인들뿐만 아니라 러시아인들도 동시에 모든 권한을 이 정부에 넘기고 조선에서 군대를 철수시킬 것이라고 지적하였다.

랭던은 북조선 주둔 소련군은 특별 조치들을 실행에 옮기고 있는데,[23] 이것은 미국뿐만 아니라 영국과 중국으로부터도 놀라움을 불러일으키고 있다고 언급하였다. 그는 미군사령부가 이 문제와 관련하여 북조선 주둔 붉은(소련)군대 사령부에 이러한 정책이 지속될 경우 미국은 조선문제를 유엔의 심의에 회부할 것이라는 점을 두번이나 지적했다고 말하였다.[24] 랭던은 계속해서 미국인들은 왜 좌익단체들이 민주주의민족전선을 만들었는지 이해할 수 없고, 소련의 지시에 의해 조선에서 미국 정책에 대항하기 위해 이 조직이 만들어지지 않았을까 의심하고 있다고 이야기했다. 그는 공산당이 민주주의민족전선을 지도하고 있고, 여기에 가입한 모든 조직들이 공산당의 영향력 아래 놓여 있다고 간주하였다.

황진남은 민주주의민족전선이 우익들과 그들의 지도자들인 이승만과 김구에 대한 투쟁을 목적으로 설정하고 있지만 미국의 대조선 정책에 적대하기 위한 조직은 아니며, 공산당이 민주주의민족전선을 지도하고 있긴

---

22 미소공위를 앞두고 초대 군정장관 아놀드(Archibold V. Arnold, 재임기간 1945.9.12~1946.1.4) 소장은 제2대 러치(Archer L. Lerch, 재임기간 1946.1.4~1947.9.11) 소장으로 바뀌었고, 아놀드는 미소공위 미국대표단의 초대 수석대표가 되었다.

23 북조선림시인민위원회가 주도하는 토지개혁 등 이른바 '민주개혁'들을 지칭하는 것으로 보인다.

24 한국문제의 유엔 회부가 1946년 상반기부터 논의되었던 것을 알 수 있다.

하지만 그 속에는 공산주의자들이 아닌 많은 사람들이 참여하고 있다고 답변하였다.

계속해서 황진남은 이승만과 김구가 장차 수립될 정부에 참여하지 않을 것이라는 주장이 거짓이 아닌지 질문하고, 이승만의 남조선 여행과 미 군정청이 그에게 제공하는 지지는 위의 주장과 모순되고 있다고 지적하였다.

이에 대한 답변으로 랭던은 맥아더의 지시에 따라 하지와 아놀드가 이승만에게 이 모든 것을 해주었지만, 국무성 대표들은 이승만을 거부한다고 말하였다.

계속해서 랭던은 자신은 여운형이 공산당원이 아니라는 것을 믿고 있지만, 그가 권력을 잡고 두 나라 군대가 조선에서 철수할 때, 그가 공산당의 지령에 따라 조선에서 공산주의적 정책을 추진하지 않을지 염려하고 있다고 언급하였다.[25]

그러자 황진남은 버치가 인민당을 분열시키려 했고, 이 목적을 위해 반대파에게 건물과 자동차를 제공했다고 랭던에게 전하였다. 랭던은 버치의 그러한 행동을 비난하고, 황진남에게 여운형을 충실히 보필할 것을 권고하였다.[26]

〔5월 4일〕 최〔여운형〕는 김〔박헌영〕에게 위에 언급된 사실을 전하면서, 인민당의 분열은 불가피할지도 모른다는 우려를 피력하였다. 반대파들이 공산당과의 협력에 반대하기 때문이라는 것이다. 계속해서 최〔여운형〕는 자신의 그룹에서 당의 분열을 막을 수 있는 모든 조치를 취할 것이라고 언급하였다.

---

25 「여운형이 김용중에게 보낸 영문편지」(7-5)는 랭던과 미국인들의 이러한 우려를 불식시키려는 의도에서 쓰인 것이다.

26 랭던(William R. Langdon, 1897~1961)은 미 국무성 정통 외교관으로 하지 사령관의 수석 정치고문이었고, 13살 연하의 버치(Leonard Bertsch, 1910~1970경)는 하버드 법대 출신의 육군중위로서 하지 사령관의 정치고문으로 1946년 김규식과 여운형의 좌우합작을 주도했다.

6. 미소공위 재개와 좌우합작(1946.7.1)[27]

건국 공작의 지연은 밖으로 관계 연합국의 견해 불일치에 기인하는 바도 없지 않지만, 안으로 민족적 정치역량의 분열 대립이 그 주 원인임을 인정합니다. 그러므로 금후 건국 공작의 추진은 이 정치역량의 민족적 제휴와 통일을 기다려서만 실질적 진전이 있을 것으로 인정합니다.

금년 봄 이래 정치 분야의 대립에는 〔모스끄바〕 3상 결정에 대한 견해와 태도의 불일치가 큰 원인의 하나인데, 나는 그 결정과 그 결정의 의도가 하나인 이상, 그것에 대한 견해와 태도도 오직 하나여야 하며, 금후 진지한 연구와 정확한 이해로 반드시 통일될 것으로 믿습니다.

조선문제에 관한 3상 결정은 샌프란시스코에서 제기된 유엔헌장의 약소민족〔신탁통치〕 조항[28]에 비하면 국제 민주주의적 방향과 민족적 권리 인정에서 일단의 전진으로 인정하며, 더욱이 조선의 민주주의적 자주독립 정부 수립과 그 자주 의사에 의거한 4국〔미국, 소련, 영국, 중국〕의 공동원조 표시는 유엔헌장에 규정된 신탁통치의 지배〔억압〕적 특질을 거세去勢하여, 후견제가 실질적 원조의 성격이라고 명확히 규정한 것입니다.

따라서 3상 결정은 기존 문헌 중에서 조선에 적용될 가장 유리한 국제적 문건이요, 합법적 문서이며, 3국〔미국·소련·영국〕 간에 실천될 기본적인 약속임을 확인하여, 우선 그것을 수락 실천하면서 4국과 협조하여 우리의 자주성을 더욱 발전 앙양시켜서 가급적 최단기간에 완전독립을 달성하여야 한다고 생각합니다. 즉 4국 원조의 요건과 방법과 기한은 우리 민족의 민주주의적 총의를 대표할 우리 정부의 자주적 의사와 요구에 의거하도록

---

27 『현대일보』『중외일보』 1946.7.2; 『서울신문』 1946.7.3; 『조선독립의 당위성(외)』, 427~29면; 『여운형 산문집(해방 후)』, 99~101면.

28 유엔헌장 제12장 75조~85조의 '국제신탁통치제도'를 지칭한다.

하면서 나아가야 할 것이므로, 후견제를 식민지화나 침략이라고 전제한 반탁운동은 자연 소멸되어야 할 것으로 봅니다.

그러므로 [모스끄바] 3상이 민족문제에 대하여 샌프란시스코 「유엔헌장」보다 일단 개선 진보된 것인데도 지배적 신탁통치 규정이라고 우기고, 또 자주와 독립의 실현성을 구체적으로 보장한 모스끄바 결의에 반기를 들고, 겨우 약소민족 독립을 추상적으로밖에 지적하지 아니한 「대서양헌장」에 의하여 '독립할 권리가 있다'고 한다든지 '언론자유' 운운하고만 있는 것은 하등 건설적 결과가 없을 것으로 봅니다.[29]

민주주의 임시정부 수립은 민주주의 정당과 사회단체를 기초로 제휴 합작함으로써 정치적 총역량을 집중적으로 표현시킬 것이므로, 이후의 합작 운동도 마땅히 이 당과 단체를 기준으로 하여야 할 것으로 생각합니다. 그리고 종래에 말썽이 된 비율 문제[30]에 대하여서는 실제로 인민과 결부된 정치조직, 즉 실재한 민주주의 모든 정치세력을 표준하면 공평 정당할 것이요, 외국 간의 세력균형을 우리 정부 내에 반영시킴으로써 유리하게 생각하는 의존적 경향[31]은 자체의 공허를 자인하는 것이며, 우리 민족의 정치적 자결력에 대한 치욕을 의미하는 것이 됩니다.

이번 합작 성공의 전前 단계에서는 우선 각 정당과 단체의 주요 책임자가 개인자격으로 하나의 연석협의체를 구성하고, 그것이 격의 없는 이해와 성의를 보일 때 구체적 합작의 2단계로 들어가야 할 것으로 생각합니

---

29 「대서양헌장」은 1941년 8월 14일 미국 대통령 루스벨트와 영국 총리 처칠이 대서양 해상의 영국 군함(프린스 오브 웨일스호)에서 연합국의 전후정책에 대해 논의한 후 발표한 공동성명. 민족의 자결권을 침해하는 영토 확장 중단, 주권이 강탈된 국가의 주권 및 자치권 회복, 세계 평화와 국제협력의 도모 등을 천명하여 식민지의 독립운동 지도자들에게 희망을 주었다. 여운형은 모스끄바 3상 결정이 「유엔헌장」이나 「대서양헌장」보다 진전된 것인데, 우익들은 반대로 이야기하고 있다고 비판하였다.

30 당시 미소공위 협의대상 정당·사회단체의 좌우 및 남북 비율이 문제가 되었다.

31 미국 소련 영국 중국 등 4개국 후견의 비율을 정부 수립에 반영해야 된다는 의견을 말한다. 이렇게 되면 자유민주 진영과 소련이 3:1의 구도가 된다..

다. 이러한 협의체는 우선 서울에 있는 주요 정당세력을 포괄할 수 있는 범위로 구성한 뒤, 그 사절을 북조선으로 보내어 38선 이북의 여러 주요 정치세력까지 여기에 합류시킴으로써 구성을 확대하고, 소련 대표단과도 접견하여 공위 속개를 촉진할 것을 의도합니다.

이렇게 하여 좌우, 남북의 민주적 주요 정치세력을 대표할 수 있는 요인들의 이해와 의견의 일치를 보게 되면, 다시 구체적으로 미소공위와 보조를 맞추면서 각 정당과 단체 대표로서 임시정부 수립을 할 수 있는 회의를 구성할 준비에 착수할 것을 의도합니다.

그러므로 최근 공위 속개가 가능하지 않다는 전제로 한 소위 자율 표방이나[32] 공위 재개를 기다려서만 전진하려는 수동적 태도는 둘 다 능동적이라 할 수 없으며, 더욱이 정당 단체에 근거를 두지 아니하고 군중과 조직에서 유리된 분자와 망명 중인 지역 대표, 즉 지방 인민과 연락이 없는 자칭 대표 등으로 '민족통일총본부' 운운함은 여전히 합작 본부에 대하여 스스로 반기를 드는 유해한 수고로 인정합니다.[33]

---

32 미소공위가 무기 휴회되자, 우익 일부에서는 자율적 정부 수립을 주장했다. 1946년 5월 11일 이승만은 "자율적 정부 수립에 대한 민성(民聲)이 높은 모양"이라 언급했고, 다음 날 '독립 전취(戰取) 국민대회'에서 김규식은 "미소공위가 재개되어 통일정부를 세우지 못하면 우리 손으로 정부를 수립해야 하며, 그것은 대구에 있든 제주에 있든 우리 정부며 통일정부"라고 하여 논란이 된 적이 있다. 『동아일보』 『조선일보』 1946.5.12; 『중앙신문』 1946.5.15.

33 1946년 6월 27일 이승만을 총재, 김구를 부총재로 하는 '민족통일총본부'가 결성되었다. 여운형은 인민의 대표가 아닌 사람들로 구성된 '민족통일총본부'란 명칭이 분수에 맞지 않다고 비판하였다.

4장
좌익 3당합당과 인민당 당수 사퇴
(1946년 8~9월)

1. 인민당, 3당합당 제안문(1946.8.3)[1]

우리 현 단계의 민족적 과업은 자주독립의 완수와 민주주의 국가의 건설에 있습니다. 이것은 오로지 민주주의 세력의 강대화에 의해서만 가능한 것입니다.

우리나라는 아직 자주독립을 달성치 못하였으나 연합국의 호의로 자주독립이 보장되어 있으며, 불과 1년간 민주주의 발전은 커다란 성과를 보여주고 있습니다. 북조선에서는 토지개혁, 중요 산업의 국유화, 노동법, 남녀동등권법 등의 실시로써 민주주의의 근본 과업을 실현하는 도정에 있으며, 남조선에서도 민주주의민족전선을 중심으로 8백여만의 인민대중이 집결하며 진정한 민주주의 운동의 거대한 세력을 형성하여 과업 완수에

---

1 『조선독립의 당위성(외)』, 436~37면; 『여운형 산문집(해방 후)』, 106~07면. 8월 3일, 김오성이 초안한 것으로 북의 민주개혁을 선전하고 남의 반동세력과 투쟁을 강조하는 좌경적인 내용이었다. 박헌영의 공산당 중앙위원회는 이튿날(8월 4일) 인민당의 제안을 승낙하는 회답문을, 신민당 중앙위원회는 8월 7일 교섭에 응할 용의가 있다는 백남운의 회답문을 보냈다.

매진하고 있습니다. 이에 반하여 조선의 반동세력은 민주주의를 가장하고 온갖 위선적 수단을 동원하여 우리 민주 진영을 파괴하고 대중을 오도하기에 급급하면서 화급한 민생문제를 오히려 도외시하고 있습니다.

이러한 정세는 우리 애국적 민주 진영으로 하여금 한층 더 강고한 결속을 요청합니다. 우리는 민주주의적 건설을 현 단계의 과업으로 하고 있는 이상 그 세력을 분산시키고, 때로는 쓸데없는 마찰을 가져올 우려가 없지 않은 정당의 분립[別立]은 무의미하다고 생각합니다. 더욱이 반동배들의 이간과 모략을 봉쇄하는 의미에서도 우리 민주주의 각 정당은 분립할 것이 아니라 한개의 거대한 정당으로 합동되어야 한다고 인정하는 바 있습니다. 진정한 애국자들은 조선 민족의 통일을 위해서 노력해야 할 것입니다. 노동자 농민 소시민 인텔리 등 모든 근로인민의 이익을 옹호하는 신민당·공산당·인민당의 합동은 조선 민족 통일의 기초를 구축하고 민주 진영의 주도체를 완성하는 것입니다.

이러한 견지에서 인민당 중앙위원회는 신민당 중앙위원회와 공산당 중앙위원회에 3개당을 하나의 대大 정당으로 통일할 것을 제안하는 바이니, 우리의 제안을 토의한 후에 이에 회답이 있기를 요망하는 바입니다.

2. 여운형, 3당합당의 기본테제(1946.8.10)[2]

문제의 유래

□ 4년 전[1944년] 우리가 건국동맹을 결맹할 때 조선이 당면했던 단계와 다르게, 지금 현 단계에는 조국을 외국의 굴레에서 해방함과 동시에, 우리 민족 안에서도 대다수 인민을 봉건적 토지제도와 대재벌의 독점적 착취에서 해방하고, 유산계급만의 정치적 특권이 행사될 수 없고, 구성원의

2   『조선인민보』 1946.8.11, 8.12; 『조선독립의 당위성(외)』, 438~46면; 『여운형 산문집(해방 후)』 108~17면.

절대다수인 광범한 인민의 모든 자유와 기회균등 등이 보장될 수 있는 민주주의 국가로 재건해야 할 시기입니다.

그렇기 때문에 현 단계의 민주주의적 과업의 수행을 위하여 투쟁할 진보적 민주주의자를 널리 포섭할 수 있는 성격의 건국동맹 체제와, 계급적 정강政綱이 아닌 광범한 인민적 민주주의 건국을 위한 현 단계의 정강을 가지고 나가자는 데 동지들은 완전히 합의하여 그 노선을 실천하여오던 중, 작년(1945년) 4월 옌안 독립동맹과 연락이 있었을 때 무정武丁 장군[3]으로부터도 "조선에는 무산계급 혁명단계가 아니고 공산당의 명칭도 가지고 나갈 단계가 아니므로, 조직을 독립동맹이라 하고 진보적인 민주주의 강령을 채택하였으니, 앞으로 입국하여서도 건국동맹과는 이념과 실천이 모든 점에서 완전히 합류된 것"이라는 의사가 전하여왔기로,[4] 관점과 실천이 미리 의논한 것처럼 일치하여 매우 유쾌하였습니다.

작년 8·15(해방)를 당하자, 과거 공산당원을 중심으로 공산당을 재건하면서 당면의 과제가 '부르주아 민주주의 혁명 단계'라 규정하여 당면 강령을 채택하였으나,[5] 우리 건국동맹은 공산당과는 그대로 합의한 성격이 되

---

3 무정(武丁, 본명 김무정金武丁, 1904~51)은 함북 경성에서 출생해 중국에서 활동하며 중국 공산당에 입당하고, 홍군(紅軍)에 입대, 대장정에 참여했다. 1945년 12월 13일 북으로 귀국하여, 옌안파이지만 신민당이 아니라 공산당에 입당했다. 무정은 남한에도 상당한 영향력이 있어 인민공화국의 각료, 조선공산당 중앙위원에 이름이 올랐다. 무정은 북에서 한국전쟁 중 숙청되었고, 1951년 위암 수술 중 사망하였다(안문석『무정평전』, 일조각 2019). 여운형은 해방 이전 옌안의 독립동맹과 연락을 주고받았고, 1945년 12월 10일 전국농민조합 총연맹 결성 3일차 대회에서 축하 연설을 하였는데, 이날 대회에서는 김일성·김무정 두 장군에게 감사 메시지를 전하는 것과 더불어 '환영준비회' 조직을 가결했다. 그러나 여운형 방북 시 무정과의 만남은 성사되지 않았다.

4 해방 직전 여운형의 건국동맹은 이영선(李永善) 박승환(朴承煥) 등을 통해서 중국 옌안(延安)의 독립동맹과 연락하고 있었다.

5 1945년 8월 20일 박헌영이「현 정세와 우리의 임무」(8월 테제)를 발표하고, 약간의 수정을 거쳐 9월 25일 조선공산당 중앙위원회에서 이를 채택했다. 테제는 당시를 '부르주아 민주주의 혁명단계'로 규정하였으나, 프롤레타리아 헤게모니를 강조하는 좌경적 노선으로 평가되고 있다.

지 못하기로, 건국동맹을 확대 강화하여 인민당으로 하여 의연依然 우리의 종래 노선을 더욱 명확하게 하면서, 신민당(전 독립동맹) 및 공산당과 더불어 현 단계 민주주의적 공통과업을 완수하는 동맹군적 관계를 취하여오던 중입니다.

□ 지난 1년의 실천상 경험이 공통된 민주주의 과업을 달성하기 위한 주도체가 수개로 분립하여 있는 것은 비능률적이라는 교훈을 주었고, 금년 봄 결성된 민전民戰은 각 정당 내부 활동에까지 중앙집권적 일원화를 할 성격을 가지지 아니한 것이기에, 당면 정치강령이 공통된 정당을 통합할 필요를 여러 가지 각도에서 절감하게 된 것입니다.

□ 공산당으로서도, 일련의 실천이 대체로 당면 강령에 의하여 광범위한 민주주의적 건설과업 수행에 있었음에도 불구하고, 현 단계를 뛰어넘는 무산계급 혁명투쟁인 것으로 군중들이 오인하기도 하고, 또 반동 진영이 의식적으로 그렇게 오인시키려고 노력하고 있기 때문에 활동에 많은 지장을 입어왔습니다.

공산당은 이러한 정세를 재인식하고 실천해오던 노선을 스스로 비판하여, 당명과 강령과 모든 전술을 현 단계의 실정과 당면 수행과업에 대중적으로 응하면서 신민당 인민당과 통합하는 데 동의하게 된 것입니다. 그러므로 우리가 종래에 원하고 실천하여오던 현 단계의 광범위한 인민적 정당과 정치노선으로의 일원화 조건이 무르익은 것으로 간주하고, 그 실현을 위하여 감히 양당(공산당·신민당)에 합동을 제의한 것입니다.

합동의 의의와 노선

□ 합동은 현 단계의 민주주의적 과업을 가장 확실히 또 능률적으로 수행하기 위하여, 주도력을 프롤레타리아 전위만이 아닌 광범한 인민의 정당으로 일원화함으로써, 민주주의 전체 역량의 한층 능동적 강화를 기하는 것입니다.

□ 합동은 민주주의 진영의 내재적 능률 손실 요인을 제거함과 동시에 민주 진영에 대한 외래적인 모든 약체화 모략을 봉쇄하는 것입니다.

□ 합동은 현 단계의 광범한 인민적 민주주의 건국과업을 수행하는 노선을 더욱 뚜렷이 인식시키면서 나가는 것이며, 절대다수의 광범위한 인민층을 보다 열의 있게 인민적 민주노선에 참가시키려는 것입니다.

□ 우리가 광범위한 인민적 민주주의 과업이라고 하는 이유는 이것이 진정한 애국적인 민주주의 민족과업을 지칭하는 것이니, 즉 조국으로 하여금 외국의 정치적 경제적 군사적 굴레에서 완전 해방됨과 동시에, 민족의 절대다수인 광범한 인민층을 민족 내 극소수 독점 대지주, 대재벌과 특권 야망가 들의 경제적 정치적 군림에서 해방되는 조국을 건설하려는 과업이기 때문입니다.

□ 이 노선에는 자력의 박약 때문에 외력에 의존하여서까지 개인적 야망을 달성하려는 극소수 악질적인 비애국분자와, 자기네 종래의 반민족적 과오에 대한 처단을 두려워하는 극소수 친일분자만이 반대할 수 있는 것이고, 적어도 애국자라면, 진실로 도탄에 빠진 생활을 가장 합리적이고 가장 가능한 방법에 의하여 구출하려는 언행일치의 애국자라면 모두 다 이 노선에 참가할 것이며, 또 그렇게 하지 않을 수 없는 것입니다.

□ 그러함에도 불구하고 극소수의 반민주주의적이고 극우적인 민족적 요소는 잘못을 저지른 친일 요소와 한패가 되어, 패망 일제가 남기고 간 반공사상의 체계와 문구까지 사용하여, 과거와 현재를 통해 가장 애국적인 민주운동을 실천하고 있는 좌익의 투쟁사와 활동을 지칭하여, 조선의 현실에서 껑충 뛰어넘어 무산계급독재와 공산사회를 즉시 실현하는 것이라고 민중에 무고誣告하여, 아직 정치적 의견이 분명치 못한 일반대중의 판단을 현혹하기 위해 전력을 경주하였습니다. 그들의 이러한 활동은 과연 다대한 성과를 거두어, 자기의 해방을 얻기 위하여 당연히 우리의 민주노선에 참가하여야 할 인민의 일부까지 그들의 위장적 오도誤導에 추종하여,

민족적 적에게 던져야 할 돌을 진정한 애국자 행렬에 던지는 불상사를 초 래하고 있는 것이니, 사태가 여기에 이르게 된 것은 오직 그들 반동적 음모 가의 역량과 소치만이 아니고, 기실 우리 민주 진영 내의 미숙과 전술상의 빈궁과 전세戰勢의 미정비 등의 원인이 반동들의 활동을 더욱 성과 있게 한 점 또한 없지 않은 것입니다.

□ 우리는 이러한 일련의 쓴 경험에서 모든 내재적 불리한 조건을 극복 하면서, 현 단계의 민족적이고 광범한 민주과업을 달성하기에 가장 적당 한 진영다운 진영으로 강화 정비하고, 주도 세력을 일원화하면서, 각 계층 의 애국적 요소를 이 민주노선에 민족적으로 결집하여 과감하게 대외·대 내의 과업 수행에 매진하려는 것입니다.

□ 외세에 부합하고 의존함으로써만 반민족적인 자기 야망을 달성하려 는 극소수 분자 외에는 당연히 모두가 이 민주노선에 참가하여야 하며, 또 참가시키기에 성공하지 않으면 아니 될 것입니다. 지금 민족적 상공업자 까지 조선이 외국경제의 굴레와 외국 시장화를 벗어나지 못하고서는 독자 적인 상공업을 존립 발전시킬 수 없으므로, 조국의 경제적 자립을 위해서 라도 당연히 우리의 애국적인 민주노선에 참가하여야 할 것이며, 의식적 친일분자가 아니었던 다수의 일제日帝 관리도 행정상 사무상 경험과 기술 을 인민을 위한 민주조국에 바치기 위하여 당연히 이 애국적인 민주노선에 참가하여야 할 것이며, 돌연 적극적 참가 태도를 취하지는 못한다고 하더 라도 반동적 영수들에게 우롱되어 새로운 반민족적 잘못을 저지르지 않도 록 인도하지 아니하면 아니 될 것이니, 지금껏 반동 지도자들은 그러한 모 든 층을 자기 내 세력권에 집결시키기 위하여, 좌익에서 극소수 분자만을 지목하는 '친일파 민족반역자 제거' 주장을 마치 과거의 관리와 타협적 상공기업가 전체를 처단하려는 것처럼 〔과장하여〕 경고하고 있기 때문입 니다.

□ 과거 1년간 민주 진영이 당연히 부담하여야 할 이러한 임무, 민족 다

수 성원이 각자 가진 지능과 기술과 모든 역량을 인민적인 민주 건국 공작에 바치는 임무를 수행하기에는 자체의 진영도 갖추지 못하였거니와, 활동과 역량과 전술이 옳지 못했던 것도 진실히 비판하지 아니하면 아니 되며, 또 우리가 애초에 재외在外 망명객〔이승만, 김구〕과 재내在內 유산계급과 그 대변자들〔한국민주당〕의 애국적 충성과 민주주의적 정치의식을 과대 판단하여 그들을 조국 재건의 지도 아래 참여시키려 한 것이, 그 후 실천을 통하여 그들 일부가 예상 밖으로 반동적으로 나오게 된 데 우리의 오산이 있었던 것을 명실공히 비판하지 않을 수 없는 것입니다.

□ 여기에 한가지 극히 상투적인 문제이나마 재확인하여둘 것은 우리의 이번 진영 정비와 전술 전략의 대승적 비약은 결코 민족 내부의 계급적 투쟁을 부정 또는 시기함을 의미함이 아니라는 점입니다. 대체로 보아 계급적 이해 대립이 엄존한 사회에서 각양 형태의 계급적 투쟁이 없을 수 없는 것이니 국가적, 법적 결론이 있기 전에는 도덕적으로 협조한다는 것은 아직껏 전인류사가 가져보지 못한 일입니다. 그것이 가능할 것처럼 운위하는 것은 오직 미망迷妄과 아집일 뿐이기 때문입니다

더욱이 현재의 조선의 무산계급은 전민족적인 대외적 과업을 앞에 두고 극소수이나마 이탈될 수 있는 계급적 성질의 내부 대립을 즐겨하는 것이 아니고, 민족 절대다수를 실질적으로 해방시키고 행복하게 할 수 있고, 그리하여 조국을 실질적으로까지 완전 독립하게 할 수 있는 정당한 모든 민주주의 과업을〔수행하는데〕, 유산계급이 이를 거절하고 민족 대다수 성원을 종전대로 불행한 생활에 둔 채로 자기네만 자본적 독점과 착취와 정치적 특권을 행사할 수 있는 전제적專制的 조국을 재현하려는 기도를 외력에 의존해가면서까지 추진하면서, 부분적으로는 각종의 기업 기관에서 실제 종사하고 있는 근로자를 혹사하고, 그들의 최저 생활도 보장하지 않고, 자기네의 이익 추구에만 급급하고 있기 때문에, 근로 대중은 우선 모든 생활 보장을 위하여 부분적으로 직장 투쟁을 아니할 수 없는 것이며, 또 그러한

소수 전횡을 불허하는 민주국가가 되게 하기 위한 전체적인 투쟁을 아니할 수 없는 정세이기 때문입니다.

그러므로 우리 민주 진영〔이 나아갈 길〕은 민족적으로는 대외 해방 투쟁의 길이며, 대내적으로는 소수 독점 및 특권욕에 대한 극복 투쟁을 내포하는 것입니다

□ 관계 연합국에 대하여는 그들이 이미 조선을 점령 관리에서 〔독립시켜〕 풀어놓기 위한 순서로 법문화되어 있는 3상결의의 성실한 실천을 요구하되, 우리나라에 적용하기 가장 유리한 구체적 세목을 명확히 채택하는 데 주저함이 없어야 할 것입니다.

1) 연합국은 우리의 민주조국 재건을 위하여 친일 잔재를 숙청하고 민주주의 발전을 원조하기로 결정하였으니, 우리는 이러한 내용의 원조를 쾌히 수락하고 그 실천을 요구하면서, 반동 영수領袖들이 도리어 연합국의 힘을 빌려서 모든 일제적日帝的 의식과 기술을 민주주의 억압에 사용하고 있는 것은 3상결정에 역행하는 것임을 지적하고 투쟁하여야 하며,

2) 연합국은 민주조선의 완전 독립을 보호하기 위하여 〔미소영중〕 4국이 공동으로 원조할 것을 결의하였으니, 우리는 조국에 대한 외국의 개별적 공세를 방지하기 위한 4대국의 공동 운전으로 조선을 국제적 불가침 지역이 되게 하여 건국 당초 우리에게 유리한 점도 있는 것으로 간주하고, 그러한 내용의 보장과 원조를 요구할 수 있는 것이며, 정치적·경제적·군사적 공세·지배·구속·간섭·전략기지화 등은 원조 결의에 위반되는 것이므로 그러한 기도에는 거부 항쟁하여야 할 것입니다.

3) 조선에 대한 모스끄바 국제 헌장이 결정한 신탁통치를 그대로 적용하라는 것이 아니고, 조선 민족의 자주권을 인정한 독립의 보장과 원조하는 문면文面과 언질言質을 전제로 하는 우리의 태도인 것입니다

□ 이렇게 하여 우리는 연합국에 협조하고 요구하되, 연합국의 결의와 성명〔언질〕으로써 할 것이요, 그 결의와 성명에 위배되는 모든 기도와 실천

에는 단호히 항쟁하여야 할 것이니, 이러한 점에서는 우익이라도 비非의 존적인 애국자이면 당연히 우리와 합작할 것이요, 그리하여 같이 통일적 임시정부 수립에 매진하여야 할 것이며, 친일적 반反민주주의적 모든 요소를 배제하고 다수 인민을 위한 진정한 민주주의적 여러 기본 단체를 세우면서 명실상부한 애국적 민주주의 임시정부 수립에 의연히 동참하여야 할 것입니다

□ 이렇게 됨으로써만 북조선의 민주주의적 모든 건설을 같이 조정하여 남북통일이 가능한 직전 상태에 들어갈 것이요, 북조선의 그것을 부정 또는 찬성하려는 태도로서는 남북통일적 임시정부의 수립은 전연 불가능할 것이니, 우리가 고심하여 추진하는 좌우합작도 이러한 점에 주안을 두는 까닭이 여기 있는 것입니다.[6]

□ 이러한 점으로서도 우선 남북의 민전民戰 주도 정당으로 단일 체계화〔합당〕하는 것은 민주전선 남북통일의 직전 단계로 돌입하는 건설적이고 비약적인 공작이 되는 것입니다.

민주 진영의 동지에 대한 요망

□ 우리 민주주의 진영의 주도체 일원화를 위한 이번의 비약적인 공작〔합당 작업〕은 위와 같은 유례와 노선을 가진 현명하고 대승적인 공작이며, 전체 민주주의 역량을 한층 극대화, 한층 능동화能動化하는 공작이니, 모든 민주주의 전열에 선 동지들은 이러한 기본적 규정을 명확히 하여 이 공작의 완수와 이 노선 위에서 금후의 모든 실천을 통하여 이러한 기본적 규정에 위배됨이 없고 소기의 성과에 오산됨이 없도록 한층 더 같은 마음으로 협력하기 바랍니다.

□ 이 합당〔회동〕의 기초적 추진은 각 당 중앙이 최종적 합의를 보는데,

---

6 1946년 3월 '민주개혁'으로 북조선이 남한과 현격하게 달라진 데 대한 조정 의지를 피력한 것이다.

적절한 준비 기간을 두고 문제의 규정과 경위를 당과 당원 전체에 제시하여, 각 지방 단위 조직에서부터 결의하고, 대표가 모여 전체 대표 회의에서 비로소 민주주의적 결단을 보게 될 것입니다.

ㅁ 정당에 호기롭게 결집한 모든 성원은 전적으로 각 당의 역량을 유쾌하게 십분 발휘할 수 있어야 하며, 아직 당 외에 있는 모든 열성적 민주주의자들도 성의 있게 영입·집결하여야 하고, 모든 애국적 민주주의 대내·대외의 과업을 공동 수행하기 위해서는 다른 당 진영을 향해서도 열의 있게 제휴·협동의 손을 내밀고, 비민주적 분야에 이르기까지 가능한 영향을 다하여 그들의 착오인 정치관과 비애국적인 편견을 버리고 이해를 가지고 민주노선에 가담하도록 꾸준한 인내와 노력이 있어야 할 것이니, 현재 우리 민족이 불행하게 내포하고 있는 모든 반민주적 요소를 제거하고, 반동 영수와 악질 친일분자는 별개 문제로 하고, 그들을 모두 일거에 쫓아내거나 타도함으로써 극복 해소되는 것이 아니고, 장구한 세월에 걸쳐 그들을 교화하고 순화시킴으로써만 가능할 것이니, 지나친 배타적 태도와 공격을 삼가야 합니다.

ㅁ 조국 독립과 민주주의의 구체적 건설은 오랜 시일을 요구하는 대업이니, 그것이 완수되기 전에도 고난이 극에 달한 모든 민생문제의 개혁과 해결을 위하여 모든 동지는 배전倍前 노력합시다. 그리하여 우리는 언행일치하여 인민 사이에서 인민과 호흡을 같이하면서, 모든 점에서 인민의 모범이 되고, 친애親愛와 심복心服을 받을 수 있는 실생활을 하면서, 부단히 그들을 가르쳐서 이끕시다.

ㅁ 금후의 모든 진영 기관에는 가급적 신진新進의 과감한 열성적 일꾼을 주요 임무에 교대케 하고, 모든 능숙하고 경험 있는 일꾼들은 그들을 도와 올바르게 이끄는 입장에서 널리 미풍을 세우면서, 당원 전원으로 하여금 과감한 능동적 일꾼이 되도록 상호 육성 훈련하기에 힘쓰고, 이를 위하여 유해하고 민주주의에도 위배되는 독선적 배타적 영향과 무궤도한 자유주

의적 경향과 책임 회피와 문약성文弱性까지 모두 제거하고, 또 종래 각 당의 협애한 기류가 합동되려는 단일당에 파급 반영되는 일이 없도록 힘씁시다.

□ 정당은, 더욱이 민주주의 정당은 당 자체 내에서부터 민주주의가 실행되어야 합니다. 그러나 그것도 전투적 당의 추진력과 운동성을 둔화하는 자유주의적 밸러스터적7 그것이어서는 아니 되고, 강철 같은 규율에 의한 강력한 중앙집권적인 것이어야 하며, 또 수난기 민주주의 진영에서는 실무의 적절한 정당성만 확보된다면 비상 방법도 택할 수 있으나, 그것도 독단을 의미하여서는 아니 되고 전체적 책임하에서만 행해져야 합니다

□ 부단한 자아비판은 새로운 추진과 비약의 식량이 되나, 일상 실천투쟁의 내일을 회피하거나 태만하고 발언의 권리만을 주장하는 것도 우리가 숭상할 수 없는 바입니다. 아무리 당연한 언행이라도 그것이 전체적 역량을 증대시키고 전체적 일을 더욱 효과적이게 할 수 있을 때만 민족적 가치를 가질 수 있을 것입니다.

3. 한시, 황야의 탄식(1947.8.16)[8]

Politician and the people do not have the same thing in mind
When they come to me and ask for glory, empty in my mind
If my party members ask about my address
Tell them I am lamenting in the wilderness

---

7 밸러스터(ballast)는 배의 복원력(復元力)을 유지하기 위하여 배의 바닥 부분에 싣는 자갈 따위의 바닥짐을 말하는데, 여기서는 균형과 안정을 추구하면서 전진을 가로막는 부정적 의미로 사용하였다.

8 미군 G-2 요원들이 여운형의 한시를 입수해 영어로 번역한 것이 남아 있는데, 강준식의 『조선독립의 당위성(외)』(447면)에 한글 번역이 있다. 편자가 부분 수정하였다.

정치인과 인민은 생각이 달라

영화로운 자리라 권하지만 나는 마음 비웠네[9]

이 몸 어디 있나 당원들이 묻거든

황야에서 헤매면서 탄식한다 전하게

4. 김오성, 인민당의 합당 활동 보고서(1946.8.20)[10]

(가) 7월 말 김[11]으로부터 공산당, 인민당, 신민당 세 정당을 하나로 통합시켜야 하며 인민당이 통합의 주도권을 잡아야 한다는 지시를 받고, 우리당 김세용金世鎔과 김오성金午星은 인민당 내의 열성분자(공산당 프락치)들에게 이 사실을 신속히 전달하였다. 우리는 당내 열성분자들에게 통합의 의의와 그 필요성을 설명하였다.

8월 1일 인민당 당수(여운형)는 장건상, 이만규, 이여성, 김오성 등 인민당 지도자들을 만찬에 초대하였다. 최(여운형)는 김과의 회담 결과에 대해 이야기했다. 최(여운형)는 3당합당을 전적으로 지지한다고 말하고, 그가 이 합당을 추진할 의무를 가지고 있다고 언급하고, 인민당 지도자들은 이에

9 　한시의 영문 번역에서 이 2구의 해석이 조금 어렵다. 「여운형-김일성·김두봉 비밀회담」 (5-1)에서 "박헌영은 통합 노동당의 세 지도자로 나(여운형), 박헌영 그리고 이주하를 추천했다. 나는 이런 구도에서는 내가 공산주의자들 손안에서 농락거리가 될 수 있음을 알게 되었다. 나는 인민당 당수직에서 사퇴했다"고 밝힌 것과 연결된다. 즉 박헌영 파는 통합 노동당의 대표라고 큰 자리라고 여운형에게 권하지만, 사실상 바지저고리라 하지 않겠다는 의미로 생각된다.

10 　「인민당의 합당 활동에 대한 보고서: 러시아국방성중앙문서보관소 문서군 172, 목록 614631, 문서철 8, 2」. 국사편찬위원회(https://db.history.go.kr/diachronic/level.do?levelId=fs_006_0030_0020); 전현수 편역 『소련군정문서, 남조선정세보고서, 1946~1947』, 국사편찬위원회 2003, 136~41면. 인민당에서 3당합당을 둘러싸고 당수 여운형 측과 공산당 프락치 사이의 대립을 생생하게 보고하였다.

11 　국사편찬위원회의 「인민당의 합당 활동에 대한 보고서: 러시아국방성중앙문서보관소 문서군 172, 목록 614631, 문서철 8, 2」주 5는 "김"을 김삼룡으로 추정하였으나, 이정식은 박헌영으로 소개하였다(이정식 『여운형』, 601면).

대해 어떻게 생각하는가 물었다. 장건상은 이 문제가 갑자기 제기된 것이기 때문에 생각할 시간이 필요하다고 답변하였다. 다른 사람들은 최〔여운형〕의 제안을 지지하였다.

김세용과 김오성은 합당의 시급성을 감안하여 8월 2일 인민당 중앙정치위원회 회의를 소집하였다. 이 회의에서 이여성은 당 지도자들과의 면담 결과에 대해 보고하였고, 김오성은 국내외 정세에 의해 촉발된 3당합당의 필요성을 설명하였다. 중앙위원 신철은 보충적인 설명을 하였다. 이상백, 김양하, 이임수 등의 중앙위원들은 합당에 반대하였다. 이들은 인민당은 반드시 자신의 독자성을 유지해야 한다고 주장하였다. 그러나 대다수는 합당에 찬성하였다.

8월 2일 같은 날, 인민당 내의 공산당 프랙션fraction 회의도 소집되었다. 이 회의에는 〔조선공산당〕 이주하李舟河가 참석하였다. 이주하는 합당의 필요성을 설명하고 강조하였다. 회의에서는 가까운 시일 내에 소집될 인민당 중앙집행위원회 회의에서 어떠한 일이 있더라도 다수가 합당을 지지하는 찬성표를 던져야 한다는 내용이 포함된 결정서가 채택되었다.

8월 3일 공산당의 분파주의자들인 강진과 김철수가 이여성을 방문하여 합당 문제에 대하여 다음과 같은 제안을 제기하였다.

1) 3당합당 시 각 정당에서 극우 및 극좌 분자들을 배제한다.

2) 3당합당 시 각 정당 당원들 사이에 수적인 균형이 유지되어야 한다.

3) 3당합당 시 각 정당의 분파적 그룹들도 모두 참가시킨다.

이 제안들은 명백히 공산당 중앙위원회를 반대하기 위한 목적에서 제기된 것이다. 이것은 인민당 내에서 동요를 불러일으키는 원인이 되었다.

8월 3일 아침 10시부터 인민당 중앙정치위원회 회의가 다시 개최되었다. 이 회의에서 중앙위원 이임수와 다른 위원들은 신속한 통합을 주장하는 김오성을 공격하였다. 모욕을 당한 김오성은 회의장을 떠났다. 합당 반대자들은 김오성이 경찰의 수배를 받고 있기 때문에 당의 선전부장 직과 중앙위원 직을 내놓아야 한다고 그를 모욕하였다.

이상백은 인민당은 반드시 독자적인 정당으로 남아야 하며, 합당문제는 신중히 검토하지 않으면 안 된다고 주장하였다. 그러나 중앙위원 신철의 설명 덕분에 합당의 합목적성과 정당성이 원칙적으로 인정되었다. 합당 문제는 신중히 검토해야 한다는 요구를 받아들여 회의에서는 이여성, 신철, 조한용을 성원으로 하는 위원회가 조직되었다.

8월 3일 오후 2시부터 중앙집행위원회 회의가 개최되었다. 이여성은 당수〔여운형〕와의 회담 결과에 대해 보고하였고, 신철은 김과의 회담 결과에 대해 보고하였다. 이들은 자신의 보고에서 합당의 필요성을 설명하였지만, 중앙위원 이상백과 김양하는 이전과 마찬가지로 합당에 반대하였다. 이 밖에도 함봉석, 신기언, 김진우 등 다른 중앙위원들도 직접적으로 합당에 반대하였다. 이들은 합당의 기술적 측면에 동의할 수 없기 때문에 합당을 연기해야 한다고 주장하였다. 그러나 신철, 김오성, 도유호, 성유경, 윤경철 같은 중앙위원들은 합당을 강력히 주장하였다. 회의에서는 합당 결정서가 채택되고, 공산당과 신민당 지도부에 합당과 관련한 적절한 제안을 하기로 결정하였다. 김오성, 최〔여운형〕, 장건상, 이만규, 이여성, 김세용, 신철, 송을수, 도유호 9명이 협상 추진위원으로 선출되었다. 선출된 사람들 가운데 최〔여운형〕와 이만규 및 장건상은 회의에 출석하지 않았다.

김오성의 초안에 기초하여 위원회는 그날 저녁 성명서를 작성하여 공산당과 신민당 중앙위원회로 발송하였다. 그러나 경찰의 수배를 받고 있는 김오성과 김세용이 일을 마치고 떠난 이후, 합당에 반대해온 당의 반대파들이 머리를 치켜들었다. 처음에 합당에 반대하지 않았던 이여성은 차츰 반대파들에게 기울어졌다. 그의 이니셔티브와 이만규의 제안에 따라 8월 10일 합당 문제를 논의하기 위한 중앙위원들의 회의가 소집되었다.

이 회의의 소집을 반대하기 위한 조치를 취하기 위하여 8월 9일 오후 5시 공산당 프랙션 회의가 소집되었고, 이 회의에는 공산당 정치국원 이승엽이 출석하였다. 프랙션 회의에서는 이상백, 함봉석, 김진우 및 공산당 분파주의자인 탁재필이 합당에 반대하였다. 탁재필은 공산당 내의 갈등 때문에 합당은 중지되어야 한다고 주장하였다. 그러나 이기석, 윤경철, 이정진 등의 강력한 설득의 결과 합당의 정당성이 인정되었다.

8월 12일 중앙집행위원회 회의에서는 8월 16일 소집될 예정인 중앙집행위원회 총회에서 합당 문제를 최종적으로 해결하기로 결정하였다.

8월 14일 공산당 프랙션 회의가 다시 소집되었고, 공산당 정치국원 이승엽의 참석하에 인민당 총회에 대응하기 위한 조치들을 검토하였다.

8월 16일 총회는 긴장되고 불안한 분위기 속에서 개최되었다. 총회 개최 직전에 한익이 체포되었고 이기석, 이석구, 정윤이 경찰의 추적을 받기 시작하였다. 배후에서 합당을 지도한 사람들 중의 한 사람인 이정구는 체포되어 석방되지 못하였다. 총회에서 합당을 지지하는 발언을 하기로 한 윤경철은 8월 15일 시위에서 체포되었다. 윤경철이 전하는 바에 의하면 경찰은 인민당에서 가장 열성적인 합당 지도자들 7명의 명단을 작성해두고, 윤경철로 하여금 그들의 주소를 말하게 하여 체포를 방조하도록 강요하였다고 한다.

형사들은 인민당사를 모두 포위하였는데 이를 보면 경찰이 얼마나 인민당 총회를 파괴하려 했는가를 잘 알 수 있다. 회의에서 인민당 부위원장 장건상[12]의 처신은 만족스럽지 못하였고 자신의 변덕스러움을 폭로하고 말았다. 이상백, 함봉석, 탁재필 등은 그들 자신은 원칙적으로 합당에 찬성하지만, 공산당 내부의 갈등을 고려하여 합당을 당분간 중지시키는 것이 좋겠다고 주장하였다. 그러나 이기석, 신철, 도유호, 성유경, 신기언, 맹종호,

---

12   장건상(張建相, 1882~1974)은 독립운동가로 임정 국무위원을 역임하였으나, 해방 후 1946년 임정을 탈퇴하였고, 1947년 7월 여운형 암살 이후 근로인민당을 이끌었다. 1948년 4월 평양의 남북연석회의에 참여하였으나, 북측의 일방적 결정에 반발하여 감금당하기도 하였으며, 근민당 부위원장 백남운·이영과는 달리 평양에 남지 않고 서울로 돌아왔다.

이정동, 김진구 같은 사람들의 연설이 회의에서 합당에 유리한 분위기를 만들어냈다.

그러자 부위원장 장건상은 총회에서 최〔여운형〕가 당 위원장직을 그만두려 한다는 사실을 통보하였다. 사직에 대한 최〔여운형〕의 성명서는 세 사람이 작성하여 이임수와 이만규를 통해 전달된 것이다. 그러나 이들은 이 성명서가 신뢰할 수 없는 것이라는 점을 알고 이에 대해 언급하지 않기로 약속하였는데, 장건상이 이 약속을 어기고 총회에서 최〔여운형〕의 사퇴 의사에 대해 통보한 것이다. 그러나 결국 투표에서 48 대 31로 다수가 합당에 찬성하는 결정이 채택되었다.

투표 결과가 이렇게 나오자 이임수, 이상백, 함봉석 등 26명의 반대파들은 총회장을 떠나버렸고, 장건상은 회의 주재를 거부하였다. 총회의 새로운 의장에 현우현이 선출되었다. 총회는 11명으로 구성된 협상 추진위원회를 선출하였다. 이전의 위원회 구성원이 그대로 남고 이에 2명만이 추가되었다.

(나) 합당에 찬성하지 않는 반대파를 분석해보면 반대파는 다음 세 그룹으로 범주화할 수 있다.

첫번째 그룹은 인민당의 독자성을 유지할 것을 주장하며 합당을 반대하는 사람들이다. 여기에는 이임수, 이상백, 염정권, 함봉석, 이영선, 김진우, 황진남 등이 포함된다. 그러나 인민당 당수 자신〔여운형〕이 합당을 지지하고 있기 때문에, 이 반대파들은 실제로는 합당을 거부하지만 말로는 합당이 원칙적으로 올바르다는 것을 인정하고 있다. 그러나 이들은 공산당 내에 갈등이 존재하고 합당이 공산당에 의한 인민당의 "점령"으로 전환될 수 있기 때문에 합당을 당분간 중단하고 공산당의 상황과 행동이 변화될 때까지 기다려야 한다고 주장하고 있다. 이 사람들은 내심으로는 공산주의를 두려워하고 있고 신당에서 공산주의자들이 자신들을 쫓아낼까 봐 겁내고 있다.

두번째 기회주의자 집단은 이여성, 이만규, 장건상, 조한용 및 그 지지자들로 이루어진다. 이들은 합당이 추진되어야 한다는 점을 인정하고 있지만, 신당에서 자신들이 원하는 자리를 차지하지 못할까 봐 걱정하고 있다. 이들은 공산당의 반대파 및 신민당의 동요 분자들과 결탁하여 공산당과 인민당의 지도부를 약화시키고 자신의 입장을 강화시키기 위해 노력하고 있다. 총회 후에 이들은 당 분열의 징표로 26명의 탈당 의사를 표명하고 있으며, 조정 수단을 찾아 타협시킬 수 있도록 노력하겠다고 주장하고 있다.

세번째 그룹은 공산당의 반대파와 이 반대파의 영향력하에 있는 사람들이다. 탁재필 등이 이 집단에 속한다. 이 집단은 수적으로 열세이고 약한 집단이지만 합당을 망치려 하고 있다.

(다) 인민당 당수 최〔여운형〕는 합당을 지지하고 있지만, 그리고 자신도 신당의 지도부에 포함되겠지만, 자신에 의해서가 아니라 다른 사람들에 의해서 신당이 추진되고 있는 점에 불만을 품고 있다. 이 때문에 그는 처음서부터 합당을 지지하지만, 신당의 지도자가 되는 것은 사절한다고 성명하였다. 그러면 누가 신당의 지도자가 되어야 하냐고 그에게 질문하면, 그는 침묵을 지키고 있다. 그가 신철을 통해 합당과 관련한 당의 노선에 대해 언급한 사실은, 그가 앞으로도 신당의 당수가 될 희망을 버리지 않았다는 점을 말해주고 있다. 공산당과 인민당의 반대파들 및 백남운[13]과 여타

---

13   백남운(白南雲, 1894~1979)은 일제 식민지시기 연희전문학교에서 맑스주의 사회경제사 교수로 활동했으며, 그가 저술한 『조선사회경제사』(1933), 『조선봉건사회경제사』(1937)는 식민사관의 정체성론을 비판하고 한국사의 보편적 발전법칙을 주장하였다. 해방 이후 조선신민당 당수(黨首)로서 저술한 『조선민족의 진로』(1946)에서는 '연합성 신민주주의론'의 민족통일전선을 강조하였다. 1948년 9월 조선민주주의인민공화국 초대내각 교육상을 맡았으며, 만년에 조국통일민주주의전선의 의장으로 활동하다가 1979년 86세의 나이로 사망, 평양의 애국열사릉에 묻혔다.

사람들은 교대로 그를 방문하여 공산당과 인민당 중앙위원회에 대한 온갖 근거 없는 헛소문을 늘어놓고, 그 영향력하에 있는 공산당과 인민당 지도자들을 따르지 말 것을 그에게 설득하고 있다. 최는 자신의 측근들을 통해 합당은 추진해야 하지만 그 실행 과정에서 과오가 발생하지 않도록 주의해야 한다고 주장하였다. 최의 이러한 행동은 이미 커다란 분란을 야기한 반대파들에게 힘을 실어주고 있다.

현재 최〔여운형〕는 자신의 자취를 감추었다. 이것은 좌우합작 운동의 종말을 결말지어야 할 필요성과 미 군정청의 박해에 대한 두려움 때문이다. 그의 행동이 견고한 사상성의 결여에 의해 초래된 것이라는 판단도 전적으로 가능하다. 또한 공산당 지도자들의 방자한 행동에 대해 경고하려는 희망에서 나온 행동이라고 할 수도 있다. 이상에서 언급한 바를 노리면서 그는 당수직을 그만두고 좌익정당의 합당을 모든 수단을 동원해서 반대한다는 인상을 주고 있다.

그〔여운형〕는 지금 백남운, 이임수 등 반대파들과 연락을 유지하고 있지만, 합당을 지지하고 있는 공산당과 인민당 지도자들과는 만나기를 거부하고 있다. 지난주 내내 그의 거처를 알고 있는 사람은 이임수¹⁴ 혼자였다. 그가 새로 조직된 사회민주당의 지도자가 된 자신의 동생〔여운홍〕 집에 거처하고 있다고 말하고 있지만, 모든 정황을 고려할 때 이 말은 거짓말이다. 그는 향리에 숨어 있을 가능성이 오히려 훨씬 더 높아 보인다. 사회민주당 당원들이 미 군정청의 경고를 그에게 전해주고 있으며, 그로 하여금 인민당 당수직을 보이콧하게 하여 합당〔작업〕에 종지부를 찍도록 설득하고 있는 것이 분명해 보인다. 그러나 만일 합당이 원만히 잘 성사되고, 신당이

14　이임수(李林洙, 1895~?)는 춘천의 저명한 의사로서 여운형의 오랜 친구이자 후원자이며, 그의 아들 이란(李欄, 1925~2011)도 여운형의 충직한 측근으로 활동하였다. 이란의 회고에서는 여운형의 인간적인 면모를 생생하게 볼 수 있다. 이란 「몽양 여운형 선생을 추억함」,『월간 다리』1990년 3월호; 이정식 「이란 씨의 회고: 해방 전후의 여운형」,『여운형』, 714~77면.

그를 지도자로 추대할 경우, 그는 마치 아무 일도 없었던 것처럼 밖으로 나와 당수직을 차지할 가능성이 있다. 합당 준비위원회 6~7명의 당원들은 위원회에서 다수를 점하고 일을 잘 준비해나가고 있다.

5. 인민당수 사퇴: "늙은 병졸로 뒤따라가겠다."

1) 기자회견(1946.8.21)[15]

문　인민당 당수 사임설의 진상 여하?

답　사실이다. 지난 16일 내가 사임 의사를 모씨〔장건상張建相〕를 통해 표시했던바, 그 사람의 대필로 나의 사임장을 확대위원회에 제출하였다.

문　인민당 당수를 사임한다는 것은 정계 제일선에서 물러간다는 것을 의미하는 것인가?

답　그렇다.

문　그 이유는?

답　정계 제일선에서 물러나겠다는 것을 전에 몇번 비공식으로 한 바 있었는데 그 숙제를 이제 와서 푸는 것에 지나지 않는다. 그렇다고 해서 혁명전신에서 완진 이탈하려는 것이 아니라, 이제부터는 늙은 병졸의 한 사람으로서 창을 끌고 대중의 뒤를 따라가겠다. 나의 60평생에 최근같이 심경의 슬픔을 느껴본 적은 또 없었다.

문　좌익3당 합동문제와 귀하의 은퇴와의 관련 여하?

답　합당은 나의 지론이었으며 지난 10일 발표한 기본테제(4-2)와 같

15　『서울신문』 1946.8.23.

이 어디까지라도 실현시켜야 할 것이다. 공산당과 인민당 내부에 여러 가지로 문제가 발생하고 있으나, 이는 합하기 전에 당연히 있는 하나의 순화작용醇化作用이라고도 볼 수 있다. 합당 전야의 분열은 절대로 삼가야 할 것이다.

문 사임 후 다른 어떠한 정치적 세력과 다시 손을 잡을 것이 아닌가 하는 일부의 억측이 있는데 여하?

답 3·4십년 걸어온 길을 이제 와서 바꿀 리는 없을 것이다.

2) 사퇴 선언(1946.8.27)[16]

3대 민주 정당의 합당은 현재의 민족적 요청이자 우리 당에 부과된 지상의 임무입니다. 그러니만큼 신중히 검토하여 가장 옳은 방법으로 수행하지 않으면 금일의 정치적 난국을 돌파할 수 없습니다. 그러므로 신중히 이 문제를 검토하여 우당友黨과의 관계도 적정히 조절하여 인민대중의 신뢰와 지지를 기반으로 원만히 해결하려고 생각하였던 것입니다

그럼에도 불구하고 금일의 혼란 미묘한 정세와 모든 조건을 무시하고 시급히 합동만을 주장하는 동지가 우리 인민당 내에 생기게 되고, 그뿐만 아니라 당의 체면과 권위를 무시하고 합당문제를 자기들 단독으로 처리하려는 옳지 못한 견해를 가진 14인의 동지가 밀회를 거듭하여 당의 결속을 파괴하고 당의 분파작용을 일으켜, 결과에 있어서 합당공작에 지장을 가져오게 한 것은 극히 유감으로 생각합니다.[17]

이러한 당 안팎의 혼란은 나의 부덕 탓이며 나의 통솔 능력이 없다는 것을 실증하는 것이기 때문에, 당수의 책임을 감당키 어려워 사표를 제출한

---

16 『독립신보』 1946.8.30; 『조선독립의 당위성(외)』, 448~49면; 『여운형 산문집(해방 후)』 122~23면.

17 박헌영의 지시로 1946년 8월 14일 현우현의 집에서 조선공산당 정치국원 이승엽이 참석한 가운데 김오성 김세용 등 인민당 내 공산당 프락치들이 비밀리에 회동한 것 등 당내 분파 활동을 비판한 것이다.

것입니다. 혹자는 내가 인민당에서 탈당한 것 같이 말하고 있는데 이는 전연 근거 없는 말입니다. 나는 한 노병졸로서 한층 더 굳게 창을 쥐고 여러분과 함께 민족독립을 전취하기 위하여 민주전선의 대로大路를 매진할 각오입니다. 비록 당수의 자리에서 떠날지라도 여전히 인민당에 머물며 민족해방을 위하여 혈투를 계속하겠습니다.

5장
김일성·로마넨꼬와의 회담과 좌우합작
(1946년 9~11월)

1. 소련군 정보 자료: 여운형 – 김일성·김두봉 비밀회담 (1946.9.25~26)[1]

〔1946년 9월 23일〕 여운형이 서울을 떠나 9월 25일 북조선인민위원회 위원장 김일성의 사무실로 직접 도착했음을 보고합니다. 남조선 신민당 중앙위원 고찬보高贊輔, 인민당 중앙위원 이영선李永善, 신원 미상의 남조선 정치가 한 사람이 동행하였습니다. 여운형은 조성된 정세와 관련하여 남조선 좌익이 어떠한 정치노선을 취해야 하는지 조언을 얻기 위해 북에 온 것이라고 김일성에게 말했습니다. 김일성은 대담 날짜를 9월 26일로 정했습니다.

---

[1] 「별첨: 여운형의 북조선 방문에 대한 쉬띠꼬프의 보고」(1946.9.28). 전현수 역주·해제『쉬띠꼬프 일기』, 국사편찬위원회 2004, 174~79면(한글 번역), 403~11면(러시아 원문 탈초).(https://db.history.go.kr/common/ compareViewer.do?levelId=fs_010_0010_0050_0010& type=diachronic). 기존 번역에 의미가 잘 통하지 않는 곳은 편자가 러시아어 원문을 확인하여 수정하였고, 필요한 경우 원문과 번역 수정 사항을 소개하였다(원문과 번역의 쪽수 표기는 모두『쉬띠꼬프 일기』).

I. 9월 25일의 예비회담에서 여운형은 다음과 같이 말했습니다.

"박헌영은 내가 그와 항상 긴밀한 관계를 유지하고 있음에도 불구하고, 나를 신뢰하지 않는 것 같다. 나는 항상 북조선을 주시하고 있지만, 북조선은 나를 신임하지 않는 것 같다. 내가 더 이상 어떻게 할 수 있겠는가. 나는 좌익 진영으로부터 이탈하고 싶지 않지만, 북조선과 박헌영이 나를 불신하는 것이 느껴진다. 반면에 미국인들은 나를 신임한다. 나는 여기서 사흘 동안 머물 예정이다. 나는 김일성·김두봉을 비롯한 북조선의 여러 지도자들과 만나고 싶다. 쉬띄꼬프 상장上將이나 혹은 소련군사령부 대표(치스차꼬프)도 만나고 싶다. 나의 오랜 친구인 샤프신(서울 주재 소련 부영사)도 만나고 싶다.[2] 나에게 생긴 모든 문제에 대해 분명한 답을 얻지 못한다면 나는 남으로 가지 않겠다."

II. 9월 26일 귀하(쉬띄꼬프)의 허락에 따라, 여운형은 김일성, 김두봉, 주영하, 최창익, 허가이 등 북조선로동당 정치위원들과 만났습니다. 남조선에서 그와 함께 온 사람들도 이 회담에 참석했습니다. 여운형은 2시간에 걸쳐 남조선의 정치 정세에 대해 보고했습니다. 그는 다음과 같은 문제들에 대해 이야기했습니다.

1. 남조선에서 미국의 정책, 2. 좌우합작, 3. 노동당 합당, 4. 미국인에 의한 입법의원 창설.

2　당시 소련군사령관 치스챠꼬프 장군은 휴가 중이었고, 쉬띄꼬프는 몸이 불편해 소련군 민정 담당 부사령관 로마넨꼬 소장으로 하여금 여운형을 대신 만나게 하였다. 9월 27일 로마넨꼬과의 회담에는 여운형의 요청을 반영하여, 소련 부영사로 장기간 서울에 주재했던 샤프신(Anatolii I. Shabshin)도 참석했고, 김일성과 그의 부관 문일(文一)도 참석했다(『쉬띄꼬프 일기』, 1946.9.24, 9.25, 9.26, 14~19면). 샤프신의 부인은 조선(한국) 생활에 관한 회고록을 남겼다.『식민지조선에서』(1992)(번역되지 않음);『1945년 남한에서』(1974), 김명호 역, 한울 1996.

일본이 항복한 날부터 오늘에 이르기까지 좌우 각 정당의 활동을 분석하면서, 여운형은 다음과 같이 말했습니다.

"조선 임시정부 수립을 위한 미소공위가 활동 중일 때, 미국인들은 좌익을 자기 편으로 끌어들여 공산주의자들을 고립시키려 했지만 성공하지 못했다. 미소공위가 결렬된 이후 미국인들은 좌익 정당들에 탄압을 가하기 시작했다. 우선적인 탄압 대상은 공산주의자들이었다. 이것은 미국 정부의 명령에 따라 시작된 것이며, 미군정 정책에 항의하는 모든 조직들을 붕괴시키기 위한 것이었다. 미군정은 정치가가 아닌 야전사령관 하지 중장의 정책을 남조선에서 실시하고 있다. 맥아더와 미국 정부는 하지의 정책을 지지하고 있다. 그들은 아놀드 소장을 조선 정책에서 지나치게 유약한 인물로 간주하고 그를 조선에서 소환했다.[3] 미국인들은 좌익정당들의 합당을 남조선에서 미군정의 정책에 반대하기 위한 것으로 받아들이고 있다. 이 때문에 합당에 격렬하게 반대했다."

3당합당 문제

"우리는 박헌영이 북조선에 체류하고 있다는 사실을 알고 있었다. 그가 북조선에서 우리의 활동 방향에 대해 훌륭한 지시를 내려줄 것이라고 확신했다. 그런데 그는 18일 동안 나에게 아무것도 말하지 않은 채 합당 준비를 시작했다.

나와 만난 후, 박헌영은 공산당 내부에서 합당에 필요한 모든 것을 준비해야 했고, 인민당을 준비시키는 것은 나의 책임이었다. 내가 아파서 이틀 동안 시골에 가 있을 때, 박헌영은 나를 대신해 인민당에 지령을 내렸고, 내가 서울에 돌아오고 난 이후 이 지령에 서명할 것을 요구했다. 나는 이

---

3   아놀드(Archibald V. Arnold) 군정장관은 1945년 9월 11일~12월 17일 재임, 후임은 러치(Archer L. Lerch)로서 1945년 12월 18일 부임하여 1947년 9월 11일 재직 중 사망하였다.

지령에 서명하는 것을 거부했다. 당수인 나에게 내용도 알리지 않은 채 지령을 하달했기 때문이다.

나는 박헌영에게 심한 모욕을 느꼈다. 백남운은 나에게 야유조로 공산주의자들이 나를 정치적으로 강간했다고 말했다. 나는 박헌영에게 화가나서, 옆으로 물러섰다. 나 없이는 합당이 이루어질 수 없다는 사실을 보여주고 싶었다. 박헌영은 통합 노동당의 세 지도자로 나, 박헌영 그리고 이주하를 추천했다. 이런 구도에서는 내가 공산주의자들 손안에서 농락거리가될 수 있음을 알게 되었다. 나는 인민당 당수직에서 사퇴했다. 박헌영이 저지른 오류 때문에 공산당은 물론 내가 당수로 있는 인민당에서도 독재가강화되어 합당 작업이 지연되었다. 얼마간 숙고한 끝에 나는 인민당 당수직에 복귀했으며 합당사업을 계속하기로 결정했다.

나는 앞으로 어떻게 사업해야 할지 여러분에게 조언을 받고자 여기에왔다. 내 의견으로는, 합당이 이루어진다면 미국인들의 압박 때문에 〔합당된〕 남로당은 지하로 들어갈 수밖에 없다. 그러나 지하로 들어갈 수는 없는것이다. 따라서 현재 합당은 불가능하다.”

이에 대해 김일성은 “만일 그러한 사정이 조성되었다면 보다 유리한 시기까지 일시적으로 합당을 중지해야 한다”고 여운형에게 답변했습니다. 이와 함께 북조선의 정치 상황에 대해 이야기하며, 북조선에서 공산당과신민당의 합당이 어떻게 진행되었는지 설명했습니다. 합당 결과 노동당이북조선에서 가장 강력하고 권위 있는 정당이 되었으며, 50만[4] 당원을 포괄하게 되었고, 북조선의 근로대중은 노동당 창립을 열렬히 환영했다는 점에 대해서도 말했습니다.

“우리는 남조선에서 귀하〔여운형〕와 박헌영, 백남운 및 기타 저명한 정치인들의 지도하에 좌익 정당들의 합당이 성공적으로 진행되기를 희망했다.

---

4   『쉬띄꼬프 일기』에 김일성이 말한 북로당 창당 당시 당원 수 “50만(500 тысяч〔thousand〕: 406면)”이 “30만(176면)”으로 오역되었다.

그러나 미국인들에게 유리한 결과가 되고 말았다. 이 사업이 당신의 능력 밖의 일이라면 합당작업은 일시적으로 중지해야 한다."[5]

김일성의 이 발언은 여운형의 감정(자존심)을 크게 건드렸습니다. 여운형은 의자에서 벌떡 일어나 방 안을 돌아다니며 신경질적으로 말했습니다.

"아니오! 우리는 할 수 있소! 내가 남으로 돌아가면 무슨 일이 있어도 공산당, 인민당, 신민당 3당의 노동당 합당을 완수해낼 것이오. 나는 노동당의 지도자가 될 것이고, 노동당은 남조선에서 가장 강력한 당이 될 것이오. 나는 미국인들이 나를 체포하는 것을 두려워하지 않소. 오히려 미국인들이 그것을 두려워할 것이오. 그들은 박헌영 체포 시도로 일어난 결과인 총파업을 목도하고 있소."

김일성은 "남조선의 민주주의민족전선(민전)이 미군정에 박헌영의 체포령을 조속히 취소할 것을 요구할 필요가 있다"고 말했습니다.

여운형은 다음과 같이 대답했습니다. "그렇게 할 수 있고, 인민대중의 지지 아래 그렇게 하겠다. 나는 끝까지 남조선로동당 창립을 위해 투쟁할 것이며, 남로당은 당연히 창립될 것이다."

III. 9월 26일, 회담은 계속되었습니다. 회담에는 김두봉, 김일성, 그리고 여운형이 참석했습니다.

좌우합작에 대해

여운형은 좌우합작 문제에 대해 다음과 같이 말했습니다.

"박헌영의 제안에 따라 우리는 모스끄바 3상회의의 정당한 결정을 인정

---

[5] 김일성의 이 발언은 회담에서 매우 중요한 부분이다. 기존의 번역 "만일 이 사업이 우리에게 힘겨운 것이라면"(176면)을 "당신의 능력 밖이라면"으로 정정하였다. 원문: "Раз эта работа оказалась вам не по плечу, надо временно отложить объединение"(406면). 합당작업의 일시 중지는 김일성의 독자적 판단이 아니라, 9월 26일 쉬띠꼬프가 로마넨꼬에게 보낸 지시사항 중 "3. 남조선 좌익 3당의 합당을 잠시 중단한다"(17면)가 있다.

하는 기초 위에서 좌우합작을 수행하고, 정부 수립을 위한 미소공동위원회 사업이 신속히 재개되도록 요구하되, 이승만과 김구 등 반동분자들이 정부에 참여하는 것을 허용하지 않기로 결정했다. 그런데 박헌영이 북조선에서 돌아온 이후 그의 제안에 따라 진행된 좌우합작 사업이 정체 상태에 빠지게 되었다.[6] 이 때문에 우리의 권위는 현저히 실추되었다. 왜냐하면 우리가 합작을 주창해놓고 합작을 결렬시켰기 때문이다. 나는 좌우합작의 결렬 책임자로 지목되어 매우 곤란한 상황에 처하게 되었다."

입법의원에 대해

"미군정은 입법의원을 조직할 것이다. 우리 좌익은 반드시 입법의원에 들어가야 한다." "만일 좌익이 입법의원에 들어가지 않으면, 우익이 고지를 점령하게 될 것이고 좌익은 곤란한 입장에 처하게 될 것이다. 우리는 입법의원에 들어가서 거기서 우익과 싸우고, 누가 누구를 입법의원에서 축출할 것인가 하는 문제를 해결해야 한다. 만일 우리가 입법의원을 거부한다면, 입법의원은 반동적 법령들을 발포할 것이고, 우리 좌익은 아무것도 못하게 될 것이다. 물론 우리가 입법의원에 들어가는 것에도 위험이 있다. 첫째는 우리가 미군정의 반동적인 정책을 정당화해주고 대중에 대한 영향력을 상실할 것이라는 점이다. 둘째는 좌익 가운데서 기회주의자들, 미국의 반동적인 정책에 대한 협력자들이 출현할 수 있다는 것이다."

이에 대해 김일성은 다음과 같이 말했습니다.

"미국인들이 남조선에서 입법기관을 창설하려는 것은 다음과 같은 목적 때문이다.

6　박헌영은 1946년 6월 27일 방북, 6월 29일 북한공산당 지도자들과의 협의회에서 여운형의 좌우합작을 비판하였고, 이후 김일성과 함께 모스끄바를 방문하여 스딸린 등을 만나고, 7월 10일경 평양으로 돌아왔다. 그는 좌우합작위원회의 첫 회담이 있는 7월 12일경 서울로 와서, 여운형에게 "미국의 장단에 놀아나지 말라"고 경고하고, "합작위원회는 또 하나의 실패작이 될 것"이라고 으름장을 놓았다.

1. 민주주의 조선 임시정부의 수립에서 조선 인민의 관심을 〔다른 곳으로〕 돌린다. 2. 조선을 영구적으로 두개로 분할한다. 3. 이러한 비민주적인 기구를 통해 미국인들의 의사를 강요한다.

입법의원 구성원 가운데 50퍼센트를 하지가 임명하게 되면, 조선인 자신의 손으로 민주정당들을 압살하게 될 것이다. 따라서 좌익은 조선 임시정부 수립을 위한 미소공동위원회 사업의 신속한 재개를 요구해야 한다.”

여운형은 다음과 같이 답변했습니다.

“당신이 입법의원에 좌익이 참여하는 것을 반대한다면, 나는 입법의원에 들어가지 않겠다. 서울로 돌아가서 남로당 창립을 위해 애쓰겠다. 만일 미국인들이 남로당의 합법적인 창당을 허용하지 않는다면, 우리는 낡은 간판 아래 노동당을 만들 것이다. 그런데 본질상 당은 하나이며, 나는 그것을 ‘근로인민당’이라고 부를 것을 제안한다. 남과 북의 통일이 이루어질 때 전당대회에서 당의 이름을 정하면 될 것이다. 내 생각에 당의 향후 전술은 한편으로는 미국인들에게 미소 지으면서, 다른 한편으로는 그들을 치는 것이어야 한다.”

여운형은 국제정치에서 소련이 차지하고 있는 지위의 견고함에 의문을 표시했습니다. 그는 다음과 같이 말했습니다.

“소련이 국제생활에서 고립되어, 국제회의〔파리평화회의〕에서 소련 없이 국제정치 문제들이 결정되는 경우가 있다. 장래 조선정부에 관한 협상에서 소련이 소수파로 남고 미국·영국·중국 3개국이 결정하는 사태가 일어날 수도 있다.[7] 그렇게 될 경우 김구 또는 이승만의 정부가 수립될 것이

---

7   이 부분도 번역을 부분 수정하였다. “국제연합에서 탈퇴하는 경우가 생기면”(178면)이라 번역하였는데, 원문 “международные конференции(international conferences)”(410면)은 국제연합(유엔)이 아니라, 2차대전 직후 유럽의 전후 질서를 결정하기 위해 열린 파리평화회의(Paris Peace Conference, 1946.7.27~10.15)를 말한다. 여운형은 다음 날 로마넨꼬와의 회담에서는 파리평화회의와 더불어 유엔에서 소련의 탈퇴 가능성도 거론하였다(이 책 301면).

다.”

이 점에 대해 김일성은 다음과 같이 대답했습니다.

“2차대전 이후 세계는 달라졌고 소련 역시 달라졌다는 것을 인정해야 한다. 소련은 2차대전에서 파시즘과 일본제국주의를 타도하는 데 가장 큰 역할을 했으며, 서유럽의 모든 나라와 아시아 국가들을 파시스트의 노예 상태로부터 해방시킨 국가로서 배타적인 권위를 획득했다. 이제 소련 없이는 어떠한 국제문제도 해결할 수 없다. 마찬가지로 소련 없이는 조선 문제 역시 해결될 수 없다. 당신의 의혹은 무익한 것이다. 좌익의 입장을 확고하게 고수해야 한다.”

여운형이 여기에 다음과 같이 답했습니다.

“나도 당신의 결론에 동의한다. 조선은 소련의 원조하에서만 독립을 얻을 수 있다.”

대담 후 김일성은 여운형에게 내일 소련군사령부 대표와 만날 수 있을 것이라고 말했습니다.

2. 소련군 정보 자료: 여운형–로마넨꼬 비밀회담(1946.9.27)[8]

귀하〔쉬띄꼬프〕의 명령에 따라, 또 귀하가 본인에게 내린 지시에 정확히 의거하여, 1946년 9월 27일 여운형과의 회담이 진행되었습니다.[9] 회담은

---

8 「별첨: 여운형의 북조선 방문에 대한 쉬띄꼬프의 보고」(1946.9.28). 『쉬띄꼬프 일기』 179~88면(한글 번역), 411~23면(러시아어 원문 탈초)〔https://db.history.go.kr/item/compareViewer.do?levelId=fs_010r_0010_0050_0020〕. 이 문서에도 다른 자료에서 볼 수 없는 중요한 내용이 다수 포함되어 있는데, 기존 번역에 의미가 통하지 않는 부분이 있어 러시아 원문과 대비하여 수정하였고, 필요한 경우 원문과 기존 번역을 소개하였다(면수는 모두 『쉬띄꼬프 일기』).

9 쉬띄꼬프는 1946년 9월 24일 스딸린에게 암호전문으로 여운형의 북한 주둔 소련군 지도부 회담 요청에 대해 “어떠한 답변을 주어야 하는지” 문의하였고, 25일에는 로마넨꼬가 쉬띄꼬프에게 김일성–여운형의 회담을 보고하면서, 여운형에게 소련군 지도부와의 회담에 대해

3시간 동안 계속되었습니다.

회담 후 여운형은 회담이 매우 만족스러웠다고 언급했습니다. 그는 회담으로 새롭게 충전되었고, 그가 가졌던 의심은 사라졌다면서, 소련이 형으로서 갓 태어난 동생인 조선을 떠나지 말고, 조선이 독립적인 국가를 건설하는 데 필요한 모든 도움을 줄 것을 요청했습니다. 회담 후 여운형은 연회에 초대되었습니다. 연회는 따뜻하고 화기애애한 분위기에서 진행되었습니다.

북조선 주둔 소련군 민정 담당 부사령관 소장 로마넨꼬

1946년 9월 28일

여운형　　조선은 해방되었음에도 불구하고 남조선은 아직 해방되지 않아 여기에 비합법적으로 올 수밖에 없었습니다.

로마넨꼬　어떻게 해방이 안 됐습니까?

여운형　　〔명목상〕 해방이 되기는 했지만, 미국인들로부터 다시 해방되지 않으면 안 되게 되었습니다.

로마넨꼬　왜 그렇습니까?

여운형　　최근 남조선의 반동세력이 강화되었습니다. 왜냐하면 미국인들이 그들을 도와주고 있기 때문입니다. 당신은 서울에 간 적이 있습니까?

로마넨꼬　예. 1차 미소공동위원회가 활동할 때 갔습니다.

여운형　　당신은 남조선의 파업에 대해 알고 있습니까?

로마넨꼬　라디오로 방송하고 있어 알고 있습니다.

여운형　　서울시의 전차 노동자들과 전기 노동자들이 철도 노동자들

어떻게 대답해야 하는지 문의하였다. 26일 쉬띄꼬프는 스딸린의 지령에 의거하여 로마넨꼬에게 상세한 지시사항을 내려 보냈다. 『쉬띄꼬프일기』 14~19면.

과 동조하기로 결정했습니다. 전기 노동자들에게는 10년 동안 유지되어
온 견고한 노동자 조직이 있습니다. 금속 노동자들에게도 그와 같은 견고
한 조직이 있습니다. 나는 전기 노동자들과 금속 노동자들이 철도 노동자
들을 지지하리라는 점을 의심하지 않습니다. 나는 쉬띄꼬프 상장과 이야
기하고 싶었습니다만, 그가 건강이 안 좋다고 들었습니다.

로마넨꼬　쉬띄꼬프 상장도 당신을 몹시 만나고 싶어 한다는 사실을 당
신에게 전해달라고 했습니다. 건강 사정으로 만날 수가 없어 나에게 위임
했습니다.

여운형　당신은 중국에 가본 적이 있습니까?

로마넨꼬　소련의 대일전對日戰 당시, 일본군을 패퇴시킬 때 만주에 있
었습니다.

여운형　1945년 8월 15일 오전 7시에 전 정무총감인 엔도오가 조선
인민의 대표들을 불러 "4~5일 후면 서울에 소련 붉은군대 선발대가 도착
할 것이며, 일본이 항복했기 때문에 우리가 무장해제 당할 것"이라고 말했
습니다.[10]

8월 15일 오후 서울에는 붉은군대가 서울로 오고 있다는 소문이 퍼졌고
시민들은 자발적으로 붉은군대를 맞이하러 나갔습니다. 그러나 그들은 소
련군을 만나지 못해 매우 실망했으며, 38선이 획정되었다는 사실을 알고
는 너너욱 불만스러워했습니다.

로마넨꼬　당신은 우리의 활동이 군사적인 것이며, 군인은 명령받은 지
역으로 간다는 사실을 알고 계십니다.

여운형　나는 38선 이남에서 질서를 유지하고, 감옥에 있는 정치범들
을 석방시키는 책임을 맡게 되었습니다. 이후 정치범들이 주축이 된 건국
준비위원회가 조직되었으며, 북조선에서 인민위원회가 발전해가는 것과

10　1945년 8월 15일 조선총독부 엔도오 정무총감의 여운형 접촉이 소련군의 서울 진주를 예상
　　한 것임을 알 수 있다.

같이 미군이 진주한 남조선에서도 그렇게 되리라 믿었습니다. 그러나 실제 사실은 달랐습니다.

로마넨꼬　　현재에도 남조선에 인민위원회가 존재합니까?

여운형　　그렇습니다. 존재합니다.

로마넨꼬　　그러면 인민위원회는 무엇을 하고 있으며, 그 역할은 어떠한 것입니까?

여운형　　남조선에 인민위원회가 존재하지만 행정 기능을 부여받지 못해, 여타 정당들 단체들과 같은 정치적 역할만 수행하고 있습니다. 당신도 알고 있듯이, 남조선 민주주의민족전선은 현재 다음과 같은 정당들과 단체들을 포괄하고 있습니다.

1. 공산당, 2. 인민당, 3. 신민당, 4. 민족혁명당, 5. 인민위원회

이 밖에도 다음과 같은 민주적 단체들이 민전의 지도 아래 있습니다.

1. 전평, 2. 농민동맹, 3. 여성동맹, 4. 민주청년동맹

이들은 모두 민전에 가입해 있습니다.

이 단체들 외에 다른 단체들도 민전에 가입해 있지만, 그들은 중요한 의미를 지니지 못합니다.

이제 나는 미국이 남조선에서 추진하고 있는 정책에 대해 내가 알고 있는 범위에서 말하고자 합니다.

로마넨꼬　　기꺼이 듣고 싶습니다. 당신이 곤란하지만 않다면요.

여운형　　미국 언론에 미국의 조선 정책이 실패하였으며, 미군사령부는 이 상황에 책임을 지지 않기 위해 새로운 출구를 모색하고 있다는 보도가 있습니다. 미국인들은 모든 책임을 조선인들에게 전가하기로 결정했습니다. 조선인들은 무엇이 좋은 것이고 무엇이 나쁜 것인지 이해하지 못하고 있습니다.

미국은 지금 군정의 각 국장들을 미국인들에서 조선인들로 대체하며, 과거의 미국인 국장들을 고문역으로 바꾸고 있습니다. 이외에도 미국은

입법기관 창설 문제를 연구하고 있습니다. 이런 모든 일들은 남조선에 조성된 상황에 대해 조선인들에게 책임을 전가하기 위해 이루어지는 것입니다.[11]

미국인들은 공산당, 인민당, 신민당 같은 정당들 역시 더 이상 발전하기를 원하지 않습니다. 그들은 좌익 정당들에 대해 압박을 가하려고 애썼습니다. 그러나 그것이 힘겨운 일이라는 것을 깨닫고 공산당에 모든 타격을 집중하기로 결정했습니다.

그들(미군정의 미국인들)이 말하고 있는 것처럼, 그 동기는 미국 공산당과 프랑스 공산당이 독립적으로 활동하고 있는 데 반해, 조선의 공산당은 모스끄바로부터 직접적인 지시를 받고 있다고 보기 때문입니다.

로마넨꼬　　스딸린 동지는 영국 특파원 알렉산더 베르트Alexander Werth의 질문에 대한 답변에서 서구에서 유사한 허황된 선전선동에 대해 언급한 적이 있습니다.[12] 내게는 조선에서도 똑같은 것으로 보입니다. 당신은 혹시 스딸린 동지의 답변을 읽어보셨습니까?

여운형　　네, 읽었습니다.[13] 개인적으로는 이 문제를 이해할 수 있습니다. 미국이 소련과 싸울 생각을 가지고 있는지에 대해, 하지와 러치 군정

11　이 언명은 여운형이 하지에게 보낸 편지(6-1)에서 미군정의 행정 업무를 한국인에게 맡겨줄 것을 청원하며 이를 "뉴딜"에 비유한 것과는 대조적이다.

12　『쉬띄꼬프 일기』에는 한글 번역이 "미국 기자인 알렉산더 웨스트"(181면), 러시아 원문은 "американский корреспондент Александр Вест"(414면)로 되어 있는데, 원문 자체에 착오가 있다. "영국 특파원 알렉산더 베르트(Александр Верт)"로 수정되어야 한다. 알렉산드러 베르트(영어 이름: Alexander Werth)는 1901년 상뜨뻬쩨르부르끄에서 태어났으며, 러시아 혁명 이후 가족과 함께 영국으로 망명했다. 1946~49년 영국신문 『가디언』 특파원이었고, 1949년 9월 26일 그와 스딸린과의 유명한 인터뷰는 Marxists Internet Archive(https://www.marxists.org)에서 현재에도 볼 수 있다. 로마넨꼬가 여운형에게 언급한 두 사람의 문답은 아래와 같다. "베르트: 서유럽 공산당들이 모스끄바의 지시를 받는다는 비난에 대해서 어떻게 생각하십니까? 스딸린: 이런 비난은 터무니없으며, 히틀러와 괴벨스(나치 독일의 선전장관)의 파산한 무기고에서 빌려온 것(낡고 허구적인 선전 선동의 재탕)이다."

13　여운형이 9월 23일 서울을 떠났기 때문에, 9월 24일자 스딸린과 베르트와의 대담 기사는 평양에 와서 읽은 것으로 보인다.

장관에게 직접 물어볼 기회가 다행스럽게 있었습니다. 그들은 아니라고, 그런 생각은 하고 있지 않다고 대답했습니다. 그러나 그들은 소련이 미국과 싸우기를 원한다는 소문을 퍼뜨리고 있습니다. 이승만은 매번 발언 때마다 미국이 소련과 싸울 것이며, 그때는 우리가 좌익과 결판을 내야 한다고 지적하고 있습니다.

로마넨꼬　스딸린 동지의 말에 이 문제에 대한 답변이 있습니다. 당신이 그것을 읽어보셨다면 잘 알 수 있을 것입니다.[14]

여운형　그렇습니다. 읽어보았습니다. 거기에는 이 문제에 대한 답변이 잘 나타나 있습니다. 남조선의 미국인들은 두개의 그룹으로 나뉘어 있습니다. 하나는 군사적인 그룹이고, 다른 하나는 외교관 혹은 그에 가까운 그룹입니다.

군사적 그룹은 CIC(방첩대), G-2(정보참모부), MI(Military Intelligence Corps, 군사정보대[15])를 통해 북조선으로 간첩들을 파견하고 있습니다. 이를 위해 그들은 3천명의 조선 청년들을 동원하여 교육하고 있습니다. 그들은 소련군을 정찰할 목적으로, 혹은 미국과 소련 사이에 전쟁이 불가피하며 미국의 승리가 될 것이라는 소문을 유포시킬 목적으로, 조선 청년들을 북으로 파견하고 있습니다. 그들은, 북에 현재 소련군이 12개 사단이나 존재하니 미군도 적어도 5~6개 사단을 조선에 배치해야 한다고 말하면서, 미국 정부에 남조선 주둔 미군의 수를 늘리는 문제를 제기하고 있다고 합니다.

두번째 그룹인 외교관들은 다음과 같이 말했습니다: 소련으로서는 파리 평화회의[16]에서 활동하는 것이 어렵다. 소련은 지지하는 나라가 적어서 투표에서 2/3 이상 찬성으로 결정하자고 요구하였다(상대방의 통과를 저지하

14　스딸린은 베르트와의 대담에서 "새로운 전쟁(new war)"의 위험성을 부인하였다.

15　번역에는 MI가 누락되어 있다(원문: "МИ", 415면, 번역: 182면).

16　원문(415면): "мирной конференции в Париже(peace conference in Paris)". 1946년 7월 29일~10월 15일 파리에서 평화회의가 열려, 1947년 2월 10일 파리평화조약(Traités de Paris)이 체결되었다.

기 위해). 이는 소련이 지지받지 못함을 우려하고 있다는 것을 보여준다. 반면 아무것도 두려워할 것이 없는 나라들(미국 등)은 과반수의 찬성으로 결정하자고 제안하였다. 현재 파리 회의에서 소련을 지지하는 사람은 2~3인에 불과하다. 유엔에서도 앵글로색슨 국가의 제안들이 채택되었다. 소련은 이 점을 잘 알고 있으며, 소련이 유엔에서 탈퇴하고 평화회의에서도 떠날 가능성이 충분히 있다.[17] 한반도 남쪽은 미국의 통제 아래 두고 북쪽은 소련의 통제 아래 두면서, 이남에 독립적인 정부를 조직하는 것이 가장 좋을 것이다.[18]

나와 회담하면서, 하지 중장과 고문인 랭던William R. Langdon(1891~1963)과 번스Arthur C. Bunce(1901~53)는 공개적으로 미국이 현재 루스벨트 이전의 정책으로 돌아가고 있다고 말했습니다. 루스벨트는 소련을 인정했으나, 트루먼은 루스벨트 이전의 정책을 추구할 것입니다.[19] 월리스Henry A. Wallace(1888~1965)가 소련 없는 평화는 가능하지 않다고 말하자, 미국 인사들은 그를 공격하였습니다.[20] 다른 한편으로, 그들(하지, 랭던, 번스)은 이남

---

17 번역이 혼란하여 편자가 러시아 탈초 원문(415면)을 대조하면서 수정하였다. 여운형이 말하고자 하는 취지는 전날 김일성에게 언급한 바 있었던 소련의 국제적 지위에 대한 우려인데, 여기서는 파리평화회의(мирная конференция, peace conference)와 더불어 유엔(ООН: United Nations)에서 소련의 탈퇴 가능성도 거론하였다.

18 "남쪽은 ~ 가장 좋을 것입니다"는 매우 중요한 부분인데, 기존 번역으로는(182면) 이정식이 토로한 바와 같이 "무슨 뜻인지 알 수 없다". 이성식은 현장 통역의 문제, 즉 러시아어 원문의 문제라고 보았으나(이정식 『여운형』, 613면), 『쉬띄꼬프 일기』의 한글 번역 문제이다. 이 부분은 여운형의 입장이 아니라 그가 전달하는 미국의 두번째 그룹(외교관들)의 입장으로, 남북이 각각 정부를 수립하는 방안이 가장 좋다는 내용이다. 원문(415~16면): "Лучше всего, будет организовать самостоятельное правительство на Юге тем, чтобы Юг был под контролем США, а Север под контролем СССР".

19 『쉬띄꼬프 일기』에서는 "루스벨트 이전의 정책"을 "루스벨트 정책", 즉 반대로 오역하였다. 원문(416면): "Америка сейчас находится на пути дорузвельтовской политики(America is currently on the path of pre-Roosevelt politics)". 오역(182~83면): "미국은 현재 루스벨트의 정책에 이르는 도상에 있다고 말했습니다. 루스벨트는 소련을 인정했으며, 트루먼은 루스벨트의 정책 정도까지 실시할 것입니다".

20 월리스는 루스벨트 대통령 시절 부통령(제33대, 1941~45년)으로 트루먼 부통령의 선임자

에 합법적인 정부를, 이북에는 합법적이지 않은 정부를 수립하는 것이 필요하다고 말했습니다.[21]

이승만과 김구는 미소공위 재개를 반대해 항의하고 있으며, 단지 좌익만이 미소공동위원회 재개를 요구하고 있습니다. 언제쯤 미소공위가 열릴 수 있겠습니까? 우리는 열리기를 기다리고 있습니다만, 〔시기를 미리 알고〕 올바른 전술을 세우고 싶습니다. 만약 미소공위 재개까지 오랜 기간이 걸린다면, 우리는 오랫동안 미국인들과 함께 행동하는 전술을 취할 것입니다. 만약 조속한 시일 내에 미소공위가 재개된다면, 우리는 다른 전술을 구사할 것입니다.

현재 미국인들이 입법기관 창설을 외쳐대고 있지만, 만약 미소공위가 지금 활동을 시작한다면 우리 활동은 큰 도움과 지지를 받게 될 것입니다. 미소공위에서 성과가 나오지 않는다 하더라도 좋습니다. 중요한 것은 서울에 소련 대표단이 온다는 사실 하나만으로도 우리의 활동 전개에 큰 도움이 된다는 것입니다.

현재 전쟁은 없으며, 미소공위는 설령 휴회가 되더라도 일단 시작해야 합니다. 미국인들의 신경은 일본인들만큼 약합니다. 우리가 그들의 신경을 곤두서게 하는 것도 나쁘지 않을 듯하며,[22] 우리는 그동안 우리의 일을 할 것입니다.

쉬띄꼬프 장군은 병에서 회복하는 즉시 서울에 와서 옛 소련 영사관에 자리 잡을 필요가 있습니다. 그곳에는 괜찮은 정원이 있어서 쉴 수도 있을

이다. 트루먼 대통령 시절 월리스는 상무장관(1945~46년)이었는데, 소련 없는 평화는 가능하지 않다는 소신 발언으로, 1946년 9월 20일 전격적으로 해임되었다.

21   이 문장은 앞서 언급한 "이남에 독립적인 정부를 조직하는 것이 가장 좋을 것"과 연결되며 남은 합법정부, 북은 그렇지 않는 정부로 차별화한다는 중요한 내용이다. 이것은 이후 한국 문제의 유엔 이관, 대한민국 정부 수립, 유엔에서 "합법적 정부" 승인으로 실현되었다.

22   원문 "не мешало бы поиграть на их нервах"(417면)〔영문 "it wouldn't hurt to play on their nerves"〕를 "그들의 신경을 곤두서게 하는 것은 도움이 되지 않을 듯"(183면), 반대로 오역하였다.

겁니다. 미소공위가 즉각 재개되지 않는다 해도, 소련 대표단이 서울에 왔다는 사실만으로도 우리에게는 가뭄 끝에 단비와 같을 것입니다.

미소공위 소련대표들이 서울을 떠나고, 이어서 소련영사관의 전 직원이 서울을 떠나자,[23] 우익들은 소련이 외교적 대립을 견디지 못해 서울에서 철수했다고 선전했습니다. 우리는 미소공위 소련 대표들이 서울에 도착한다는 소식을 듣게 되면, 바로 대대적인 환영 시위를 할 것입니다.[24]

로마넨꼬   당신이 제기한 문제들에 대해 소련군사령부의 견해를 말해보겠습니다.

1. 정부 수립을 위한 미소공동위원회 사업에 대해

쉬띠꼬프 상장의 미소공위 개막 연설에는 소련 대표단의 입장이 진술되어 있었습니다. 쉬띠꼬프 상장은 소련 대표단의 목적은 조선을 민주주의적 발전의 길로 인도하고 조선의 독립을 보장하는 정부를 수립하는 것이라고 발표했습니다.[25] 이것은 오직 민주정부만이 할 수 있는 일이며, 반동적인 정부는 할 수 없습니다. 조선의 정치권력의 기본 형태는 일본이 항복한 직후 이남에서와 마찬가지로, 북에서도 조선 인민 스스로가 수립한 인민위원회여야 합니다. 이북에서 인민위원회는 자체 발전을 하여 정권기관으로서 인민들에게 인정받았지만, 남에서는 미군정에 의해 억압당했습

---

23 폴리안스끼(Alexander Sergeievitch Poliansky) 소련 영사와 그 가족 및 직원들은 1946년 7월 2일 소련영사관을 출발, 기차로 평양으로 철수했다. 당시 소련영사관은 서울 중구 정동 15-1번지에 있었으며, 소련영사와 미소공위 소련대표 등이 한국 좌익 정치인들을 접촉하였던 곳이다. 1896년 고종의 아관파천(俄館播遷) 현장이며, 현재 '아관파천 유적지'라는 표지석이 세워져 있다.

24 "미소공위~할 것입니다" 부분이 『쉬띠꼬프 일기』 번역(183면)에서 누락되어 있다.

25 1946년 3월 20일 미소공위 개막식에서 쉬띠꼬프가 한 연설을 말한다. 전문은 「존 R. 하지 중장이 국무부 장관에게」(문서번호 740.00119 Control (Korea)/3-2246: Telegram), *The Foreign Relations of the United States* (*FRUS*)(https://db.history.go.kr/contemp/level.do), 개요는 『서울신문』(1946.3.21)에서 볼 수 있다. 쉬띠꼬프는 "반역자와 반민주주의적 악질분자"들의 방해를 거론하면서 "민주주의적 조선 임시정부"를 강조하였다.

니다.

반면, 하지의 미소공위 개막 연설에는 미소공위 미국 측 대표단의 입장이 언급되어 있지 않습니다.[26] 이것은 분명히 미국인들이 조선에 관한 모스끄바 3상회의의 결정이 유리하지 않다고 생각한 것입니다. 왜 그런지 명확하게 이해할 수는 없습니다만, 한가지 분명한 것은 미소공위에서 미국 대표의 행동은 그들이 조선이 독립되는 것을 원하지 않으며, 조선의 민주주의 임시정부 수립을 지연시키고 있다는 점을 의미합니다.

2. 미국 측 대표단이 공동위원회에서 한 행동은 어떠한 것이었습니까?

1) 그들은 '38선 철폐'라는 선동적인 슬로건을 내걸고, 정부 수립 이전에 조선인의 참여 없는 남북의 경제 통일을 요구했습니다. 이것은 무엇을 의미합니까? 그것은 조선의 산업을 분할시킬 방법에 대해 합의하는 것으로, 조선에서 미국인들의 정치적 경제적 지배권을 보장하기 위해 조선의 기본 산업 부분을 자신들의 손에 움켜쥐려 기도하는 것을 의미합니다.[27]

---

26 『쉬띄꼬프 일기』(184면)에는 "언급되어 있다"고 오역되어 있다. 원문(418면): "не было ск азано о позиции американской делегации(no mention was made of the position of the American delegation)". 로마넨꼬는, 1946년 3월 20일 하지 중장의 미소공위 「개회사」(『서울신문』 1946. 3. 21)가 "모스끄바 3상회의 결정"에 의한 "민주주의적 임시정부" 수립이 미소공위의 과업임을 명확히 천명하지 않았다고 비판한 것이다.

27 38선은 '군사작전분계선'이라는 점에 유의할 필요가 있다. 일반적으로 군사작전분계선은 상시적으로 민간인의 통행까지 금지시키는 것은 아니다. 즉 군사작전분계선이 곧바로 경제적·행정적·정치적 분단을 의미하는 것은 아니다. 소련군의 38선 전면 봉쇄는 9월 8일 미군이 남한에 진주하기 이전에 일방적으로 취해졌다. 뒤늦게 남한에 진주한 주한미군 사령관 하지는 소련군의 38선 봉쇄가 남북의 행정 분단을 초래할 우려가 있음을 지적하면서, 1945년 10월부터 38선 봉쇄 해제와 남북한의 행정 통일을 제의했지만, 소련군은 묵살했다. 그리하여 38선 철폐 문제는 1946년 1월 16~2월 6일 서울 덕수궁에서 개최된 미소공위 예비회담의 핵심 주제였다. 미국은 우선 38선을 철폐하고 전국을 하나의 경제적 행정적 단위로 통일하자는 입장이었으며, 소련은 정권 수립 문제의 해결 없이는 분할 체제를 유지할 수밖에 없다는 입장이었다(「미소공위 예비회담 진행 상황의 보고: 특히 38선 철폐 문제 등에 관하여──주한 정치고문 베닝호프가 국무부 장관에게」(1946.2.15), FRUS(https://db.history. go.kr/contemp/level.do); 도진순 『한국 민족주의와 남북관계』, 73~74면). 미소공위 1차 예

소련은 조선의 영토나 경제에는 관심이 없습니다. 소비에뜨 군대는 조선의 영토를 점령하고 조선 인민을 노예화하기 위해 조선에 온 것이 아니며, 일본 군대를 붕괴시키고, 조선 인민을 해방시키며, 조선의 민주주의 질서 확립을 원조해주려는 목적으로 온 것입니다. 소련군은 미국인들과 그 앞잡이 반동분자들이 중상하고 있듯이 조선을 소비에뜨화하여 소련 연방의 하나로 만들려고 하지도 않습니다. 우리는 조선이 민주주의 국가가 되어야 한다고 생각합니다. 따라서 소련군은 점령군이 아니라 해방군입니다.

2) 미소공위 회의에서 미국인들은 후견опека(guardianship)이 필요하지만, 조선인들을 자극하지 않게 크게 말해서는 안 된다고 했습니다. "만약 조선인들이 후견에 동의하지 않는다면 실시되지 않을 수도 있다"고 하는데, 이것은 사실상 인민을 기만하는 것입니다. 미국인들은 이것을 말하고, 반대의 저것을 행하는 것이 다반사입니다. 소련은 한국이 식민으로 돌아가지 않기 위해 후견이 필요하며, 후견에 소련이 참여하면 조선은 식민으로 돌아가지 않고 강한 독립국이 되는 것을 보장할 수 있다고 공개적으로 말합니다.[28]

3) 미소공위에서 미국 대표들은 반동적인 조선정부를 수립하기 위해 모든 성낭, 심지어 모스끄바 3상 결정에 반대하는 징딩과도 협의하지고 요구했습니다. 그들은 미소공위의 중단을 끊임없이 제기하였습니다. 소련 측 대표단이 자신의 요구에서 한발 양보하여, [4월 18일] 미소공위 「5호 성명」이 발표되었습니다. 그러나 미국인들은 이 성명을 왜곡했으며, 후견을 인

비회담 직후인 1946년 2월 8일, 38 이북에서는 북조선림시인민위원회가 설립되었다. 이 위원회는 북조선공산당이 "영도하는 정권"이며, 북한 인민이 인정하는 "우리의 정부"라고 선언하였다.

28 "소련은~말합니다" 부분이 『쉬띄꼬프 일기』 번역(185면)에 누락되어 있다. 그 외에도 2) 부분은 번역이 혼란하다.

정하는 것이 의무 사항은 아니라고 말했습니다. 미국인들은 의식적으로 미소공위 업무를 방해했습니다. 그들은 좌익 진영의 거대한 힘을 보고, 좌우합작 또는 좌익 정당 파괴를 목적으로 미소공위 사업을 중지했습니다. 미소공위 중단 이후 그들의 정책과 실제 행동은 당신이 잘 알고 있는 대로입니다. 이것이 이른바 조선의 미국식 민주주의인 것입니다.

당신은 또한 북조선에서 무슨 일이 이루어졌는지 잘 알 것입니다. 북조선의 소련군사령부는 민주개혁을 방해하지 않고 있으며, 민주개혁은 북조선림시인민위원회에 의해 실시되고 있으며, 전체 조선 인민의 지지를 받고 있습니다. 조선인들은 자신들의 복지를 향상하고, 공업·농업·운수업을 복구하고, 인민에 충실한 민족 간부들을 양성하기 위해 열심히 노력하고 있습니다.

소련 측 대표단은 언제라도 미소공위를 재개할 준비가 되어 있지만, 그것은 반동분자 없는 정부를 수립한다는 전제 조건 아래에만 가능합니다. 반동분자들은 조선 인민들에게 인기가 없으며, 조선 정부에 참여해서는 안 되기 때문입니다.

소련군사령부는 미소공위 재개를 위해 노력하지만, 미군사령부는 온갖 방법으로 이를 지연시켰습니다. 그러고는 언론을 통해서 소련군사령부가 미소공위 재개를 지체시키고 있다고 밝혔습니다. 또한 좌우합작으로는 아무것도 얻을 수 없다는 것을 알고, 이 시기에 좌익 진영을 파괴하는 데 바빴으며,[29] 소련에 대해 터무니없는 거짓 캠페인을 시작했습니다. 소련의 대외 정책은 스딸린 동지가 설명한 것과 같습니다(알렉산더 베르트에게 한 스딸린의 답변을 보라).[30]

---

29 1946년 9월 26일 쉬띠꼬프가 로마넨꼬에게 "2. 남조선의 좌우합작운동을 저지한다"고 분명히 지시를 내렸는데(『쉬띠꼬프 일기』, 17면, 186~87면), 로마넨꼬는 회담에서 "입법의원 참여하지 말라"는 애기는 했지만 좌우합작에 대해서는 명확하게 금지하지 않았다. 이것이 서울로 돌아온 여운형이 좌우합작에 매진하는 하나의 근거가 되었다.

30 원문(420면): "смотрите ответы Сталина Александру Верту(See Stalin's answers to

4) 38선

38선은 소련과 미국의 군대 때문에 존재하고 있습니다만, 반동들이 이 북에 정탐꾼들과 테러리스트들을 파견하기 때문에 소비에뜨 사령부는 어쩔 수 없이 38선을 폐쇄할 수밖에 없었습니다.[31] 그것은 또한 조선인들을 위한 것이기도 합니다. 38선은 조선 임시민주정부가 수립될 때까지 존재할 것입니다. 그 이후에는 조선인들을 위해 철폐될 것입니다.

미국인들은 자신들이 조선으로부터 떠날 준비가 되어 있다고 말했지만, 그들의 행동을 보면 그렇지 않습니다. 미국인들은 그들이 거듭 밝혔듯이, 자신들의 계획을 달성하기 전에는 100년이라도 조선에 머물 준비가 되어 있습니다. 정부 수립 이후 조선 인민이 미소 양군의 철퇴를 요구한다면 우리는 언제라도 떠날 준비가 되어 있습니다만, 미국인들도 떠나게 하는 것이 좋습니다.[32] 미소 양군이 중국과 만주로부터 철수한다는 협정이 맺어진 바 있습니다. 그에 따라 소련군은 중국과 만주에서 철수했지만, 미군은 떠나지 않고 오히려 중국 내전을 부채질하였습니다.[33] 소련은 미국이 조선에서 똑같은 행동을 하는 것을 용납하지 않을 것입니다.

Alexander Werth)". 『쉬띄꼬프 일기』(186면)에 이 구절에 해당하는 번역이 누락되었다. J. V. Stalin, "Replies to Questions put by Mr. Alexander Werth, Moscow, Correspondent of *the Sunday Times*"(September 24, 1946).

31 이 말은 사실과 다르다. 1945년 9월 8일 미군의 남한 진주 이전, 소련군은 북한 점령과 동시에 38선을 폐쇄했다.

32 1946년 9월 26일 쉬띄꼬프가 로마넨꼬에 내린 지시 중에 7항이 "우리는 미소 양군의 철수를 주장하고 있다"는 것이다(『쉬띄꼬프 일기』, 18면).

33 "미소 양군이 중국과 만주로부터 철수한다는 협정"은 체결된 적이 없다. 다만 1945년 8월 14일 체결된 '중소우호조약'에서 "전쟁 종료 후 3개월 내 소련군 철수"를 약속했고, 1946년 3월부터 본격 철수를 시작, 1946년 5월 3일 철수를 완료했다. 한편, 미군은 1945년 9월 칭다오, 톈진, 베이징, 상하이 등 주요 항구와 도시를 점령했고, 1947년 초까지 일부 도시에 남아 있었다.

5) 입법기관에 대해

조선의 남부에서 입법기관을 수립하려는 미국의 열망은 다음과 같은 것을 의미합니다.

a) 임시민주정부 수립에 대한 조선 인민의 관심을 다른 곳으로 돌린다.

b) 조선을 오랫동안 두 부분으로 분할한다.

c) 입법의원 50퍼센트를 하지가 지명하는 비민주적 기관을 통해, 조선 사람의 손으로 민주주의 정당들을 압살하고자 한다. 따라서 좌익은 미소공위의 조속한 재개를 요구해야 하며, 입법기관에 참여하지 말아야 합니다.[34]

당신[여운형]이 이승만이나 김구와 함께 앉아 있는 것은 어울리지 않습니다. 왜냐하면 그들은 인민들 사이에서 인기가 없기 때문입니다. 그들은 당신에게 낮은 의자[자리]를 권유하면서, 자신들은 높은 의자[자리]에 앉아 있기를 원합니다. 그들로서는 당신을 자기편으로 끌어들이는 것이 중요한데, 그것은 당신이 인민들 사이에 인기가 있기 때문입니다.

당신은 조선 인민들이 지지하는 다른 민주주의적인 인사들과 같은 대열에 있어야 하며, '미국의 상품'으로 수입된 자들과 함께해서는 안 됩니다. 이승만 김구 등이 차기 정부의 주역으로 거론되고 있으나 그럴 가능성은 희박합니다.[35] 조선에는 이들보다 훨씬 더 많은 권리를 가진 사람들이 있습니다. 그들은 자기 민족과 함께 살며[동고동락하면서] 해방을 위해 투쟁한 사람들이며, [해외] 망명지로 피해 가만히 앉아 있던 사람들이 아닙니다.[36]

---

34 로마넨꼬가 여운형에게 미국의 입법의원 추진에 대해 비판한 세가지(a~c)는 하루 전 김일성이 말한 세가지 비판(이 책 293~94면)과 정확하게 일치한다.

35 "이승만 김구 등이~희박합니다" 부분은 번역(187면)에서 누락되어 있다. 원문(422면): "Ли Сын Ммн и Ким Гу претендуют на главную роль в будущем правительстве, но вряд ли у них это выйдет".

36 로마넨꼬가 여운형을 이승만과 김구보다 위대하다고 추켜세우는 부분인데 뜻이 통하지 않는 오역이라 다시 번역하였다. 원문(422면): "В Корее есть люди, которые имеют на это гораздо больше прав, люди, которые жили вместе с своими народом и боролись за его освобождение, а не отсиживались в эмиграции". 영어 번역: "In Korea, there

좌익 진영 강화에 당신이 확고한 입장을 취하는 것은 인민들 사이에서 당신의 권위를 훨씬 높여줄 것입니다.

여운형   하지는, 조선의 미군이 점령군이며 전쟁은 끝난 것이 아니기 때문에 자신들은 무제한의 권한을 가지고 있다고 말합니다.

조선은 강해지기 위해 노력하고 있지만 아직 매우 약합니다. 독립을 잃은 지 수십년 세월이 흘렀기 때문입니다. 약 40년 동안 일본의 통치 아래 있었습니다. 나는, 갓난아이인 조선이 제 발로 서서 걸을 수 있도록 소련이 커다란 원조를 아끼지 않을 것이라고 믿습니다.

나는 회담에 대단히 만족하면서 심심한 감사를 표합니다. 회담은 나에게 향후 투쟁을 위한 큰 힘과 결단력을 주었습니다.

로마넨꼬   조선은 식민의 압제에서 해방된 첫 나라이기 때문에 투쟁할 만한 가치가 있습니다. 조선은 전세계 식민지 국가들에게 어떻게 독립을 쟁취했는지 보여주어야 합니다.

여운형   옳습니다. 그러나 나는 이 투쟁에서 장군이 되려고 노력하지 않을 겁니다. 나는 낡은 마차를 타고 젊은 병사들과 함께하고자 할 따름입니다. 현재 조선에는 젊은 간부들이 성장하고 있으며, 그들이 우리 늙은이들을 대체할 것입니다.

나는 여기서 나와 김규식, 그리고 나의 동생〔여운홍〕이 1919~21년[37] 조선의 독립을 쟁취하기 위하여 각국을 떠돌아다녔던 사실을 회상하고 싶습니다. 어디에서도 우리의 말에 귀를 기울여주지 않았는데, 오직 모스끄바에서만 귀를 기울여주었습니다. 그때〔1922년〕 나는 레닌 동지와 면담하였

---

are people who have much more right to this, people who lived with their nation and fought for its liberation, rather than sitting out in emigration." 기존 번역(187면): "조선에는 이와 같이 비할 데 없는 자격을 가지고 있으면서 인민들과 함께 살며 그들의 해방을 위해 투쟁하지만, 망명 과정에서 녹초가 된 사람들이 있습니다".

[37]   『쉬띄꼬프일기』(187면)에서는 "1920년 이전"으로 오역했다. 원문(417면)은 "до 19,21 года".

습니다. 그 면담은 끝까지 투쟁하도록 나를 고무했으며, 이 투쟁에서 소련이 우리에게 커다란 원조를 아끼지 않고 있다는 점에 힘을 얻었습니다.[38] 그리고 나는 지금의 이 원조〔약속〕도 믿습니다.

결론적으로, 나는 내가 할 수 있는 모든 것을 할 것이라는 점을 다시 한 번 말씀드립니다. 하루 속히 〔서울로〕 와주십시오.

로마넨꼬   당신의 희망을 쉬띄꼬프 장군에게 보고하겠습니다.

3. 북조선 시찰 소감과 기자 문답(1946.10.4.)

1) 북조선 시찰 소감[39]

북조선의 금년 농사는 대풍이었습니다. 쌀은 1되에 2백원 정도이며, 영세민의 최저생활은 보장되어 있음을 간취할 수 있었습니다. 식량은 만주에서 추수한 곡식〔秋穀〕이 10만섬 입하되어 부족함이 없는 것 같으나, 기타 물자는 남조선보다 적은 느낌이 있었습니다.

북조선은 각 방향에 걸쳐 건설 의욕이 작열하여, 특히 청년층의 활동은 왕성한 것이 믿음직하였습니다. 북조선노동당 당수 김두봉 씨와 김일성 씨 등 정계 요인들과 흉금을 열고 현하 긴급한 여러 문제에 관하여 의견 교환을 하였는데 남조선의 합당문제, 좌우합작문제, 그리고 입법기관문제 등에 대해서는 어느 정도 의견 일치를 보게 되었습니다.

특히 북쪽에서는 미소공위 속개를 부르짖는 소리가 점차 높아지고 있어

---

38   여운형은 1921년(35세) 11월 원동피압박민족대회 참석을 위해 상하이에서 출발하여 몽골 초원을 가로질러 러시아 이르꾸쯔끄에 도착, 그곳에서 '자유시 참변' '재판'에 배심원으로 참여하였다. 그는 1922년(36세) 1월 7일 모스끄바에 도착하여, 1월 21일 개막한 원동민족근로자대회 의장단에 선출되어 개회식에서 연설하였다. 이후 레닌과 2차례 회동하였고, 트로쯔끼 등 볼세비끼 지도자들도 두루 만났다. 여운형은 4월 상하이로 돌아와 국민대표회의를 추진하였다.

39   『서울신문』 1946.10.5; 『조선독립의 당위성(외)』 461~62면; 『여운형 산문집(해방 후)』, 128면.

3천만이 요구하는 공위를 가급적 빠른 기간 내에 재개하지 않는다면, 우리는 미소 양군 철퇴를 남북이 거족적으로 절규하는 운동을 전개해야 할 것입니다.

이번 기회에 〔소련〕 요인들과도 만나려고 하였으나, 〔치스차꼬프〕 사령관은 시베리아로 여행 중이며, 쉬띄꼬프 장군은 입원 중이어서 만나지 못하였습니다.[40] 이강국李康國[41] 씨와는 만났습니다. 중국 팔로군이 북조선에들어와 있다는 소문은 전연 거짓말이었습니다.[42]

2) 기자회견 1: 건설에 매진하는 북조선[43]

문　이번 북조선을 방문한 목적은?

답　남조선에 있어서 합당문제 등 당면 정치공작이 원만히 진척되지못하고 있고, 또 북조선 소식이 두서없이 직접 가서 북조선 지도자와 만나보고 피차의 정치적 당면과제에 대하여 의견을 교환하였습니다.

문　북조선의 인상은?

답　이번 내가 북조선에서 각 지역을 널리 시찰한 것도 아니고, 평양

40　여운형은 로마넨꼬를 만난 사실은 언급하지 않았다.

41　이강국(1906~1957〔또는 1955〕)은 "양담배만 피우는 공산주의자"로 불리었고 잘생긴 수재로 유명했다. 이강국은 해방 이전 몽양과 친했다가, 해방 이후에는 박헌영에게, 월북 후에는 김일성에게 충성을 했다(이정식 「이란 씨외 최고: 해방 전후의 여운형」, 『여운형』, 774~77면). 이강국은 1946년 8월 25일 『조선인민보』에 미군정에 대한 비판 기고문으로 체포령이 내려지면서 연인으로 알려진 김수임의 도움으로 월북했다. 여운형이 평양에서 이강국을 만난 것은 그의 월북 한달 남짓 지난 뒤였다.

42　1946년 가을 당시 북에는 이미 팔로군이 많이 들어와 있었다. 한국독립당 동북특파원 판사처 민석린(閔石麟)은 1947년 1월 17일 "중앙군〔국민당군〕이 안동(丹東)에 진주했을 때, 팔로군 약 4만 명이 〔북〕조선에 입국했다"고 보고하였다(션즈화 『최후의 천조』, 189~92면). 또한 1948년 4~5월의 목격담을 수록한, 김구편 6장 6절 「남북협상을 비판: 모당의 결산서」의 "대동강변 다수한 가옥 중에는 간판도 붙이지 아니하고 중공(팔로군)측 인원이 적지 않게 거주"한다는 내용과도 상반된다.

43　『독립신보』 1946.10.5; 『조선독립의 당위성(외)』, 459~60면; 『여운형 산문집(해방 후)』, 126~27면.

에만 가서 노동당 위원장 김두봉 씨와 부위원장 김일성 씨를 만났을 뿐이니 견문한 범위는 극히 작을지 모르나, 첫째로 공산당과 신민당이 합당한 후의 인상은 내가 상상한 것보다는 퍽 좋았습니다. 그저 간판만 덧칠한 것이 아닌 것은 양당이 분리되어 있을 때 쌍방 당원이 도합 17만밖에 안 되던 것이, 합당 후 노동당이 되어서는 현재 80만 당원을 획득하였다는 것으로[44] 그 합당의 의의를 능히 증명할 수 있으며, 과거 1년 동안 범한 과오를 신속히 시정함으로써 당세를 확장하고 한결같이 건설에 매진하는 것이 힘차게 보였습니다.

문　식량문제는?

답　금년은 대단히 풍년이 들어 쌀값은 현재 소두小斗 1되에 240원인데, 앞으로는 70원대가 될 것이라고 합니다. 도시에는 최소한도의 생활이 보장되어 있으며, 어디나 인민은 아무 공포를 느끼지 않고 안심하고 생활하고 있는 것을 볼 수 있습니다. 들은 바에 의하면 새 곡식이 나기 전에는 만주에서 잡곡을 약 10만톤 수입하여 식량난을 퍽 완화시켰다는 말도 들었습니다.

문　〔중공〕팔로군과 소련군대가 많이 주둔하고 있다는데?

답　전혀 낭설입니다. 도시에서는 소련군은 볼 수 없고, 그저 가족을 데리고 온 사람이 보이며, 군대는 산간에서 천막생활을 하게 하여 민가와의 접근을 엄중히 금지한다고 하였습니다. 그리고 국경 경비는 전부 우리 조선 사람 손에 맡겼으며, 소련군 당국에서는 우리 인민 정치의 인사문제에는 절대로 간섭이 없다고 합니다. 무엇보다도 가장 좋은 인상은 청년들이 고용으로 일하지 않고 의무제로 일하는 것이며, 요즘 북조선에서 요구

44　1946년 9월 26일 여운형과 회담에서 김일성은 북로당의 당원을 "50만"(『쉬띄꼬프 일기』에는 30만〔176면〕으로 오역)이라 하였고, 쉬띄꼬프는 1946년 10월 22일 일기(앞의 책 29면)에서 "40만"으로 언급하였다. 발라사노프 팀이 소련공산당에 보고한 「북조선 정당 사회단체 조사 보고서」의 북로당 당원 수(1947년 1월 1일 현재)는 "56만 2600명"이다(김국후 『(비록) 평양의 소련군정』, 한울아카데미 2011, 227면).

하는 사람은 기술을 가진 사람이었습니다.

3) 기자회견 2: 북조선 시찰[45]

문   북조선을 시찰한 감상은?

답   토지개혁과 아울러 남조선과 같이 풍년으로 생활은 안정되었다. 물가는 쌀 한말에 2백 4~50원 정도로 생활의 여유는 없지만 비교적 안정되어, 영세민도 최소한도의 생활은 보장되고 있으나, 상가의 물품 진열은 남조선보다 적다.

문   합당 후의 인상?

답   우리 생각에는 (노동당으로 바뀌고 난 이후) 공산당이 간판만 떼고 그전과 같은 시책을 하고 있는 줄 알았더니, 태도가 퍽 완화되어 합당 결성은 매우 양호하고, (북조선로동당) 위원장 김두봉은 대단한 숭배를 받고 있다. 김두봉은 (김일성)대학 건설에 분망하고 있으며 남조선에서 간 백여명의 교수를 합쳐 약 150명의 교수가 있다.[46]

문   남조선에서 (올라)간 사람을 어떻게 생각하고 있는가?

답   (북측은) 자기들의 지식과 기술 부족으로 과거 1년간의 자기들의 실패를 자각하여 무엇이든 기술이라면 대환영을 하고 있어, (남에서 올라간) 최승희崔承喜(1911~69)도 무용을 준비 중이고,[47] 대체로 보아 건설 일로에

---

45   『조선일보』 1946.10.5.

46   1946년 7월 북조선립시인민위원회 결정 제40호에 의하여 대학 설치기구가 설립되어, 여운형이 서울로 돌아온 10월 1일 김일성대학이 7개 학부, 24개 학과로 개교하였다. 김두봉은 1946년 10월~1948년 9월 김일성종합대학의 초대 총장을 맡았으며, 김일성종합대학에서 언어학 명예박사 학위도 받았다. 김두봉은 1946년 당시 간판으로 많이 활용되어 "대단한 숭배를 받고 있는 것"처럼 보였지만, 실권은 거의 없었다. 여운형이 합당과정에서 자신과 비슷한 처지의 김두봉에 대한 호의가 반영된 것으로 보인다.

47   여운형은 『조선중앙일보』 사장 시절(1935년) '최승희 후원회'의 핵심 인사였다. 해방 이전 최승희가 베이징에서 활동할 때 최승희의 남편 안막은 여운형이 베이징에 파견한 이영선(李永善)과 연결되어 옌안(延安) 독립동맹에 갔다가, 해방 직후 그들과 함께 북으로 갔다. 최승희는 1946년 2월 베이징에서 '일본 스파이' 혐의로 장제스 군대에 체포되었지만 풀려

매진하고 있다.

문   소련군과의 관계는?

답   내용적으로 어떤지는 모르나, 김두봉의 말에 의하면 소련군은 전연 행정에 관계치 않는다 하며, 가족을 가진 병사만 도시에 있고, 그 외는 산에서 천막을 치고 있고, 내가 지난 4월에 갔을 때보다 소련군의 수는 적어졌다.

문   이강국이가 평양에 갔다는데?

답   나도 평양에서 만났다.

문   좌우합작은 어떻게 진전되는가?

답   합작이라고 반동과의 합작이 아니요, 우익이 싫든 좌익이 싫든 간에 할 수 없이 합작하여 연립내각이 되고 독립이 될 것이다. 그리고 합당 후의 명칭은 북조선과 같은 '노동당'이란 명칭보다 '노동인민당'이라 함이 노동대중을 위한다는 입장에서 더 적합할 것이다.[48]

문   좌우합작에 대하여 북조선에서는 어떻게 생각하는가?

답   좌우합작은 최초 〔미소〕공동위원회 속개를 목적한 것이므로 이에는 반대가 없을 것이고, 다만 입법기관에 대해서는 반대하고 있었다. 남북

났고, 1946년 5월 29일 인천항으로 귀국했다. 1946년 7월 21일『민주일보』에 최승희의 인터뷰「해방민족의 기수로 무용창조」가 실렸는데, 바로 그 전날 7월 20일 저녁 최승희는 남편 안막의 안내로 마포 나루터로 가서, 김일성이 보낸 8톤짜리 발동선을 타고 월북했다. 김일성의 특별한 배려로 대동강변 3층 한옥 건물(현재의 옥류관)을 확보, 9월 6일 최승희 무용연구소가 문을 열었다. 여운형이 평양에서 최승희를 만난 것은 그녀가 무용연구소를 문을 연 지 한달도 되지 않은 시기였다. 1948년 4월 최승희는 김일성의 요청으로 김구 김규식 등 남북연석회의에 참석한 정당·사회단체 대표 695명 앞에서 경축공연을 하여 대대적인 갈채를 받았다. 강준식『최승희 평전』, 눈빛 2012, 311~37면, 349면; 김영중 편『레베데프 비망록』, 해동인쇄사 2016, 121면; 선우진『백범 선생과 함께한 나날들』, 최기영 엮음, 푸른역사 2009, 136~38면.

48 여운형은 '노동〔자〕'보다 더 폭이 넓은 '인민'이란 단어를 선호했다. 1946년 9월 16일 김일성과의 회담에서 '남조선로동당'이란 명칭이 불허될 경우 '근로인민당'을 대안으로 제시한 바 있으며, 1947년 '근로인민당'을 창당하였다. 그가 1945년 만든 당도 '인민당'이다.

통일은 언제든지 공동위원회가 열려야 될 것이니, 만일 소련이 〔미소공위를〕 속개시킬 수가 없다거나 〔하면〕 소련군은 철퇴하라고 평양에서 선언하고 왔으며,[49] 나도 얼마 동안 보다가 속개 아니 되면 미소 양군 다 물러가라고 할 것이다.

4. 좌우합작위원회, 합작 7원칙(1946.10.7)[50]

1) 조선의 민주독립을 보장한 3상회의 결정에 의하여 남북을 통한 좌우합작으로 민주주의 임시정부를 수립할 것.

2) 미소공동위원회 속개를 요청하는 공동성명을 발할 것.

3) 토지개혁에 있어 몰수, 유조건 몰수, 체감매상遞減買上 등으로 토지를 농민에게 무상으로 분배하고, 시가지의 기지基地[51] 및 큰 건물을 적정 처리하며, 중요 산업을 국유화하여, 사회 노동법령 및 정치적 자유를 기본으로 지방자치제의 확립을 속히 실시하며, 통화 및 민생문제 등등을 급속히 처리하여, 민주주의 건국과업 완수에 매진할 것.

4) 친일파 민족반역자를 처리할 조례를 본 합작위원회에서 입법기구에 제안하여, 입법기구로 하여금 심리 결정하여 실시케 할 것.

5) 남북을 통하여 현 정권하에 검거된 정치운동자의 석방에 노력하고, 아울러 남북 좌우의 테러적 행동을 일절 즉시 제지制止토록 노력할 것.

6) 입법기구의 권능과 구성방법 운영 등에 관한 대안을 본 합작위원회

---

49   1946년 9월 25~27일 평양 비밀회담에서 여운형의 소련군 철수 발언은 확인되지 않는다. 오히려 9월 26일 쉬띄꼬프가 로마넨꼬에 내린 지시 중 7항이 "우리는 미소 양군의 철수를 주장하고 있다"이며, 9월 27일 로마넨꼬가 여운형에게 '정부 수립 이후 조선 인민이 미소 양군의 철퇴를 요구한다면, 우리는 언제라도 떠날 준비가 되어 있습니다'라고 언급한 바 있다(『쉬띄꼬프 일기』, 18면, 186면).

50   『동아일보』, 『조선일보』 1946.10.8; 『조선독립의 당위성(외)』, 457~58면; 『여운형산문집』 130면.

51   『조선독립의 당위성(외)』(458면)과 『여운형 산문집(해방 후)』(130면)에서는 "기타"로 오독.

에서 작성하여 적극적으로 실행을 기도할 것.

7) 전국적으로 언론 집회 결사 출판 교통 투표 등 자유가 절대 보장되도록 노력할 것.

5. 좌우합작위원회와 입법의원에 대한 문답(1946.11.6) [52]

문   좌우합작위원회와 조미朝美공동위원회 [53] 등에 귀하의 명의로 수차 성명이 발표되었는데 귀하의 본의는 여하?

답   좌우합작위원회의 좌측 대표는 나 하나뿐이다. 그러므로 성명 발표에 우측 수석대표 김박사(김규식)와 나, 공동명의로 발표되는 것이다. 조미공동위원회는 군정당국과 좌우합작위원회와의 협의체로서 구성된 만큼 합작위원회를 대표하여 나의 명의가 나온다고 본다.

문   입법기관 법령 실시와 의원선거에 대한 소감 여하?

답   입법기관에 대해서는 [군정당국이] 좌우합작위원회에 원조를 요청하여왔다. 좌우합작은 모스끄바 3상회의 결정에 의하여 규정되어 있는 미소공위를 속개시켜, 외부적으로 우리의 과도정부 수립을 촉진시키고, 내부적으로 남북통일을 기하는 정치협상이다. 그러므로 좌우합작과 입법기관은 전연 별개의 것이다. 입법기관 설치의 실행조건으로서 정치범의 석방, 현 경찰행정기구의 전면적 개혁, 친일파의 숙청 등을 좌우합작위원회에서 군정당국에 제시한 바 있었고 또한 동의를 얻었다. 그러므로 기본조건이 관철되어야만 군정당국의 요청에 응할 수가 있다는 것은 두말할 것

---

52   『조선일보』 1946.11.7. 미군정에 의한 좌우합작의 귀결점이라 할 수 있는 입법의원 선거는 여운형의 생각대로 전혀 되지 않았다. 3당합당도 실패하여, 여운형은 남조선로동당 준비위원회와 사회로동당 준비위원회 양측에서 모두 위원장이 되는 희극적인 상황이 되었다.

53   『자료대한민국사』에서는 "조선공동위원회"로 오독. 1946년 '10월폭동'을 계기로 남조선 소요 사태에 대한 대책 마련을 위해 미군정과 좌우합작위원회가 주도하여 조미공동위원회를 결성하였다.

도 없다. 나는 비민주적인 지방대의원 선거에 대하여 일부분 개선 등으로 도저히 문제가 해결되지 않는 만큼 전적으로 반대하는 바이다.

문　좌우합작과 귀하의 견해 여하?

답　좌우합작위원회는 성립되었으나, 좌우합작은 미완성이다. 좌우합작위원회의 좌측대표 5인은 역시 종전과 같고, 출석치 못한 좌측대표 4인의 명의는 합작위원회에 보류되고 있을 뿐이다. 진정한 좌우합작의 선결조건은 정치범의 석방, 경찰행정기구의 전면적 개혁, 친일파 숙청이다.

문　이박사〔이승만〕가 지난 5일부 각지에 발표된 얄타협정, 모스끄바 3상 결정을 폐기하라는 견해를 여하히 보는가?

답　이것은 이미 객관적으로 움직이고 있는 엄연한 현실과 배치되는 것이다. 모스끄바 3상회의 결정은 연합국 간에 조선문제를 민주적으로 해결하기 위해 체결된 움직이지 못할 헌장이라는 것을 재인식해야 할 것이다.

문　사회로동당 당수에 취임한다는 데 대하여?

답　나는 그런 말을 들은 적이 없다. 남조선로동당 준비위원회와 사회로동당 준비위원회에 나는 모두 위원장으로 되어 있다. 나는 결당되기 전 준비기간에 합동 통일시키기 위해 노력하려고 한다.

문　남조선로동당에 대해서는?

답　앞의 언급과 같다. 나는 무조건 합동을 주장하는 바이다.

6장
남북 고위 접촉과 정계 은퇴
(1946년 11~12월)

1. 은밀한 편지: 여운형이 하지에게(1946.11.8)[1]

〔한국에서의〕 일이 잘 되지 않고 있다고 친애하는 장군〔하지〕께서도 동의하실 줄 알고 있습니다. 입국하신 지 일년 넘게 지났는데 미래는 아직도 어두워 보입니다. 저는 비관주의자가 아니지만, 현실을 직시해야지요. 남한 내에 있는 불안은 깊은 불만족을 의미합니다. 장군께서 선동가가 자신들의 정치적 목적을 위하여 무식한 국민들을 선동하여 범죄를 저지르게 하고 있다고 판단하고 계시고, 이에 대해 저도 동의하고 있습니다만, 그것만으로 완전한 진실이 아닙니다.

잔혹한 실상으로 불만족의 원인은 훨씬 뿌리가 깊은 겁니다. 지난 며칠 동안 저는 지방에서 지냈습니다. 저의 눈으로 직접 보고 저의 귀로 직접 들

---

1   버치 문서 Box 3-T-93-94; 박태균 『버치문서와 해방정국』, 360~62면. 영어로 번역된 편지를 다시 번역하여 내용 이해가 매끄럽지 않은 부분이 있어 편자가 번역을 약간 수정하였다. "The Political Adviser in Korea(Langdon) to the Secretary of State", 1946.11.24., *FRUS*, Vol.8, pp. 770~75에도 편지의 개요가 소개되어 있다. 비슷한 시기 비슷한 내용의 또다른 편지가 랭던의 다른 보고에 수록되어 있다(이정식 『여운형』, 629~30면).

고 왔습니다. 저는 돌려서 말씀드리지 않겠습니다. 지휘권이 작동되지 않고 있습니다. 남들을 무시하고, 각자 제 일을 자기가 알아서 하는 약육강식과 같은 상황입니다. 소중한 산림은 남벌되어, 최근 홍수로 파괴된 도로가 그대로 방치되어 있습니다. 국민들의 필수품을 만들어줘야 하는 공장장은 오히려 원자재를 팔아 목전의 이익만 추구하고 있습니다.

저는 대학병원에서 일주일 넘게 지냈습니다. 전국적으로 나타나고 있는 전형적인 상황은 아래와 같습니다. 유리창이 깨져 있고, 수도꼭지가 고장이 나 있으며, 바닥이 물로 침수돼 있는데 수리할 생각도 없고, 신고를 받을 만한 어떤 책임자도 없습니다. 게다가 저는 이른바 법의 수호자들, 즉 경찰의 압제와 권위 남용도 목격했습니다. 이러한 일을 직접 보니 어떻게 상황을 개선시킬 수 있을지 생각하게 됐습니다. 가만히 생각해보면 정치적 문제와 경제적 문제가 서로 절망적으로 얽혀 있는 것을 파악하였습니다. 한쪽의 문제를 풀려면 다른 한쪽의 문제도 풀어야 하는 겁니다.

지금 시급한 정치문제는 남조선 과도입법의원과 좌우합작, 두가지입니다. 이 두가지는 사실 하나의 문제입니다. 강력한 좌우합작은 강력한 남조선 과도입법의원을 만들 것이며, 강력한 남조선 과도입법의원은 강력한 좌우합작으로 가능할 것입니다. 경제문제는 쌀을 수집하고 분배하는 문제와 통화 팽창입니다.

저의 제안은 문제의 책임을 지는 자리를 한국인에게 넘겨주라는 것입니다. 하지 장군님과 사령부의 다른 간부가 계속 고문으로 활동할 수 있지만, 나라의 실제 행정은 한국인에게 맡기세요. 한국인 부하들을 임명해서 남조선 과도입법의원을 설립하기 위한 조치와 수단을 취하시는데, 실제로 책임질 수 있게 해주세요. 다시 말씀드리자면 한국 국민들은 이른바 "뉴딜"을 기다리고 있습니다.[2] 실수가 발생한 것은 장군님의 탓이 아니지만,

---

2 　루스벨트 시대를 거치며 뉴딜(New Deal)의 영향을 받은 미국의 젊은 문관들은 뉴딜과 같은 노동친화적·민주적 개혁을 1945년 이후 한국과 일본, 서독 등 점령지에서도 이루려 했다.

한국 국민들이 자신들의 나라를 직접 다스리면 안 될까요? 만약에 그렇게 되면 물질적 혜택은 물론 심리적 효과도 거대할 겁니다. 그것은 자치를 위한 첫걸음이 될 겁니다. 저희의 집을 스스로 관리하는 것, 각각 책임을 지는 부담을 느낄 수 있는 것입니다.

장군님께서 그러한 국정을 맡길 만한 한국인이 누구냐고 여쭤보실 것입니다. 제가 생각하기엔 그분은 바로 김규식입니다. 김규식은 좌익과 우익 양쪽에 신뢰를 얻고 있으며 마땅한 능력도 있습니다. 저는 그분에게 완전하고 무조건적 지지를 드리겠습니다.[3] 장군님께서도 한때 김규식을 전적으로 지지해주시겠다고 저에게 말씀하신 적이 있으십니다.

저의 제안을 생각해보시면 감사드리겠습니다.

2. 편지: 여운형이 김일성·김두봉에게(1946.11.10)[4]

민주 건설에 투쟁하시느라고 얼마나 바쁘오?

나는 잠시 병석에 있었으나, 지금 건강을 완전 회복하고 보니, 정치 상황이 아주 나쁘오. 편지를 다시 보낼 기회가 생겼기 때문에 이곳 현지 조건을 간략히 적고 싶소.

좌익 3당합당에 대하여

좌익 3당합당문제는 희망적인 전망이 보이지 않고, 남조선로동당(이하 '남로당') 세력의 반은 지하로 잠적해 들었소. 서울에서도 그렇지만, 지방에서도 옛 공산당 간부들은 파벌집단과 연합하여 남로당을 조직했지만, 전

---

3   김규식 또한 여운형을 신뢰하고 그에게 우호적이기는 마찬가지여서, 여운형이 비밀리에 평양으로 향했을 때 김규식은 여운형의 신변을 걱정하느라 심한 불면증에 걸릴 정도였다(우사연구회 엮음『송남헌 회고록』, 한울 2000, 79면).

4   『조선독립의 당위성(외)』, 474~79면;『여운형 산문집(해방 후)』, 140~44면.

체적으로는 지하활동을 하고 있기 때문에 공개적으로 나오지 못하고 있소.

인민당 조직부서는 공산당 세포집단(박헌영 집단)[5]의 관리하에 있었기 때문에 지방조직은 모두 공산당의 통제하에 있소. 세포집단은 강하나, 당의 훌륭한 지도력이 결여되어 성공적이질 못하오. 이 집단은 남로당에 가담하고 싶어 했지만, 지금은 사회로동당(이하 '사로당')의 토대를 이루고 있소. 남로당은 지방의 군지부와 도지부를 설치했으나, 아직까지 중앙본부는 설립하지 못했소. 준비위원회가 중앙본부 설립을 책임지고 있지만, 실제로는 조선공산당의 전 중앙본부가 그 책임을 지고 있소. 지방 동지들의 보고를 들으면, 내가 그(남로당) 준비위원회의 위원장이고, 지방으로 내려 보내는 모든 지령에 내 이름이 들어 있는 모양이오.

사로당은 파벌집단 당원들과, 동일한 강령을 가진 공산당의 반동집단 당원들에 의해 조직되었소. 내가 이 당의 형성을 허용한 것은, 이 당이 정치적 문제를 해결하는 첫 단계가 되리라고 믿었기 때문이오. 정치에 대한 내 생각은 좌익 진영이 하나의 당을 가져야 한다는 것이오. 나는 이 같은 생각에 기초를 두고 행동하면서 (사로당의) 중앙부서 창설을 중단하라는 명령을 내렸고, 준비위원회를 통해 양당이 그 구성을 협상하도록 했소. 사로당은 남로당에 가입을 요청했고, 현재 양당이 서로 협의 중에 있소.

양당 사이에 정책에 대한 견해가 다르고, 옛 파벌 간의 불화가 젊은이들에게까지 퍼져 있는 것은 유감이오. 병석에 있는 동안, 나는 양당의 통합 진전을 위해 젊은이들에게 파벌주의의 잘못된 점을 가르치려고 했소(파벌주의는 제거되어야만 하오). 나는 젊은 그룹과의 공동투쟁을 통하여 이것을 성공시키려 분투하고 있으나, 그 결과가 어떻게 될지는 지금 말씀드릴 수가 없소.

나는 북조선의 동지들이 이 투쟁에서 우리에게 도움을 주기를 희망하고

---

5 인민당 조직부는 친박헌영 공산당 프락치가 장악하고 있었으므로 "(반박헌영 집단)"이라는 표현(『조선독립의 당위성(외)』 474면; 『여운형 산문집(해방 후)』 140면)은 착오일 것이다.

있소.

(좌우)합작위원회는 내가 병석에 있는 동안 입법의원 조례로 어려움을 겪었으나 점차 문제가 해결되고 있소. 합작위원회의 원칙이 공표되자마자 입법기관 조례도 발표되었소. 입법의원이 합작위원회의 지지를 받고 있다는 인상을 국민에게 심어주려는 미군정의 선전과 그들의 기교 때문에 일반 대중과 우리 동지들은 사실상 합작위원회가 입법기관과 협력할 목적으로 조직되었다는 의심을 품고 있소.

따라서 대중은 혼동하고 있소. 당연한 일이지만 이 합작위원회는 미소공위의 재개를 촉구하고 반동적인 경찰을 개혁하는 데 우익의 협조를 얻기 위한 정치적 조치로서 구성된 위원회입니다. 미국인들이 입법의원에 대한 협조를 요청하였을 때, 합작위원회는 처음에 그것을 거절했었소. 나중에 하지 장군과 회담을 가진 후 우리는 조건부로 도움을 주기로 약속했소. 그 조건은 경찰을 재조직하고, 정치범을 석방하며, 반동적인 테러를 중단시키고, 군정의 부패를 일소하며, 입법기관에 참가하는 좌우 의원 숫자를 동일하게 하라는 것이었소.

미국인들은 그들의 약속을 지키지 않고 입법의원 총선거를 실시했소. 〔내가〕 병석에 있을 때 찾아온 브라운 장관과 버치 중위에게 나는 이 문제를 항의했소. 김규식 박사 또한 브라운 장관과 랭던(고문)에게 선거 중단을 요구했소. 그들은 선거를 중단하지 않았고, 그래서 합작위원회는 입법의원에 대한 협조를 철회하기로 결정하고, 군정이 임명하기로 되어 있는 입법의원들의 추천을 거부했소. 그렇게 함으로써 군정 정책과 격리되기를 원했던 것이오.

김박사는 개인자격으로 몇몇 선거구에 수사관들을 보내 선거 부정을 수사하도록 했소. 이것은 한동안 대중에게 오해를 불러일으켰소. 그러나 수

사관들이 올린 보고서를 통해, 김박사는 선거부정을 지적하고 군정 정책에 반대하며 선거 결과를 취소할 것을 주장했소. 미국인들 또한 선거 결과를 재조사하기 위하여 입법의원 개원을 연기하길 원한다고 말했소. 그들은 선거를 새로 치르게 할지도 모르오. 그러나 합작위원회는 임명직 입법의원의 추천을 거부했고, 입법의원은 대표민주의원의 재판에 지나지 않게될 것이오. 따라서 계획은 무기한 연기되어야만 한다고 생각하오.[6]

〔내가〕 병석에 있을 때 김박사의 제안으로, 경상도 지방에서 일어난 사건(대구 10·1사건)〔10월항쟁〕의 진상을 조사하기 위하여 한미〔조미朝美〕공동회담이 열렸소.[7] 처음 이 공동회담은 준 정부조직 같은 인상을 주었으나, 나는 그에 대해 불안감을 느꼈소. 그러나 현재 그들은 경찰문제를 진지하게해결하려 하고 있소.

이 회담을 통해 김박사는 군정 안의 친일파를 소탕하기 위해, 특히 경찰의 고문과 학살을 구체적으로 수사하기 위해 용감히 싸우고 있고, 관련자들이 소환되어 그들의 범죄가 밝혀지고 있소. 김박사는 경찰문제를 성공적으로 해결하지 못한다면 합작위원회도 소용이 없다며 이를 중단해야 할것이라고 말하고 있소. 나는 김박사가 우익의 대표이기 때문에 이 경찰문제를 누구보다도 더 잘 처리할 수 있을 것으로 확신하오.

미군정으로 말하자면 일반 국민은 군정이 처음부터 반동적이었기 때문에 이를 반대하고 있소. 그들의 정책은 정치나 경제 양쪽에서 실패했소. 현재 군정은 조선 정부를 조선인들에게 넘겨주려고 계획하고 있고, 미국인

---

6   1946년 10월 17~22일 입법의원 민선의원 45명 선출 선거가 실시되었다. '10월항쟁' 진행 중의 선거라 많은 문제가 있었고, 선거 결과는 우익 진영의 압도적 승리였다. 선거를 감시하였던 좌우합작위원회는 선거 무효와 전면 재선거를 요구하였고, 미군정은 11월 4일로 예정된 입법의원 개원을 일단 연기하였다.

7   10월 23일 덕수궁에서 남부 지역 소요사태에 관한 조미공동위원회가 개최되었는데, 김규식은 참석하였지만, 여운형 측은 대리 이임수가 참석하였다. 『동아일보』『조선일보』 1946.10.24.

들은 국무성의 새로운 정책이 실패하자마자 미국으로 돌아갈 준비를 하고 있소. 이러한 정책에 따라 그들은 입법의원을 개원하고, 민주주의를 과시하기 위해 총선을 실시하여 의원을 선출하고 있는 것이오.

미국은 김규식 박사와 여운형을 조선정부의 최고관리로 임명하여, 자문기구인 입법의원과 함께 행정권을 그들에게 넘겨줄 것을 계획하고 있소.[8] 미국인들은 정자옥丁字屋[9]이라는 건물로 이전하여, 러치 장군과 기타 미국인 고문들의 감독하에 자문기구[10]를 설치하게 될 것이오. 그들은 모든 사무실을 이 백화점 건물에 준비하고 있고, 이 사무실들과 조선인들을 연결하는 통신시설이 설치될 것이오.

미소공위와 관련하여 우리는 우리가 앞에 한 주장을 고수하려고 하오. 소련이 공위 회담을 재개하지 않으리라는 것을 알고, 우리는 두가지 일을 할 작정이오. 첫째, 회담 연기의 책임은 우익에 돌려져야 하며, 둘째 우리가 소련과 함께 방책을 강구하는 것이오. 정부를 조선인에게 이전하는 것은, 미국의 입장에서는 실패의 책임을 조선인에게 전가하는 수단이오.

만일 우리가 이 지연작전을 계속한다면 군정은 반드시 실패하고 말 것이오. 나는 정부 일의 일부를 담당하도록 김〔김규식〕박사로부터 요청을 받았으나 그 자리를 수락하지 않았소. 나는 미국인들을 설득하여 모든 권한을 김박사에게 주고, 그로 하여금 모든 정부 일을 다루게 하여 우리의 정치적 자유가 회복될 수 있도록 했소. 만일 우리가 반동적인 경찰의 문제를 해

---

8   이 계획은, 앞의 「은밀한 편지: 여운형이 하지에게(1946.11.8)」(이 책 318~20면)에 의하면 여운형 자신이 제안한 것이다.

9   조지야(정자옥丁字屋)는 화신(和信, 현재 종각 네거리 종로타워 자리), 미츠코시(三越, 현재 신세계백화점 자리) 등과 함께 경성 5대 백화점의 하나였는데, 1946년 7월 27일 미군PX로 개점하였다(『서울신문』 1946.7.30). 이후 1950년대 초 미도파(美都波) 백화점으로, 1999년 롯데백화점 영플라자로 다시 오픈했다(김병도 외 『한국 백화점 역사』, 서울대학교출판부 2006).

10 앞서 언급한 '조미공동위원회'(이 책 316면) '한미공동회담'(323면)이 이 자문기구와 연결되는 것이다.

결하고, 김박사의 영향력을 통해 전반적으로 반동적인 정부 권력을 제거한다면 말이오.

남조선에서의 봉기는 잠시 잦아들었으나 전라남도와 강원도에서 다시 시작되었소.[11] 강력한 반동권력 때문에 봉기는 지방에서만 일어나고 대규모로는 존재할 수 없소. 남조선에서 봉기는 정부와 개별 반동집단이 전력을 다해 좌익 조직을 파괴하기 때문에 파괴와 희생을 피할 도리가 없소. 경찰은 활동적인 좌익 당원들에 대한 대대적인 체포를 진행하고 있소. 나는 대중의 전위 전선이 지리멸렬하다고 느끼고 있소. 미군정은 모든 반동적인 사건들을 공산당의 술책과 선동으로 몰고 있소. 이것은 군정이 반동분자들의 파괴활동을 공개적으로 지지하고 있다는 것을 의미하오.

나는 합작위원회의 결과를 아무것도 보장할 수 없소. 내가 남조선에서 매우 어려운 상황에 처한 좌익의 분쇄를 막을 수 있을는지 모르겠소. 내 견해로는 공위의 재개만이 나라를 구할 수 있는 유일한 방법이오. 공위의 재개만이 좌익을 하나의 당으로 형성하는 데 도움을 줄 것이오. 동지들이 공위 재개에 모든 노력을 기울여주기 바라오.

3. 편지: 여운형이 김일성·김두봉에게(1946.11.16)[12]

모두 강녕하시길 바라오. 지난 10월 28일자[13] 및 11월 10일사의 내 서한

---

11 10월 31일 전라남도 화순군에서 발생한 동맹파업과 시위는 해남, 목포, 나주, 강진, 무안으로 확산되었으며 시위는 경찰서 공격까지 수반했다.

12 『조선독립의 당위성(외)』, 482~83면;『여운형 산문집(해방 후)』, 147~48면. 11월 16일, ① 사로당은 남로당에 무조건 합동하자는 서한을 보냈고, ② 여운형은 김일성·김두봉에게 이 편지를 보냈으며, ③ 북로당 중앙상무위원회는 사로당을 부인하는 결정서(6-4)를 발표하였다. 여운형의 이 편지(②)는 북로당 결정서(③)를 보기 전에 쓴 것이다.

13 1946년 10월 28일자 여운형의 편지에 대해서는 지금까지 내용이 알려진 바 없지만, 10월 1일 평양에서 서울로 돌아온 이후 북에 보낸 여운형의 첫번째 편지는 아니다. 1946년 10월 22일자 『쉬띄꼬프 일기』(28면)에 의하면, "여운형은 그가 북조선에서 서울로 돌아온 후, 하

을 받으셨는지요? 이것은 또 다른 보고서요.

남로당과 사로당의 합당은 만족스럽게 진행되지 않고 있소. 사로당은 남로당에게 그리고 다음에는 이승엽에게 제안했소. 둘〔남로당과 이승엽〕은 결속되어 있소. 아무 조건 없이 민주적인 통일이 이루어져야 한다고 모두 생각하고 있소. 남로당은 박헌영 지도하에 있는 하나의 공산당으로 간주 되어야 하지만, 사로당은 여운형 지도하에 있는 인민당으로 간주되어서는 안 되오.

만일 사로당이 남로당과 결합한다면 사람들은 그것을 공산당으로 간주 하게 될 것인데, 이는 아직 조직되지 않은 대중에 큰 영향을 주고, 군정을 포함하여 미묘한 상황을 야기하게 될 것이오. 우리는 이 문제를 신중히 생 각해야 하오. 우리는 이미 사로당을 해산하고 남로당과 결합하라는 명령 을 내렸지만, 그 과정에 어려움이 있소이다. 2차 협상이 지금 진행 중에 있 지만, 간부들 간에 당의 경쟁이 심한 편이오. 그러나 나는 어떠한 진전이라 도 얻기 위해 노력하고 있소.

남조선 문제에서는 얻는 것보다 잃는 것이 더 크오. 자세한 사정은 추후 다시 말씀드리겠소.

군정은 입법기관을 개원시키려 하지만 큰 실패로 끝날 것이며, 그 실패 는 민주의원(대한국민대표민주의원)보다 더 클 것이오.

그들은 행정권의 일부를 조선인에게 넘겨주어 책임을 피하려고 하지만, 입법기관의 관리하에 있는 군정 관리들은 모두 극우파가 차지하게 될 것 이오. 나는 김규식 박사에게 우리가 이 계획을 무산시켜야 한다고 말했소.

상황을 주시하는 미군정의 몇몇 지도자들은, 민중들이 이승만 박사와 그의 조직인 한민당과 대한독립촉성회에 반감을 갖고 있다는 것을 깨닫기 시작했소. 좌우합작위원회는 현재 입법의원 선거문제와 경찰력문제를 논

지가 그를 불러 좌우합작의 필요성을 인정할 것을 요청했다는 편지를 보내왔다. 여운형은 우리에게 조언을 구하고 있고, 북조선을 방문할 수 있게 해달라고 요청하고 있다.”

의 중이오.

모든 정치 지도자들은 공위 재개를 위한 대중 집회를 계획하고 있소.

4. 남조선 사회로동당에 관한 북로당 결정서(1946.11.16)[14]

북조선로동당 중앙상무위원회는, 위원장 김두봉 동지의 남조선 좌익 진영 내의 분파분자들의 사회로동당 조직에 관한 보고를 듣고, 다음과 같이 결정한다.

1. 현하 남조선의 반동적 정세하에서 박헌영 선생을 수위로 한 남조선 공산당의 정치 노선은, 조선 인민의 자주독립국가 창설과 민주주의 발전을 보장한 모스끄바 3상회의에 결정을 실행하기 위한 정확한 노선으로서, 그 투쟁조직 영도에 있어서 가장 정당한 노선임을 시인하며 이를 절대 지지한다. (⋯) 당내에 좌익 기회주의적 요소들이 사회로동당을 형성하기까지에 이른 것은, 적의 반동 정책에 발맞추어준 엄중한 범죄라는 것을 지적한다.

(⋯)

3. 북조선로동당은, 공산당·인민당·신민당에서 분열되어 사로당을 조직하고 그 당에 가입한 분자들의 행동을 토의한 결과, 그들의 행동은 소위 '좌우합작'을 찬성하며 남조선 미군정의 반反인민적 통치를 합리화시키는 입법기관 창립을 지지하는 분자들에게 도움을 주는 것이라고 지적한다. (⋯) 북조선로동당은, 강진 백남운 등 분자들이 좌익의 분열을 조장하고 민족반역자 진영의 강화를 방조한 행동이라는 것을 여실히 민중 앞에 나타내었다는 것을 지적한다.

---

14   『독립신보』 1946.11.27.

4. 북조선로동당은 사로당 조직에 대하여 토의한 결과, 그들의 사업은 우리들과 하등 공통성이 없다는 것을 인정한다. 북조선로동당은 박헌영 선생을 수위로 한 남조선공산당 및 좌익정당들이 남조선로동당을 창설하려는 사업 행정을 전체적으로 지지하며, 하루 속히 노동대중을 조선 민주 자주 독립을 위한 투쟁에 결속시키는 것을 절대 지지한다.

5. 편지: 여운형이 김일성·김두봉에게(1946.11.30)[15]

두분 다 강녕하시길 바라며, 우리 조국을 건설하는 데 큰 업적을 이루신 것을 축하드리오.

1946년 11월 16일자로 보내드린 서한을 받아보셨을 줄로 생각하며, 이 것은 그것에 대한 계속이오. 더 자세한 정보를 원한다면 전달자인 미스터 벤[16]이 그 점을 보충해줄 수 있을 것이오.

사회로동당은 남조선로동당과의 조건 없는 합당을 제의했으나 받아들여지지 않았고, 사로당은 해산할 준비가 되어 있소. 나는 좌익의 합당은 중요한 □□〔문제〕라고 생각하며, 사로당의 해산이 내부 갈등을 중단시키는 최선의 방법이라고 생각하오.

나는 사로당의 해산을 충고했지만, 합당이 신당 발전을 위해 좋은 방법이라고 말할 수는 없소. 은퇴한 몇몇 공산주의자들은 당원을 이끌고 당으로 복귀할 것이오. 합당에 신중한 연구와 검토가 필요하오. 사로당의 공산당원들이 당을 해산한 뒤에 남로당에 가입할지 어떨지는 보증할 수 없소.

우리 계획은 조직되지 않은 모든 당원들을 망라하는 대중정당을 만든다

---

15 『조선독립의 당위성(외)』, 484~85면; 『여운형 산문집(해방 후)』, 149~50면. 11월 16일 북로 당 성명은 여운형에게 큰 충격을 주었고, 편지에는 섭섭함이 배어 있다.

16 당시 김일성과 여운형 사이의 연락에는 성시백이 자주 관여한 바 있지만, 그가 "미스터 벤" 이라는 근거는 현재로서 확인되지 않는다.

는 것이었으나, 이는 실패하고 말았소. 나는 조직된 사람보다 조직되지 않은 많은 사람을 당에 가입시키려고 노력해왔소. 남로당이 사로당을 흡수통합하면 그 결과는 혁명적인 형태가 되지 않고, 자존심 있는 당원을 증가시키는 데 도움이 될 뿐이오.

사람들은 남로당이 공산당이며, 남로당과 합당하면 공산당에 가담하는 것이라 믿고 있소. 공산당에서 떨어져 나오려고 시도해온 사람들은 그동안 격리되어왔소. 이번에 남로당은 지난번에 그랬던 것과 마찬가지 방법으로 제휴를 거부했소. 이것이 공산당식 행동이오. 이러한 개념이 존속하는 한 신당의 성공 가망은 없소. 근로인민이 가담할 생각을 하면 우리는 성공할 수 있지만, 그들은 공산당을 두려워하고 싫어하오. 새로운 남로당은 근로인민이 환영하는 당이 되어야만 하오. 근로인민이 이 〔공산당식〕 개념을 수용하는 데는 오랜 시간이 걸리오.

〔1946년 8월 30일〕 남로당에 대한 북로당의 〔지지〕 성명은 3당합당의 어려움을 야기했소. 남로당 안에 내분이 생긴 이유는 당내 알지 못하는 분파의 존재 때문이고, 북로당이 출간한 어떤 기사 때문이기도 하오.

강진과 백남운 동지는 〔공산당과의〕 제휴〔합당〕에 관심이 없으며, 그 제휴에 끝까지 싸울 준비가 되어 있소. 마찬가지로 사로당도 제휴에 관심이 없소. 강진과 백남운 두 동지가 이러한 행동들 때문에 비난을 받아서는 안되오. 그들의 행동은 그들이 남헌의 정세를 모른다는 점에 의해 야기된 것이오.

제휴에 대한 모든 책임은 내가 지겠으며, 이 책임을 다른 사람에게 전가하지 않을 것이오. 나는 3당합당준비위원회 위원장이나 그 일에 성공하지 못했고, 그 자리에 대한 자격도 없으므로 정계로부터 은퇴할 것인데, 이는 내가 오래전부터 희망해온 것이기도 하오. 이제부터 나는 혁명군의 한 병사로 백의종군할 것이오.

6. 자기비판과 정계 은퇴 성명(1946.12.4)[17]

　조국 건설에 충성을 다하고자 적은 힘이나마 바쳐 여러 선배와 동지들의 뒤를 따르리라 해방 후 1년 이상 노력해왔으나, 역량과 덕망이 없을 뿐 아니라 지식과 준비가 부족하여 그동안 본의 아닌 과오를 많이 범하였습니다.

　조선의 독립 완성에는 국제적 관련성이 적지 않으므로, 독립을 갈망하는 조선 인민은 미소공위가 재개되어 모스끄바 결정이 속히 실현되기를 거족적으로 소망하고 있습니다. 그러므로 미소공위 휴회의 원인과 재개에 장애가 되는 모든 요소를 제거하고, 자력으로 해야 할 건국 준비를 위해 진보적 민주주의자가 회담하여 공통된 조건을 발견하려고 노력한 합작운동이 속칭 좌우합작 그것이었습니다. 이 운동을 통해 건설적 효과가 있기를 무한 기대하였으나, 아직까지 소기의 목적을 달성할 물질적 조건이 보이지 않으므로, 좌익진영에서는 이를 반대 규탄하여 나의 행동은 제재를 받았습니다.

　좌익 3당합당 문제가 제기된 이래 지도층의 경험 부족과 기술 빈궁으로 일어난 오해와 충돌은 결국 좌익진영에 커다란 분열을 초래하였으니, 이에 관하여 누구보다도 나 자신이 그 책임을 느껴 남로·사로 양당의 무조건 통일을 주장했으나 성공치 못하고, 최후로는 사로를 해체하고 남로에 통일하기를 간청하였으나, 이것마저 실패하고 말았습니다.

　좌우합작운동은 전민족 통일을 의도함이요, 좌익 3당합당은 혁명 역량을 단일화하려 함입니다. 그러나 현상은 근본 의의와는 정반대 방향으로 나아가고 있습니다. 이러한 국면을 타개치 못한다면 우리의 앞길은 실로 암흑과 같습니다. 이러한 난국에 처하여 역량 없고 과오 많은 내가 이 무거

17　『조선일보』·『동아일보』·『서울신문』, 1946.12.5;『조선독립의 당위성(외)』, 486~87면;『여운형 산문집(해방 후)』, 151~52면.

운 책임을 지려다가 일보도 전진 못 하고 넘어져 일을 그르치는 것보다는, 차라리 민중 앞에 사죄하여 중책에서 물러남이 옳다고 생각합니다.

나는 미군이 남조선에 군정을 포고한 후, 군정이 조선의 민주 건국에 원조하고 성공하기를 바라며 부단히 협력하려 하였습니다. 그러나 현재 남조선에서 일어난 모든 사태는 혼란이 극도에 달하였고, 좌익투사는 대부분 투옥되었습니다. 그리하여 일반 민중은 나의 정치적 동향이 애매하다 지적하고 의심 또는 원망합니다. 나는 이를 변명할 도리가 없어 책임지고 물러가기로 하는 것입니다. 미국의 친우들 중에는 나의 태도를 소극적이라 불만을 가질지 모르나, 무능한 나로서는 이 이상 더 할 수 없음을 이해하기 바랍니다.

이것은 내가 혁명전선에서 이탈하려는 것이 아니라, 지도자의 자리에서 내려서는 것이요, 나의 여생을 민주진영의 한 병졸로서 건국사업에 바칠 것을 맹세합니다.

근래 나의 명의로 회담 성명, 담화 등이 발표되는데 그 태반은 본인이 알지 못하는 것입니다. 이제부터 내가 직접 혹은 친필로 발표하지 않은 것은 책임지지 않겠습니다.

7. 입법의원 수락 거부 성명 (1946.12.8) [18]

입법의원 문제에 관하여서는 지난번 수차례에 걸쳐 소속기관 혹은 나 개인으로서 소견을 발표한 바 있고, 5일 자기비판을 공개하여 정계에 대한 나의 태도를 충분히 표명한 바 있으므로 반복하지 않는다.

금일(12.8) 신문지상에 입법 관선의원으로 나의 이름이 발표된 데 대하여서는 본인은 사전에 거부하여 태도를 명시한 바 있었으므로 의외라고

---

[18] 『동아일보』 『조선일보』 『경향신문』 1946.12.8; 『독립신보』 1946.12.10; 『조선독립의 당위성 (외)』, 489면.

생각하며, 이것이 추천을 의미하는 것이라면 수락의 뜻이 없음을 선명宣明
한다.

7장
2차 미소공위, 근로인민당, 암살
(1947.1~7월)

1. 편지: 북조선에 있는 한 친구에게 (1947.2.17) [1]

좌우합작은 여운형의 개인적인 행동이 아니었소. 그것은 좌우로 갈라진 민족주의민주전선(민전)이 가져온 결과였소. 나는 그[좌우합작] 작업을 포기했는데, 그 이유는 내가 힘이 약하고 □□[조선]공산당이 만든 최근의 변화 때문에 내가 □□를 획득하기 어려웠기 때문이오.

입법의원 문제에 대하여 나는 협상을 요구했지만, 내가 바라는 대로 다루어지지 않았기 때문에 참가를 거부했소. 박헌영이 여운형과 기타 친구들의 이름을 남조선과도입법의원의 팸플릿에 집어넣어 악선전을 한 것은 잘못이오. 우리는 입법기구에 아무런 힘도 없소. 박헌영이 "군정의 첫번째 사냥개가 송진우와 김성수요, 두번째가 이승만과 김구이고, 세번째가 김규식과 여운형이다"라고 한 것은 용서할 수 없는 일이오.

3당합당에 관해 나는 우리가 바라는 대로 최선의 노력을 기울였으나, 유

---

1   『조선독립의 당위성(외)』, 498~99면; 『여운형 산문집(해방 후)』, 160~61면.

감스럽게도 우리 몇몇 동지들의 행동 때문에 실패로 끝나고 말았소. 내 최후의 노력은 남로당과 사로당을 합당하는 것이오. 이를 위한 내 마지막 노력은 무산되고 말았소. 인민당과 신민당, 중도인사들과 미조직 일반대중들은 대체로 남로당에 대해 악감을 품게 되었소.

반미주의자와 남로당의 우파에 대한 무조건적인 모욕은 미군정의 압제보다 더 사회적 고립을 가져왔소. 남로당이 역량 있는 좌파를 당에서 배제하고, 자기 검열을 통해 정신적 품성은 개조하지 않은 채 방랑자들을 설득하여 당에 가입시킨 것은 잘못이오.

나는 그 지도자〔박헌영〕가 좌익 진영을 통합하리라고는 전망할 수 없소. 사로당의 붕괴 때문에 당원들의 반 이상이 참가하는 것을 멈추었다고 할 수 있소. 남로당은 혁명에 있어 진정성을 보여주고 있지 못하오.

그들은 분열에 책임을 져야 하오. 나와 내 동지들은 당〔남로당〕에 가담하기를 원했지만, 그들은 단지 자기들의 역량을 증대시키는 데 우리를 이용하려고 들기 때문에 그들과 협력하는 것이 매우 어려운 일이외다.

최근 그들은 자아비판을 발전시켰지만, 나는 근본적인 수정을 하도록 북조선의 친구들에게 요청했소. 민전 또한 그 정책을 고쳐 강력하고 진보적인 정당이나 조직 들과 협력해야 하오.

우리는 우파 정당의 진보적인 경향을 격려하여, 김규식 윤기섭[2]과 협력해야만 하오. 만일 우리의 북조선 친구들이 우리에 동의한다면, 그때 나는 남로당이 우파의 길을 걷도록 당신에게 요청할 것이오.

우리는 과거의 나쁜 버릇을 고쳐야만 하오. 왜냐하면 조국의 통일은 앞으로 나아가야 하고, 우리는 최대의 노력을 기울여 이 통일을 도와야 하기 때문이오.

---

2 당시 김규식(金奎植, 1881~1950)은 '남조선 과도입법의원' 의장, 윤기섭(尹琦燮, 1887~1959)이 부의장이었다.

2. 소련군 정보 자료: 좌익과 여운형 동향(1947.4월 말)[3]

좌익들의 활동에 관하여

4월 23일 아침에 여러 통신사들은 조선 문제에 대해 〔미국 국무장관〕 마셜에게 보내는 〔소련 외상〕 몰로또프의 회신을 공표하였다. (…)

최근 여운형은 한층 더 적극적으로 활동하였다. 근자의 민주주의민족전선 대표자 회의에서 그는 미소공위가 조속히 열리지 않기 때문에 미 군정청과 지나치게 강하게 투쟁해서는 안 된다고 언급하였다. "남조선로동당은 미 군정청과 투쟁하는 정당이다. 나〔여운형〕는 미 군정청과 협력하는 당〔근로인민당〕을 만들었다." 다른 성명서에서, 그는 대중을 끌어들이기 위해서 다음과 같은 슬로건들이 이용될 것이라고 지적하였다. "남조선로동당은 극단적으로 좌익이며, 오직 우리 당만이 올바른 노선을 견지하고 있습니다." "남조선로동당은 미군정청의 박해를 받고 있으므로 우리 당에 입당하십시오." "우리 당은 미소공위와 협의할 수 있지만, 남조선로동당은 그것을 얻지 못했습니다."

그러한 식으로 여운형은 반동과 싸우는 것이 아니라, 남조선로동당과 투쟁하고 있다. 그는 남조선로동당에 가입해 있는 구 인민당 구성원들과 사회로동당 구성원들을 자기편으로 끌어들이려 노력하고 있다. 그는 문화·학생조직들 속으로도 침투하려고 시도한다.

남조선로동당 경상남도 위원회 부위원장 이상도는 남조선로동당을 버

3　「꼬로뜨꼬브와 레베제브가 소련 원수 메레츠꼬프 동지와 쉬띄꼬프 대장 동지에게 보낸 남조선 정세에 대한 정보자료」(1947.5.4)〔러시아국방성 중앙문서보관소 문서군 172, 목록 614632, 문서철 34, 182~88면(https://db.history.go.kr/contemp/level.do?levelId=fs_006_0070_0280)〕에서 발췌. 몰로또프 소련 외상은 1947년 4월 23일 마셜 미 국무장관에게 보낸 회신에서 미소공위를 5월 20일 서울에서 재개하자고 제안하였다(『경향신문』 1947.4.24). 이 문건은 이를 계기로 좌익과 민전이 활기를 찾은 것과 아울러, "여운형은 반동과 싸우는 것이 아니라 남조선로동당과 투쟁하고 있다"고 비판했다.

리고 여운형에게 가담하였다.[4] 그러나 이것이 남조선로동당원들의 분위기에 영향을 미치지는 않았다. 이상도는 남조선로동당에서 제명되었다. 그러한 현상들은 경상북도와 다른 지역들에서도 나타났다.

구 사회로동당 구성원들이 근로인민당의 수립에서 가장 큰 열성을 보여주고 있다. 그들은 신당[근로인민당]이 남조선 민주세력들의 기간 정당이 될 것이라고 말한다.

반동의 공세에 영향을 받아서 좌익 진영 내부에서 위험이 발생하였다.

(1) 민주주의민족전선 대표자들 내부의 동요.

(2) 김원봉과 김창국에게 압박을 가하려는 영국 영사[에드워드 커머드 Edward Cormode]와 러치의 비서 윌리엄스[G. Z. Williams, 소령]의 노력.[5]

(3) 구 인민당과 사회로동당 구성원들과 남조선로동당 내부의 기회주의자들의 동요, 그리고 그들이 남조선로동당을 탈당하여 여운형의 정당 편으로 이동할 가능성.

이미 당 내부에서 반동의 공세를 목전에 두고 비관주의의 분위기와, (전라북도 위원회 지도부 사이에서, 그리고 중앙 지도부 사이에서) 좌익조직들이 궤멸할 것이라는 분위기가 드러났으며, 반동 공세의 본질을 이해하지 못하고 미군정청과 타협하거나 합법적인 삶을 지향하는 현상이 나타났다.

그러한 부분적인 현상들에도 불구하고, 당은 근본적으로 반동과의 투쟁에서 강화되고 있다. 전라북도 조직을 제외하면, 모든 지방조직들은 혼란을 야기하고 있지 않다. 지금[4월 말] 그들 모두는 역동적으로 메이데이[5월

---

4 1945년 9월 부산에서 건국동맹 경남본부가 건설되었으며, 12월 23일 조선인민당 부산지부가 되었다. 창당 당시 이상도(李相燾)가 위원장이었다. 조선인민당 부산지부는 1946년 11월 23일 공산당·신민당과 합당하여 남조선로동당으로 당명을 변경한 바 있다.

5 당시 영국 영사는 커머드(Edward Cormode)인데, 여운형 암살 사건을 본국에 보고한 문건이 남아 있다(『경향신문』 2002.2.15). 1947년 3월 23일 미군정이 총파업 관련 좌익지도자를 검거하는 데, 김원봉은 포함되었지만 여운형은 제외되었다(『경향신문』 『동아일보』 『조선일보』 1947.3.25). 김원봉이 증거불충분으로 풀려났을 때, 윌리엄스(G. Z. Williams)가 "당신이 민주주의민족전선에서 손을 떼지 않으면 커다란 불행이 기다릴 것"이라고 협박하였다고 한다.

1일) 준비를 하고 있다. 남조선로동당에서 통일성을 견고히 하고, 그것의 영향력을 강화할 조치들이 취해지고 있다. 민주주의민족전선 지도자들의 견고한 단결을 보장해야 한다. 이것을 위해 (민전 의장) 허헌許憲을 통하여 민주주의민족전선 협의회를 보다 자주 개최하고, 대표자들의 작업을 촉진 해야 한다. 우익정당들의 연합과 반동 진영의 통일이 성사되지 않도록 하 는 조치들이 취해지고 있다. 또한 미 군정청의 테러와 탄압에 반대하는 저 항운동이 강화되고 있다.

몰로또프의 회신은 남조선의 광범위한 거주민들 사이에 커다란 기쁨을 야기하였다. 이것은 메이데이 기념 시기에 좌익들에게 결정적인 도움을 줄 것이다.

3. 편지와 명함: 김두봉과 북의 지도자들에게 (1947.5.10)[6]

쉬띄꼬프 대장 동지에게

남조선에서 파견된 여운형의 밀사로부터 확보한 김두봉에게 보내는 서 한을 보냅니다. 밀사 현[7]은 억류 중입니다. 그에게서 네장의 명함을 입수 했는데, 그 내용 또한 보냅니다.

북조선로동당 위원장 김두봉 동지

북조선이 당면한 위대한 민주과업을 실현하기 위해 불철주야 노고를 아 끼지 않는 모든 동지들에게 인사를 전하며 동지들의 건강을 기원합니다. 내(여운형)가 이 편지를 쓰는 것은 우리 근로인민당의 발전 경과에 대해 당

---

6 「29. 레베제프가 쉬띄꼬프 대장 동지에게 보낸 남조선 정세에 대한 정보자료」(1947.5.10), 러 시아국방성 중앙문서보관소 문서군 172, 목록 614632, 문서철 34(https://db.history.go.kr/ contemp/level.do?levelId=fs_006_0070_0290). 레베제프는 이 문서를 "원수 메레츠꼬프" "쉬 띄꼬프 대장" "끄라프초프 대좌" 등 세군데 보고하였다.

7 국편의 각주 해제는 "밀사 현"을 "여운형의 개인비서 현우현"으로 추정하였다.

신에게 올바른 정보를 제공하기 위한 것입니다. 우리 당은 남조선 민주역량을 동원하여 조선에 독립 국가를 수립하기 위해 민주 진영의 입지를 강화하는 인민정당으로 발전하고 있습니다. 우리 당은 또한 북조선로동당과 견고한 협력 관계를 수립하고자 합니다.

나는 당신이, 서울에서 당신에게 파견된 동지들이 가지고 간 3당합당 조치들의 실패 원인에 대한 보고서를 통해 적절한 결론을 내렸을 것이라고 생각합니다. 3당합당 문제는 민주 진영의 입장을 강화하는 방법을 통해 국제적인 반동과 연합하여 행동하는 국내 반동세력을 격퇴하고 고립시키려는 목적을 추구하였습니다. 역사적인 3당합당 사업은 민주 진영의 입지를 철저히 강화하는 방법을 통해 실현되어야 합니다.

이 문제를 해결하려면 자기 집단의 지배적인 입장을 오랫동안 고집하는 것을 반드시 거부해야 하며, 형식적으로 지도적인 권력을 획득하려고 주장하는 공식적인 입장을 어떻게 해서든지 거부해야 한다는 것을 잊어서는 안 될 것입니다. 또 잊어서는 안 될 것은 3당통합을 위한 조치를 실현할 경우에 반드시 인민의 복지를 위한다는 혁명적인 양심에서 출발해야 한다는 점입니다. 그럼에도 불구하고 일부 동지들은 거대한 혁명역량에 주의를 기울이지 않은 채 당들의 통합을 실행하였습니다. 그러나 그 과정에서 그들은 당들의 내부적인 모순들과 당 내부의 불순함을 제거하지 못했습니다. 그러한 식으로 1946년 9월 5일 남조선로동당이 수립되었습니다. 그러나 한달 후, 즉 1946년 10월 15일 사회로동당의 등장과 더불어 당들의 통합을 위한 과업은 느닷없이 실패하게 되었던 것입니다.

남조선로동당의 지배적인 입장의 경향은 거대한 혁명세력의 동원을 담보하지 못했으며, 그 때문에 사회로동당의 등장은 필연적인 것이었고, 그 결과 세개〔당이〕 두개의 정당으로 만들어졌던 것입니다.

주관적인 의도와는 반대로 사회로동당은 남조선로동당으로부터 반노동당적인 정당이라는 비판을 받았습니다. 사회로동당은 출범한 이후에 남조선로동당과의 무조건적인 통합을 제안하였습니다. 그럼에도 불구하고 남조선로동당은 사회로동당의 진솔성을 과소평가하고, 그 제안을 완전히 거절하였습니다.

더욱이 남조선로동당은 아무런 근거도 없이 많은 동지들에 대해 올바르지 않게 통보하였습니다. 또한 남조선로동당은 허위정보로 북조선 동지들을 혼란에 빠뜨렸다고 생각됩니다. 그리하여 북조선로동당은 사회로동당에 대한 합당한(합당하지 못한)[8] 결정을 내린 것입니다. 〔그 결정은〕 동지들의 입장이 올바르게 이해되지 않고 있는 점에 주의하지 않으면서, 여운형과 백남운은 사회로동당을 해산하고 남조선로동당으로 들어가 당 내부에서 투쟁할 것을 권고하였습니다.

사회로동당의 일부 동지들은 당의 대열로부터 이탈하였습니다. 몇 달 동안 남아 있는 동지들은 당의 단결을 위한 투쟁을 전개했습니다. 이것은 사실입니다. 상황은 첨예해졌습니다. 우리의 주관적인 의도를 실현해서는 안 되었던 것입니다. 반드시 단결해야만 했던 민주주의 세력은 여러 갈래로 분열되었습니다. 반동세력은 강화되었습니다.

그리하여 사회로동당은 올해 2월 27일 당 대회를 소집했으며, 거기에서 당의 해산에 관한 결정이 내려졌다고 나는 생각합니다. 사회로동당의 해산은 남조선의 모든 민주주의 세력을 남조선로동당에게 이양하는 것을 목적으로 하고 있었습니다. 그러니 실제로 그것은 3당합당 문제가 결정적으로 실패했다는 것을 보여주었습니다.

사회로동당이 해산된 다음, 남조선로동당은 남조선의 민주주의 세력을 자기의 주위로 결집해야만 했습니다. 그러나 남조선로동당은 그것을 할 수 없었습니다. 민주 진영 내부의 분열이 심화되었습니다. 반동세력의 공

---

8   이것은 「남조선 사회로동당에 관한 북로당 결정서」(6-4)로 인해 사로당이 결정적 타격을 받았던 것을 설명하는 것인데, 원문 또는 번역에 착오가 있는 듯하다. "합당한"이 아니라 "합당하지 못한"이 타당한 것으로 보인다.

세는 지극히 강화되었습니다. 공장에서, 농촌지역에서, 학교에서, 거리에서 혁명적인 근로대중은 반동 진영의 궤멸과 민주 진영의 입장을 강화할 신당 창당을 요구하고 있습니다. 그러한 성명서들은 지역 대표자들이 보낸 164통의 편지에 들어 있었습니다. 인민들의 이러한 요구는 근로인민의 복지를 보장하기 위해, 반인민적인 반동세력에 반대하는 투쟁을 전개하기 위해, 민주주의 세력의 우호적인 단결을 실현하기 위해 끝까지 실현되어야만 합니다.

남조선로동당 위원장 허헌 동지는 근로인민당의 출현과 관련하여 다음과 같이 말했습니다.

"나는 근로인민당이 우리들과 함께 공동투쟁을 전개할 것이라고 확신하며, 그것을 기뻐합니다."

허헌 동지의 그러한 발언은 남조선로동당 지도부의 이데올로기가 진정으로 발전하고 있음을 드러내는 것이며, 남조선 민주주의 세력들이 단결하기 위한 선결조건입니다. 당내의 우리 동지들은 허헌 동지의 발언을 기뻐하고 있습니다.

근로인민당은 남조선의 민주주의 세력의 단결을 확보하는 노선을 따라, 머지않아 제기될 남조선과 북조선의 단결을 위해 북조선노동당과 선린관계를 확립하는 노선을 따라 나아갈 것이라는 점을 다시 한번 강조합니다.

기본적으로 올바르지 않은 정보의 그릇된 해석을 피하기 위해, 향후에 최소한도의 올바르지 못한 이해가 반복되지 않도록 우리는 밀접하고도 가까운 관계를 확립하고자 합니다.

당신의 건강과, 투쟁에서의 성공을 바랍니다.

근로인민당 창당 주비위원회 서기인 조한용趙漢用[9]에게 답장을 써주기를 부탁드립니다.

---

[9]   조한용은 1945년 9월 8일 인천에서 「하지 사령관에게 보낸 여운형의 편지」(1-6)를 전한 특사 3인 중 한명이기도 하다.

명함에 메모(4장): 북의 지도자들에게

1) 김두봉 동지와 김일성 동지에게: 근로인민당에 관한 보고서를 가지고 현(현우현) 동지가 동지들에게 갈 것입니다. 그를 만나주기 바랍니다. 여운형.

2) 주영하[10] 동지에게: 조국을 위한 투쟁을 전개하도록 부탁합니다. 현 동지가 자세하게 보고할 것입니다. 여운형.

3) 김책[11] 동지와 박일[12] 동지에게: 지난번에 동지들에게 염려를 끼쳐 대단히 죄송합니다. 조만간 남조선에도 동지들로부터 뿌리를 내린 건설적인 조직체계가 만들어질 것이라고 나는 확신합니다. 우리는 특히 동지들의 지도를 기대하고 있습니다.

4) 현선진,[13] 홍기주[14] 동지들에게: 동지들의 건강을 기원합니다. 현(현우현)이 동지들에게 자세한 내용을 설명할 것입니다. (…)

---

10 주영하(朱寧河, 1908~56). 당시 북조선노동당 중앙위원회 부위원장 겸 정치위원이었다.

11 김책(金策, 1903~51). 1946년 8월, 북조선로동당 1차 당대회에서 당중앙위원회 상무위원, 1947년 2월 북조선인민위원회에서는 위원장 김일성을 보좌하는 부위원장, 1948년 9월 9일 조선민주주의인민공화국에서는 초대 내각 부수상 겸 산업상을 역임하며, 김일성의 오른팔 역할을 했다.

12 박일(朴一, 표뜨르 알렉산드로비치, 1911~2001)은 소련의 고려인으로 해방 직후 북으로 와서 1946년 9월~1948년 2월 김일성대학 초대 부총장으로 재직했다.

13 현선진이 누구인지 알 수 없다. 러시아어의 번역이기 때문에 이름 자체가 틀릴 수도 있다.

14 홍기주(洪基疇, 1893~1960)는 평양 장로회신학교를 졸업한 감리교 목사. 해방 후 조선민주당 부당수로 모스끄바 3상회의 결정을 지지하며 이에 반대하는 당수 조만식에 맞섰다. 1947년 2월 북조선인민위원회에서는 김책과 더불어 부위원장에 선출되었다. 김일성의 북한 정권 수립에 협조한 대표적인 목사이자 기독교계 인사 중 가장 고위직에 오른 인물이다.

4. 근로인민당의 탄생과 금후의 사업(1947.6.21)[15]

당 출생의 경위

참된 인민의 나라를 세운다는 것은 결코 쉬운 일이 아닙니다. 그와 마찬가지로 인민의 정당이 완성되기에는 복잡한 우회와 곡절이 필요한 것입니다. 작년 가을에 인민·신민·공산 3당이 합하여 남조선 인민의 모든 세력을 한곳에 통일 집중하는 통합당이 계획되었던 사실은 전국의 동지 여러분이 이미 잘 아시는 바일 줄 압니다마는, 그 결과는 거기에 참여하였던 나 자신의 불민不敏함도 있었고, 우리들 민주 진영 전체로서의 미숙과 결함도 원인이 되어서, 기대하였던 것과 같은 성과를 거두지 못하였던 것입니다.

이 합당문제에서 책임 있는 일자리에 있었던 만큼, 나는 가장 〔먼저〕 그 결과의 불만함을 생각지 않을 수 없으며, 또 거기에 대한 책임도 남보다 더 깊게 느끼지 않을 수 없어서, 일시 은퇴하여 정세를 정관하면서 한 병졸로 전 민주세력의 통일 성취를 돕고 싶었던 것입니다.

그러나 금년〔1947〕에 들어서, 더욱이 최근 경향 각지에서 신당을 조직하여 민주 역량의 통일과 증대에 적극적으로 참여하여야겠다는 동지들의 요망이 팽배하게 표현되기 시작하였습니다. 내 앞으로 온 건의서만 하여도 수천통에 달하였으며, 일부러 찾아와서 권하고 요구하는 사람이 지방과 서울을 통하여 헤아릴 수 없을 만큼 빈번하였는데 이 모든 동지들의 주장은 다 같이, 반동의 공세는 나날이 강화되는데 민주세력은 아직도 분산 분열되어 있고, 민주 역량의 통일 조직을 위한 활동은 현저하게 부족해지고 있으니, 신당을 발족시켜야 한다는 점에 귀착되었습니다. 이렇게 신당을 요구하는 이들 중에는 공장에서 일하는 노동자도 있었고, 농촌에서 일하는 농민도 있었고, 도시의 상인 지식계급 등에 속하는 동지들도 있었습니

---

15 『중외신보』 1947.6.21~22;『조선독립의 당위성(외)』, 516~22면;『여운형 산문집(해방 후)』, 178~85면.

다. 또 공산주의자도 있었고, 자유사상가라고 지목되는 이도 있었습니다.

요컨대 남조선의 근로인민 전체라고 볼 수 있는 노동자·농민·시민과 학생·지식계급 전체를 통하여 신당에 대한 소망이 나날이 고조되고, 나와 주위 동지에게 신당 창당 사업의 실천을 권하게 되었습니다. 근로인민당은 사명을 다하고자 하는 근로인민 대중의 누를 수 없는 요청을 등에 업고 나오게 된 것이므로, 이 당은 여운형이가 만든 것도 아니고, 그 외의 누가 만든 것도 아닙니다. 근로인민들 자신이 근로인민의 당을 결성한 것입니다

당의 조직

근로인민당은 모든 근로인민 공동의 소망을 짊어지고, 노동자·농민·일반 소시민 인텔리 등 3계층의 인민이 단결하여 발족한 것인 만큼, 이 3자의 통일적 조직으로서 나타나야 될 것은 당연한 일입니다. 뿐만 아니라 이 3자의 공고한 제휴와 단결 없이는 우리나라가 당면하고 있는 민주혁명 과업은 결코 성공할 수 없습니다.

노동자 여러분! 당신네들의 힘만 가지고서 우리나라가 당면하고 있는 민주혁명을 완성할 자신이 있습니까? 농민 여러분! 당신네들만으로서 우리나라의 민주혁명을 실현할 수 있습니까? 소시민 지식계급 청년 학생 여러분! 당신들만으로서 우리가 당면한 민주과업을 실행할 수 있다고 봅니까? 3자가 단독의 힘만으로는 결코 성취될 수 없는 것입니다. 3자가 굳게 합하고 단결한다면 다 같이 이 싸움에서 승리할 것이겠지만, 서로 떨어지고 각각 서게 되면 각계가 다 망할 수밖에 없는 것입니다. 우리 근로인민당은 우리나라의 민주혁명이라는 커다란 목표 앞에 남조선의 노동자, 농민, 소시민 인텔리 3자가 공동의 승리를 위하여 혼연일체의 당 생활과 당 사업에 통일될 수 있으며, 또 통일되어야 한다는 것을 표시하는 정당입니다.

그러나 이것은 당면의 목표와 이익이 공통되기 때문에 단순히 과도적으로 일시적으로 3자가 공동전선을 취한다는 정책적인 조직으로 생각해서

는 안 될 것입니다. 근로인민당에 집결된 우리나라의 근로인민은 민주혁명에서 결합되고 일치될 뿐만 아니라, 이 제1 과업이 끝난 다음에 보다 더 높은 과업을 향하여 전진하게 될 것입니다. 또 우리나라의 사회적 발전은 민주혁명의 완성 과정에서 이 3개의 근로 인민들이 공동 이익을 더 앞선 사회단계에서 뚜렷하게 발견할 수 있는 기초를 닦아줄 것입니다. 때문에 근로인민당은 정치적으로 과도적인 당이 아니라, 우리나라의 혁명과 함께 전진하고, 우리 사회의 역사와 함께 성숙하고, 우리 민족의 이상과 함께 완성될 전 노동인민의 정당이 될 수 있는 것입니다.

당의 이러한 정신은 간부의 구성에도 표현되도록 노력하였습니다. 당의 수뇌부에 관하여 말씀드린다면 천학미력淺學微力한 제〔여운형〕가 위원장의 중책을 맡게 된 것은 당원 동지 여러분에게나 또 널리 동지 여러분 앞에 그 과분함을 사죄하지 않을 수 없는 바입니다만, 다행하게도 장건상 씨, 백남운 씨, 이영[16] 씨 같은, 경력과 학식이 풍부한 신망 높으신 동지들을 부위원장으로 모시고 같이 일을 보게 되었으니까, 이분들의 힘을 얻어서 나 역시 큰 잘못이 없기를 자신할 수 있게 되는 바입니다.

여러분도 아시다시피 이영 씨는 동지들 사이에서 조선의 칼리닌[17]이라는 호칭이 있는 사회운동의 장로이시고, 백남운 씨로 말씀하면 전 남조선 신민당 위원장이시요, 우리나라 경제학의 권위로서 특히 전국의 양심적 학도들의 경모敬慕의 표적이 되어 있는 분이시오. 또 장건상 씨는 합병 전에 미국에 유학하여 법학을 연구하시고, 그 후 중국과 해외 각지에서 조선혁명 운동으로 시종일관하신 고명한 혁명가이시며, 전 인민당 부당수로서 같이 일하여오던 동지입니다. 나는 이 세분과 더불어 이여성李如星(1901년

---

16   이영(李英, 1889~1960)은 1948년 9월 조선민주주의인민공화국이 창건될 때 북조선 최고인민회의 부의장에 선출되었다. 이후 최고인민회의 의장, 조국통일민주주의전선 대표최고위원 등을 역임하였고, 애국열사릉에 안장되었다.

17   미하일 이바노비치 칼리닌(1875~1946), 러시아의 저명 혁명가이자 소련의 정치가. 폴란드와 리투아니아 사이에 있는 러시아의 도시 '칼리닌그라드'는 그의 이름에서 명명된 것이다.

~?) 손두환孫斗煥(1895~?) 김성숙金星淑(1898~1969) 이임수李林洙(1895~?) 씨 등과 함께 인민당의 선두에서 공복의 책무를 다할 수 있으리라고 자신하는 바입니다.

공위에 대한 책무

다음으로 우리 민족의 목전에 당면하고 있는 가장 중요하고 중심적인 정치과업인 미소공동위원회에 대한 우리 당의 대책을 말씀드립니다. 우리 당은 현재 서울에서 개최 중인 공위 사업에 대하여 적극적으로 참가하고 협력하며, 이것을 추진시키는 것을 중대한 당면임무라고 생각합니다.

이것은 작년 5월 공위가 휴회된 이래 남조선에서 우리가 경험한 모든 고통과 곤란을 회고하여본다면 명백한 일입니다. 공위 휴회 1년의 쓰라린 경험은 우리에게 공위를 기어코 성공시켜야 할 절실한 필요를 가르쳤습니다. 뿐만 아니라 그 경험은 만일 공위가 다시 실패하는 날에는 우리가 남조선에서 당하여야 할 손실과 고통과 희생을 예고하는 것입니다.

물론 공위가 우리나라 근로인민의 당면한 모든 곤란을 종국적으로 해결하여주는 것은 아닙니다. 그러나 공위가 성공되고 임시정부가 수립된다면, 이것은 우리가 수행할 민주혁명의 첫걸음을 내딛는다는 것을 말하는 것이고, 우리가 단행할 민주과업의 제1차적인 기본적 노선이 확립되는 것을 의미하는 것입니다. 그러므로 우리 근로인민당은 미소공위와 협력하여, 이러한 사명을 다할 수 있는 진정한 민주주의적 성격을 가진 임시정부가 수립되도록 노력하려 노력하려는 것입니다.

그러기 위하여 첫째로 우리는 공위를 방해하려는 모든 반동적 책동에 대하여 투쟁할 것입니다. 여러분도 아시는 바와 같이 오늘날 남조선에는 공위사업에 대한 반대가 직접 간접의 방해 혹은 반탁운동으로 전개되고 있는 형편입니다. 반탁의 지도자들은 반탁만이 즉시 독립의 길이라고 주장합니다만, 반탁과 독립 사이에는 아무런 공통점도 없습니다. 반탁이라는 것은 탁치의 의미와 연합국의 호의를 모르는 무모한 배외주의에 불과한 것이며, 조선의 민주독립을 위한 세계 4대 강국의 호의적 보장을 거절하려는 것인데, 이것은 오히려 독립을 더디게 하는 것입니다.

다음에 우리는 공위에 대하여 이렇게 밖에서 반대하고 방해하려는 세력을 물리치는 동시에, 공위 안에서 공위사업을 파괴하려는 계획도 있는 것을 경계하고 이것을 미연에 방지하도록 하여야 하겠습니다. 이리하여 내외 공위 반대세력을 방지하고 공위를 성공시키기 위해, 우리는 반드시 모든 반동적 반민주적 요소를 제외하고, 그 반면에 진정한 인민의 기관이며 민주주의적 정당과 단체라면 하나도 빠짐없이 다 망라된 광범한 민주세력이 공위사업에 적극적으로 참여하여야 할 것입니다. 그리고 공위를 통하여 수립되는 민주주의 임시정부도 민주주의 세력을 기초로 하는 인민의 정부가 되어야 할 것입니다. 일체의 민주세력을 총망라한 민주주의 각당 각파의 연합에서 구성되는 정부가 되어야 할 것입니다.

이러한 정부는 물론 우리나라 민주혁명의 최고목표를 완성시킬 인민정권에 비하여 아주 한 걸음 못 미친 정부이겠지만, 그것은 모든 반동적 파시스트적 요소를 일소하고 우리나라를 민주정책의 대도大道 위에 추진시키고, 인민의 완전한 자유선거에 기초를 둔 완전한 인민정부에 도달하는 길을 닦아주는 정부가 될 수 있을 것입니다. 그러므로 우리는 공위사업의 역사적 제약성을 정확하게 인식하여, 과대한 요구나 지나친 주장으로서 도리어 공위의 사업을 곤란하게 하는 일이 없도록 유의해야 할 것입니다.

당원의 임무

우리 근로인민당은 결코 정치적 권력을 획득하기 위하여 인민을 이용하는 당이 되어서는 안 될 것입니다. 우리 당이 정권을 획득하는 날이 있더라도, 그것은 오직 정치의 주권을 인민들에게 돌려주기 위한 방법인 것입니다. 당원 각층 인민 속에서 인민들과 함께 생활하고, 인민들의 고통과 비애와 희망을 자기의 것으로 하는 인민의 충실한 벗이 되어야 할 것입니다.

인민을 지도한다는 것은 결코 인민대중보다 일단 높은 데 서는 것을 말하는 것이 아닙니다. 인민 속에서, 인민의 이익과 희망에 충실한 자만이, 인민과 함께 나아가고 인민과 함께 물러갈 줄 아는 자만이, 즉 나아가 인민의 이익을 위하여 싸우고, 물러가 인민의 속에서 살 수 있는 자만이, 진실한 인민의 지도자가 될 수 있는 것입니다.

이와 동시에 우리는 우리 당 이외의 다른 우당友黨 및 민주주의 인사들과 항상 겸손하게 제휴하고 협력할 줄 알아야 될 것이요, 독선주의나 독단주의는 어떤 경우에나 민주주의자의 태도가 될 수 없습니다. 이렇게 인민대중에 대하여서나 민주주의 우당에 대하여서나 일반 애국 정의正義 인사에 대하여서나 성실하고 겸손한 포용적 태도를 취하고, 반동적 진용에 속하는 인사 중에서도 항상 동지를 만들고 동지를 발견하기 위하여 부단히 노력하는 것이 근로인민당의 특색이 되어야 할 것입니다.

우리 민주역량이 공고하게 집결되지 않고는, 우리 선열들의 희생과 세계인민의 정의의 피가 우리에게 보내준 해방이라는 고귀한 선물도 허사가 되기 쉽습니다. 이 귀중한 역사적 순간에 우리 근로인민당의 깃발은 인민의 단결과 해방의 상징이 되기 위하여, 당원 여러분의 충실하고 용감한 투쟁을 절대로 요청하고 있습니다.

5. 영문 편지: 김용중에게(1947.7.18)[18]

계동 140-8, 서울, 한국
1947년 7월 18일
김 선생에게,

남조선의 미군정과 나와의 관계를 설명해달라는 부탁을 받았으니 기꺼이 말씀드릴까 하오.

미국인과 조선인 가운데는 내가 믿을 수 없고 우유부단하고 꾸물거리기를 좋아하는 사람, 그리고 군정청에는 비우호적인 사람으로 생각하는 이들이 꽤 많은 것 같소. 그러나 실정을 들어보면 사실이 그렇지 않다는 게 입증될 것이오. 일의 자초지종과 적절한 배경 설명을 위해 처음부터 이야기를 시작하리다.

미군이 서울에 입성한 것은 1945년 9월 9일이었소. 미군의 상륙 전 나는 내가 위원장으로 있는 건국준비위원회의 대표로 동생 여운홍과 백상규, 조한용을 인천에 파견했소. 나는 하지 장군 앞으로 보낸 편지(1-6)에서 우리가 해방된 데 대한 기쁨을 표현하고 조선 인민은 미군과 협력하길 원한다고 썼는데,[19] 이 편지는 하지 장군의 보좌관에게만 전해졌고 그에게는 전달되지 않았소. 그렇소, 미군의 상륙 전부터 음험한 영향력 때문에 형세는 내게 불리하게 움직였소.

조선에 진주한 지 한달도 더 지난 10월 중순경(10월 4일)에 하지 장군과 아놀드 장군은 나를 짐짓 친절하게 맞이했소. 나는 상하이의 3·1운동 시절부터 알고 지내던 황진남 씨를 데리고 갔었소. 하지 장군은 악수를 나눈 뒤 내게 첫 질문을 던졌소. "왜놈Jap과는 무슨 관계가 있느냐?" 내 대답은 "아무것도 없다"였소. 그러자 그는 "왜놈으로부터 얼마나 돈을 받았지?"라고

---

18 ① 서한 원본: "Letter of Woon Hyung Lyuh to Kim Yeong-joong"(1947.7.18), RG 332 주한미군사령부 정보참모부 군사실 문서철, Box No.84, Documents of Assasinated Politician Woon Hyung Lyuh, ② 서한 영문 인쇄본: "A Victim of Military Occupation of Korea", *The Voice of Korea*(정용욱 「미군정, 여운형 피살 위험 알고도 나 몰라라」, 『한겨레』 2019.8.31), ③ 서한 한글 번역은 『조선독립의 당위성(외)』, 527~30면; 『여운형 산문집(해방 후)』, 189~92면. 이 편지가 여운형과 미군정의 관계를 개선하기 위한 목적이며, 여운형이 암살된 것도 미군정의 여운형 중용에 대한 저지 때문이라, ②의 기사 제목에 "나 몰라라"는 사리에 맞지 않는 것으로 생각된다.

19 이 편지에서 여운형은 '건준'을 소개하고 협력과 원조를 당부하였지만, 편지를 전달하는 9월 8일 서울에는 이미 인민공화국이 수립되어 있었다.

문더이다. 나는 그의 질문과 불친절한 태도에 기가 막혔소. 다행히 성명서를 준비해 갔기 때문에 이것을 그에게 건네주었소.

내가 자리를 뜨려고 하니까, 하지 장군은 '군정청 고문회의' 고문직을 수락하겠느냐고 물어, 나는 "아주 기꺼이 수락하겠다"고 말했소. 나는 옆방으로 안내되었소. 그 방 안에는 나를 포함하여 열 명의 조선인들이 있었소. 아홉 사람 가운데 조선인들에게 알려진 사람이라곤 현 한민당 당수인 김성수, 당시의 한민당 당수였던 송진우 씨밖에 없었소. 그 밖의 사람들은 서울에서조차 알려진 사람들도 아닐 뿐 아니라, 대개는 평판도 나쁜 자들이었소.

서로 간에 소개인사가 끝난 뒤 고문회의 의장 선거가 실시되었소. 나는 윤기익尹基益[20]이라는 사람에게 투표했소. 그런데 개표를 해보니까 김성수 씨의 표가 9표더란 말이오. 이 선거 뒤에 다시 경기도지사를 뽑는 투표가 실시되었소. 이번에도 표는 9대 1이더란 말이오. 이쯤 되면 내가 고문회의에 남아 있어보았자 무용하다는 걸 깨닫게 되었소. 저쪽은 똘똘 뭉치고 내 견해는 완전히 묵살되는 것이었소. 그래서 나는 사표를 내놓게 된 것이오.[21]

그다음에 중요한 사건은 이박사[이승만]와 굿펠로우 대령의 작품인 소위 '남조선 민주의원'에 내가 불참한 일이오. 굿펠로우 대령이 내게 민주의원을 만들자는 제의를 해 온 것은 1946년 2월[12일]이있는데, 그때 나는 이것이 앞서 말한 군정청 고문회의를 대신하는 하지 장군의 최고 고문회의라 이해했고, 각계각층의 의견을 반영하는 것인 줄로 알았소.

그러나 [2월 14일] 민주의원의 개원식이 있기 바로 전날[13일], 중국 충칭에서 돌아온 이른바 임시정부 김구 일파의 선전부장인 엄항섭 씨가 언론에 성명을 발표하고, 예정된 민주의원을 자기들 '비상국민회의'의 결과라

---

20 윤기익은 1946년 3월 2일 러치 군정장관의 조선경제고문(6명)에 임명되었다.
21 여운형이 사표를 낸 것은 고문회의 의장을 뽑는 10월 4일이 아니고, 10일 후인 14일이다.

주장하면서 의원 명단을 내놓은 것이오.[22]

명단을 보니 민주의원 의원 30명 가운데 좌익정당의 의석은 겨우 2개밖에 없더란 말이오. 나하고 황진남 씨하고.[23] 실정이 이와 같다면 이는 굿펠로우 대령이 내게 한 말과는 정반대가 되니까, 나로선 민주의원에 들어가는 것을 거절할 수밖에 없었던 거요.[24]

나는 또 '남조선 과도입법의원'의 참가도 거절했는데, 그 이유는 선거방법이 공정하지 않았기 때문이오. 재선거를 실시해야 한다는 요구가 있었소. 그러나 재선거가 치러진 곳은 겨우 강원도와 서울뿐이었소. 서울에서는 K씨(김성수)와 그의 부관격인 C모(장덕수)씨가 첫번째 선거에서는 당선되었는데, 재선거에서는 낙선되었소.[25] 만일 조선인 경찰이 선거에 개입하지 않았더라면 그 결과는 어디서나 다르게 나타났을 것이오.

나에 대한 마지막 주요 비난은 내가 뉴델리로 가겠다 해놓고 안 갔다는 것이오.[26] 그 제안을 받았을 때 나는 대구에 있었소. 미국 영사 랭던 씨가

---

22 1946년 2월 13일 비상국민회의는 이승만·김구에게 일임했던 최고정무위원 28명을 발표하였고, 이들이 다음 날 남조선대한국민대표 민주의원이 되었다.

23 남조선대한국민대표 민주의원은 28명이며, 미 군정청의 분석으로 좌익이 4명, 그중에서 3명이 여운형, 백상규, 황진남 등 인민당 인사들이었다. 여운형이 인민당 소속 3인 중 자신과 황진남만을 언급하고, 백상규는 거론하지 않는 점은 특기할 만하다. 미국 브라운대에서 영문학을 전공하고 돌아와 보성전문학교 교수를 지낸 백상규는 비록 인민당 활동을 여운형과 함께했으나 좌익이라고 하기 어려운 인물이었고, 경신학교(儆新學校) 교사로 같이 근무했던 김규식과의 친분도 깊었다.

24 여운형은 1946년 2월 14일 민주의원에서 사퇴하고, 15일 좌익의 민주주의민족전선에 참가하여 공동의장이 되었다.

25 남조선 과도입법의원은 민선 45명, 관선 45명으로 구성되었다. 관선 의원은 하지 사령관이 임명했으며, 민선의원은 선거로 선출했는데, 한국민주당이 45석 중 15석, 서울에서는 3석 중 3석을 얻었다. 1946년 11월 25일 하지가 서울시와 강원도의 입법의원 선거 무효를 발표하고, 서울과 강원 지역에서 재선거가 실시됐다. 재선거에서 한국민주당의 얼굴인 김성수와 장덕수가 각각 한국독립당의 조소앙과 신익희에게 패배하였다.

26 1947년 3월 8일 미군정은 여운형에게 인도 뉴델리에서 열리는 범아세아회의에 남한의 수석대표로 참석해줄 것을 요청하였다. 여운형이 일단 수락하였다가, 3월 14일 기자회견을 통해 건강을 이유로 번복하였다. 『동아일보』 1947.3.14, 3.15.

장거리 전화를 걸어왔는데, 나는 근로인민당의 반응을 미리 알지 못했던 처지라 가겠다고 승낙했던 것이오. 나는 곧바로 귀경했소. 그런데 내가 재조직을 막 끝낸 근로인민당은 내가 가는 것을 극구 반대하면서 당을 위해서 내가 서울에 있어야만 한다는 것이었소. 게다가 하필 그때 내 집이 폭파되어 반이 허물어졌소.[27] 나는 나만이 아니라 가족 또한 정적들의 공격대상이 되고 있다는 걸 느꼈소. 그러니 가족을 놔두고 길을 떠난다는 것이 괴로웠던 것이오. 심사숙고도 하지 않은 채 가겠다고 승낙했던 것에 대해서는 내 자신이 충동적이었다는 것을 시인하오.

이상과 같은 이유들로 해서 내가 미군정에 적대적이라고들 생각하는 모양이지만, 내 쪽에서 미리 협력을 거부한 적은 한번도 없었소. 언제나 상황이 내게 불리하게 돌아갔던 것이오. 반면에 내가 분명히 말할 수 있는 것은, 군정청은 초기부터 내게 부드러운 감정을 지니지 않았다는 점이오. 현재의 상태를 말하더라도 내가 하고 있는 '중외일보[중외신보]'는 해방 후 줄곧 들어 있던 그 건물로부터 축출당했다는 점이오.[28]

나와 나의 보조자들은 군정청의 성실성과 선의를 의심하지 않을 수 없는 일에 부닥칠 때가 많소. 북의 소련인들이 극좌분자를 선호하는 경향이 있다면, 이곳 미국인들은 또 극우분자를 두둔하오. 좌파면 누구나, 아니 극우가 아닌 사람들은 누구나 공산주의자로 낙인찍히고 그 활동에 방해를 당하고 있소.

1941년 1월 6일 루스벨트 대통령은 의회연설에서 세계는 네가지 기본

---

27 1947년 3월 17일 여운형의 계동 자택(종로구 원서동 206번지)에 폭파사건이 일어났다. 이 사건은 여운형의 뉴델리행 번복(14일) 이전이 아니라 이후 발생하였다. 폭파 사건 이후 여운형은 정무묵의 집(명륜동 186의 8)으로 옮겨 암살당할 때까지 생활했다.

28 『중외신보』는 1946년 4월 19일 창간한 좌익계 일간신문. 1946년 9월 26일부터 출판노조 파업으로 휴간하였다가, 11월 29일 여운형이 사장에 취임, 발행을 재개하였다. 그런데 1947년 7월 2일 중외신보 사옥을 애국부인동맹에 명도(明渡)하는 집행이 이루어졌다(『자유신문』 1947.7.4). 이후 여운형의 급서로 난관에 처하다, 8월 13일 이래 휴간에 들어갔다가 폐간되었다(『자유신문』 1946.7.4; 『조선일보』 1948.8.28).

적인 인간 자유를 구축해야 한다고 선포했소. 1. 언론의 자유, 2. 종교의 자유, 3. 궁핍으로부터의 자유, 4. 공포로부터의 자유가 바로 그것이오. 나는 공포로부터의 자유가 없소.

나는 아직도 미군정하에서 국립경찰로 채용된 친일파 손아귀에서 고통받고 있소이다. 인류 역사상 가장 큰 전쟁의 결과로 남북의 여건은 아쉬움을 남겼지만, 나는 미국이 한국문제에 대한 정당한 해결책을 찾을 것이라고 믿습니다. 이제 새로운 한국을 건설하기 위한 우리의 모든 활동에 협력해줄 것을 당신께 호소합니다.[29]

당신의 친구, 여운형 [서명]

6. 여운형 암살 전후와 미군정 문건

1) 브라운, 하지 장군을 위한 비망록: 여운형과의 인터뷰(1947. 7. 19)[30]

1. 여운형과 '땅딸보' 황[황진남]이 어제 저녁 내 숙소를 방문했습니다. 여운형은 나에게 미소공위의 장래 전망에 관해 질문했습니다. 여운형은 "나의 생명이 위험하다. 나는 오늘 즉 7월 19일[31] 스스로를 보호하기 위해 향리로 가려고 한다. 경찰이 더 이상 나, 혹은 우익이 아닌 다른 어떤 개인도 보호하려 하지 않는다. 민주주의민족전선이 7월 27일 대규모 시위를 계획하고 있다. 참가자들은 조선 각 도에서 올라올 것이며, 내 추정으로는 참

---

29 편지의 한글 번역(『조선독립의 당위성(외)』, 530면; 『여운형 산문집(해방 후)』, 192면)에는 서한의 마지막 부분, "1941년 1월 6일~ 당신께 호소합니다"가 결락되어 있고, 그 대신 "이 몇 줄의 짧은 글이 김 선생에게 얼마간이라도 도움이 되기를 바라오. 할 말은 더 많지만, 오늘은 긴요치 않은 장광설로 폐를 끼치고 싶지 않소. 여불비례"가 들어가 있다.

30 "Memorandum for General Hodge by Albert E. Brown" Subject: Interview with Lyu Woon Hyung(1947. 7. 19) RG.332; 정병준 『몽양 여운형 평전』, 458면.

31 "오늘 즉 7월 19일"은 브라운이 비망록을 작성하는 날이다. 7월 18일 저녁 여운형의 발언으로는 "내일 즉 7월 19일"이 되어야 한다.

가자 수가 10만명을 상회할 것이다. 나는 우익 청년들이 이 집회에서 좌익 시위자들을 공격하려고 준비하고 있음을 확신하며, 집회가 개최된다면 대규모의 혼란이 발생될까 우려한다"고 말했습니다. 그는 "집회를 허가해선 안 되며, 대회 개최가 인가되어선 안 된다"는 견해를 피력했습니다.[32]

2. 그는 "미군사령부는 이승만을 추방해, 미국이나 다른 곳으로 보내야한다"고 주장했습니다. 그는 "이승만은 현재 남조선에서 모든 혼란을 일으키고 있다"고 말했습니다. "김구도 책임을 져야 하는가"라고 질문했을때, 그는 "김구 역시 추방 되어야 한다"는 점을 암시했습니다. (…)

2) 랜던의 여운형 회고(1961)[33]

1947년 7월 19일 오후 서울에 있는 구영사관 관저 베란다에서 나〔랜던〕는 아내 함께 점심식사를 하고 있었는데, 그때 여운형 선생의 검은 빛 구식자동차〔미제 스튜드베커 8년형〕가 관저 가까이 와서 정차한 다음 여선생의 측근자인 황씨(죠지 황)〔황진남〕가 차에서 뛰어 내리더니 우리 집 쪽으로 급히 뛰어 오는 것을 보았다.

황씨는 얼굴에 울상을 하고 여선생이 차에서 괴한의 습격을 받아 병원으로 가는 도중에 절명하였다는 소식을 전하는 것이었다. 우리들은 구사일생으로 살았으나, 비봉에서 오는 충격에 사보삽혀 있는 운선사〔홍순태洪淳泰〕를 진정시키려고 급히 자동차의 유리창 쪽으로 갔다. 선혈이 낭자한차의 바닥에는 여선생이 애용하던 챙이 넓은 〔흰색〕 파나마모자가 놓여 있었다. 그것은 나의 일생을 통하여 도저히 잊을 수 없는 슬픈 순간이었으며,

---

32 여운형이 우려한 7월 27일 대규모 시위는 민전 주최 '미소공위 경축 임정수립 촉진 인민대회'를 말한다. 남산공원에서 거행된 서울대회에서는 미소공위 미국 대표 브라운 소장, 소련 대표 쉬띄꼬프 중장의 축사가 있었다. 대회 중 폭력 충돌은 없었으며, 소나기 중에 질서 정연하게 마무리되었다. 『조선일보』 1947.7.27, 7.29.

33 여운홍 『몽양 여운형』, 「서문」 3면과 11면을 발췌하여 소개한다.

따라서 나는 지금도 그 참경을 역력히 기억하고 있다.

(…)

미군정 당국자들 중에는 여선생의 친공적 경향을 의심하는 사람이 없지 않았다. 이 점과 관련하여 여선생에게 불리한 두가지 사실이 있었으니 즉 하나는 그가 1920년대에 소련 정부의 초청으로 모스끄바를 방문하였던 사실이며, 다른 하나는 그의 인민공화국의 인민위원회가 공산주의적 정치 제도와 방불한 점이 있다는 사실이다.

나 자신으로 말한다면, 1920년대의 모스끄바는 식민지 독립운동 지도자 들의 유일한 안식처였고 희망이었다는 것을 잘 알고 있었으므로 그의 모스 끄바 방문을 그에게 불리한 점으로는 생각하지 않았다. 다음에는 인민공화 국이라는 명칭과 그 정부 형태가 문제로 되는데, 그것은 아마도 당시에 있 어서의 편의주의적 고려에 기인하는 일이었을 것이다.

확실히 내가 여선생과 접촉하고 또 의견을 교환한 모든 경우에 있어서 여선생은 공산주의적 교조나 사회이론 혁명적 폭력이나 계급적 증오에 대 한 흥미 내지 편애를 표시한 일이 한번도 없었다.

3) 존슨, 남조선 과도정부와 여운형 암살 전후(1971)[34]

러치(Lerch) 장군이 오랫동안 꿈꾸어오던 남조선 과도정부가 드디어 설 립되었다(1947년 2월). 우리는 새로이 임명된 한국인 직원들이 정치에 관여 하지 않고 행정에 전념할 것이라고 순진하게 믿고 있었다. 우리가 그들을 능력 본위로 뽑았기 때문이다. 그런데 이것은 공연한 희망에 지나지 않았

---

34 E. A. Johnson, *American Imperialism in the Image of Peer Gynt: Memoirs of a Professor-Bureaucrat*, Minneapolis: University of Minnesota Press, 1971, pp.167~68(이정식 『여운형』, 625~26면에서 재인용). 미군정 고위 민정관 존슨(E. A. J. Johnson)의 이 회고록에 의하면, 여운형을 미군정의 최고 요직에 영입하고자 7월 19일 오후 4시 자신의 관사에서 비밀회동 을 하기로 하였는데, 여운형이 그 직전에 암살당하였다. 이로 미루어보면 여운형 암살이 미 군정의 사주로 보기는 힘들다.

다는 것을 얼마 되지 않아 알게 되었다. 과도정부는 야심적인 한국 정치 지도자들로부터 압력을 받게 되었는데, 어느새 극우 세력이 경무국과 법무부의 모든 중요한 자리를 차지해버렸고, 안재홍은 공식적으로는 국무총리에 해당하는 자리를 차지하고 있었으나 정부 내의 우익 인물들의 협력을 받지 못하고 있었고, 또 좌익 측의 도움도 받지 못하고 있었다. 물론 우리들이 한국 사람들을 채용하는 과정에서 좌익은 거의 모두 무시되어왔었다.

정부의 주요직을 차지하고 있던 우리들은 과도정부 내에서 날로 자라나고 있는 우익들의 영향력을 막아내는 동시에, 자유주의적인 세력과 중간 좌파를 끌어들이기 위하여 무엇인가 단호한 조치를 취해야 할 필요성을 느끼게 되었다.

그래서 우리는 믿을 수 있는 한국 사람들과 의논을 했는데, 그들은 유명한 중간좌파 지도자인 여운형에게 정부의 주요한 자리를 맡기는 것이 현명한 책략이라는 데 동의했다. 그래서 우리는 창덕궁에서 멋지게 위장된 비밀회의를 열고, 내가 여운형과 만나서 얘기를 나누도록 했다. 나의 중앙청 사무실에 그를 초대하는 것은 바람직하지 못하다고 생각되어서, 그를 〔은밀히〕 우리 집으로 초청하기로 했다.

1947년 7월 19일 오후 내〔존슨〕가 그를 기다리면서 얼마나 안절부절했던가. 지금도 그때를 어제처럼 똑똑하게 기억하고 있다. 여운형 씨가 그날 오후 4시경에 올 것이라는 메시지를 보내 왔기 때문에, 나는 통역관과 함께 기다리고 있었다. 그런데 4시가 되어도 소식이 없었고, 4시 반도 지나가 버렸는데, 쏜살같이 달려오던 자동차가 언덕 위에 있는 우리 집으로 올라오는 골목길에 나타나더니 진창길에 빠져 헛바퀴만 돌기 시작했다. 그러더니 어떤 사람이 차에서 뛰어내려 언덕길을 헐레벌떡 달려왔다. 숨이 차서 넘어갈 듯한 그[35]는, 여운형 씨가 우리 집에서 800미터도 되지 않는 곳에서 암살되었다고 했다. 혜화동 로타리를 돌기 위해서 자동차가 속도를 줄였는데, 흉한이 차의 뒤 범퍼에 올라서서 뒷창문으로 여운형 씨를 쏘았다는 것이다.

---

35   "그"가 누구인지 알 수 없지만, 영어에 능통한 황진남으로 생각된다. 황진남은 먼저 랭던의 집에 들러 여운형 암살 소식을 전하고, 이후 존슨에게 온 것으로 보인다.

김구 연보*

* 건양(建陽) 원년(1896) 이전은 음력, 그 이후는 양력을 원칙으로 하였다. 필요한 경우 양·음력을 병기하였다.
* 나이는 연나이이다.
* 〔 〕안의 시기는 추정 시기이다.

연도	김구	국내외 주요사건
1876년 (고종 13년)	* 7월 11일(양 8. 29), 해주 텃골에서 아버지 김순영, 어머니 곽낙원의 독자로 태어남. 아명(兒名)은 창암(昌巖).	* 2월 3일(양 2월 27일), '조일수호조규'(강화도조약) 조인.
1879년 (고종 16년)	* 천연두를 앓음(3세). 만년까지 얼굴에 버슬자국 남음.	
1880년 (고종 17년)	* 강령 삼가리(三街里)로 이사. 이후 해주 텃골 고향으로 다시 돌아옴.	
1884년 (고종 21년)	* 큰아버지(金伯永) 장례식 때 만취해서 행패를 부린 막내 삼촌 김준영(金俊永)이 가족회의 결정으로 발꿈치 힘줄을 자르는 단근형(斷筋刑)을 받았으나, 다행히 장애는 얻지 않음. (8세)	* 갑신정변.
1885년 (고종 22년)	* 아버지 김순영, 취기가 오르면 양반인 이웃 강씨, 이씨네 사람들을 두들겨 패, 1년에도 몇 번씩 해주관아에 구금됨. 아버지 김순영이 양반들의 회유책으로 도존위(都尊位)에 천거되었다가 3년이 못 되어 면직.	* 청과 일본, 텐진조약. * 조선과 일본, 한성조약. * 영국군, 거문도 점령.
1887년 (고종 24년)	* 김창암, 김씨네 문중 집안 어른들이 갓을 쓰지 못한 사연을 듣고, 상놈 신분 벗어나 양반이 되기 위해 서당에서 과거 공부 시작.	
1888년 (고종 25년)	* 아버지 김순영〔39세〕, 뇌졸중으로 전신불수, 호전되어 반신불수. 부모님은 문전걸식하면서 고명한 의원을 찾아 떠돌아다님. 창암, 서당 공부 포기, 홀로 큰어머니 댁에서 생활, 이후 부모님 따라 떠돌이 생활, 장련 재종조의 누이 댁에 홀로 객지 생활 등등 고생. (12세)	

1888년~ 1891년 (고종 27~28년)	• 부모님과 고향 해주 텃골로 돌아와 서당 공부 재개.	
1892년 (고종 29년)	• 과거 응시. 서당 스승(정문재)이 지어주고, 과거 장에서 만난 다른 선생님이 글씨를 써주고, 아버 지 이름으로 답안을 제출. 두 선생님의 도움으로 김창암 본인의 실력을 훨씬 넘어서는 답안을 제 출하였으나 낙방. • 김창암, 과거 비리를 뼈저리게 느끼며 "붓을 던지 고"(『백범일지』) 다른 인생을 모색. 김창암의 인 생에서 제1획기. 과거 낙방 이후 석달 동안 두문 불출. 이후 관상 공부를 하며 '마음 좋은 사람'이 되기로 결심하기도 하고, 병법서 등을 탐독하며 어린이를 모아 1년간 가르침. (16세)	
1893년 (고종 30년)	• 정초, 동학 입문, 김창수(金昌洙)로 개명, 제2의 인 생 모색.	
1894년 (고종 31년)	• 가을, 김창수, 동학접주 첩지를 받음. • 11월 27일(양 12월 23일), '팔봉 접주'로 해주성 공격에 선봉으로 출전, 대패. • 12월, 김창수 부대, 구월산 자락의 패엽사(貝葉寺) 로 후퇴, 패엽사에서 동학군 이동엽(李東曄)의 공 격으로 대패. 이후 몽금포로 잠적.	• 1월, 전봉준의 고부민란 발생. • 6월 23일(양 7월 25일), 풍도 해전으로 청일전쟁 발발. • 9월, 동학농민군 2차 봉기. • 9월 23일~10월 14일, 동학군, 공주 우금치에서 관군에 대패. • 12월 2일~15일, 전봉준, 순창 에서 체포됨, 경성으로 압송.
1895년 (고종 32년)	• 2월, 청계동 안태훈(안중근 아버지) 진사댁에 의 탁, 스승 고능선(高能善)을 만나 화서(華西)학파 의 위정척사 사상을 교육받음. 3살 아래의 안중 근(1897~1910)도 만나지만, 별다른 교류는 없 었음. • 5월, 고능선의 권유로 김형진과 함께 청국(淸國) 만주까지 감. 이후 진저우(錦州) 인근에서 청국 의병장 마통령(馬統令)(馬大人)을 만남. • 9월, 2차 청국행. 선양(瀋陽)의 연왕(燕王) 이커당 아(依克唐阿, 1834~99)와 인근 진동영(鎭東營) 의 병장 쉬칭장(徐慶璋) 만나 의병 관련 인신(印信) 과 직첩(職帖)을 받음. • 11월, 청일전쟁 평양전투에서 사망한 청나라 쉬 위성(徐玉生)의 아들 만남. 귀국길에 김이언(金利 彦) 의병에 참가하나 패배. (19세)	• 8월 20일(양 10월 8일), 을미 사변(乙未事變), 민비 시해됨. • 9월 29일(양 11월 15일), 단발 령 공포.

1896년 (고종 33년, 건 양 1년)	• 2월 13일, 김창수, 의병좌기총(義兵左旗總)을 자 처하며 산포수의 설날(음 1월 1일, 양 2월 13일) 봉기를 도모하나, 실패, 도피. • 3월 9일, 김창수, 황해도 치하포에서 일본인 쓰치 다(土田讓亮)를 죽임. 스치다는『백범일지』에 '일 본 육군 중위'라고 되어 있으나, 쓰시마 출신의 약장사. • 6월, 해주옥에 투옥. • 8~9월, 인천으로 이송되어 세 차례 신문(訊問) 받 음. 신문에서 '의병좌통령'으로 '국모의 원수(國 母之讐)'를 갚았다고 주장. • 10월 22일, 법부, 김창수의 교수형 건의, 고종은 최종 판결 보류.	• 1월 1일(음 1895년 11월 17일), 건양(建陽) 연호, 양력 사용. • 2월 11일, 고종, 아관파천. • 2월, 전국 각지에 을미의병 일 어남. • 7월 2일, 독립협회 결성.
1897년 (고종 34년)	• 김창수는 '옥중왕'으로 옥중 생활. 옥중에서 개명 한 인천감리서의 직원의 권유로『태서신사(泰西 新史)』등 '신서적'도 탐독.	• 2월 20일, 고종, 덕수궁으로 환궁. • 10월 12일, 고종, 대한제국 선 포, 연호는 광무(光武).
1898년 (고종 35년)	• 2월 15일『독립신문』, 김창수 등의 공부로 인천감 리서 감옥이 학교가 되었다고 보도. • 3월 20~21일, 인천감리서 감옥 탈옥. 부모님이 대신 투옥. 김창수는 서울을 거쳐 삼남으로 도피. • 7~8월, 김두호(金斗昊)라는 가명으로 전남 보성 득량면 송곡(쇠실)마을 김광언(金廣彦)의 집에서 40여 일 머묾. • 늦가을, 공주 마곡사에서 스님 원종(圓宗)이 됨. (22세)	• 4월, 만민공동회, 독자적인 민 중대회 단체로 성장.
1899년 (고종 36년)	• 2~3월(음 1월), 마곡사 떠나 한성행. • 6월, 해주에서 부모님 상봉; 평양 영천암(靈泉庵) 방장 생활. • 10~11월, 환속, 해주 고향에 돌아옴.	• 5월 17일, 한성 서대문-종로- 동대문-청량리 구간 전차 개통.
1900년 (고종 37년)	• 3~6월, 강화 김주경의 동생 김진경의 집에서 3개 월 동안 훈장 생활. • 유완무(柳完茂)의 편지를 받고 한성으로 와서 만 남. 이후 무주에서 이시발을 만나고, 지리산 산골 김천 달이실[月谷] 성태영 가에서 한 달 머묾. • 8~9월경, 달이실 성태영의 집에서 성태영 유완무 와 3자 회동, 이름을 김구(金龜), 자를 연상(蓮上), 호를 연하(蓮下)로 지음. 이후 한성행.	• 7월, 경인선 철도 전 구간 개통.
1901년 (고종 38년)	• 1월 28일(음 1900년 12월 9일), 부친 김순영 사망. • 부친 상중에 우종서(禹鍾瑞)의 권유로 탈상 후 기 독교 믿기로 결심.	

연도	김구 관련	시대 상황
1902년 (고종 39년)	• 2월(음 1월), 여옥(如玉)과 맞선을 보고 약혼. • 11월 7일(음 10월 8일), 스승 고능선 환갑. 이즈음 김창수가 고능선을 방문, 하룻밤 자면서 신구사상 논쟁. 고능선은 김구가 개화파 역적들과 같은 이야기를 하고 있다고 비판.	
1903년 (고종 40년)	• 2월(음 1월), 약혼녀 여옥, 병사. • 3월 7일(음 2월 9일), 부친 담사(禪祀)[초상 후 27개월째 되는 날]; 탈상 후, 기독교에 입문.	
1904년 (고종 41년)	• 1월(1903년 12월 31일부터 2주간), 평양 예수교회에서 열린 겨울 사경회(査經會)에 참여. • 2월 말, 장련 사직동으로 이사, 오인형의 집 큰사랑에 학교 개설. • 여름, 평양 예수교 주최 사범강습소에서 참여, 안신호와 혼인을 약속했으나 곧 파혼. • 장연 사직동 시절, 유완무가 다녀감. 김구와의 마지막 만남. (28세)	• 2월 8일, 러일전쟁 발발. • 2월 21일, 일본군, 평양 입성. • 2월 23일, 한일의정서 체결.
1905년 (고종 42년)	• 9월 1일, 사직동 사랑방학교, 광진학교(光進學校)로 발전. • 11월, 김구, 경성 상동교회 모임에 참여, 전덕기·이준·이동녕·최재학 등과 함께 상소, 가두연설 등 을사늑약 반대 운동. • 12월, 황해도로 돌아와 신교육사업에 매진.	• 11월 17일, 을사늑약(乙巳勒約) 체결.
1906년 (고종 43년)	• 11월, 최광옥과 안악면학회 조직. • 12월, 17세의 최준례(1889~1920)와 결혼. • 오인형 사망으로 사직동 집과 대지를 유족들에게 돌려주고 장련 읍내로 이주. • 장련공립소학교 교원이 됨.	• 2월 1일, 한성에 통감부 설치, 초대 통감 이또오 히로부미.
1907년 (고종 44년, 융희 1년)	• 10월, 우종서가 문화군 종산마을의 서명의숙(西明義塾) 교사로 초청하여 종산으로 이사. • 종산에서 첫딸을 낳음. • 11월 26일, 『대한매일신보』, 장련 봉양학교(鳳陽學校) 교사 김구가 학생 손두환을 단발한 것 보도. (31세)	• 4월, 신민회(新民會) 조직. • 7월, 대한제국 군대 해산, 전국적인 의병운동(丁未義兵). • 8월, 고종 퇴위, 순종 즉위.
1908년 (순종 1년)	• 2월, 양산학교(楊山學校) 교사가 되어 안악으로 이사. 이사 직후 첫딸 사망. • 3월, 해서교육총회를 조직, 학무총감(學務總監)이 됨. • 7~8월, 안악면학회 제2회 하기사범강습회에 적극 참여.	

1909년 (순종 2년)	• 여름, 안악면학회 제3회 하기사범강습회에 적극 참여. • 황해도 각 군을 순회하며 계몽운동. • 11월, 안중근 의거 연루 혐의로 체포되었으나, 한 달여 만에 무혐의 불기소 처분. • 12월, 재령 보강학교(保强學校) 교장 겸임; 나석주 (羅錫疇), 이재명(李在明) 등과 만남.	• 10월 26일, 안중근, 하얼빈에 서 이또오 히로부미 사살. • 12월 22일, 이재명, 한성에서 이완용을 습격.
1910년 (순종 3년)	• 8월 29일, 한일합방조약 공포. 당시 김구는 양산 학교 교장. • 12월, 경성에서 열린 신민회 회의에 참여. 안명근, 양산학교로 김구를 찾아옴. • 이해, 둘째 딸 화경(化敬) 출생.	• 한일합방조약 공포.
1911년	• 1~3월, 일제, 안악사건을 조작, 황해도 일대 민족 주의자 총검거, 김구도 체포됨. 경시총감부(警視 總監府)로 압송, 심한 고문을 당함. • 4월, 검찰로 송치되어 종로구치감으로 이감. • 7월 22일, 김구, 징역 15년 선고 받음. • 9월, 서대문감옥으로 이감(죄수번호 56호), 의병 과 활빈당 등을 만남. 이승만(李承晩)이 만든 옥중 도서관의 책들을 보며 깊은 감개를 느낌. (35세)	• 조선총독부 초대 총독 테라우 찌 마사따께(寺內正毅)를 암 살하려 했다고 날조한 '105인 사건' 일어남.
1912년	• 9월, 메이지 천황 사망으로 15년형이 7년으로 감형.	• 7월 30일, 일본 메이지(明治) 천황 사망
1914년	• 3월, 서대문감옥에서 인천감옥으로 이감. • 김구, 일본 쇼오켄 황태후 사망으로 2년 더 감형, 5년 형기가 됨, 남은 형기 2년 정도. • 출옥을 대비하여 이름을 구(九)로, 호를 백범(白 凡)으로 고침.	• 4월 17일, 메이지 천황비 쇼오 켄(昭憲) 황태후 사망.
1915년	• 둘째 딸 화경 죽음. • 8월, 김구, 가석방.	
1916년	• 문화 궁궁농장 추수 간검(看檢)이 됨. • 셋째 딸 은경(恩慶) 태어남. (40세)	
1917년	• 2월, 동산평(東山坪) 농장의 농감이 됨. • 셋째 딸 은경 죽음.	
1918년	• 12월 15일(음 11월 12일), 첫 아들 인(仁) 출생.	• 총독부, 토지조사사업 완료.
1919년	• 4월 1일, 김구, 안악 출발, 상하이로 망명. • 9월, 김구, 임정 경무국장(警務局長)이 됨. (43세)	• 3·1독립운동. • 4월 11일, 상하이에서 대한민 국임시정부 수립.

1920년	* 8월, 아내 최준례, 아들 인을 데리고 상하이에 옴. * 12월 28일, 상하이 교민단 사무소에서 이승만의 환영회 개최. 김구는 경무국장으로 이승만 호위.	* 12월 5일, 임정 초대 대통령 이승만, 상하이 도착.
1921년	* 8월 17일, 이승만, 샌프란시스코 국민회 주최 환영회에서 경무국장 김구를 특별히 칭찬.	* 5월 28일, 이승만, 상하이에서 미국행.
1922년	* 어머님 곽낙원, 상하이로 옴. * 9월 21일(음 8월 1일), 차남 신(信) 태어남. * 9월 25일, 김구, 임정 내무총장에 선출됨.	
1923년	* 6월 6일, 김구, 국무총리 다음 서열인 내무총장 취임, 취임과 동시에 국민대표회의의 해산을 명령하는 「내무부령」 제1호를 포고. (47세)	* 1월 3일, 국민대표회의 개막, 임정 '고수파' '개조파' '창조파' 대립.
1924년	* 1월 1일, 아내 최준례, 사망. * 4월 9일, 국무총리 노백린 면직, 내무총장 김구가 국무총리 임시대리. * 4월 23일, 이동녕, 국무총리 취임. 김구, 국무총리 대리에서 면직. * 6월, 김구, 이동녕 내각의 내무총장에 이어 노동국 총판 겸임. * 12월 17일, 박은식 내각에서 내무총장이 김구에서 이유필(李裕弼)로 바뀜.	* 4월, 조선노농총동맹 결성 * 6월 16일, 임시의정원, 대통령(이승만) 유고안 가결. * 8월 21일, 국무총리 이동녕, 대통령 대리. * 12월 12일, 박은식, 대통령대리 수락.
1925년	* 3월, 김구, 임정개조파 주도로 이승만이 탄핵되고, 자신이 내무총장에서 물러난 것에 대해 비판적. 상하이에서 조소앙과 대책 협의, 미국의 이승만에게 편지로 협의. * 8월 29일, 나석주, 김구의 생일상을 차려줌. * 11월, 어머님, 차남 신을 데리고 귀국. 상하이는 김구와 큰아들 인이 남음.	* 3~4월, 임시정부, 대통령제에서 국무령 중심의 내각책임제로 헌법 개정. * 4월 17일, 조선공산당 창당.
1926년	* 12월, 국무령 홍진 등 임시정부 국무위원 총사직. 임시의정원 의장 이동녕의 적극적인 후원으로 김구가 임정 국무령에 선출됨. (50세)	* 12월, 나석주 의사, 동양척식회사에 폭탄을 던지고 자결.
1927년	* 8월 22일, 「임시약헌」이 시행된 지 넉달 열흘이 지나서 국무회의 구성. 김구는 내무장에 임명됨. * 9월, 장남 인도 고국으로 보냄.	* 2월, 신간회 결성. * 3월, 임시정부, 국무령제를 집단지도체제인 국무위원제로 개편하는 「임시약헌」 공포.

1928년	* 3월, 김구, 『백범일지』 상권 집필 시작.
1929년	* 5월, 『백범일지』 상권 탈고. * 7월, 엄항섭 등에게 『백범일지』를 등사하여 미국 동포에 보냄. * 8월, 김구, 상하이교민단 단장이 됨.

1930년	* 1월, 김구, 이동녕 등과 한국독립당 창당.
	* 임시정부의 재무장이자 교민단장인 김구, 자금
	  조달을 위해 하와이와 미국 본토, 멕시코, 쿠바
	  등지의 동포들에게 편지를 보내는 '편지정책'을
	  계속.

1931년	* 1월 초, 이봉창, 임시정부를 찾아와 김구를 만남.
	* 10월, 김구, 일본 요인 암살을 목적으로 한인애국
	  단(韓人愛國團) 창단.
	* 12월 17일, 이봉창, 김구와 최후의 점심식사, 기념
	  사진 촬영, 이후 일본으로 출국. 　* 9월, 만주사변(滿洲事變) 발발.

1932년	* 1월 8일, 이봉창, 일황 히로히또(裕仁)에게 수류
	  탄 투척.
	* 4월 29일, 윤봉길, 상하이 홍커우(虹口)공원 거사.
	  그날 저녁 김구 일행, 피치 목사 댁에 피신.
	* 5월, 임시정부, 상하이에서 항저우(杭州)로 옮김.
	* 6~7월, 김구 일행, 상하이 탈출, 추푸청(褚輔成)의
	  도움으로 자싱(嘉興)·하이옌(海鹽) 등으로 피신.
	* [12월], 난징(南京) 중앙육군군관학교 내 치루
	  (恥廬)에서 장제스(蔣介石)와 첫번째 극비 회동.
	  (56세)　* 1월 29일, 상하이사변 발발.
	* 3월, 만주국 성립
	* 10월, 이봉창, 교수형으로 순국.
	* 12월, 윤봉길, 총살형으로 순국.

1933년	* [여름] 여사공 주아이바오(朱愛寶)와 선상생활
	  (船上生活) 시작.
	* 8월 1일, 옥관빈, 김구의 심복인 오면직과 엄형순
	  에 의해 암살됨.
	* 9월경, 김구, 주아이바오를 난징으로 불러 친화이
	  허(秦淮河) 화이칭챠오(淮清橋) 인근에서 동거.　* 11월, 중국 중앙육군군관학교
	  뤄양분교(洛陽分校)에 한인특
	  별반 설치.

1934년	* 3월 말~4월 초, 자싱에서 9년 만에 어머님과 아들
	  인·신을 만남.
	* 6월, 어머니 곽낙원과 아들 신의 거처를 난징 류
	  예가(柳葉街)로 옮김.
	* 12월, 난징에서 한인특무독립군(韓國特務獨立軍)
	  조직.

연도		
1935년	• 11월, 임정의정원 의원 16인, 자싱 난후(南湖)에서 선상(船上) 비상회의, 이동녕·김구·조완구 등을 임시정부 국무위원으로 보선, 임정의 김구시대 개막. • 11월, 김구, 임정을 옹호하기 위하여 한국국민당 조직. • 임시정부, 항저우에서 전장(鎭江)으로 옮김.	• 4월, 뤄양군관학교 분교의 한인특별반이 1회 졸업생만 내고 폐쇄. • 7월, 통합 신당 민족혁명당 결성.
1936년	• 2월, 김구·김규식·김원봉·양기탁 등 6명, 장제스 방문, 자금 지원 요청. • 8월 27일, 김구, 난징 친화이허 화이칭차오에서 환갑을 맞이하여 이순신의 「진중음(陣中吟)」을 휘호(揮毫)함. (60세)	• 12월 12일, 장제스, 시안(西安)에서 장쉐량(張學良)에 의해 구금(시안사변).
1937년	• 8월 말, 일제의 격심한 난징 폭격, 김구, 『백범일지』에 자세하게 묘사. • 11월 18일, 임정, 판공처를 전장(鎭江)에서 창사(長沙)로 옮기기 결정. • 11월 말, 김구, 난징에서 주아이바오와 이별, 임정 대가족과 후난성(湖南省) 창사로 피난.	• 6월 4일, 김일성, 보천보 습격. • 7월 7일, 중일전쟁 발발. • 12월 13일, 일본군, 난징 점령 및 학살.
1938년	• 5월, 창사 난무팅(楠木廳)에서 이운한의 저격을 받음. • 7월, 임시정부, 광저우(廣州)로 옮김. • 10월, 임시정부, 류저우(柳州)로 옮김.	• 10월, 일본군, 한커우(漢口)·우창(武昌)·광둥(廣東) 등 함락.
1939년	• 3월, 임시정부, 스촨성(四川省) 치장(綦江)으로 옮김. • 4월, 어머니 곽낙원(81세), 사망.	• 9월, 2차대전 발발.
1940년	• 2월, 임정 대가족, 투차오(土橋)로 이사. • 5월, 한국독립당·조선혁명당·한국국민당이 통합하여 한국독립당 결성. • 9월, 임시정부, 충칭으로 옮김; 광복군 성립 전례식. • 10월, 임시정부, 헌법 개정; 김구, 주석으로 선출됨. (64세)	
1941년	• 10월, 『백범일지』 하권 집필 시작. • 11월, 임시정부, 「대한민국건국강령」 발표. • 12월 10일, 임시정부, 「대일선전성명서」 발표.	• 12월 7일, 일본군의 진주만 공습, 태평양전쟁 개전.
1942년	• 3월 1일, 임시정부, 중·미·영·소에 임시정부 승인 요구. • 12월, 김원봉, 광복군 부사령과 지대장 취임.	• 7월, 조선어학회 사건; 조선독립동맹 조직.

1943년	• 7월 26일, 조소앙·이청천·김규식·김원봉을 대동하고 장제스와 회담. • 12월, 카이로 선언에 대한 김구의 환영 담화(2일), 한국문제에 대해 "적당한 시기" 운운한 것에 대한 비판 성명 보도(9일).	• 9월, 이탈리아, 연합군에 항복. • 11월 22~26일, 미·영·중 3거두, 카이로 회담. • 12월 1일, 카이로선언 발표.
1944년	• 4월, 김구, 임정 주석으로 재선. • 9월 5일, 김구, 장제스와 면담.	• 6월, 연합군, 노르망디 상륙.
1945년	• 3월, 장남 인(28세), 사망. • 8월, 김구, 시안(西安)에서 미군 도노반 장군과 회담. • 9월 3일, 김구, 충칭에서 「국내외 동포에 고함, 임시정부의 당면정책 14개조」 발표. • 9월 26일, 김구, 장제스와 회담. • 10월 29일, 김구, 장제스와 회담. • 11월 4일, 장제스와 부인 쑹메이링(宋美齡) 및 국민당 간부들, 충칭에서 김구와 임정 요인 환송연. • 11월 7일, 김구, 상하이에서 해방 이후 첫 '건국기원절(개천절)' 기념식 참가, 기념사. • 11월 23일, 김구를 포함한 임정 국무위원 제1진 귀국. • 12월 19일, 서울운동장에서 임시정부 환영회, 김구 답사(答辭). • 12월 23일, 서울운동장에서 순국선열 추념대회, 정인보가 「추념문」 낭독, 이를 김구가 제단에 바치고 배례. • 12월 27일, 모스끄바 3상회담의 한국문제 결정 보도. • 12월 28~31일, 김구, 임정, 국무회의 소집하여 「반탁결의문」 채택, '신탁통치반대국민총동원위원회' 발족. 위원회는 「9개조 행동강령」 발표, 총파업과 시가행진 등 반탁운동 전개. 임정 내무부, 「국자(國字)」 제1호 제2호 포고문을 통해 미군정으로부터 정권 접수 선언. (69세)	• 2월 4~11일, 미국·소련·영국, 얄타회담. • 8월 9일, 소련군, 한반도 북부 진격 시작. • 8월 15일, 일제 항복 선언. • 9월 6일, 조선인민공화국 수립. • 9월 8일, 미군, 인천 상륙. • 9월 9일, 38선 이남 미군정 실시. • 10월 16일, 이승만, 귀국. • 12월 30일, 송진우, 암살됨.

1946년	• 1월 1일, 하지, 김구를 불러 임시정부식 반탁운동을 '미군정에 대한 쿠데타'로 규정, 강력 경고. 김구, 엄항섭이 대독한 성명으로 파업 중지 방송. • 1월 4일, 김구, 임정법통론에 의한 정부 수립을 위해 '비상정치회의' 소집 발표. • 2월 1일, 김구 주도의 비상정치회의와 이승만 주도의 독립촉성중앙협의회가 '비상국민회의'로 통합. • 2월 14일, 비상국민회의 최고정무위원회가 남조선대한국민대표민주의원(약칭 '민주의원')으로 개편됨(의장 이승만, 부의장 김구, 김규식) • 4월 20일, 한국독립당, 국민당·신한민족당과 통합하여 새로운 통합 한국독립당 발족. • 7월 7일, 김구, 이봉창·윤봉길·백정기 3의사의 유골을 효창원에 안장 주도. • 8월 17일, 김구, 강원도 춘천 류인석(柳麟錫) 묘소를 찾아 분향, 「고유문(告由文)」 낭독. • 10월 14일, 김구, 좌우합작 지지 담화 발표. • 2월 8~9일, 북조선림시인민위원회 창설. • 3월 8일, 북, 토지개혁 개시. 이후 '민주개혁' 개시. • 3월 20일, 제1차 미소공동위원회 개최 • 6월 3일, 이승만, 정읍에서 남한단독정부수립 발언 • 10월 7일, 좌우합작 7원칙 발표. • 11월 30일, 창덕궁 인정전에서, 이승만 미국 방문 환송회 개최. • 12월 4일, 이승만, 미국 방문을 위해 출국.
1947년	• 1월 24일, 김구, 반탁투쟁위원회 결성 주도. 제2차 반탁운동 전개. • 2월 17일, 민족통일총본부·대한독립촉성국민회·비상국민회의를 통합하고 국민의회로 개칭. • 3월 20일, 김구, 건국실천원양성소 개설. • 4월 4일, '이승만환국환영준비위원회' 결성. 위원장에 김구 추대. • 5월, 김구, 제2차 미소공동위원회 불참 성명. • 6월 23일, 이승만과 김구, '서윤복 선수 환영 국민대회'를 통해 대대적인 반탁운동. • 9~11월, 김구와 한국독립당, 조소앙으로 대표되는 당내 진보파를 앞세워 정당협의회(政黨協議會)를 통한 중간파와의 합작을 도모하였지만 실패. • 12월 1일, 김구, 이승만과 의견 일치하여, 이승만이 주도하는 정부 수립이 단독정부가 아니라는 담화 발표. • 12월 2일, 장덕수, 피살; 김구, 암살의 배후로 의심받음. • 12월 12일, 국민의회와 민족대표자대회 합동 대회가 경찰의 집회 허가 보류로 취소됨. • 12월 15일, 국사원에서 『백범일지』 출간. • 2월 22일, 북조선림시인민위원회, 북조선인민위원회로 개칭. • 2월 29일, 반탁투쟁위원회, 경향 각처에 「반탁독립투쟁에 관한 건」이란 통첩 발송. • 우익의 3·1절 기념행사가 대대적인 반탁운동과 결합. • 4월 21일, 이승만, 귀국. • 5월 21일, 제2차 미소공동위원회 개최. • 7월 19일, 여운형, 암살됨. • 9월 17일, 미국, 한국문제를 유엔 총회에 이관. • 11월 14일, 유엔 총회에서 유엔 감시하의 한반도 총선 가결.

| 1948년 | • 1월 28일, 김구, 통일정부 수립을 요구하는 「6개 항 의견서」 발표.
• 2월 10일, 김구, 「삼천만 동포에게 눈물로 고함」 발표.
• 2월, 김구·김규식, 북의 김일성·김두봉에게 남북회담을 제안하는 서신을 보냄.
• 3월 10일, 김구, 안창호 서거 10주년, 참배와 애도문.
• 3월 12일, 김구, 미군정 법정에 1차 출두, 증인신문.
• 3월 15일, 김구, 미군정 법정에 2차 출두, 증인신문.
• 3월 27일, 김일성·김두봉이 김구·김규식에게 보낸 답신(1948.03.15) 수령.
• 4월 3일, 통일독립운동자협의회 결성대회. 김구, 축사.
• 4월 19일, 김구, 남북회담을 위해 북행.
• 4월 22일, 김구, 모란봉 극장의 남북연석회의 참석, 연설.
• 4월 30일, 남북 정당 사회단체 지도자협의회(김구 포함) 공동성명서 발표.
• 5월 6일, 김구·김규식, 서울로 귀환 후 공동성명, "첫술에 배부를 수는 없다" 발표.
• 7월 11일, 유엔한국위원단 중국대표 류위완(劉馭萬), 경교장 방문, 김구와 대담. 변영태, 대담 비망록 남김.
• 7월 21일, 김구, 김규식과 '통일독립촉진회' 결성. 서영해 등을 통한 대유엔외교(승인 반대) 방침 발표.
• 8월 15일, 8·15 3주년 담화와 시 3편을 휘호.
• 9월 15일, 유엔 사무총장 리(Lie)에게 보낸 서신 초안.
• 10월 27일, 김구, 여순사건의 배후 반박.
• 12월 1일, 서영해, 프랑스 외무부 아주국장을 만나 김구의 입장 설명.
• 12월 16일, 김구, 유엔의 한국정부 승인와 3영수 합작에 대하여 입장 피력. | • 4월 3일, 제주도 4·3사건 발생.
• 4월 19~30일, 평양에서 남북 연석회의.
• 5·10 총선거.
• 7월 17일, 대한민국 헌법 공포.
• 8월 15일, 대한민국 정부 수립.
• 9월 9일, 조선민주주의 인민공화국 수립.
• 10월 13일, 소장파 의원들이 제출한 「외군철퇴요구안」을 둘러싸고 국회 본회의 개원 이래 첫 폭력사태.
• 10월 19일, 여순사건 일어남.
• 10월 22일, 국무총리 겸 국방 장관 이범석, 여순반란은 "공산주의자가 극우의 정객들과 결탁해서 반국가적 반란을 일으키자는 책동"이라 발표.
• 12월 12일, 유엔 총회, 대한민국정부 승인. |
| 1949년 | • 1월, 김구, 서울에서 남북협상을 희망한다고 발언.
• 1월 16일, 김구, 한국독립당 중앙집행위원회 개막 연설.
• 6월 26일, 경교장에서 안두희의 총에 맞아 경교장에서 운명.
• 7월 5일, 김구 국민장 거행, 효창원에 안장. 향년 73세. | • 1월 27일, 금호동에 '백범학원' 개원.
• 3월 14일, 염리동, '창암학원' 개원.
• 5~6월, 국회프락치 사건. |

여운형 연보

연도	여운형	국내외 주요사건
1886년 (고종 23년)	• 5월 25일[음 4월 22일], 경기도 양평군 양서면 신원리 묘곡(묘꼴, 현 경기도 양평군 양서면 신원리)에서 출생.	
1899년 (고종 36년)	• 유세영(柳世永)의 장녀(3세 연상)와 결혼. (13세)	
1900년 (고종 37년)	• 배재학당 입학. 얼마 후 민영환이 설립한 흥화(興化)학당으로 전학.	
1903년 (고종 40년)	• 흥화학당 중퇴, 통신원 부설 우무학당(郵務學堂) 입학. • 음 8월, 상처(喪妻). • 음 10월, 조부상.	• 10월, 황성기독청년회(YMCA) 설립됨. 족숙 여병현(呂炳鉉)이 한국인 이사(理事)로 선임.
1904년 (고종 41년)	• 음 9월, 모친상. • 우무학당 중퇴.	• 2월 8일, 러일전쟁 발발.
1905년 (고종 42년)	• 1살 연상의 진상하(陳相夏)와 재혼.	• 11월 17일, 을사늑약. • 11월 30일, 흥화학교 창립자 민영환 자결.
1906년 (고종 43년)	• 묘곡 자택에 교회 설립, 광동학교 설립. • 음 3월, 부친상. (20세)	• 2월 1일, 통감부 설치, 초대 통감 이토오 히로부미.
1907년 (고종 44년, 융희 1년)	• 기독교 입교, 장로교 곽안련(C. H. Clark) 목사 조수로 서울 숭동교회에서 시무.	• 2월, 국채보상운동 시작. • 7월, 대한제국 군대 해산, 의병 운동.
1908년 (순종 1년)	• 2월, 원각사에서 안창호의 시국 강연을 듣고 크게 감명 받음. • 3월, 부친 탈상 후, 조상 신주를 땅에 묻고, 노비문서를 불태우고 노비들을 해방시킴. • 봄, 양평에서 국채보상운동 지회를 설립.	
1909년 (순종 2년)		• 10월 26일, 안중근, 하얼빈에서 이토오 히로부미 사살.
1910년 (순종 3년)	• 강릉 초당의숙(草堂義塾)에서 교원.	• 8월 29일, 한일병합조약 공포.
1911년		• 1월, '105인 사건' 일어남.

연도		
1912년	• 평양의 장로교회연합 신학교 입학. • 11월, 경성YMCA 야구단장으로 일본 토오꾜오 원정. 우리나라 최초 해외 원정 경기. (26세)	
1913년	• 신흥무관학교를 비롯한 서간도 각지를 방문.	
1914년	• 중국 난징(南京)으로 유학.	• 7월, 1차대전 발발.
1915년	• 난징 진링(金陵)대학 특과생으로 입학. • 5월, 상하이에서 열린 원동 올림픽대회 참관.	• 일본의 중국에 대한 21개 조항 요구로 중국청년들의 배일운동.
1916년	• 귀국하여 가족들 중국으로 데리고 감. • 상하이로 이사, 시에허슈지(協和書局)에 취직. 시에허슈지 주인은 한국독립운동과 밀접한 관련을 맺고 있던 조지 피치(George Fitch), 여운형에게 도 큰 영향을 미침. • 상하이 거주 동포 자녀들을 위한 '상하이 기독교 소학교' 설립. (30세)	
1917년	• 상하이에서 쑨중산(孫文) 만남. • 1월, 상하이 조선인교회의 전도사가 됨.	• 상하이 기독교소학교가 정식 초등학교인 '인성(仁成)학교'로 개교.
1918년	• 가을, 상하이 교민들의 편의와 친목을 도모하기 위한 상하이고려교민친목회(이후 상하이교민단) 조직, 초대 총무, 이후 회장 역임. • 11월 28일, 피치 목사 주선으로 상하이 칼튼 카페에서 윌슨 대통령의 특사인 크레인(Charles Richard Crane)의 연설을 듣고 면담. 장덕수와 함께 파리강화회의에 보낼 독립청원서를 작성, 크레인과 상하이 영자신문 사장 밀러드(Thomas Franklin Fairfax Millard)에게 전달. • 12월, 파리강화회의에 보낼 대표 선정을 위해 신한청년당 창설.	• 1월, 미국 대통령 윌슨, 민족자결주의 주창. • 11월, 세계대전이 연합국 승리로 끝남.
1919년	• 1월, 신한청년당, 김규식(金奎植)을 파리강화회의 파견 대표로 결정. • 4월, 상하이에서 대한민국임시정부 성립. 여운형, 외무부 차장. • 11월, 여운형, 쑨중산 다시 방문, 환대 받고, 부인 쑹칭링(宋慶齡) 소개 받음; 일본 정부의 초청으로 토오꾜오 방문. 테이꼬꾸(帝國) 호텔에서 조선독립의 정당성 연설, 일본 여러 각료들을 만남. • 12월, 상하이로 귀환, 『독립신문』 등에 여운형의 일본 활동상 대서특필됨. (33세)	• 2월, 동경유학생들, 「2·8독립선언」 발표. • 3·1운동. • 5월, 중국 각 도시에서 5·4운동 일어남.

1920년	• 5월, 상하이에서 소련공산당이 파견한 보이쩐스끼(Grigori Voitinsky) 만나 고려공산당 가입. • 8월, 미 의원 동아시아 방문단, 상하이 방문. 애스터호텔에서 열린 환영회에 동생 여운홍과 같이 참가. 중국의 쑨쭝산도 참가.	• 1월, 소련의 레닌, 한국 독립운동에 200만 루블 지원 약속, 60만 루블을 한형권에게 지급.
1921년	• 5월 28일, 상하이에서 중한귀민후주서(中韓國民互助社) 총사(總社) 조직. • 11월, 러시아 이르꾸쯔끄에서 열릴 예정인 원동피압박민족대회 참석을 위해 상하이 출발. • 12월, 이르꾸쯔끄에서, '자유시 참변' '재판' 배심원으로 참여.	• 3월, 후난성(湖南省) 창사(長沙)에서 중한후주서(中韓互助社) 조직됨, 마오쩌둥도 참여.
1922년	• 1월, 모스끄바 도착. 원동민족근로자대회 대회 운영 의장단에 선출, 개회식에서 연설. 레닌, 트로쯔끼 등 볼셰비끼 지도자들 만남. • 4월, 상하이로 돌아와 국민대표회의를 추진. • 10월, 김구 손정도 등과 한인노병회(韓人勞兵會) 조직. (36세)	
1923년	• 상하이 동방대학(東方大學) 영문교사로 취직. 생활 곤궁.	• 9월, 일본 칸또오(關東)대지진. 조선인 학살.
1925년	• 5월, 베이징 주재 소련대사 카라한을 만남. 이후 상하이 타스통신사 직원으로 활동.	• 1월, 쑨중산(58세) 사망. • 4월 17일, 조선공산당 창당.
1926년	• 1월, 중국국민당 제2차 당대회에서 베트남의 호찌민(胡志明)과 함께 축하 연설. • 11월, 국민당군의 우한(武漢) 점령시, 20만 군중 앞에서 내빈 축사. (40세)	• 6·10만세운동.
1928	• 6월, 소련고문단, 중국에서 철수함에 따라 여운형과의 관계도 깊어짐. • 상하이 푸단대학(夜旦大學) 체육 코치로 취직.	
1929년	• 3월, 푸단대학 축구팀을 인솔하고 싱가포르·말레이·마닐라 원정. 영국과 미국의 제국주의를 비난하는 연설로 물의. • 6월, 상하이로 귀환. • 7월 10일, 상하이 공동조계지 야구장(현 홍커우 족구장(虹口足球場))에서 야구 관전 중, 일제 경찰에 체포되어, 국내로 압송.	
1930년	• 6월 9일, 징역 3년형을 선고받음. 이후 대전형무소에서 복역.	

1932년	• 7월 26일, 가출옥으로 석방됨.	• 1월 8일, 이봉창 의거. • 1월 29일, 상하이사변 발발. • 4월 29일, 윤봉길 의서.
1933년	• 2월 16일, 조선중앙일보 사장 취임. • 5월, 조선체육회 이사.	
1934년	• 조선체육회 회장.	
1936년	• 8월 13일, 조선중앙일보, 베를린 올림픽 마라톤 우승자 손기정 선수의 사진에서 일장기를 지우고 보도(동아일보는 8월 25일 보도) • 9월 5일, 조선중앙일보 폐간.	• 12월 12일, 장제스, 시안(西安)에서 장쉐량(張學良)에 의해 구금(시안사변).
1940년	• 3월, 일본 군부의 요청으로 토오꾜오 방문. 참모본부의 다나까 소장, 국가주의자 오까와 슈메이, 코노에 전 수상, 우가끼 대장 등을 만남(이후 1942년까지 여러 차례 토오꾜오 방문). (54세)	
1941년	• 6월 26일, 일본 사이따마현 히다까시(日高市)의 고마진자(高麗神社) 방문. 방문록에 '血濃於水'(피는 물보다 진하다)라고 씀.	• 12월 7일, 일본군의 진주만 공습. 태평양전쟁 개전.
1942년	• 4월, 토오꾜오 방문, 미군의 토오꾜오 공습 목격. • 5월 20일, 우가끼 대장과 대담, 일본군 수뇌부는 장제스와 마오쩌둥 양쪽과 가까운 여운형을 활용하여 중일화평공작을 시도코자 함. 여운형, 일제의 패망 확신. • 11월, 일본 패전 언급으로 경성헌병대에 구속됨.	• 7월, 조선어학회 사건; 조선 독립 동맹 조직.
1943년	• 7월 2일, 징역 1년, 집행유예 3년 선고 받음. • 7월 5일, 가출옥, 경성요양원에 입원. 여기서 동지들과 '조선민족해방연맹' 조직 결의.	• 11월 22~26일, 미·영·중 3거두, 카이로 회담. • 12월 1일, 카이로선언 발표.
1944년	• 8월, 경성 삼광한의원에서 '건국동맹' 결성.	• 6월, 연합군, 노르망디 상륙.
1945년	• 4월, 옌안(延安) 독립동맹과 연계를 위해 이영선 파견. • 5월, 임시정부와 연계 위해 최근우 파견. • 7~8월, 고이소 구니아끼(小磯國昭) 전 일본총리, 총독부 정무총감 엔도오 류우사꾸(遠藤柳作) 등이 중일전쟁 종식을 위해 여운형과 접촉. • 8월 15일, 총독부의 엔도오 류우사꾸 정무총감 만남. 건국준비위원회 조직. • 8월 16일, 서대문형무소 방문, 정치범 석방 주도, 휘문중학교 운동장에서 해방 제1성 연설.	• 2월, 미·소·영 3국, 얄타회담. • 7월, 미·영·중 3국 포츠담 회담과 선언. • 8월 6일, 미군, 히로시마에 원자폭탄 투하. • 8월 9일, 미군, 나가사끼에 원폭 투하; 소련군, 한반도 북부 진격 시작. • 8월 15일, 일제 항복 선언.

* 8월 17일, 건준 1차 조직 완료.
* 8월 18일, 밤 11시 폭행당함. 24일까지 요양.
* 8월 22일, 건준 2차 조직 확대개편. 여운형 요양 중 안재홍이 주도.
* 8월 25일, 요양에서 돌아와 건준 집행위원들에게 연설.
* 8월 28일~9월 2일, 건준, 선언서와 강령 발표.
* 9월 6일, 여운형, '전국인민대표자회의' 임시의장이 되고, 동 회의는 '조선인민공화국' 설립.
* 9월 8일, 여운형의 특사 3명, 인천항 미군 사령함에 올라 미군 면담, 여운형의 편지 전달.
* 9월 14일, 인공, 내각 명단 발표, 주석 이승만, 부주석 여운형, 국무총리 허헌, 내정부장 김구 등.
* 10월 4일, 여운형, 하지와의 첫 대면, 여운형, 미군정 고문관 수락.
* 10월 5일, 아놀드 군정장관, 여운형 포함 11명의 한국인을 미군정 고문관으로 임명; 여운형, 각 정당지도자 수뇌 간담회에서 인공 탄생 경위 설명.
* 10월 8일, 건준, 해소식.
* 10월 17일, 여운형, 이승만 극찬. 인공 부주석 자격으로 이승만 방문, 인공 주석 취임을 요청, 사실상 거부당함.
* 10월 20일, 아놀드 군정장관, 인공을 '국가'로 인정할 수 없다는 성명 발표.
* 10월 23일, 이승만 주도의 독립촉성중앙협의회에 여운형이 건국동맹 대표로 참가.
* 11월 12일, 여운형, '조선인민당' 결성.
* 11월 23일, 여운형, 김구에게 귀국인사를 하기 위해 경교장 방문, 김구 만나지 못하고 몸수색까지 당하는 냉대를 받음. (59세)

* 8월 20일, 박헌영의 조선공산당, 「8월테제」 발표.
* 9월 8일, 미군, 인천 상륙.
* 9월 9일, 38선 이남 미군정 실시.
* 9월 15일경, 런던3상회의에서 일본 등의 전후 처리를 두고 미소가 심각하게 대립.
* 9월 20일, 스딸린, 북한에 반일적 부르주아 민주정권 수립을 지령.
* 10월 10일, 아놀드 군정장관, 인민공화국 맹비난 성명 발표.
* 10월 16일, 이승만, 귀국.
* 11월 23일, 김구 김규식 등 임정 요인 1진 환국.
* 12월 15일, 김일성 장군, 무정 장군 환영준비위원회(위원장, 홍명희) 결성.
* 12월 28일, 모스끄바 삼상회의 결과가 '4개국 신탁통치안'으로 보도됨, 이후 반탁운동 개시.
* 12월 29일, 조선공산당의 박헌영, 방북.
* 12월 30일, 송진우, 암살됨.

* 1월 3일, 조선공산당, 반탁시민대회에서 모스끄바 삼상회담 결정 지지로 돌변, 인민당도 이를 따름.
* 2월 9~11일, 1차 방북, 김일성을 만나 미소공위 대책 등 논의.
* 2월 12일, 굿펠로우로부터 하지의 자문위원 권유 받고 수락.
* 2월 13일, 우익의 '비상국민회의' 최고정무위원에 선출됨.
* 2월 14일, 비상국민회의 최고정무위원이 '남조선 대한국민대표민주의원'으로 개편되자, 하지 자문위원 탈퇴.

* 1월 2일, 박헌영, 평양에서 귀환.
* 1월 16일~2월 5일, 서울에서 미소공위 예비회담.
* 2월 8일, 북조선림시인민위원회 창설.
* 3월 5일, 북조선림시인민위원회, 토지개혁 법령 통과. 이후 주요 산업 국유화 등 '민주개혁'으로 '민주기지' 노선 강화.
* 4월 17일, 미소공위, 협의대상은 모스끄바 3상회의 협정

* 2월 15~16일, 좌익의 민주주의민족전선(민전) 결성대회 참가, 의장단에 선출됨.
* 4월 11일 여운형, '미소공위 대표 환영 민주주의 정부 수립 촉성 시민대회' 대회장 맡음.
* 4월 19~25일, 2차 평양 방문.
* 5월 3일, 하지의 정치고문 랭던, 여운형 측근 황진남에게 통일정부 수반으로 여운형을 내세울 계획이라고 전함.
* 6월 11일, 여운형, 좌우합작에 대한 4단계의 발전 전망 제시. 이 기사를 김일성이 보았다고 함.
* 6월 26일, 하지, 조선공산당을 비롯한 주요 정당 지도자들을 자신의 관저로 불러, 좌우합작에 대한 자신의 취지 설명; 김규식과 여운형, 버치 집에서 따로 합작문제를 협의.
* 7월 1일, 좌우·남북합작과 미소공위 재개에 대한 입장 표명. 김일성이 이 문건을 보고 지지 표명.
* 7월 12일, 민전에서 허헌 김원봉 정노식 이강국과 함께 좌우합작위원회 좌익 대표로 선발됨.
* 7월 17일, 조선공산당, 여운형을 "사이비 좌우합작 지지자"라고 비난; 이날, 여운형은 납치되어 신당동 산으로 끌려가 벼랑에서 낙하 도피.
* 7월 18일, 김일성, 여운형에게 짧은 답신 보냄.
* 7월 25일, 좌우합작위원회 제1차 정식회담, 덕수궁에서 열림. 우측대표 김규식 원세훈 안재홍 최동오 김붕오 5명, 좌측대표는 여운형 성주식 정노식 이강국 4명, 미군연락장교 버취 중위 출석.
* 7월 31일, 경기도 연천 북조선공산당 사무실에서 김일성과 급히 회동(3차 방북), 좌익 3당 합당, 좌우합작운동, 미군정 대응 전술 등 논의.
* 8월 1일, 인민당 지도자들과 만찬. 김일성과의 회담 및 3당합당 추진방안에 대하여 설명.
* 8월 3일, 인민당, 「합당제안문」 채택, 조선공산당과 조선신민당에 발송.
* 8월 10일, 여운형, 「합당 기본테제」 발표. 위 「합당제안문」과 상당한 차이가 있음.
* 8월 16일, 인민당 중앙확대위원회. 여운형, 장건상 부위원장을 통해 한시, 「황야의 탄식」 발표. 조선공산당을 따르는 합당 주장파 48인, 여운형을 따르는 합당 일시 중지파 31인, 합당 반대파 3인으로 합당 결의.
* 8월 21일, 계동 자택에게 인민당 당수 사퇴 표명 기자회견.

* 지지 선언서에 서명해야 한다는 「제5호 코뮤니케」 발표.
* 4월, 위조지폐(조선정판사) 사건으로 박헌영 등에게 체포 영장.
* 5월 6일, 미소공위, 「제5호 코뮤니케」에 대한 이견으로 무기휴회 선언.
* 5월 9일, 여운홍, 여운형의 조선인민당에서 탈당 선언.
* 5월 25일, 김규식 미군정과 좌우합작 문제 논의.
* 6월 3일, 이승만, 정읍에서 남한단독정부수립 발언
* 6월 20일, 하지, 이승만 김구 김규식을 만나, 이승만과 김구에게 전면에 나서지 말고 김규식을 뒤에서 지원할 것 요청.
* 6월 30일, 하지, 김규식과 여운형의 좌우합작 적극 지지 특별성명 발표.
* 7월 2일, 폴리안스끼 소련 영사 및 직원들, 서울에서 평양으로 철수.
* 7월 28~30일, 북조선공산당과 조선신민당 연석 중앙확대위원회, 합당 결의.
* 8월 10일, 하지, 여운형과 일본의 관계에 대한 조사 승인.
* 8월 30일, 북조선노동당 창당식. 남한 3당합당에 대한 결정서 채택. 조선공산당의 반박헌영 대회파, 인민당의 여운형파, 신민당의 백남운파를 비판.
* 10월 7일, 「좌우합작 7원칙」 발표.
* 10월 21~31일, 민선의원 45명을 간접선거로 선출, 좌우합작위원회에서 선거 부정 제기, 일부 지역 재선거, 입법의원 개원 연기.

1946년

* 8월 28일, 다시 한번 당수 사퇴 확인 회견.
* 9월 23일, 평양 방문(4차 방북).
* 9월 25일, 김일성·김두봉과 회담.
* 9월 27일, 로마넨꼬와 회담.
* 10월 1일, 서울로 귀환. 김규식 찾아가 좌우합작 논의.
* 10월 3일, 3당합당과 좌우합작에 관한 담화 발표.
* 10월 4일, 북조선 시찰담 및 기자회견.
* 10월 7일, 「좌우합작 7원칙」 발표되는 당일, 여운형은 청년들에게 납치되어 좌우합작운동 포기와 입법기구 수립 계획 포기를 강요당함. 여운형, 언쟁 끝에 뇌빈혈을 일으켜 서울대학병원에 입원.
* 10월 15일, 북에서 여운형의 병실로 급히 정치연락원을 파견, 좌우합작과 합당 문제 논의.
* 10월 16일, 여운형의 병실에서 사회로동당 결성 결의. 「3당합동에 대한 결정서」와 「사회로동당 강령(초안)」 채택함. 전날 북의 정치연락원과 논의한 사항과는 반대로 전개됨.
* 10월 28일, 김일성·김두봉에게 편지.
* 11월 1일, 사회로동당 결성 준비위원장으로 추대됨. 사로당에 대치되는 남조선로동당 준비위원장도 겸하는 묘한 입장.
* 11월 7일 여운형, 남로당에 대해 사로당과의 무조건 합동 제의. 남로당은 거부, 사로당 해체 주장.
* 11월 10일, 여운형, 김일성·김두봉에게 편지.
* 11월 12일, 여운형, 사로당 해체 주장. 사로당 출범을 강력 비판한 민전 의장직 사임 의사 밝힘.
* 11월 16일. ① 여운형, 김일성·김두봉에게 편지; ② 사로당, 남로당에 '무조건 합당하자'는 서한을 보냄; ③ 북로당, 「남조선 사회로동당에 관한 결정서」 채택, 여운형과 백남운, 조선공산당 대회파를 강력 비판하고 사로당 해체를 주장.
* 11월 23일, 남로당 결성식. 여운형이 보낸 합동제안서가 결당식 대회장 밖에서 거부됨.
* 11월 30일, 여운형, 김일성·김두봉에게 편지.
* 12월 4일, 여운형, 자기비판서 발표, 정계 은퇴 선언, 낙향.
* 12월 8일, 여운형, 입법의원 수락 거부 성명.
* 12월 28일~1월 8일, 북한 방문(5차 방북). (60세)

* 11월 30일, 창덕궁 인정전에서 이승만 미국 방문 환송회.
* 12월 4일, 이승만, 미국 방문을 위해 출국.
* 12월 8일, 미군정, 관선 입법의원 45명 명단 언론에 발표.
* 12월 12일, 남조선과도입법의원 개원. 의장은 김규식.

- 1월. 여운형. 신당 창당과 정계 복귀 모색.
- 2월. 여운형. 덕수궁에서 안재홍·김규식·김성수·조소앙 등과 함께 미국기자단과 인터뷰; 「북조선에 있는 한 친구에게 편지」 작성.
- 3월 17일. 여운형의 계동 자택, 폭탄 테러로 반파됨. 여운형은 출타로 무사.
- 4월 26일. 근로인민당, 창당 선언 초안 발표. 당의 기본 정치노선 제시.
- 5월. 여운형. 김두봉에게 서한, 북의 지도자들에게 명함과 메모 보냄.
- 5월 12일. 혜화동 로타리에서 여운형이 탄 승용차, 권총 피습 당함.
- 5월 24일. 근로인민당 창당. 위원장에 추대됨.
- 6월 25일. 미소공위 양측 대표단과 한국의 정당·사회단체 회합 성사; 여운형, 김규식 홍명희 김창숙 등과 만나 통일적 임시정부 수립 강조.
- 7월 1일. 서재필 귀국 환영준비위원회 위원으로 인천항 출영.
- 7월 8일. 미소공위의 협상 대상에 대해 회견.
- 7월 15일. 미 군정청 재무부 관리 에드워드 배의 집에서 김규식 홍명희 등 좌우합작 지지파, 김호 김원용 김용중 등 재미한인 대표들, 키니, 윔스, 버치 등 미군정 관리들과 회합. 모두 미소공위 실패를 우려. 여운형, 이 자리에서 장택상 수도경찰청장으로부터 암살 위협에 대해 경고를 받았다고 언급.
- 7월 16일. 생애 최후의 공개 의견 개진이 된 「공위는 성공한다」 발표.
- 7월 18일. 김용중에게 줄 영문서한 작성(여운형의 마지막 편지); 저녁, 미소공위 미측 수석대표 브라운(Albert. E. Brown) 소장의 집 방문.
- 7월 19일 오전, 성북동 김호의 집에서 김용중을 만나 환담, 김용중이 요청한 미군정과 자신의 관계를 밝힌 서한 전달; 오후 1시 15분경, 혜화동 로타리에서 한지근에게 암살당함. 이날 오후에 미군정 민정관 존슨(E. A. J. Johnson)의 관사에서 비밀회동이 약속되어 있었음. 향년 61세.

- 1월 11일. 미군정, 「여운형과 일본 정부의 관계에 대한 최종 보고서」 완료.
- 2~3월. 김구 주도의 반탁투쟁위원회, 반탁운동.
- 4월 21일. 이승만, 미국에서 중국을 경유하여 귀국.
- 5월 21일. 제2차 미소공동위원회 개최.
- 6월. 미소공위 순항.
- 7월. 협의대상 명부 작성 단계에 들어와 미소공위 난항.
- 8월. 미소공위 실질적 결렬.
- 9월 21일. 한국문제 유엔총회 상정안 가결.
- 10월 21일. 공위 소련대표단, 서울 떠남, 공위 최종 결렬.

창비 한국사상선 간행위원회

백낙청(위원장, 서울대 명예교수)

임형택(성균관대 명예교수)

최원식(인하대 명예교수)

백영서(연세대 명예교수)

박맹수(원광대 명예교수)

이봉규(인하대 교수)

황정아(한림대 교수)

백민정(가톨릭대 교수)

강경석(『창작과비평』 편집위원)

강영규(창비 편집국장)

창비 한국사상선 21

김구·여운형

합작과 통일, 시대와의 불화

초판 1쇄 발행 / 2026년 2월 20일

지은이 / 김구 여운형

편저자 / 도진순

펴낸이 / 염종선

책임편집 / 박주용 박대우

조판 / 신혜원

펴낸곳 / (주)창비

등록 / 1986년 8월 5일 제85호

주소 / 10881 경기도 파주시 회동길 184

전화 / 031-955-3333

팩시밀리 / 영업 031-955-3399 편집 031-955-3400

홈페이지 / www.changbi.com

전자우편 / human@changbi.com

ⓒ 도진순 2026

ISBN 978-89-364-8115-5 94150